잘 풀리는 우리집
풍수 인테리어

지은이 김현남(金賢南)

경북 상주 출생. 원광대학교 철학박사. 현재 현공풍수컨설팅 대표.
구미1대학, 공주영상정보대학 겸임 교수를 역임했으며, 원광대학교, 광주대학교, 동의대학교, 신라대학교에서 풍수와 관상을 강의했다. 《문화일보(AM7)》에 〈웰빙 풍수 칼럼〉을, 《영남일보》에 〈김현남의 웰빙 칼럼〉을 연재하고 있다.
저서 및 역서로 《성공하는 손금 부자 되는 손금》(도서출판 아카데미북), 《관상》(도서출판 아카데미북), 《일이 술술 풀리는 우리집 생활 풍수》(도서출판 아카데미북), 《반드시 성공하는 우리집 생활 풍수》(도서출판 아카데미북), 《부자가 되는 풍수 인테리어》(도서출판 동도원), 《현관의 방향이 좋아야 집안이 잘된다》(도서출판 동도원) 등을 비롯하여 여러 권이 있다.
연락처 e-mail : buddha3@hanmail.net

잘 풀리는 우리집 풍수 인테리어

지은이 김현남
펴낸이 양동현
펴낸곳 도서출판 아카데미북
　　　　출판등록 제13-493호
　　　　136-034, 서울 성북구 동소문동4가 124-2
　　　　전화 02-927-2345 팩스 02-927-3199

초판 1쇄 발행 2009년 5월 15일
초판 2쇄 발행 2012년 9월 10일

ISBN 978-89-5681-092-8 / 13590

* 잘못 만들어진 책은 구입한 곳에서 바꾸어 드립니다.
* 지은이와의 약속에 의해 인지는 붙이지 않습니다.

www.academy-book.co.kr

잘 풀리는 우리집
風水 인테리어

김현남 지음

아카데미북

■ 저자 서문

身生天地後 心在天地前 신생천지후 심재천지전
天地自我出 自余何足言 천지자아출 자여하족언

몸은 천지가 있은 뒤에 생겨났으나 마음은 천지가 생기기 전에 있었노라.
하늘과 땅이 나에게서 생겨나 스스로 넉넉하니 어찌 더 말하겠는가.

― 소강절(邵康節)의 〈자여음(自餘吟)〉 中에서

풍수(風水)란 바람과 물을 인간의 의식주(衣食住)에 적절하게 활용하여 삶의 질을 향상시키고 재운과 행운을 불러들이는 환경 심리학(環境心理學)이다. 점술과 유사한 것이라 생각하는 사람도 있지만 차이가 있다. 풍수는 자신의 노력으로 인생을 개척하고 운을 열어 가는 적극적인 실행법이라 할 수 있다. 풍수의 원리를 이해한 뒤, 그와 관련된 생각과 행동으로 주변 환경을 변화시켜 운기(運氣)를 변화시키는 것이 가능하다.

물론 풍수를 실행한다고 해서 바로 효과가 나타나는 것은 아니다. 하지만 일상생활에서 풍수의 원리를 지속적으로 실천하면 운세가 서서히 호전된다. 풍수를 행할 때는 자신의 행위에 대한 믿음이 있어야 한다.

풍수의 효과가 잘 나타나지 않을 때는 자신의 마음을 변화시키는 것이 좋다. 집 안 환경이나 인테리어 등을 풍수의 원리에 맞게 정리하고, 심리 상태를 더욱 적극적이고 긍정적으로 바꾸면 운은 좋은 방향으로 흘러간다.

　이처럼 풍수를 실천할 때는 반드시 마음 상태까지 바꿔야 그 효과를 기대할 수 있다. 그 효과에 대해 반신반의하면 눈에 띄는 성과를 얻기가 어렵다. 풍수를 실천하면 반드시 원하는 것을 이룰 수 있다는 믿음을 갖는 것이 풍수의 성공 포인트다. 이 책을 읽는 독자 여러분도 자신의 상황에 맞는 부분을 선택하여 하나하나 실천해 보기 바란다.

　이 책의 구성은 풍수의 기본 원리인 음양오행(陰陽五行)·팔괘(八卦)·방위학(方位學)을 바탕으로, 실외와 실내 풍수, 아파트나 맨션 등 주거 공간의 차이에 따른 풍수, 건강과의 관계, 재물운과 사업운과의 연관성, 가구 배치법, 풍수에 따른 식물 가꾸기, 풍수 아이템과 수납법, 보석 풍수, 비즈니스 풍수, 그리고 간단하게 활용할 수 있는 택일법과 작명법에 이르기까지 다양한 풍수 정보를 담고 있다.

　성취하고 싶은 소원이 있다면 하나의 풍수 원리만을 실천하는 것이 아니라 몇 가지를 동시에 실천함으로써 지금까지의 삶보다 더욱 발전된 인생을 개척하고 성공적인 삶을 열어 갈 수 있을 것이다. 지금 바로 실천할 수 있는 것부터 당장 실행에 옮겨 보자.

　이 책을 읽는 독자 여러분들은 이 책을 통해 지금까지 경험해 보지 못한 풍수의 매력에 빠질 것이다. 나아가 반드시 성공하는 삶을 살게 될 것을 확신한다.

참선와운(參禪臥雲)에서

지은이 **김현남**

차 례

제1장 풍수의 기본

1. 풍수와 가상학
1) 풍수란 무엇인가? 16
(1) 풍수의 종류 18 (2) 풍수학의 유파 19 (3) 풍수적으로 좋은 환경이란? 21
2) 가상(家相)이란 무엇인가? 22
3) 풍수와 가상의 차이 23

2. 음양(陰陽)과 오행(五行)
1) 음양(陰陽)과 기(氣) 27
(1) 태극 28 (2) 팔괘 29 (3) 본명괘 33
2) 오행 41
(1) 오행의 상징 42 (2) 오행의 상생과 상극 43 (3) 오행의 에너지와 의미 46 (4) 자신의 오행 찾는 법 47

3. 방위학
1) 방위의 중요성 48
2) 방위를 측정하는 법 49
3) 방위 활용법 50
(1) 방위의 의미 51 (2) 이사·이동 52

4) 팔방위의 의미와 에너지 55
　　5) 방위와 인체의 상호 작용 62
　　6) 가상에서 꺼리는 흉방위 64
　　(1) 암검살 64 (2) 오황살 65 (3) 세파 66 (4) 월파 67 (5) 본명살 68 (6) 본명적살 68
　　(7) 월명살 69 (8) 월명적살 69 (9) 4길방 · 4흉방 72

4. 사신사
　　1) 사신사의 의미 73
　　2) 사신사의 기능 74
　　3) 사신사의 영향 76
　　(1) 현무 76 (2) 주작 77 (3) 청룡 78 (4) 백호 79
　　4) 사신사의 거리와 발복 80
　　5) 한옥 및 전원 주택과 사신사 81

5. 나경과 24산
　　1) 나경의 의미와 3대 유파 84
　　2) 나경의 구성과 내용 85
　　(1) 나경 사용법 86 (2) 나경의 층 88 (3) 24산의 의미와 작용 90 (4) 24산의 길흉 104

제2장　집의 기운이 좋아지는 실외 풍수

1. 살기 좋은 집터 고르는 법
　　1) 집터로 좋은 토질 108
　　(1) 거주지로 적당한 토질 108 (2) 거주지로 적당하지 않은 토질 109 (3) 지반의 중요성 110
　　2) 좋은 토지를 선택하는 법 111
　　(1) 좋은 토지를 찾는 기준 111 (2) 좋은 부지와 나쁜 부지 112
　　3) 지하수 개발 113
　　(1) 수맥 찾는 법 113 (2) 물의 좋고 나쁨을 시험하는 방법 114

2. 부지 모양에 따른 길흉

1) 부지와 도로의 관계 116
2) 부지의 요철(凹凸)에 따른 길흉 117
(1) 요철에 대한 풍수학의 길흉 118 (2) 요철에 대한 가상학의 길흉 119
3) 부지의 형태 및 사용에 따른 길흉 120
4) 지세(地勢) 122

3. 풍수 원리와 건축 설계

1) 풍수 환경 과학이란? 123
(1) 풍수 환경 과학의 역할 124 (2) 용맥과 용혈 124 (3) 집의 구조와 공간 배치 125
2) 풍수 건축의 의학적인 효과 126
(1) 유해 화학 물질의 배제 127 (2) 면역력을 높이는 자연 소재 132

4. 집 주위 환경과 형태에 따른 길흉

1) 집 주위의 물의 형태와 의미 133
2) 건물 주위 환경과 길흉 135
3) 오행으로 분류한 건물의 모양 137
4) 건물의 요철(凹凸)에 따른 길흉 140
(1) 건물 외부에 나타난 철(凸)의 길흉 141 (2) 건물 외부에 나타난 요(凹)의 길흉 142
(3) 동남·남서·서북쪽의 요철 143
5) 지붕의 모양에 따른 길흉 145

5. 정원 풍수

1) 정원의 풍수적인 의미 148
(1) 정원을 만들 때의 주의 사항 148 (2) 정원에 적합한 방위 150
2) 정원수와 방위 150
3) 정원수를 고르는 요령 152
4) 정원수의 음양오행과 금기 153
5) 정원의 연못과 분수대, 우물 157
6) 담장과 정원 159

제3장 행운을 부르는 실내 풍수

1. 현관 · 대문

1) 현관의 역할과 의미 162

2) 현관의 방위와 풍수 인테리어 164

(1) 현관과 방위의 관계 164 (2) 현관의 방위와 길흉 작용 165

3) 대문의 방위와 풍수 인테리어 170

(1) 건물의 좌향(坐向)과 대문의 길흉 170 (2) 대문을 만들 때의 주의 사항 171 (2) 대문의 방위와 길흉 작용 171

* 현관의 기운을 좋게 하는 풍수술 174

2. 거실

1) 거실의 역할과 의미 176

2) 거실의 방위와 풍수 인테리어 177

(1) 거실과 방위의 관계 177 (2) 거실의 가구 배치 177

3. 침실

1) 침실의 역할과 의미 184

(1) 침실의 기본 조건 184 (2) 개선해야 할 침실의 문제점 186

2) 침실 풍수 인테리어 187

(1) 침실과 방위의 관계 187 (2) 침실의 가구 배치 191

* 침실의 기운을 좋게 하는 풍수술 195

4. 부엌

1) 부엌의 역할과 의미 198

(1) 부엌의 기본 조건 198

2) 부엌 풍수 인테리어 200

(1) 부엌과 방위의 관계 200 (2) 부엌의 가구 배치 203

* 부엌의 기운을 좋게 하는 풍수술 208

5. 화장실

1) 화장실의 역할과 의미 209

(1) 화장실의 기본 조건 210 (2) 개선해야 할 화장실의 문제점 211

2) 화장실 풍수 인테리어 212

(1) 화장실과 방위의 관계 212 (2) 화장실의 흉 작용을 막는 인테리어 213

✱ 화장실의 기운을 좋게 하는 풍수술 217

6. 욕실

1) 욕실의 역할과 의미 218

(1) 욕실의 기본 조건 219

2) 욕실 풍수 인테리어 220

✱ 욕실의 기운을 좋게 하는 풍수술 224

7. 자녀방

1) 자녀방의 역할과 의미 226

(1) 자녀방의 기본 조건 227 (2) 자녀방의 문제점과 개선책 227

2) 자녀방 풍수 인테리어 228

(1) 자녀방과 방위의 관계 228 (2) 자녀방의 가구 배치 231

8. 서재

1) 서재의 역할과 의미 234

(1) 서재의 기본 조건 235

2) 서재 풍수 인테리어 236

(1) 서재와 방위의 관계 236 (2) 서재의 가구 배치 237 (3) 서재의 식물 배치 238

9. 계단·창고

1) 계단의 역할과 의미 239

2) 창고(차고)의 역할과 의미 241

(1) 창고의 위치와 길흉 241 (2) 차고의 위치와 길흉 242

10. 공동 주택 — 아파트·맨션

1) 아파트 명당을 구분하는 5가지 조건 243

2) 아파트의 택향(宅向)과 길흉 관계 244

3) 선천팔괘의 수 246
(1) 방위·팔택 246 (2) 호수·층수 246 (3) 동·층·호수의 길흉 248

제4장 행운을 부르는 풍수 활용법

1. 색 풍수
1) 색의 역할과 의미 252
(1) 행운을 부르는 색 253 (2) 색깔이 갖는 에너지와 길흉 254 (3) 주로 쓰이는 색의 작용 257
2) 방위와 공간에 따른 색 260
(1) 팔방위의 색과 오행의 상생 관계 261 (2) 공간에 따라 효과적인 색 264 (3) 본명성별 색 265

2. 가구 풍수
1) 가구 배치의 기본 267
2) 가구 배치 시 주의할 점 268
3) 공간·방위별 가구 배치 270
(1) 현관 270 (2) 거실 270 (3) 침실 271 (4) 부엌 273 (5) 서재 274 (6) 욕실 274
(7) 사무실·학교 276

3. 거울 풍수
1) 거울의 역할과 의미 278
2) 거울의 풍수 기능 279
3) 요철(凹凸) 거울의 사용법 281
4) 거울 취급 방법에 따른 길흉 282

4. 식물 풍수
1) 좋은 기를 모으는 관엽 식물 284
(1) 관엽 식물의 풍수 효과 285 (2) 관엽 식물 배치 장소 286 (3) 운을 높이는 관엽 식물 286
2) 방위와 장소에 따른 식물의 배치 288
(1) 방위에 따른 식물의 효과 289 (2) 현관 방위와 행운의 식물 290
(3) 거실·부엌 방위와 행운의 식물 292 (4) 침실 방위와 행운의 꽃 294

(5) 자녀방 방위와 행운의 꽃 295 (6) 욕실·화장실에 효과적인 식물 296
3) 꽃과 꽃병의 오행 298
* 공기 정화 능력이 뛰어난 식물 299

5. 의류·수납 풍수
1) 운이 쌓이는 수납 공간 300
2) 수납 풍수 활용법 301
(1) 흉 작용을 막는 의류 수납법 301 (2) 버리면 운이 생기는 의류 풍수 활용법 303
(3) 옷 종류에 따른 풍수 수납법 305

6. 보석 풍수
1) 수정을 활용한 풍수 309
(1) 수정의 종류 309 (2) 집안의 흉 작용을 개선하는 수정 풍수 310
2) 보석의 의미와 효과 313
(1) 탄생석 313 (2) 목적에 따른 보석 활용법 316

7. 운을 높여 주는 풍수 아이템
1) 풍수 아이템이란? 320
2) 행운을 부르는 풍수 아이템 321
3) 운세별 풍수 아이템 326
(1) 재물운 326 (2) 사업운 329 (3) 연애운·결혼운 331 (4) 시험 합격·학업 성취운 331

제5장 행운을 부르는 풍수 인테리어

1. 건강운을 부르는 풍수 인테리어
1) 집의 구조와 인체의 관계 334
2) 건강운을 부르는 가상(家相) 337
3) 건강운을 높여 주는 행운의 색 338
* 건강운을 높여 주는 풍수술 339

2. 가정운을 부르는 풍수 인테리어

　1) 가족 구성원과 방위의 관계 342
　2) 첨각의 길흉 작용 343
　3) 가족 구성원에 맞는 공간 배치 344
　4) 운을 높여 주는 파워스톤 346
　＊ 가정운을 높여 주는 풍수술 348

3. 재물운을 부르는 풍수 인테리어

　1) 재물운을 부르는 기본 조건 350
　2) 방위와 재물운의 관계 351
　3) 재물운을 부르는 가상 352
　4) 재물운을 부르는 행운의 색 353
　＊ 재물운을 높여 주는 풍수술 355

4. 사업운(업무운)을 부르는 풍수 인테리어

　1) 사업운을 높이는 방위와 가상 357
　＊ 사업운을 높여 주는 풍수술 360

5. 연애운을 부르는 풍수 인테리어

　1) 연애운을 부르는 기본 조건 363
　2) 연애운을 높이는 방위 364
　3) 연애운을 높이는 가상 365
　4) 연애운을 부르는 행운의 색 367
　5) 간단하게 보는 풍수 궁합법 369
　(1) 본명괘에 의한 남녀 궁합 369　(2) 사상 체질에 의한 남녀 궁합 371
　(3) 간지와 오행에 의한 남녀 궁합 375

제6장 비즈니스 풍수

1. 방위와 비즈니스
   1) 방위에 따라 운이 좋아지는 업종 380
   2) 업무(직종)와 능력에 따른 방위와 공간 배치 383

2. 건물의 모양과 직업(직종)의 관계
   1) 건물의 모양과 직업 389
   (1) 샐러리맨에게 좋은 집의 모양 389 (2) 경영자로 성공하는 집의 모양 390
   2) 사업별로 성공을 부르는 길상 390
   3) 건물의 모양과 가게 입지 선정 방법 391
   (1) 건물의 모양과 오행 391 (2) 층수에 따른 직종의 공간 배치 392

3. 사장실에 어울리는 인테리어
   1) 사장실의 기본 요건 394
   2) 사장실과 방위의 중요성 395

4. 회사의 흥망과 풍수
   1) 잘되는 회사의 특징 398
   (1) 사무실 내부 환경 398 (2) 사무실 외부 환경 399
   2) 망하는 회사의 특징 399
   (1) 회사명·로고 399 (2) 사무실 내부 환경 400 (3) 건물 외관과 주위 환경 400
   (4) 운기를 떨어뜨리는 회사의 공간 구조 400 (5) 회사의 사기를 떨어뜨리는 환경 402

부록

1. 간단 택일법 406
2. 간단 작명법 415

1

풍수의 기본

1. 풍수와 가상학

2. 음양(陰陽)과 오행(五行)

3. 방위학

4. 사신사

5. 나경과 24산

1. 풍수와 가상학

1) 풍수란 무엇인가?

풍수의 사전적 의미는 '풍토(風土)와 수세(水勢)로 주거와 매장을 할 수 있는 땅을 선정하는 것'이다. 음양(陰陽)·오행(五行)·주역(周易)·천문(天文)·점성술(占星術)과 함께 고대 중국에서 발생한 학문이자 과학이다. 원래는 '지리(地理)'라고 하여 사람이 생활하고 활동하기에 가장 좋은 지형과 지세가 어떤 형태인지를 판단하는 방법으로 발전해 왔으며, 도시와 마을을 건설하고 집을 짓고 묘를 쓰는 데 가장 좋은 장소를 선택하기 위한 방법으로 고안해 낸 이론이다.

중국 철학에서는 천(天)·지(地)·인(人) 3가지가 모두 '기(氣)'의 에너지가 기본이 되어 서로 유기 체계를 형성하여 생성하고 소멸해 나간다고 설명한다. 도시를 건설할 때도 '기'의 흐름이 좋은 곳이나 응축된 곳을 이상적인 땅으로 여기고, 그래서 이런 지형과 지세를 잘 활용하면 부와 명예와 행복을 누릴 수 있다고 생각한다.

기가 부족한 땅에 집을 지으면 원기와 활기가 없어지고 정기가 부족해져서 결국엔 병이 들어 수명이 단축되거나 여러 가지 불행한 일이 발생한다고 여긴다. 기의 활동이 사람의 운명과 길흉에 큰 영향을 미친다고 생각하기 때문에 산이나 강, 평지 등의 지형과 지세를 보고 주거 공간을 선택하는 것을 매우 중요하게 여긴다.

풍수 사상이 발전하는 데는 동양 철학과 사상이 중요한 역할을 했다. 동양에서는 사람과 자연이 하나가 되어 서로 의존하고 조화를 이루며 살아간다고 믿기 때문이다.

도교 사상이 들어 있는 백제의 산수문전

우리나라에는 중국과의 활발한 교류를 통해 정치와 문학은 물론 불교·유교·도교와 함께 풍수가 들어왔다. 신라와 백제의 고분(古墳)을 비롯하여 각종 무덤이나 불교 건축물을 보면 풍수라는 용어는 없지만 풍수 이론을 적용했음을 알 수 있다. 실제로 삼국시대에 각 나라가 세워진 도읍지의 지리는 풍수의 원리를 활용했음을 알 수 있다. 이처럼 지형과 지세를 삶의 터전으로 선택하는 것이 바로 풍수 사상이다.

풍수의 원리가 더욱 체계화된 11세기 무렵부터는 태양의 방향이나 달과 별의 운행을 중시하는 '방위 풍수학(方位風水學)'이 형성되었다. 방위 풍수는 음양오행설(陰陽五行說)과 십간십이지설(十干十二支設)을 이용하여 보다 체계적이고 효과적인 풍수 이론으로 발전되었다. 이처럼 지형과 지세를 살피는 풍수에서 방위로 길흉을 점치는 풍수로 발전하여 오늘날까지 전해 오고 있다.

산천의 지형을 살펴보는 10세기 이전의 풍수 사상은 과학적인 근거를 바탕으로 하는 점도 있지만, 방위에 따라 길흉을 결정하는 방위 풍수학으로 변화하면서 점차 점술적인 요소가 풍부해졌다.

오늘날 유행하는 풍수의 경향은 이러한 방위 풍수에 근거한 것으로, 다양한 분야로 확대되고 발전하여 '풍수 인테리어'라는 새로운 개념의 풍수를 탄생시키기에 이르렀다. 이것은 미국이나 유럽을 비롯한 세계 여러 나라에서 주목하기 시작한 새로운 개념의 풍수라 할 수 있다.

(1) 풍수의 종류

풍수는 도시, 주거, 건물, 묘 등의 위치를 결정하는 데 이용되었다. '기(氣)의 흐름을 사물의 위치로 통제하는 사상'이라 하여 '감여(堪輿)'라고도 한다. 풍수에서는 보통 도시나 주거를 양택(陽宅), 무덤을 음택(陰宅)이라 구별한다.

풍수의 종류는 목적에 따라 다양하게 구분할 수 있다.

첫째, 음택 풍수론(陰宅風水論)은 생기(生氣)가 왕성한 곳에 묘지를 선택하고, 산·물·방향·사람 등에 맞추어 과정을 논리적으로 체계화한 것이다.

둘째, 양택 풍수론(陽宅風水論)은 사람의 성장과 발달에 영향을 주는 집의 구성 요소, 즉 대문·안방·부엌 등의 공간별·방위별 배치를 조합하여 집 안에 생기가 극대화되도록 이론화한 것이다.

셋째, 양기 풍수론(陽基風水論)은 마을과 도시의 부지를 선택하는 데 이용되며, 주로 배산임수(背山臨水)의 남향 배치가 원칙이지만 가능하면 외부와 차단되고 넓은 내부 공간을 선호한다. 음택과 양택 풍수의 이론 체계를 확대한 개념으로, 주로 도읍이나 촌락의 풍수를 말하기도 한다.

우리 선조들은 사람의 도리 가운데서도 효(孝)를 으뜸으로 꼽았다. 그래서 '죽은 사람이 거주하는 집'이라는 뜻에서 묘를 '유택(幽宅)'이라 하고, 일반 주택과 마찬가지로 정성껏 가꾸고 보살폈다. 묏자리를 잘 써야 조상의 영혼이 편안하고, 영혼이 편안해야 후손도 복을 받아 행복해진다고 믿은 것이다. 이런 생각에는 유교 사상이 한몫했다. 땅이 불길하여 물이 고이거나 개미 등의 벌레가 꾀어 시신을 해치면 시신이 불안하여 자손에게 화가 미치고 사망하거나 자손이 끊어진다고 생각한 것이다.

집 역시 땅에 기반을 두고 집을 짓는데, 집터와 주변 환경이 조화를 이루어야 사람들이 쾌적한 삶을 살 수 있고, 집안에 좋은 기가 들어와야 건강하고 행복한 삶을 살 수 있다고 믿었다. 특히 집 안에서 안방과 대문, 부엌의 위치가 방위적으로 서로 상생(相生)의 조화를 이루어야 한다고 여겼다.

이렇게 볼 때 풍수학은 생활의 경험에서 터득한 지리적 지혜를 바탕으로 좋은 거주 환경(주택과 묘지)을 선택하자는 실용학문으로서, 결코 발복(發福)만을 바란 것이 아님을 알 수 있다.

(2) 풍수학의 유파

물형론(物形論)

물형론은 먼저 산천(山川)의 겉모양과 그 속에 들어 있는 정기(精氣)가 서로 통한다는 가설을 전제로 한다. 예를 들어 화가 난 사람은 얼굴이 붉어지고, 간이 나쁜 사람은 눈에 황달기가 돌듯이 땅속의 기운에 따라 산천의 모양이 생겨났다고 본다.

산세가 웅장하고 활달하면 땅속의 기운도 왕성하고, 산세가 밋밋하거나 굴곡 없이 뻗었으면 속의 기운도 쇠약한 것으로 본다. 눈으로 보거나 잡을 수 없는 지기(地氣)가 담긴 산세를 사람이나 동물, 새 등의 모양에 빗대어 해석하여 지기가 뭉친 곳을 찾고, 나아가 그것의 길흉까지도 판단하는 방법론이다.

금계포란형(金鷄抱卵形)·와우형(臥牛形)·맹호출림형(猛虎出林形)·선인독서형(仙人讀書形)·행주형(行舟形)처럼 땅의 형태를 사람이나 동물의 모습에 빗대어 설명하며, 그 안에서 핵심이 되는 장소를 혈(穴)로 간주한다. 예를 들어 금계포란형이라면 닭이 병아리를 부화시키듯 후손이 크게 번창할 땅이라 하고, 와우형이면 집안이 두루 편안하고 재물이 풍성해진다고 한다.

《장경(葬經)》(곽박, 郭璞 : 276~324)에서는 "땅은 사람·호랑이·뱀·거북이 모양 등 무수한 형체를 가지고 있는데, 기는 이런 여러 가지 모양을 이룬 땅을 흘러다니면서 만물을 생성시

비룡승천형의 지세

키는 중요한 역할을 한다[土形氣行 物因以生]."고 했고, 《설심부(雪心賦)》(복응천, 卜應天)에서도 "물체의 유형으로 추측하고, 혈은 형체에 연유하여 취한다[物以類推 穴由形取]."고 했다.

형기론(形氣論)

나경을 전혀 사용하지 않고, 단지 눈으로 산세의 모양이나 형상의 아름다움을 유추하여 혈이 맺혀 있는 터를 찾는 방법이다. 임신한 여성은 보통 여성보다 배가 부른 특징이 있듯이 산야에 혈이 맺혀 있다면 분명히 혈이 없는 장소와 다른 특징이 있다. 이런 특징을 이론화하여 산천의 형세를 눈이나 감(感)으로 보고 풍수 이론에 꼭 맞는 장소를 찾아내는 것이다. 하지만 초목으로 뒤덮인 산야에서 풍수 책에 그려진 그림과 똑같은 장소를 찾으려 하는 것은 모래밭에서 바늘을 찾는 것과 다를 것이 없다. 그래서 '혈이 맺힌 산자락[龍]을 찾는 데 3년이 걸리고, 그 안에서 혈처를 찾는 데 10년이 걸린다.'는 말이 있다.

일부는 풍수 이론보다는 산을 보는 눈이 열려야 혈을 찾을 수 있다고 한다. 이 말은 형기론에 의지해서는 올바른 혈을 찾을 수 없다는 뜻이다. 그럼에도 불구하고 형기론은 배산임수가 잘된 마을이나 주택 등의 부지를 선정하는 데 크게 공헌했다.

이기론(二氣論)

바람과 물의 순환 궤도를 나경으로 측정한 뒤 혈을 찾으며, 나아가 좋은 좌향(坐向)까지 선택하는 방법이다. 바람과 물의 순환을 중시하므로 득수론(得水論), 나경으로 혈을 찾으므로 나경론(羅經論), 좌향을 중시하므로 좌향론(坐向論)이라고 불린다.

지형과 땅속 지질은 주변을 흘러다니는 바람과 물의 기계적이고 화학적인 풍화 작용에 따라 변하기 때문에 저절로 된 것이 아니라 양기의 변화에 따른 결과이며, 이것은 계속 변화한다는 것이다. 따라서 땅의 기운을 알려면 양기가 어느 방향에서

좌향(坐向)
묏자리나 집터의 등진 방위에서 정면으로 보이는 방향.

들어와 어느 방향으로 나가는지를 먼저 살펴야 한다.

양기는 보이지 않기 때문에 나경을 이용해 파악한다. 양기가 흘러나가는 방위로 산줄기가 뻗어 가면 땅속은 흙일 가능성이 높고, 양기가 흘러 나가는 방위로 역행하여 산줄기가 뻗어 오면 단단한 바위로 이루어졌다고 본다.

호순신(胡舜申)은 바람과 물의 흐름에 따라 땅 기운의 길흉이 12단계로 나누어짐을 발견하고 십이포태법(十二胞胎法)을 창안했다. 따라서 이기론은 땅의 기운을 12단계로 구분하여 좋고 나쁨을 구분하는데, 현장에 적용하면 적중률이 상당히 높다.

이기론은 '좌향론'이라 불릴 만큼 좌향이 중요하다. 사람을 비롯한 생물은 자연 환경과 어울려 살아야 건강하고 행복해질 수 있다. 좌향법은 청 나라의 조정동(趙廷棟)에 의해 '88향법(八十八向法)'으로 공식화되었으며 논리 체계가 분명하다. 혈처로 불어오는 양기(바람)가 시작되는 방위를 낱낱이 측정하여 양기의 순환 궤도와 세기(양)를 측정하고, 그중에서 생물체에 가장 적당한 양기가 전달되는 방위를 선택한다. 흉한 방위에서 양기가 불어오면 피하고, 좋은 방위에서 불어오면 취한다. 주변의 산도 바람과 물에 의해 형태와 높낮이가 생긴 것이므로, 양기를 잘 살피면 주변의 산이 혈처에 어떤 영향을 미치는지 알 수 있다. 이기론은 양균송(楊筠松)이 말한 '가난을 구제하는 비법'으로, 나라의 도읍지나 마을을 정하는 데 주로 쓰였다. 묏자리를 잡는 데 적중한 것으로도 유명하다.

호순신(胡舜申, 1131~1162)
《지리신법(地理神法)》의 저자. 주자(朱子)와 동시대의 인물로, 풍수와 음양술에 통달했다. 그의 《지리신법》은 조선시대 지리학 시험의 필수 과목이었으며, 조선 왕실의 주요 풍수 고전이 되었다.

(3) 풍수적으로 좋은 환경이란?

풍수적으로 가장 이상적인 환경이나 지형을 갖춘 장소는 사신(四神)이 균형을 이루고 있는 곳이다. 사신이란 동서남북을 지켜 준다는 전설상의 4마리의 신수(神獸)를 말하는데, 북쪽은

조선시대 풍수지리의 원칙을 보여 주는 '전라구례오미동가도'.

검은 거북이 '현무(玄武)', 남쪽은 붉은 새 '주작(朱雀)', 동쪽은 푸른 용 '청룡(靑龍)', 서쪽은 흰 호랑이 '백호(白虎)'로 칭해진다. 즉 북쪽(또는 건물 뒤쪽)에는 산이나 언덕이 있고, 남쪽에는 활짝 열린 평지나 물(강이나 바다)이 있으며, 동쪽에는 하천, 서쪽에는 큰 도로가 나 있는 지형을 말한다.

북쪽에 산이 있으면 시베리아에서 불어오는 차가운 북서풍을 막을 수 있고, 남쪽으로 넓은 평지가 있으면 농작물의 생산량을 늘릴 수 있는 살기 좋은 곳이 되며, 동서쪽으로 강과 도로가 나 있으면 육로와 수로를 함께 사용할 수 있어 교통의 요충지가 될 수 있다. 따라서 사람이 터전을 이루고 살기에는 최상의 땅이라 할 수 있다.

하지만 이처럼 이상적인 땅이 어떤 곳인지를 알아도 그런 곳에 살고 있는 사람은 많지 않다. 게다가 우리나라는 국토가 좁은데다 무분별한 국토 개발 사업으로 계획 없이 도로가 나면서 산의 용맥이 잘려 나간 곳이 많고, 도시의 고층 건물 숲에 사는 경우가 많아 풍수에서 말하는 이상적인 곳에 살 수 있는 가능성이 낮다.

그렇다고 실망할 필요는 없다. 내가 사는 장소가 '사신이 균형을 이룬 최상의 땅'은 아니라도 기의 흐름을 조절함으로써 가능한 범위 내에서 환경을 좋게 바꿀 수 있기 때문이다. 무엇보다도 주거자 본인의 관심과 노력 여하에 따라 풍수적인 환경이 좋게 바뀌기도 하고 나쁘게 바뀌기도 한다는 점을 기억해야 할 것이다.

2) 가상(家相)이란 무엇인가?

가상(家相)의 사전적 의미는 '집의 위치·방향·배치 등을 통하여 길흉을 점치는 것'으로, 넓은 의미에서의 양택 풍수다.

새 집에 입주하자마자 바로 길흉 현상이 나타나는 것은 아니다. 좋든 나쁘든 오랜 세월 동안 눈에 보이지 않을 정도로 서서히 나타난다. 현재 살고 있는 집의 가상에 어떤 결함이 발견되었다면 이것은 인생에서 하나의 흉(凶) 작용에 대한 암시임을 알아야 한다. 가상에 결함이 있는 집에 살고 있다면 오랜 세월 여러 가지 문제로 인해 많은 어려움을 겪게 된다.

'인생의 목적을 세우고, 목적에 맞는 집을 건축하여 살고 싶다.'는 것은 스스로 그런 삶을 살고 싶다는 생각의 표현이다. 요컨대, 집은 사람의 마음을 반영한 것이며, 사람이 자연과 함께 공생(共生)하기 위한 수단이다. 즉 좋은 쪽으로든 나쁜 쪽으로든 설계한 대로 영향을 미친다는 것이다. 이를 잘 활용하면 이상적인 가정을 설정하고 그에 맞는 집을 설계할 수 있다.

집은 그 안에 사는 사람이 행복을 느낄 수 있어야 한다. 자신의 행복을 위해서 '가상의 에너지'를 좋은 방향으로 활용할 수 있도록 설계하는 것이 가상의 가장 큰 주제이자 목표이다.

좋은 가상은 머무는 사람의 마음을 좋은 방향으로 증가시킨다. 나쁜 가상은 머무는 사람들의 마음을 좋지 않은 방향으로 쇠퇴시킨다. 잘 활용하지 않으면 가정 내에 사소한 시비로 인해 분쟁이 일어나거나 불행한 사건이 넘치게 되므로 가족의 행복에 크게 관련되는 것이 가상임을 알아야 한다. 집이라는 이름의 대지에 심는 것이 행복하고 풍요로운 생활의 씨앗인지, 불행한 인생의 씨앗인지는 집을 짓기 시작하는 순간부터 시작된다.

3) 풍수와 가상의 차이

풍수나 가상이나 그 밑바탕에는 행복하게 살기를 바라는 마음이 깔려 있다. 가상은 풍수에서 태어났다고 할 수 있지만 성격을 달리하는 부분이 많다. 즉 한 부모에 성격이 다른 '형제'라고 할 수 있다.

그렇다면 구체적으로 어떻게 다른지 알아보자.

풍수 – 안주(安住)의 땅을 선정하는 것

풍수는 바람[風]과 물[水]을 가리킨다. 바람은 사람들에게 평안함과 시원함을 주고, 물은 사람들에게 수분을 공급하여 활력의 근원이 된다. 때로 강풍(强風)은 거주지나 농작물을 위협하고, 홍수는 하천을 범람을 불러 재산과 생명을 빼앗아 가기도 한다.

고대 중국에서는 바람과 물의 흐름을 적절히 판단하여, 가족들이 안심하고 살 수 있는 장소를 확보하고 조상을 매장할 편안한 장소를 선택하는 것이 매우 중요한 일이었다. 이처럼 '안주(安住)의 땅'을 선정하는 방법이 풍수이다.

풍수에서 말하는 좋은 장소란 마치 용이 힘차게 용트림하는 형태의 산맥에 둘러싸여 있으며, 흙이나 사람들에게 생명의 젖줄인 물이 흐르는 평지를 말한다. 산맥에서 흐르는 대지의 에너지[氣]가 집결하는 산기슭의 평지를 좋은 땅이라고 하며, 그 에너지를 옮기는 바람의 흐름과 물의 흐름이 있는 땅이 거주지나 묏자리, 도시를 만드는 데 적합한 땅이라고 판단한다. 동양 사상이 사물을 '음(陰)과 양(陽)'으로 이분(二分) 하듯이 풍수도 묘지에 관한 '음택 풍수'와 주거에 관한 '양택 풍수'로 나눌 수 있다.

풍수의 본고장인 중에서는 음택을 중심으로 풍수가 발전해 왔다. 묏자리 조건이나 토질이 좋지 않으면 선조의 유골 상태가 나빠져 자손에게 재앙이 일어난다고 생각했다. 그래서 집안의 평안무사와 번영을 바라는 기원에서 좋은 음택(묏자리)을 선정해야 했다. 십수년 전에 유행한 영화《강시》캐릭터도 실은 좋은 음택을 요구하며 방황하는 망령들이라 할 수 있다. 음택을 중심으로 발전한 중국과 한국의 풍수는 시대적인 흐름에 따라 양택 중심, 즉 가상으로 바뀐 것이다.

가상(家相) - 양택 풍수

가상은 집 그 자체를 선정한다. 풍수가 지리학에 가깝다면 가상은 건축학에 가깝다. 이것이 풍수와 가상의 큰 차이다.

또 다른 차이는, 풍수는 점술적인 요소가 강하다는 것이다. 풍수의 본고장인 중화권에서는 묏자리나 주거의 길흉에 사람이 태어난 해[年]가 운명적인 요소와 깊이 관련되어 있다고 믿는다. 예를 들어, 한국이나 일본의 가상에서는 귀문(鬼門)이 북동쪽과 남서쪽으로 정해져 있다. 사람에 따라 주거나 묏자리의 길흉이 정해지는 것이 풍수라면, 가상은 집에 의해서 사람의 길흉이 결정되는 것이라 할 수 있다.

그렇다면 '서쪽을 황색(누른빛)으로 장식하면 재물운이 좋아진다.'는 말이나, '풍수로 연애운을 점친다.'는 표현처럼 현재 한국이나 일본 등지에서 '풍수'라고 불리는 것은 무엇인가? 이들은 '바람과 물의 흐름과 형세를 살펴 주거와 매장의 땅을 선정한다.'는 원래의 풍수와는 차이가 있지만 현대인의 생활방식에 맞추어 삶의 질을 다양하게 개선하는 데 도움이 되고 있다.

현대 사회에서는 풍수적으로 좋은 땅을 선택하는 것이 어려워졌다. 생활 문화 환경이나 주택 사정뿐만 아니라 오랜 세월 동안 자연 환경 자체도 크게 변화했기 때문이다.

어느 시대나 사람들은 건강과 평안을 주는 주거 공간을 선호한다. 나라나 시대가 달라도 가상이나 풍수의 근본은 인간의 건강과 행복을 원하는 것이다. 가상과 풍수에서 중요한 것은 현재를 살아가는 우리 자신이 건강하고 행복하게 사는 것이다. 그리고 그런 거주지를 만들기 위해서는 현 시대에 걸맞은 풍수 이론과 가상이 필요하다.

귀문(鬼門)
귀성(鬼星)이 있다는 방위. 음양설에서, 귀신이 드나든다고 하여 매사에 꺼리는 방위인 간방(艮方). 즉 동북방(東北方)을 가리킴. 귀방(鬼方)이라고도 한다.

■ 풍수학과 가상학의 차이

항목	풍수학	가상학
귀문·이귀문	• 일반적으로 흉방이라 단정하지 않는다. 주변의 지형·방위·방각·지운(地運)과의 관계에 따라 길흉이 바뀐다.	• 이것을 기피한다.
각 방의 의미	• 현관 방향 : 대외적 활동에 영향을 준다. • 현관 위치 : 대인 관계에 영향을 준다. • 가스레인지 방향 : 정서와 판단력에 영향을 준다. • 가스레인지 위치 : 생리 기능과 판단력에 영향을 준다. • 전자 제품 위치 : 시신경과 사고력에 영향을 준다. • 화장실 위치 : 택괘나 본명괘에서 볼 때 흉방위에 있어야 길(吉) • 침대의 방향과 위치 : 체력·정서·부부 사이·자녀 교육·부모와 자식의 감정에 영향을 준다. • 책상의 방향과 위치 : 사고력과 결단력에 영향을 준다. • 불단과 제물상의 방향과 위치 : 정신 작용에 영향을 준다.	• 각 방이 의미하는 것을 명확하게 말하지 않고 있다.
방위의 길흉	• 건물 구조와 방향, 부근의 지형과 지세와의 관계를 고려한다. • 생년의 본명점괘에 의해 각각의 길방과 흉방이 정해진다. 전문적으로는 생년월일시와 출생지로 상세하게 산출한다. • 8방위와 9성으로 판단한다. • 9성과 5성으로 판단한다.	• 동쪽·동남쪽·서북쪽이 길방. 다른 방위는 길방이 아니다. • 화장실을 매우 싫어한다. 위치 결정이 어렵다. 방위의 경계선 상에 두어야 한다는 유파도 있다. • 생년의 9성을 강하게 하는 방위는 길, 약하게 하는 방위는 흉. • 요철(凹凸)로 길흉을 결정한다.
방위의 범위 도수 분할	• 8방위를 각 45도로 하고(8택법), 각 15도를 4방위로 판단하는 것이 일반적이다. • 24방위를 더욱 세분화하여 본다. 60용(각6도), 64괘(5.635도), 천산72(5도), 백20분금(3도), 240분수(1.5도), 360분수 등 용도에 따라 판단한다.	• 8방위를 각 45도로 나누어 24방위로 판단한다. • 유파에 따라 동서남북의 4정방위를 각 30도, 북동·동남·남서·서북쪽을 각 60도로 나누는 등 통일되지 않지만 '30도, 60도설' 이 다수를 차지한다.
지운의 판단	• 3원구운(후천낙서운)은 대원 540년, 1원 180년, 대운 60년, 소운 20년, 년운 1년 주기의 쇠왕을 판단한다(산수·빌딩·하천과의 위치 관계 및 건물 방향에 의한 길흉). • 선천하도운은 대운60년, 소운12년 주기의 쇠왕을 판단한다 (집·층수·칸수의 길흉).	• 9성이 운행하는 9년의 주기의 쇠왕을 판단한다. • 십이지가 운행하는 12년 주기에 있어서의 쇠왕을 판단한다. • 몇십 년 앞, 몇백 년 앞의 지운 순환의 길흉은 판단할 수 없다.
역에서 간지와 구성의 기점	• 원칙적으로 간지는 입춘(매년 2월 4일, 5일)부터 변한다. • 원칙적으로 9성은 소한(매년 1월 5일, 6일)부터 변한다. • 대체로 간지와 구성은 매년의 동지에서 입춘 사이에서 변한다 (태음태양력과의 관계성을 중시).	• 간지 9성은 모두 입춘(매년 2월 4일, 5일)으로 고정되고, 변하지 않는다.
생년의 영향	• 음양의 차이로 남녀를 구별한다. • 방위의 길방과 흉방이 일치하느냐 아니냐의 궁합을 논한다. • 매년·월·일의 운세를 판단하지 않는다. • 방위를 본명점괘 4길방과 4흉방으로 분류하고, 의미하는 곳도 명확하다. • 택괘와 본명괘와의 융화를 중시한다.	• 남녀 동일하게 판단한다. • 남자와 남자, 여자와 여자, 남자와 여자를 불문하고 궁합을 보고 길흉을 판단한다. • 매년·월·일의 운세를 판단한다.
판단	• 전체에서 부분의 길흉을 본다. • 각부의 융화를 중시한다. 예를 들어 현관·가스레인지·침실 3곳의 융화를 중시한다. • 실내의 조정 방도가 명확하다. • 토지 개발·신축·증개축·보수·이전 등의 동적·정적 양면에 걸쳐 판단이 정밀하다.	• 부분을 모아 전체의 길흉을 논한다. • 각부의 융화를 판단할 수 없다. 예를 들어 화장실과 부엌은 북동쪽·남서쪽이 대흉이고, 현관의 위치는 무시한다. • 기학으로 이전의 길방위를 선택하거나 실내 배치의 정의가 애매하다.

2. 음양(陰陽)과 오행(五行)

1) 음양(陰陽)과 기(氣)

풍수에서 말하는 기(氣)란 무엇인가? 중국의 풍수 고전인 《장경》에 보면 '승풍즉산 계수즉지(乘風則散 界水則止)'라는 말이 나온다. 이는 '기는 바람을 타면 흩어지고, 물은 경계를 만나면 멈춘다.'고 직역할 수 있는데, '바람은 기를 흩어지게 하고 물은 기를 모은다.'는 뜻이다.

'기(氣)'는 생명의 에너지요, 영양 물질이라고 표현할 수 있는데, 풍수에서는 이런 환경의 기를 잘 응용하고 있다. 예를 들어 기의 흐름이 나쁜 집은 거주하기에도 좋지 않을 뿐만 아니라 왠지 모르게 활기도 생기지 않고 능률도 오르지 않는다. 반면에 봄의 기운처럼 신선한 기가 흐르는 집은 가족간의 관계가 원만하고, 모두 건강하며, 모든 면에서 번영을 누린다.

몸에서 기의 균형이 무너지면 질병에 걸리듯이, 환경도 기의 균형이 잘 이루어져야 한다. 자연과 인간의 조화가 풍수의 기본이듯이, 기도 자연과 인간 또는 환경과 인간이 조화를 이루는 것이 중요하다. 이 기의 흐름과 조화의 개념이 '음양(陰陽)'으로 발전했다.

풍수의 기초는 한 마디로 '음양오행(陰陽五行)'이라 할 수 있다. 음양은 중국의 역학에서 말하는, 우주의 만물을 만들고 지배하는 상반된 성질을 가진 기다. 적극적이면 양(陽)이라 하고, 소극적이면 음(陰)이라 한다. 해[日]·남자[男]·홀수 등은 양이고, 달[月]·여자[女]·짝수 등은 음이다. 전기의 음극과 양극, 동전의 앞과 뒤라고도 할 수 있다. 앞이 없으면 뒤는 존재하지 않고, 뒤가 없으면 앞은 존재하지 않는다. 이처럼 음양은 상호 의존 관계를 이루며, 한쪽 없이는 다른 한쪽도 존재할 수 없다.

음은 수동적이고 조용하며 물이 아래로 흘러가는 모습을 나타내고, 양은 능동적이고 활동적이며 열의 상승을 나타낸다. 그러나 음양 안에는 각각 다른 작은 음양이 존재한다. 다시 말해 균형을 말한다. 이 음양은 매우 중요한 이론으로, 풍수를 깊이 있게 공부하려면 명확한 개념 정리가 필요하다.

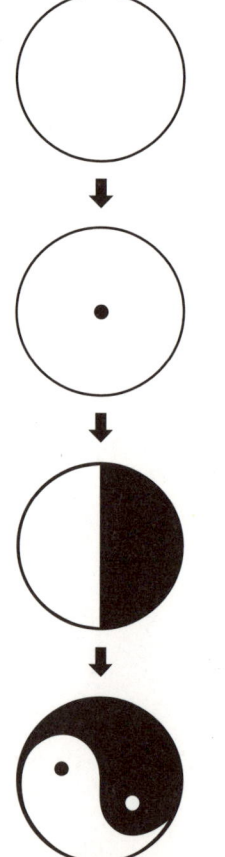

태극
끊임없이 교대하고 성장하며 발전해 나간다.

(1) 태극(太極)

만물의 기원인 원시 에너지는 진기(眞氣)로 불리는 하나의 원(圓)으로 표현된다. 수정하지 않은 알처럼 언제든지 변화할 준비가 되어 있는 상태이다.

양은 적극적인 지배력을 가진 에너지며, 음은 무엇인가를 태어나게 하거나 기른다는 수용적인 성질을 가지고 있다.

일반적으로 옆의 맨 아래 그림을 태극(太極)이라 부르는데, 이것은 끊임없이 교대하고 성장하며 발전해 나간다는 음양의 에너지를 도형으로 나타낸 것이다.

태극은 음양을 낳고, 음양은 사상을 낳고, 사상은 팔괘를 낳는다고 한다. 팔괘는 '일건천(一乾天)·이태택(二兌澤)·삼리화(三離火)·사진뢰(四震雷)·오손풍(五巽風)·육감수(六坎水)·칠간산(七艮山)·팔곤지(八坤地)'라는 8가지의 구성 요소를 말한다. 건(乾)·태(兌)·리(離)·진(震)·손(巽)·감(坎)·간(艮)·곤

(坤)의 8가지 명칭과, 천(天)·택(澤)·화(火)·뇌(雷)·풍(風)·수(水)·산(山)·지(地)의 8가지 명칭은 같은 괘상의 이명(異名)이다.

(2) 팔괘(八卦)

팔괘의 구성

팔괘는 정신적인 것과 물질적인 것으로 이름이 달라진다. 전자인 건(乾)에서 곤(坤)에 이르는 8가지는 정신적·유심적·기능적·감정적인 것이고, 후자인 천(天)에서 지(地)에 이르는 8가지는 물질적·가시적·육체적인 것으로 여긴다.

팔괘의 의미를 살펴보면, '건은 건실한 것, 곤은 유순한 것, 진은 움직이는 것, 손은 들어가는 것이고, 감은 빠지는 것, 이는 고운 것, 간은 머무는 것, 태는 기뻐하는 것이다.'라고 했다.

■ 태극 음양의 팔괘

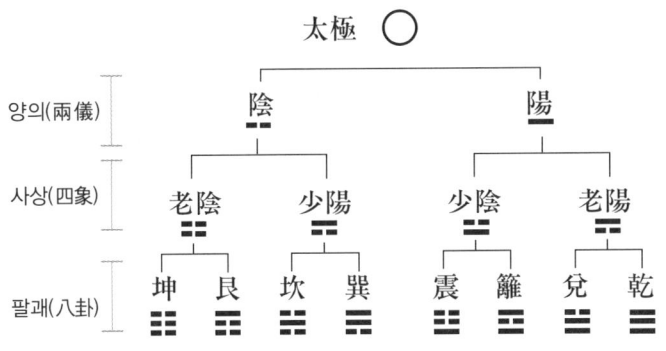

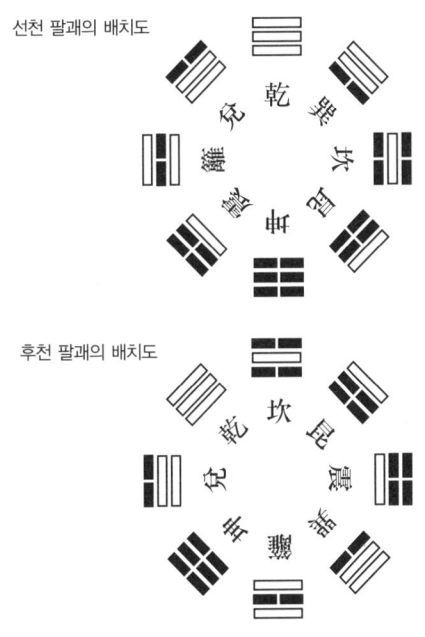

선천 팔괘의 배치도

후천 팔괘의 배치도

■ 팔괘의 상의

괘명	내용	의미
감(坎)	역상	괘상은 ☵, 괘명은 감(坎), 괘체는 수(水), 괘의 성질 함(陷)
	방위 / 오행	북쪽 / 수(水)
	간·지	십이지는 자(子), 십간은 임(壬), 계(癸)
	계절과 달	겨울, 양력 12월, 자(子)월
	시간	오후 11시~다음 날 새벽 1시
	색	검은색
	맛	짠맛
	숫자	1, 6
	인물	둘째아들, 철학자, 승려, 외교가, 임신부
	인체	신장(부신 포함)·성기·방광·자궁 등의 생식 기관
	상의	흐름, 모임, 시작, 사귐, 곤란, 낮음, 어두움, 구멍, 가난, 질병, 도적, 심신, 색정, 고뇌, 잠재, 화합, 애정, 평화, 생식력
간(艮)	역상	괘상은 ☶, 괘명은 간(艮), 괘체는 산(山), 괘성은 지(止)
	방위 / 오행	북동쪽 / 토
	간·지	축(丑), 인(寅)
	계절과 달	늦은 겨울과 초봄, 양력 1~2월
	시간	새벽 1~5시
	색	황색
	맛	단맛
	숫자	5, 10
	인물	셋째아들, 상속자, 친척
	인체	코, 척추, 허리, 관절
	상의	개체가 산으로, 높은 것과 정지(停止), 변화, 개혁, 생명, 종말, 부활, 재기, 교환, 개시
	기타	산은 흙이 쌓여서 된 것으로, 저축이나 축재의 뜻이 있다.
진(震)	역상	괘상은 ☳, 괘명은 진(震), 괘체는 우레(雷), 괘성은 동(動)
	방위 / 오행	동쪽 / 목
	간·지	십이지는 묘(卯), 십간은 갑(甲), 을(乙)
	계절과 달	봄, 양력 3월
	시간	오전 5~7시
	색	청색(녹색)
	맛	신맛
	숫자	3, 8
	인물	맏아들, 전기와 관련된 직업, 아나운서, 음악가
	인체	간, 발에 해당
	상의	진(進), 승(昇), 유성무형(有聲無形), 결단, 발(發), 개(開), 신(新), 인(仁)
손(巽)	역상	괘상은 ☴, 괘명은 손(巽), 괘체는 풍(風), 괘성은 입(入)
	방위 / 오행	동남쪽 / 목
	간·지	십이지는 진(辰), 사(巳)
	계절과 달	늦은 봄과 초여름, 양력 4~5월
	시간	오전 7~11시
	색	청(녹)
	맛	신맛
	숫자	3, 8
	인물	맏딸, 젊은이, 부인, 중개상, 나그네, 목재상, 안내인, 선박업자, 무역업자, 운수업자
	인체	왼손·왼팔, 쓸개, 머리카락, 기관지, 식도, 신경
	상의	조화, 생장, 냄새, 결혼, 활력, 충실, 연애, 신용, 상거래, 출입, 왕래, 정제, 정리, 해산, 온순, 여행

■ 팔괘의 상의

괘명	내용	의미
리(離)	역상	괘장은 ☲, 괘명은 리(離), 괘체는 화(火), 괘성은 려(麗).
	방위 / 오행	남쪽 / 화
	간·지	십이지는 오(午), 십간은 병(丙), 정(丁)
	계절과 달	여름, 양력 6월
	시간	오전 11시~오후 1시
	색	빨간색
	맛	쓴맛
	숫자	2, 7
	인물	둘째딸, 지식인, 미인, 학자, 화장품 관련직, 경영자, 이·미용사, 서적상, 출판업, 저술가, 서예가, 화가, 안과의사, 각종 감정가, 재판관, 교사, 경찰관, 신문기자
	인체	심장, 소장, 눈, 머리, 유방
	상의	불, 화재, 열, 화려함, 광명, 발견, 노출, 권위, 이별, 사퇴, 탈퇴, 수술, 절단, 예술, 깨어짐, 싸움, 성급함, 영전, 승진, 명예
곤(坤)	역상	괘상은 ☷, 괘명은 곤(坤), 괘체는 지(地), 괘성은 순(順)
	방위 / 오행	남서쪽 / 토
	간·지	십이지는 미(未), 신(申)
	계절과 달	늦여름과 초가을, 양력 7, 8월
	시간	오후 1~5시
	색	황색
	맛	단맛
	숫자	5, 10
	인물	어머니, 주부, 처, 노인(여성), 황후, 부관, 차석, 조수, 민중, 미아, 농부, 토목기사
	인체	비장과 위장, 배꼽
	상의	무(無), 허(虛), 생육, 근로, 인내, 우울함, 회(會), 집(集), 대다(大多), 대(大)
태(兌)	역상	괘상은 ☱, 괘명은 태(兌), 괘체는 택(澤), 괘성은 열(悅 : 기쁨)
	방위 / 오행	서쪽 / 금
	간·지	십이지는 유(酉), 십간은 경(庚), 신(辛)
	계절과 달	가을, 양력 9월
	시간	오후 5~7시
	색	흰색
	맛	매운맛
	숫자	4, 9
	인물	막내딸
	인체	폐, 대장, 피부, 모발
	상의	결집성, 윤기, 깎임, 파임, 부족
	기타	동남쪽과 더불어 서쪽은 미혼 여성의 결혼 운세를 판단하는 중요한 방위
건(乾)	역상	괘상은 ☰, 괘명은 건(乾), 괘체는 천(天), 괘성은 건(健)
	방위 / 오행	서북쪽 / 금
	간·지	십이지는 술(戌), 해(亥)
	계절과 달	늦가을에서 초겨울, 양력 10월과 11월
	시간	오후 7~11시
	색	흰색
	맛	매운맛
	숫자	4, 9
	인물	황제, 대통령, 수상, 사장, 아버지, 남편
	인체	머리, 목, 왼발, 대장, 손발의 뼈대, 등뼈
	상의	존귀함, 신성, 고급, 권인, 충실, 권력, 완전, 지배 등의 뜻이고, 하늘은 지구를 감싸고 있어 '덮다, 베풀다, 성취하다, 기르다.' 라는 의미

■ 팔괘의 상의 도표

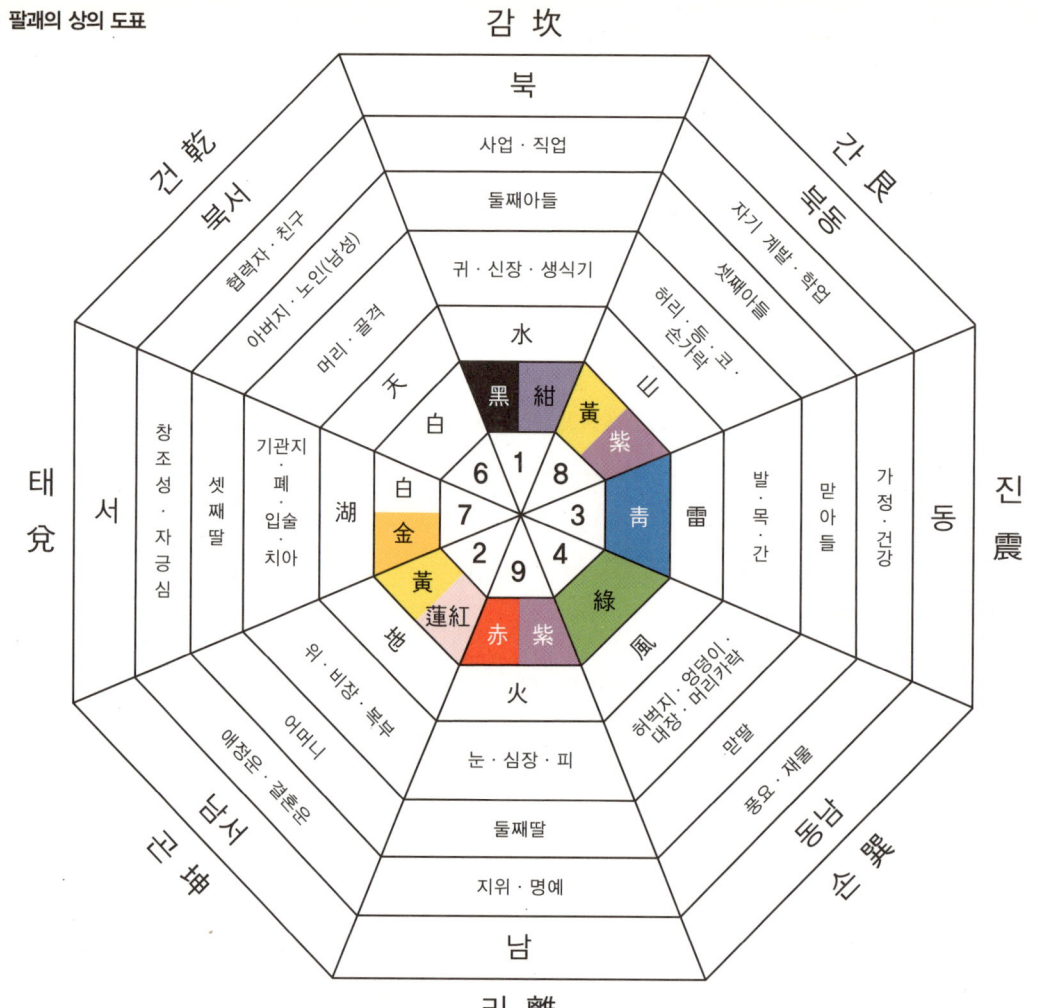

■ 팔괘의 상의

팔괘	방위	가족	자연	숫자	계절	시간	에너지의 성질	색깔		
감(坎)	북	둘째아들	물	1	한겨울	깊은 밤	신선하다			
간(坎)	북동	셋째아들	산	8	겨울	새벽	마지막과 시작			
진(坎)	동	맏아들	번개	3	봄	아침	활동력			
손(坎)	동남	맏딸	바람	4	초여름	오전	유연함			
리(坎)	남	둘째딸	불	9	한여름	정오	건조시키는 것			
곤(坎)	남서	어머니	땅	2	초가을	오후	감싸안는 것			
태(坎)	서	셋째딸	호수	7	가을	저녁	기쁘고 즐거운 것	금	은	흰색
건(坎)	서북	아버지	하늘	6	초겨울	밤	고귀한 것	흰색		

(3) 본명괘

본명괘는 그 사람이 태어날 때부터 갖는 자성감응(磁性感應)의 특성으로, '자성감응경향성(磁性感應傾向性)'을 나타낸다. 이 본명괘를 통해 자신에게 어떤 방위가 길인지 흉인지를 알 수 있는 것이다. 양택 풍수학은 '본명괘'를 아는 것부터 시작한다.

본명괘는 모두 8종류(건·태·리·진·손·감·간·곤)로 나타낸다. 자신의 본명괘가 어디에 해당하는지는 '본명괘 찾는 법'을 보면 쉽게 알 수 있다(34쪽 참고). 예를 들어, 1960년 1월 6일 16시 43분에서 1961년 1월 5일 22시 42분 사이에 태어났다면 남성은 '손'이고 여성은 '곤'이다.

'음양'의 대립, 본명괘는 남녀가 다르다

《역경(易經)》에서 말하는 원리와 법칙은 '음양'과 밀접한 관계를 가지고 있다. 생년 월 일 시를 근거로 일생 운기의 성쇠를 점치는 중국의 명리학, 특히 자미두수(紫微斗數)나 선천팔자에서도 남성과 여성은 후천운파(後天運派)의 운행이 서로 반대다. 인상에 의한 유년법(流年法)을 볼 때도 남녀를 반대로 판단한다.

후천팔괘도(後天八卦圖)에서 여자를 나타내는 음의 기수는 '이(二)'이며, 남자를 나타내는 양의 기수는 '삼(三)'이다. 남자와 여자는 전기의 +와 −와 같은 것이고, 남녀의 본명괘가 다른 것은 자기의 N극과 S극과 같은 것이다. 다시 말해 이 세상은 음양이 대립하는 기능에 의해 균형을 유지한다. 강유(剛柔)·열한(熱寒)·허실(虛實)·고저(高低)·요철(凹凸)이라는 2개의 극으로 분류되는 것과 같은 이치다.

만일 만물만상(萬物萬象)의 기능을 음양으로 나누지 않으면 중국의 사상과 철학, 점술도 성립하지 않을 것이다. 그렇기 때문에 본명괘나 구성(九星)을 남녀 동일하게 보는 것은 부자연스러울 뿐만 아니라 효과도 기대할 수 없다.

유년법(流年法)
몇 세에 무슨 일을 만날 것인지 아는 법.

■ 본명괘 찾는 법(양력)

*소한(小寒)을 기점으로 함

생년	월 일 시간	남	녀	생년	월 일 시간	남	녀	생년	월 일 시간	남	녀
1912	1월 7일 01:08~	태	간	1946	1월 1일 14:04~	리	건	1980	1월 6일 13:29~	곤	손
1913	1월 6일 06:58~	건	리	1947	1월 6일 13:07~	간	태	1981	12월 22일 01:56~	감	간
1914	1월 6일 12:43~	곤	감	1948	1월 6일 19:01~	태	간	1982	1월 6일 01:03~	리	건
1915	1월 6일 18:41~	손	곤	1949	1월 6일 00:42~	건	리	1983	1월 6일 06:59~	간	태
1916	12월 28일 07:16~	진	진	1950	1월 6일 06:40~	곤	감	1984	1월 6일 12:41~	태	간
1917	1월 6일 06:10~	곤	손	1951	12월 27일 19:14~	손	곤	1985	1월 5일 18:35~	건	리
1918	1월 6일 12:07~	감	간	1952	1월 6일 18:10~	진	진	1986	1월 6일 00:28~	곤	감
1919	1월 6일 17:52~	리	건	1953	1월 6일 00:03~	곤	손	1987	1월 6일 06:13~	손	곤
1920	1월 6일 23:41~	간	태	1954	12월 27일 12:32~	감	간	1988	1월 6일 12:04~	진	진
1921	1월 6일 05:34~	태	간	1955	1월 6일 11:37~	리	건	1989	1월 1일 00:22~	곤	손
1922	1월 6일 11:17~	건	리	1956	1월 6일 17:31~	간	태	1990	1월 5일 23:33~	감	간
1923	1월 6일 17:15~	곤	감	1957	1월 5일 23:11~	태	간	1991	1월 6일 05:28~	리	건
1924	12월 23일 05:54~	손	곤	1958	1월 6일 05:05~	건	리	1992	12월 27일 17:52~	간	태
1925	1월 6일 04:53~	진	진	1959	1월 6일 10:59~	곤	감	1993	1월 5일 16:57~	태	간
1926	1월 6일 10:55~	곤	손	1960	1월 6일 16:43~	손	곤	1994	1월 5일 22:48~	건	리
1927	1월 1일 23:34~	감	간	1961	1월 5일 22:43~	진	진	1995	1월 6일 04:34~	곤	감
1928	1월 6일 22:32~	리	건	1962	12월 27일 11:20~	곤	손	1996	1월 6일 10:31~	손	곤
1929	1월 6일 04:23~	간	태	1963	1월 6일 10:27~	감	간	1997	1월 5일 04:24~	진	진
1930	1월 6일 10:03~	태	간	1964	1월 6일 16:23~	리	건	1998	1월 5일 22:18~	곤	손
1931	1월 6일 15:56~	건	리	1965	1월 5일 22:02~	간	태	1999	1월 6일 04:17~	감	간
1932	12월 28일 04:30~	곤	감	1966	1월 6일 03:55~	태	간	2000	12월 22일 16:27~	리	건
1933	1월 6일 03:23~	손	곤	1967	1월 5일 09:49~	건	리	2001	1월 5일 15:38~	간	태
1934	1월 6일 09:17~	진	진	1968	1월 6일 15:27~	곤	감	2002	1월 5일 21:42~	태	간
1935	12월 22일 21:50~	곤	손	1969	1월 5일 21:17~	손	곤	2003	1월 6일 03:27~	건	리
1936	1월 6일 20:47~	감	간	1970	1월 1일 09:44~	진	진	2004	1월 6일 09:15~	곤	감
1937	1월 6일 02:44~	리	건	1971	1월 6일 08:45~	곤	손	2005	1월 5일 15:03~	손	곤
1938	1월 6일 08:32~	간	태	1972	1월 6일 14:42~	감	간	2006	1월 5일 20:50~	진	진
1939	1월 6일 14:30~	태	간	1973	1월 1일 03:13~	리	건	2007	1월 6일 02:45~	곤	손
1940	1월 6일 20:24~	건	리	1974	1월 6일 02:20~	간	태	2008	1월 6일 08:27~	감	간
1941	1월 6일 02:05~	곤	감	1975	1월 6일 18:18~	태	간	2009	1월 5일 14:20~	리	건
1942	1월 6일 08:03~	손	곤	1976	1월 6일 13:58~	건	리	2010	1월 5일 20:15~	간	태
1943	12월 22일 20:40~	진	진	1977	1월 5일 19:51~	곤	감	2011	1월 6일 02:05~	태	간
1944	1월 6일 19:40~	곤	손	1978	1월 6일 01:44~	손	곤	2012	1월 6일 07:43~	건	리
1945	1월 6일 01:35~	감	간	1979	1월 6일 07:32~	진	진	2013	1월 5일 13:33~	곤	감

본명괘 찾는 법

왼쪽의 표에서 본명괘를 찾는다. 자신의 생년월일이 이 도표에 속하지 않는 사람은 남성의 경우 리(離)·간(艮)·태(兌)·건(乾)·곤(坤)·손(巽)·진(震)·곤(坤)·감(坎)의 순으로, 여성의 경우 건(乾)·태(兌)·간(艮)·리(離)·감(坎)·곤(坤)·진(震)·손(巽)·간(艮)의 순서로 일순(一巡)한다.

본명괘에 따른 방위의 길흉

방위의 길흉은 모두 8단계로 되어 있으며, 모든 사람이 반드시 4개의 길방위와 4개의 흉방위를 가지고 있다.

그중 '동·북·남·동남쪽'의 4방위와 궁합이 좋은 그룹을 풍수 용어로 '동사명(東四命)'이라 하는데, 동사명은 감·진·손·리의 사람들에게 길한 방위다.

한편 '서·북동·남서·서북쪽'의 4방위와 궁합이 좋은 그룹을 '서사명(西四命)'이라 하며, 간·곤·태·건의 사람들이 사람들이 이에 해당한다.

■ 본명괘에 따른 방위의 길흉

동 사 명

감괘

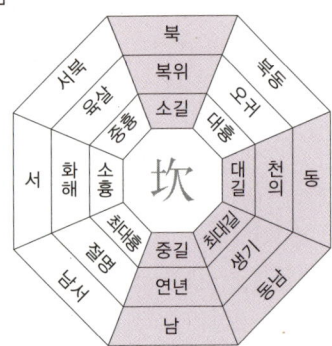

리괘

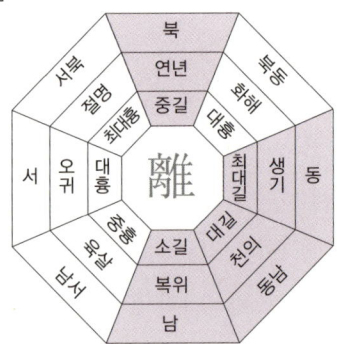

자신의 생각을 일이나 경력의 형태로 만들려 한다. 가정만으로는 만족하지 못하고, 항상 사회라는 공간에서 살아가려는 경향이 있다. 흐르는 물처럼 유연하고, 한곳에 머무르려 하지 않는다. 명랑하지는 않지만 마음속에는 깊은 정열을 숨기고 있다. 잠재적으로는 고뇌를 안고 살아가기 쉽다.

- 방위 – 북
- 자연 – 물
- 오행 – 수
- 계절 – 겨울
- 색 – 검은색, 짙은 감색, 회색
- 숫자 – 1
- 시간 – 오후 11시~다음날 오전 1시
- 신체 – 귀, 신장, 생식기
- 친족 – 둘째아들, 중년 남성
- 에너지의 성질 – 물에 젖음
- 미각 – 해수에서 얻을 수 있는 짠맛(미역·김·다시마 등)
- 소품 – 물을 이미지화한 것, 수정, 물결
- 장소 – 하천, 호수, 연못, 수족관, 수영장
- 키워드 – 자유, 평화, 시작, 평가, 인내, 고독, 교제, 비밀, 섹스, 우울, 자애
- 직업 – 미용사, 접대업, 예술가, 소방대원, 조금사(彫金師)
- 에너지의 형태 – ▭

활활 타오르는 불꽃처럼 자연과 사람들의 눈길을 끄는 화려함을 가지고 있다. 명예나 지위 등의 사회적 평가를 타고난 사람이다. 주변에 삶의 방법을 격려하는 사람들이 있다. 또한 그 사람들에게 아낌없이 에너지를 주므로 사람들에게 존경받는 입장에 선다. 호전적이므로 대인관계에 문제가 많을 수도 있다.

- 방위 – 남
- 자연 – 불
- 오행 – 화
- 계절 – 여름
- 색 – 빨간색, 보라색, 오렌지색
- 숫자 – 9
- 시간 – 오전 11시~오후 1시
- 신체 – 눈, 심장, 혈액
- 친족 – 둘째딸, 중년 여성
- 에너지의 성질 – 건조시킴
- 미각 – 적당한 쓴맛
- 소품 – 태양을 모티프로 한 것, 회화 등의 미술품
- 장소 – 미술관, 교회, 학교, 유원지
- 키워드 – 아이디어, 미(美), 자조심, 모험, 파수(波手), 다툼, 이별, 낭비, 허세, 화재, 약물, 영지(英知)
- 직업 – 탤런트, 경영자, 운동 선수나 지도자
- 에너지의 형태 – △

동사명

진괘

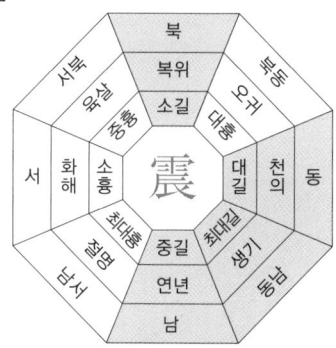

하늘과 땅을 연결하는 번개처럼 혈기왕성한 이미지와 아침 해처럼 생기발랄한 젊음을 가지고 있다. 일을 시작하면 반드시 끝내야 하고, 반드시 가치를 수반하는 결과를 요구한다. 가정이나 사회 속에서 정리 역할을 하며, 성장과 발전 에너지를 가지고 있다. 기본적으로 플러스 지향이지만 보는 것만으로도 의미가 있다. 성급한 경향이 있다.

- 방위 – 동
- 자연 – 번개
- 오행 – 목
- 계절 – 봄
- 색 – 파란색, 하늘색
- 숫자 – 3
- 시간 – 오전 5시~오전 7시
- 신체 – 다리, 목, 간장
- 친족 – 맏아들, 청년 남성
- 에너지의 성질 – 움직이는 힘의 스피드
- 미각 – 강한 신맛(매실·식초 등)
- 소품 – 꽃꽂이용 꽃가지, 전자 제품, 소리가 나는 것
- 장소 – 자연 공원, 유원지, 꽃집, 전자 제품 가게
- 키워드 – 소리, 전기, 정보, 탄생, 성장, 활발함, 결단, 격노, 논쟁, 급한 성질, 방자함
- 직업 – 사회자, 아나운서, 음악가, 전자 관계
- 에너지의 형태 –

손괘

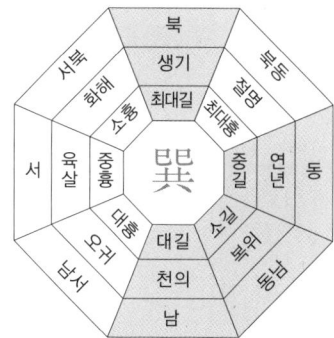

상쾌하게 불어오는 바람처럼 온순함과 풍부한 표현력을 나타낸다. 바람이 씨앗을 옮기는 것에서 재(財)를 옮겨 그 성장을 돕는 특성이 있다. 자연의 순환을 믿고 있으므로, 역경을 통해 기회를 잡을 수 있다. 또한 주변의 변화를 자연스럽게 받아들인다. 다만 자신의 의사가 정해지지 않고 우왕좌왕할 가능성이 있다.

- 방위 – 동남
- 자연 – 바람
- 오행 – 목
- 계절 – 늦봄~초여름
- 색 – 녹색
- 숫자 – 4
- 시간 – 오전 7시~오전 11시
- 신체 – 허벅지, 엉덩이, 대장, 모발
- 친족 – 맏딸, 젊은 여성
- 에너지의 성질 – 유연함(굽힘)
- 미각 – 감귤류의 신맛(레몬 등)
- 소품 – 나무 재질, 직물류, 향이 좋은 것, 줄무늬, 종이 제품
- 장소 – 전원, 초원, 숲, 해안
- 키워드 – 향기, 직물, 신용, 사교성, 내방, 여행, 연애, 번영, 우유부단, 도망, 박정, 오해
- 직업 – 아티스트, 패션 모델, 코디네이터, 영업직, 접수
- 에너지의 형태 –

서사 명

건괘

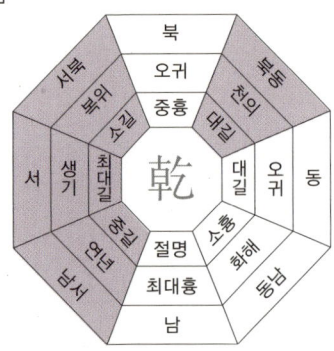

협력자와 스폰서를 타고났다. 성실한 친구들에게 마음을 쓴다. 혼자 힘으로 완수할 수 없다는 것을 아는 만큼 넓은 시야를 가지고 상황을 파악한다. 지도자로서의 소질이 있고, 앞일을 간파할 수 있는 통찰력과 결단력이 있다. 권력 지향적이어서 폭주하거나 실패할 가능성도 있다.

- 방위 – 서북
- 자연 – 하늘
- 오행 – 금
- 계절 – 늦가을~초겨울
- 색 – 흰색
- 숫자 – 6
- 시간 – 오후 7시~오후 11시
- 신체 – 머리 부분, 뼈
- 친족 – 아버지(가장), 노인
- 에너지의 성질 – 위에 있으며 고귀함.
- 미각 – 채소가 가진 천연의 매운맛
- 소품 – 태양이나 우주를 모티프로 한 것, 거울, 둥근 물건, 브랜드 용품
- 장소 – 광장, 바다, 평원, 도시, 대하
- 키워드 – 강건함, 결단, 충실, 위엄, 고귀함, 완전, 완고함, 교만, 폭주, 가혹
- 직업 – 경영자, 교사, 컨설턴트 업무
- 에너지의 형태 –

태괘

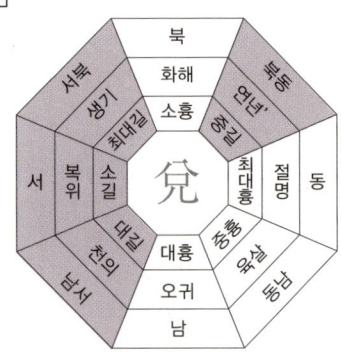

호숫가에 모이는 동물처럼 단란함과 평온함을 나타내며, 늘 어린 생각을 잊지 않는 순진한 기질이 있다. 무언가를 만드는 동안에는 넋을 잃고 몰두한다. 창조의 기쁨이 넘치고, 호기심에 찬 일을 하고 있을 때 사회적·정신적으로 진정한 창조자가 될 수 있다. 노는 것을 좋아하는 경향이 있다.

- 방위 – 서
- 자연 – 연못
- 오행 – 금
- 계절 – 가을
- 색 – 금빛, 흰색, 은색
- 숫자 – 7
- 시간 – 오후 5시~오후 7시
- 신체 – 입술, 치아, 폐, 호흡기
- 친족 – 셋째딸, 소녀
- 에너지의 성질 – 기쁨
- 미각 – 땀이 날 정도의 매운맛(와사비 등)
- 소품 – 금속성의 것, 동전, 악기
- 장소 – 유희장, 다습한 초원, 골짜기, 파티 장
- 키워드 – 즐거움, 사교, 담소, 놀이, 풍부, 음악, 우수, 좌절, 위선, 색정, 아픔
- 직업 – 서비스업, 탤런트, 회사원, 모델, 귀금속업, 접수
- 에너지의 형태 –

서 사 명

곤괘
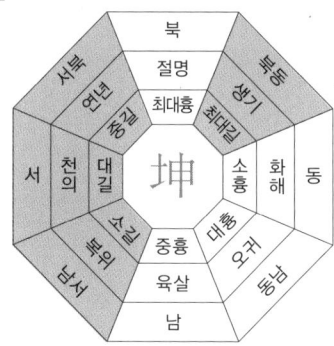

간괘
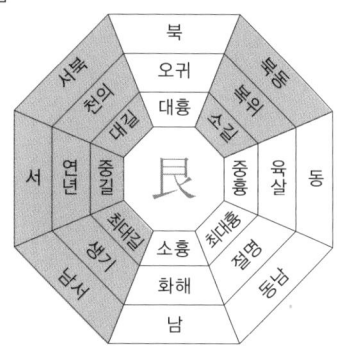

사랑을 주어 기르는 만물의 근원인 대지의 기질을 가지고 있다. 모든 것을 받아들이므로 착실하게 목적을 달성한다. 인생을 함께 즐길 수 있는 파트너가 많고, 모든 일에 충실하다. 먼저 자기 자신을 돌보고 주변 사람을 따르는 것이 좋다. 하지만 독립심이나 자립심이 부족해서 대성하기는 어렵다.

- 방위 – 남서
- 자연 – 땅
- 오행 – 토
- 계절 – 늦여름~초가을
- 색 – 노란색, 황토색, 분홍색
- 숫자 – 2
- 시간 – 오후 1시~오후 5시
- 신체 – 복부, 위, 비장, 근육
- 친족 – 어머니(아내), 나이 든 여성
- 에너지의 성질 – 포장
- 미각 – 곡물의 달콤한 맛(쌀·옥수수)
- 소품 – 달을 모티프로 한 것, 도기·뿌리채소·정원 등 흙과 관련된 것
- 장소 – 농지, 평야, 자연 공원
- 키워드 – 근면, 순수, 관용, 온후함, 수수, 신중, 평범함, 나태, 구두쇠, 편견, 만성 피로
- 직업 – 경리, 세무사, 은행원, 공무원

- 에너지의 형태 – ⌣

자신이 성장하는 것에 관심이 많고, 자신에게 필요한 것이 무엇인지를 직감적으로 이해한다. 지적 향상심이 강하고, 배운 지식을 생활에 활용하는 능력이 뛰어나다. 지식을 유용하게 활용하면서 행복해지는 것에 기쁨을 느낀다. 하지만 양면성이 있어서 쉽게 이해할 수 없는 부분이 있으며, 선천적으로 변화에 빨리 적응하는 편이다.

- 방위 – 북동
- 자연 – 산
- 오행 – 토
- 계절 – 늦겨울~초봄
- 색 – 황색, 갈색, 자주색, 흰색
- 숫자 – 8
- 시간 – 오전 1시~오전 5시
- 신체 – 허리, 등, 코, 손가락
- 친족 – 셋째아들, 소년
- 에너지의 성질 – 마지막과 시작(교체)
- 미각 – 맛이 좋은 단맛(쇠고기·참치·새우 등)
- 소품 – 돌 소재의 것, 북두성의 이미지를 지닌 것
- 장소 – 산, 언덕, 고원, 제방
- 키워드 – 보수, 성실, 저축, 변환기, 완고함, 상품, 장애, 거절, 신중, 순박함, 불순
- 직업 – 군인, 경찰관, 공업, 직능인

- 에너지의 형태 – ◯

택향(宅向)과 본명괘, 현관의 방위에 따른 길흉

■ 좌향(坐向)에 따른 현관의 길흉

좌향	택괘	연년(吉)	생기(吉)	천의(吉)	복위(吉)	오귀(凶)	육살(凶)	화해(凶)	절명(凶)
좌 서북 / 향 동남	건택	남서방	서방	북동방	서북방	동방	북방	동남방	남방
좌 서 / 향 동	태택	북동방	서북방	남서방	서방	남방	동남방	북방	동방
좌 북동 / 향 남서	간택	서방	남서방	서북방	북동방	북방	동방	남방	동남방
좌 남 / 향 북	리택	북방	동방	동남방	남방	서방	남서방	북동방	서북방
좌 북 / 향 남	감택	남방	동남방	동방	북방	북동방	서북방	서방	남서방
좌 남서 / 향 북동	곤택	서북방	북동방	서방	남서방	동남방	남방	동방	북방
좌 동 / 향 서	진택	동남방	남방	북방	동방	서북방	북동방	남서방	서방
좌 동남 / 향 서북	손택	동방	북방	남방	동남방	남서방	서방	서북방	북동방

■ 본명괘에 다른 현관 방위의 길흉 - 동사명 / 서사명

본명괘가 간(艮)인 사람

현관 방향	택향	상성
동	태택	연년
서	진택	육살
남	감택	오귀
북	리택	화해
북동	곤택	생기
동남	건택	천의
남서	간택	복위
서북	손택	절명

본명괘가 곤(坤)인 사람

현관 방향	택향	상성
동	태택	천의
서	진택	화해
남	감택	절명
북	리택	육살
북동	곤택	복위
동남	건택	연년
남서	간택	생기
서북	손택	오귀

본명괘가 건(乾)인 사람

현관 방향	택향	상성
동	태택	복위
서	진택	절명
남	감택	화해
북	리택	오귀
북동	곤택	천의
동남	건택	생기
남서	간택	연년
서북	손택	육살

본명괘가 태(兌)인 사람

현관 방향	택향	상성
동	태	택생기
서	진택	오귀
남	감택	육살
북	리택	절명
북동	곤택	연년
동남	건택	복위
남서	간택	천의
서북	손택	화해

본명괘가 감(坎)인 사람

현관 방향	택향	상성
동	태택	화해
서	진택	천의
남	감택	복위
북	리택	연년
북동	곤택	절명
동남	건택	육살
남서	간택	오귀
서북	손택	생기

본명괘가 진(震)인 사람

현관 방향	택향	상성
동	태택	절명
서	진택	복위
남	감택	천의
북	리택	생기
북동	곤택	화해
동남	건택	오귀
남서	간택	육살
서북	손택	연년

본명괘가 손(巽)인 사람

현관 방향	택향	상성
동	태택	육살
서	진택	연년
남	감택	생기
북	리택	천의
북동	곤택	오귀
동남	건택	화해
남서	간택	절명
서북	손택	복위

본명괘가 리(離)인 사람

현관 방향	택향	상성
동	태택	오귀
서	진택	생기
남	감택	연년
북	리택	복위
북동	곤택	육살
동남	건택	절명
남서	간택	화해
서북	손택	천의

2) 오행 (五行)

고대 그리스에서는 우주 만물의 구성 요소를 '지(地)·수(水)·화(火)·풍(風)'의 4원소라 했고, 고대 중국인에서는 '나무·불·흙·금·물'의 5가지를 우주의 구성 요소로 여겨 '목·화·토·금·수' 5종류로 분류했다. 수 나라 수길(秀吉)이 쓴 《오행대의(五行大義)》에서는 오행을 다음과 같이 정의한다.

- 목(木)은 줄기와 잎을 성장시키는 나무처럼 밖으로 향해 퍼지는 에너다. 새로운 것이 태어나고 성장하는 봄을 상징한다.

- 화(火)는 타오르는 불길처럼 위로 향하고 최고조에 이르는 형태로 여름을 상징한다.

- 토(土)는 경작하는 대지처럼 지표를 수평으로 순환시킨다. 환절기를 나타내며, 또 다른 힘의 중앙에 위치하기도 한다.

- 금(金)은 밀도가 가장 진하고 안쪽을 향해 압축하는 에너다. 가을 황혼의 이미지를 나타낸다.

- 수(水)는 문자 그대로 아래를 향하는 것으로, 휴식하고 집중하는 성질을 가지고 있으며 저축을 상징하기도 한다. 겨울을 상징한다.

이들 오행의 에너지는 서로 창조[상생(相生)]하거나 억제[상극(相剋)]하는 관계로 존재한다. 풍수에서는 상생과 상극의 에너지를 가능하면 상생의 관계로 회복시키는 중요한 작업의 하나로 본 것이다.

(1) 오행의 상징

목(木)
- 하늘로 향해 성장하는 수목.
- 본성은 '곡직(曲直)'으로, 구부러지거나 곧으면서도 나아간다.
- 목성[세성(歲星)], 동쪽, 봄, 아침, 용 등. 생기(生氣).
- 월(月)은 1, 2, 3월, 색은 파란색, 수는 3과 8.
- 수호신은 청룡(靑龍).

화(火)
- 모든 것을 태우는 약동의 불.
- 본성은 '염상(炎上)'으로 타올라 하늘에 이른다.
- 화성[형혹성], 남쪽, 여름, 낮, 봉황 등. 왕기(王氣).
- 월은 4, 5, 6월, 색은 빨간색, 수는 2와 7.
- 수호신은 주작(朱雀).

토(土)
- 만물을 키우고 지키는 흙.
- 본성은 '가색(稼穡)'으로 종자를 여물게 한다.
- 중앙에 위치하고 4가지 속성을 모두 가진다. 받아들이고, 기르고, 포장함.
- 토성[전성(塡星)], 색은 황색, 수는 5와 10.
- 사람이 중심이므로 수호신은 없다. 황룡을 말하기도 한다.

금(金)
- 단단한 금속과 광물
- 본성은 '종혁(從革)'으로 형태를 바꾸어 다양한 것이 된다.
- 금성[태백성(太白星)], 서쪽, 가을, 저녁, 기린. 노기(老氣).

- 월(月)은 7, 8, 9월, 색은 흰색, 수는 4와 9.
- 수호신은 백호.

수(水)
- 생명의 샘을 상징하는 물.
- 본성은 윤하(潤下), 땅을 적신 뒤 아래로 흐르고 어둡고 차가운 낮은 곳에 모인다.
- 수성[진성(辰星)], 북쪽, 겨울, 밤, 거북이 등. 사기(死氣).
- 월은 10, 11, 12월, 색은 검은색, 수는 1과 6.
- 수호신은 현무.

여기서 말하는 월은 음력이다. 만물을 모두 오행에 적용하는 것으로, 오행배당이라고 한다. 도표로 정리하면 다음과 같다.

■ 오행의 상의(象意) 도표

오행	방위	계절	오색	오상	오정	오장	오감	팔괘	층	숫자	형태	
목	동	봄	청색	인	노(怒)	간장	시(視)	진·손	3층	3·4(3·8)	장방형	□
화	남	여름	적색	예	낙(樂)	심장	청(聽)	리	2층	9(2·7)	삼각형	△
토	중앙	환절기	노란색	신	욕(欲)	비장	취(臭)	곤·간	5층	2·5·8(5·10)	정방형	□
금	서	가을	흰색	의	희(喜)	폐장	미(味)	건·태	4층	6·7(4·9)	환형	○
수	북	겨울	검은색	지	애(哀)	신장	촉(觸)	감	1층	1(1·6)	파형	≈

* 숫자에서 ( ) 안의 숫자는 오행의 숫자, ( ) 밖의 숫자는 8괘의 숫자

(2) 오행의 상생과 상극

상생 관계

어떤 특정한 오행이 다른 특정한 오행을 강하게 하는 관계를 상생이라 한다. 오행의 상생관계를 살펴보면 나무는 불을 일

[오행의 상생]

나무의 마찰에 의해 불이 발생하고
불에 타고 남은 재는 흙이 되고
흙에서 금(돌)이 나오고
금(돌)은 물을 만들고
물은 나무를 키운다.

[오행의 상극]

물은 불을 소멸시키고
나무는 흙의 양분을 빼앗고
불은 금을 녹이고
흙은 물의 흐름을 막고
금은 나무를 자른다.

으키고, 불은 흙을 만들고, 흙은 금을 생산하고, 금은 물을 생하고, 물은 나무를 키운다.

목 → 화 → 토 → 금 → 수 → 목

나무가 불타면 불을 일으키고, 나무가 타면 재(흙)가 되고, 대지[土]는 광물을 저장하고, 흙에서는 광물[金]이 발굴된다. 광물[金]이 차가우면 표면에 이슬[水]이 모인다. 물은 수목[木]의 뿌리를 적시고 길러 준다.

상극 관계

어떤 특정한 오행이 다른 특정 오행을 억제하는 관계를 상극이라 한다. 나무는 흙을 극하고, 흙은 물을 극하고, 물은 불을 극하고, 불은 금을 극하고, 금은 나무를 극한다.

목 → 토 → 수 → 화 → 금 → 목

수목[木]은 흙에 뿌리를 내려 흙의 양분을 빼앗는다. 흙[土]은 물을 흡수하고 그 흐름을 방해한다. 물은 불길[火]을 소화시킨다. 불[火]은 열로 금속[金]을 녹인다. 금속, 즉 도끼[金]는 수목[木]을 베어 쓰러뜨린다.

오행의 상생 · 상극 작용

오행의 상생과 상극의 관계는 5종류로 볼 수 있다.

가. 같은 오행끼리의 관계

나무와 나무의 관계다. 같은 오행이기 때문에 서로 강하게 하는 관계로, '비하(比和)'라고 한다. 목과 목, 화와 화, 토와 토, 금과 금, 수와 수의 관계다.

나. 생하는 관계

나무는 불을 생한다. 불을 일으켜 강하게 하지만 불을 일으키기 위해 자신의 에너지를 소모하여 나무는 약해진다.

- 나무는 불을 일으킨다. → 나무는 약해지고 불은 강해진다.
- 불은 흙을 일으킨다. → 불은 약해지고 흙은 강해진다.
- 흙은 금을 일으킨다. → 흙은 약해지고 금은 강해진다.
- 금은 물을 일으킨다. → 금은 약해지고 물은 강해진다.
- 물은 나무를 일으킨다. → 물은 약해지고 나무는 강해진다.

다. 생겨나는 관계
- 나무는 물에서 생겨난다. 물에서 생겨난 나무는 강해진다.
- 나무는 물에서 생겨난다. → 나무는 강해지고 물은 약해진다.
- 물은 금에서 생겨난다. → 물은 강해지고 금은 약해진다.
- 금은 흙에서 생겨난다. → 금은 강해지고 흙은 약해진다.
- 흙은 불에서 생겨난다. → 흙은 강해지고 불은 약해진다.
- 불은 나무에서 생겨난다. → 불은 강해지고 나무는 약해진다.

라. 극하는 관계
나무는 흙을 극한다. 나무는 흙을 극해 약하게 하지만 나무는 흙을 극하기 위해 자신의 에너지를 소모하고, 그로 인해 나무는 약해진다.
- 나무는 흙을 극한다. → 나무는 약해지고 흙도 약해진다.
- 흙은 물을 극한다. → 흙은 약해지고, 물도 약해진다.
- 물은 불을 극한다. → 물은 약해지고, 불도 약해진다.
- 불은 금을 극한다. → 불은 약해지고, 금도 약해진다.
- 금은 나무를 극한다. → 금은 약해지고, 나무도 약해진다.

마. 극해지는 관계
나무는 금에서 상극이 된다. 금에서 상극이 된 나무는 약해진다.

- 나무는 금과 상극이 된다. → 나무는 약해지고 금도 약해진다.
- 금은 불과 상극이 된다. → 금은 약해지고 불도 약해진다.
- 불은 물과 상극이 된다. → 불은 약해지고 물도 약해진다.
- 물은 흙과 상극이 된다. → 물은 약해지고 흙도 약해진다.
- 흙은 나무와 상극이 된다. → 흙은 약해지고 나무도 약해진다.

(3) 오행의 에너지와 의미

　원하는 운에 맞추어 그 오행이 상징하는 것을 장식하거나 몸에 걸치면 운기가 조정되고 좋은 기운을 불러 올 수 있다.
　오행에는 '상성'과 '상극'의 관계가 있다. 풍수 인테리어를 할 때 이런 음양오행을 통해서 집의 상태를 판단하고, 부족한 기를 보충하거나 과잉된 기를 억제하면 균형이 잡히고 운이 좋은 집을 만들 수 있다.

■ 오행의 에너지와 의미

오행	주요 운기	상의
목	업무(직장)운 · 발전운 · 공부운	정보 · 언어 · 소리 · 향상심(向上心) · AV기기 · 정보기기 · 나무 제품 · 신맛 나는 음식 · 음료 · 감귤류 · 활기찬 행동 · 매스컴 · 유행하는 양복 디자인 · 소품 · 유행하는 CD · 스포츠
화	미용운 · 사회(지위)운 · 인기운	지위 · 사회적 명예 · 직감 · 예술 · 미(美) · 이별 · 플라스틱 · 모든 유리 제품 · 감성적인 일 · 패션 · 미용업 · 주식 투자 · 도박, 새우 · 게 · 조개 요리
토	결혼운 · 가정운 · 부동산운	노력 · 안정 · 계속 · 전통 · 저축 · 전직 · 한식 인테리어 · 한식 잡화 · 일식 · 도자기 · 굽 낮은 구두 · 스트레칭 소재 · 다도나 꽃꽂이 등의 학습
금	재물운 · 사업운 · 신분 상승운	즐거운 일 · 타인의 도움 · 풍족한 생활 · 음식 · 즐거움 · 귀금속 · 칼날 · 둥근 것 · 달콤한 디저트 · 고급스럽고 품위 있는 패션 · 역사 깊은 브랜드 · 보석
수	연애운 · 매력운 · 이성운	신뢰 · 교제 · 교류 · 비밀 · 남녀의 정 · 여성스러운 행동과 패션 · 캐미솔 · 레이스 소재 · 망사 스타킹 · 립글로스 · 스톨 · 스카프 · 시폰 소재 · 전통 술 · 청주

(4) 자신의 오행 찾는 법

오행은 우주 만물의 본질을 이루는 활동적 요소를 가리키며, 목·화·토·금·수의 5가지로 나뉜다. 삼라만상(森羅萬象), 즉 자연과 인간은 오행의 활동에 따라 길흉화복이 좌우된다.

오행은 만물을 구성적 관계로 관찰하고, 이 5가지의 이합(離合)·집산(集散)·다소(多少)·유무(有無) 등에 의해 결정된다고 본다. 자신의 오행을 알아야 풍수의 길흉 관계에 대해 쉽게 알 수 있다.

태어난 날의 간지, 태어난 해의 지지 그리고 본명괘와 구성으로 자신의 오행을 찾을 수 있다.

■ 오행 찾는 법

오행	태어난 날의 간지	태어난 날의 지지	본명괘	구성
목	갑·을	인·묘	진·손	삼벽목성·사록목성
화	병·정	오·사	리	구자화성
토	무·기	진·술·축·미	곤·간	이흑토성·오황토성
금	경·신	신·유	건·태	육백금성·칠적금성
수	임·계	해·자	감	일백수성

* 태어난 날의 간지는 주로 운명을 판단할 때 사용한다.
* 태어난 해의 지지는 이사 방향이나 건물의 좌향을 잡을 때 사용한다.
* 본명괘는 동사택이나 서사택을 구분할 때 사용하고, 집 구조에서 길흉을 판단할 때 사용한다.
* 구성은 개인의 운명이나 집의 좌향을 선택할 때 사용한다.

3. 방위학

1) 방위의 중요성

약 1천 년 전부터 풍수에 나침반이 사용되었다. 방위를 정확하게 측정할 수 있게 되면서 천체도 관측할 수 있게 되고, 달력이 만들어지면서 풍수 사상도 발전했다. 또한 방위의 특징을 자세히 관찰함으로써 태양의 움직임과 자력선의 영향까지 생각하게 되었다. 1년 365일 천체의 움직임이나 계절의 변화를 땅의 방위(360도)에도 대응시키기도 했다. 게다가 '주역(周易)'을 이론적으로 해석함으로써 풍수에도 적용할 수 있게 되었다.

원래 방위 그 자체에는 길흉이 없고 특징만 있다. 방위의 길흉을 기의 흐름이나 개인의 운세 등과 대조한 뒤에 비로소 판단할 수 있다고 생각하기 때문이다.

방위를 미리 조사하지 않고 이사나 여행을 하게 되면 운세가 나쁘거나 좋지 않은 일을 당하기도 한다. 방위학은 좋은 방위를 적극적으로 이용함으로써 불행을 막고 개인의 행복을 추구하는 방법을 가르쳐 주는 적극적인 개운법(改運法)이라 할 수 있다.

일반적으로 길방위와 흉방위라 불리는 방위의 길흉은 자신의 주거에서 동서남북의 방위로 활동함에 따라 운세가 좋기도 하고 나쁘기도 한다. 좋은 방위로 가면 좋은 일이 일어나고, 나쁜 방위로 가면 나쁜 일이 일어나는 것은 분명한 사실이다.

　방위에서 동서남북은 30도 범위, 북동·동남·남서·서북쪽은 60도 범위를 말한다. 꼼꼼하게 살피지 않으면 길방위라고 여긴 서쪽이 흉방위인 서북쪽이 될 수도 있다는 말이다. 먼 곳일수록 오차가 커지므로 지도를 통해 정확하게 측정해야 한다. 방위를 결정하는 경우에는 자신이 잠을 자고 일어나는 장소가 중심이 된다.

　길흉 방위에는 그 해의 길방위, 그 달의 길방위, 그 해의 모든 사람에게 공통으로 나쁜 방위 등 몇 가지가 있다. 이사는 해와 달의 방위가 모두 길방위일 때 하는 것이 좋고, 짧은 여행이나 취미 생활, 병원에 진찰 받으러 가는 일 등을 그 달의 길방위를 선택하여 움직이는 것이 좋다.

　길방위와 흉방위를 적용한다고 해서 곧바로 결과가 나타나는 것은 아니다. 좋은 작용과 나쁜 작용은 어느 일정한 기간에 걸쳐 조금씩 나타난다. 달의 길흉 방위의 이전(移轉) 작용은 5년, 해의 길흉 방위의 이전 작용은 60년간 지속된다. 단, 달이 길방위일지라도 해의 5황살이나 악살기를 이용하면 흉 작용이 나타나므로 주의해야 한다.

2) 방위를 측정하는 법

시중에 판매되는 지도나 건축 도면 등은 '북극점'을 진북으로 나타내고, 방위 자석은 지구의 '자점(磁点 : 지구상의 가장 자력이 강한 지점)'을 가리키고 있다. 둘 다 진북이지만 지도나 도면의 기준인 '북극점'과 자석이 가리키는 자점은 조금 차이가 있다. 북극점을 진북으로 볼지, 자점을 진북으로 볼지에 대해 유파마

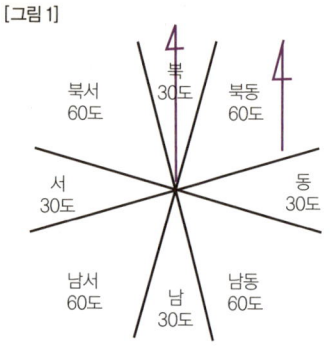

[그림 1]

다 주장하는 바가 조금 다르지만 '이동의 방위=북극점(北極点)', '가상의 방위=자점'으로 하는 것이 일반적인 설이다.

과거에는 이동의 방위를 8방위로 나누었지만 각각 45도씩 균등하게 분할하는 것이 아니라 동서남북 4방위는 펼쳐진 각도를 30도로 보고, 그 밖에는 60도로 본다(그림1).

가상학의 방위는 '나경'을 기준으로 산출한다. 건축 도면에서는 북극점을 기준으로 진북을 구하지만 어디까지나 자석이 나타내는 북쪽이 가상학의 진북이 된다. 실제 나경을 이용하여 가상학의 진북을 구할 경우에는 그림2처럼 건물 중심에 나경을 두고 각 방위를 45도씩 분할한다.

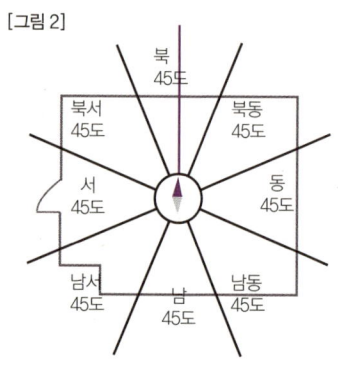

[그림 2]

설계도면을 이용하여 가상학의 진북을 구할 경우에는 그림3과 같다. 진북은 도면의 진북에서 서쪽으로 약 6도 기운다. 도면상의 진북에서 서쪽(왼쪽)에 약 6도 늦추어 가상학의 진북을 산출하고, 각 방위를 45도씩 분할한다. 우리나라는 아직 지역적으로 진북의 기준을 산출한 도표가 작성되어 있지 않은데, 이는 지역마다 조금씩 진북에 차이가 있기 때문이다.

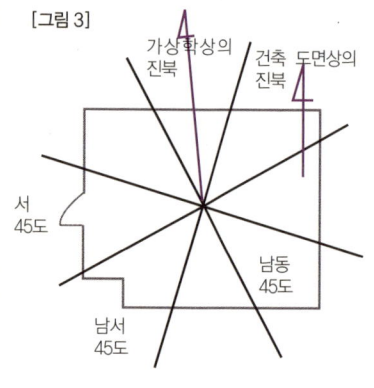

[그림 3]

3) 방위 활용법

방위학이란 기학에 의한 개운법이다. 자신에게 맞는 길일과 길방위(년 월 일 및 사람에 따라 다름)를 선택하고 다음과 같은 행위가 개운으로 연결된다고 여긴다.

첫째, 절이나 교회 등 자신이 믿는 종교 시설을 참배하고 부적이나 지폐 등을 이용한다.

둘째, 그 토지에서 난 음식을 먹는다.

셋째, 그 토지의 물을 9일간 계속 마신다.

넷째, 여행이나 산책, 쇼핑, 상담 등을 한다.

방위의 길흉 작용은 해와 달, 날이 바뀔 때마다 변한다. 어떤 방위가 길방위가 될 때 그 방위에 해당하는 신불(神佛)이나 토지와의 연결을 '길운의 문'이라고 한다. 시간의 흐름에 따라 길방위가 흉방위로 바뀌었을 때는 길방위 때의 연결로 사(邪)나 마(魔)를 없애는 '방어벽'이 된다. 그리고 팔방위 전체가 길방위와 연결되면 '길운의 문'을 모두 열어 모든 흉운을 없애는 '결계(結界)'가 된다.

참배나 여행 등의 길방위는 집을 본 방위로 하고, 상담의 경우에는 직장을 본 방위로 한다. 오랫동안 지속하면 어느 순간에는 운기가 향상한다고 한다.

(1) 방위의 의미

북쪽
북쪽은 연애운, 지식의 향상, 자녀운 그리고 부부 사이가 좋아지는 방위다.

북동쪽
북동쪽은 자녀운·축재운·후계자운을 비롯하여 좋은 환경으로의 변화를 가져오는 방위다.

동쪽
동쪽은 노력에 대한 결과나 발전, 새로운 일, 적극성, 자기주장, 활력이 넘치는 방위다.

동남쪽
동남쪽은 만남과 인연, 신뢰, 번성, 신규 거래, 이전이나 이동,

전직 등으로 인해 좋은 결과를 얻을 수 있는 방위다.

남쪽
남쪽은 뛰어난 직감과 풍부한 아이디어, 출세나 명예, 인기 등을 타고나는 방위라고 알려져 있다.

남서쪽
남서쪽은 마음의 평안과 가정운, 인생 설계, 안정적인 생활 등을 타고나는 방위다.

서쪽
서쪽은 재물운·레저운·연애운·음식에 관한 운이 향상하는 방위다.

서북쪽
서북쪽은 사업운과 독립심, 좋은 환경으로의 변화, 손윗사람에게 도움을 받을 수 있는 방위다.

(2) 이사·이동

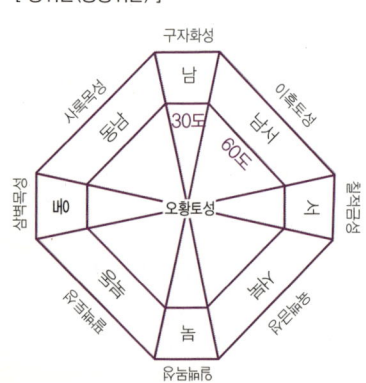

[방위반(동방위반)]

구성과 길흉 작용
이동할 때는 그 방위에 어떤 9성이 있는지, 그리고 어디가 길흉 방위인지를 판단하는 것이 중요하다. 실제로 방위를 사용했을 때 연(年)의 방위 효과는 60년, 월(月)의 방위 효과는 60개월(5년간), 일(日)의 방위 효과는 60일(2개월)간 영향을 받는다고 한다. 그 효과가 나오는 시기는 방위를 선택하고 나서 연(年)의 경우 4·7·10·13년 후, 월(月)의 경우 4·7·10·13개월 뒤에 나타나며, 일(日)의 영향은 4·7·10·13일 뒤에 나타난다. 그리고 자신의 본명괘에 해당하는 해가 돌아와 방위를 선택할 때도 길흉의 효과가 나타난다. 가상도 중요하지만 입주 방위에 의한 길흉은 가상 이상으로 큰 영향을 미친다.

방위학에서는 이전이나 전직 등 '이동'에 의한 길흉 작용이 매우 크다고 본다. 길방위로 이동하면 개운으로 연결되고, 흉방위로 이동하면 원인 불명의 재액으로 연결된다고 여긴다.

이동에도 적절한 시기가 있다. 운세적으로 정체기에 환경을 바꾸면 심신의 부담이 모두 커지듯이 운세의 균형도 무너지기 쉽다. 이전한 곳의 토지나 건물의 형상, 인연, 가상 등도 고려할 필요가 있다. 이전에 따라 개운으로 연결되기 때문에 반드시 길방위로 이전해야 하며, 길방위의 에너지를 도입하면 큰 도움이 된다.

이동 시 고려해야 하는 요소

이사는 그 자체로도 큰일이지만 경제적으로도 부담이 크다. 그렇기 때문에 방위와 시기, 이사할 곳의 토지, 그 밖의 여러 가지 조건을 모두 만족시키기는 불가능하다. 그렇기 때문에 어느 일정한 단계까지 세심하게 주위를 기울이는 것이 중요하며, 어쩔 수 없는 상황일 때는 다른 대책을 강구해야 한다. 대책으로는 '현실적으로 유효한 방위학'을 활용하는 것이라 할 수 있다.

가. 나이에 따른 연운과 방위

첫째, 본인의 나이에 따른 연운과 방위다. 운기가 좋은 시기(세대주 중심)에 길방위로 이사하면 가상에 문제가 있다 해도 어느 정도 흉의(凶意)를 누를 수 있다. 좋은 계절과 좋은 방위로 움직이면 운기의 도움을 얻을 수 있기 때문에 가상에 문제가 있다 해도 개축 등으로 흉의를 개선할 수 있는 기회를 얻을 수도 있다.

계절이나 방위는 전문가에게 의뢰하여 조언을 받는 것이 안

* 년(年)·월(月)·일(日)·시(時) 방위의 활용법

년(年)·월(月)의 방위는 혼인 문제나 임신과 출산, 장기 요양, 소송, 이사, 직업 전환, 장거리 여행 등에 이용한다.

일(日)·시(時)의 방위는 연애나 금전 대차(貸借), 물건 구입, 취미, 오락, 의뢰, 청탁, 입학시험, 단기간에 치료할 수 있는 질병 등에 이용한다.

[연운과 방위]

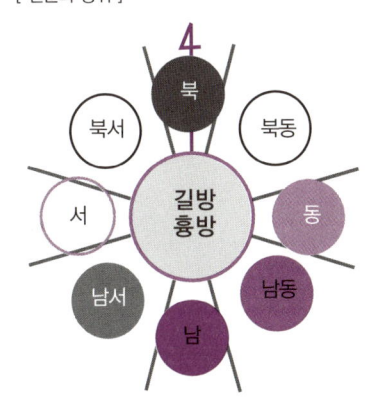

전하지만 전문 서적을 통해 조사할 수도 있다. 길방위와 이상적인 물건이 보이지 않을 경우에는 여러 가지 방법을 통해 방위의 흉 작용을 완화하는 방법도 있으므로 지나치게 걱정할 필요는 없다. 단, 방위나 날짜에는 길흉 정도의 강약이 있기 때문에 흉 작용이 매우 강한 경우를 제외하고는 그런대로 괜찮다고 할 수 있다.

나. 토지와 건물의 인연

두 번째는 토지나 건물과의 인연으로, 과거의 사건이나 사고, 자살자 유무 등을 조사하는 것이 중요하다(주변 사람들의 이야기나 도서관, 향토 사료 등을 통해 조사할 수 있다). 과거에 생각지도 못한 일이 일어난 장소는 악기와 사기 등이 모여 있어 '정기(精氣)'가 가라앉거나 사라지기 때문에 그곳에 거주하는 사람에게 흉 작용이 일어날 수도 있다. 심령 현상이 일어날 수도 있으므로 가능하면 피하는 것이 좋다. 늪이나 연못을 매립한 토지, 산을 무너뜨려 조성한 토지도 좋다고 할 수 없다. 이와 같은 토지일 경우에는 풍수 전문가나 성직자의 기도 등을 통해 정화하는 것이 바람직하다.

다. 토지와 건물의 형상

세 번째는 토지나 건물의 형상이다. 토지의 형상은 정방형이나 장방형이 좋고, 삼각지나 다각형으로 복잡한 것은 좋지 않다. 건물의 형상도 토지의 모양처럼 정방형이나 장방형이 좋고, L자형·U자형·철형·요형 등은 좋지 않다.

맨션이나 빌라 등의 공동 주택은 기본적으로 토지 전체나 건물 전체에서 받는 영향이 적다. 물론 전혀 없다고 할 수는 없지만 단독 주택보다는 나쁜 영향을 덜 받는다. 자신이 쓰는 방의 가상이 길하다면 문제없다.

단독 주택의 경우, 토지의 모양에 문제가 있다면 토지 모양

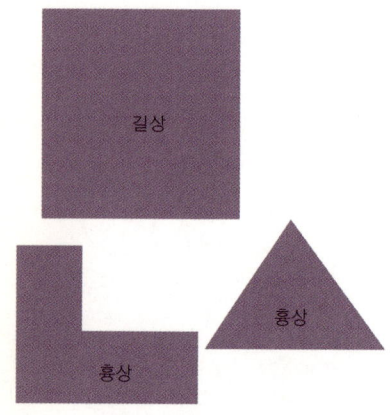

[토지와 건물의 형상]

토지와 건물의 형상은 정방형이나 장방형이 좋고, 복잡한 것은 좋지 않다.

과 다르게 건물을 짓는 것이 좋다. 정방형이나 장방형으로 짓는다.

다. 건물 전체의 현관

네 번째는 건물 전체의 현관이다. 맨션이나 아파트 등의 공동 주택은 건물 전체의 현관(입구)이 그 건물의 중심에서 볼 때 어느 쪽에 있는지를 먼저 파악해야 한다. 현관을 정하는 방법과 판단하는 방법은 다양하지만 자신의 본명괘와 상성이 좋은 곳을 선택하는 것이 좋다.

참고로, 이사하는 날은 그 땅의 기와 물, 바람을 접하기 시작하는 날이므로 임차 계약을 한 날도 아니고 가재도구를 옮기는 날도 아니며, '자고 일어나서 식사하고 목욕하기 시작하는 날'이 진정한 의미의 이삿날이 된다. 이사업자와 스케줄이 맞지 않는다면 먼저 짐을 옮겨 놓고 나서 좋은 날에 이전하거나 기본적인 것들만 먼저 가지고 들어가 생활하다가 나중에 가재 도구를 옮기는 것도 좋은 방법이다. 즉 그날부터 식사나 목욕, 취침을 하면 좋다는 것이다.

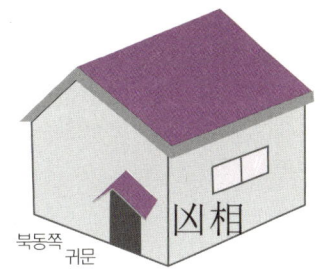

[현관 위치]

북동쪽은 귀문으로, 이 방위에 현관이 있으면 좋지 않다.

4) 팔방위의 의미와 에너지

방위는 보통 동서남북을 말하지만 4방위 사이에 북동·동남·남서·서북의 4방위를 더한 8방위를 주로 사용한다. 풍수에서는 이 8개 방위마다 행운과 액운이 존재한다고 믿고, 가상에서는 8방위가 갖는 행운의 기를 사용할 수 있는 집을 짓는다.

동(東)

태양이 솟아오르는 방위로, 태양 에너지의 영향을 받아 사물의 발전과 희망을 상징하는 힘이 있다. 이 힘이 집 안으로 들어와 가정운을 높이고 사업운의 상승을 비롯한 각종 길운을 높인다. 성격이 활동적이고 창조성과 아이디어가 많아지며 건강에 큰 영향을 미친다. 사물이 시작되고 활동이 개시된다는 의미로, 초목이 성장하고 지상에 씨앗이 싹트는 것과 같은 상태를 말한다. 동쪽의 에너지를 높이면 의지나 도전 정신이 증가하고 새로운 일에 착수하는 계기가 찾아오거나 새싹이 성장하는 것처럼 발전할 수 있다.

맏아들이라는 의미도 있으므로 이 방위에 자녀방을 마련하면 자녀가 건강하고 성실하게 성장할 수 있다. 자녀방 외에도 현관이나 서재, 침실 그리고 부엌·욕실·화장실처럼 물을 사용하는 공간으로도 좋다. 적당한 철(凸)이 있으면 더욱 길한 방위가 된다.

가상을 생각할 때 편리하고 좋은 일이 발생하는 길방위지만 어디까지나 가상에 문제가 없는 경우를 전제로 한다. 설계할 때 요(凹)가 있거나 건물 안에서 물을 사용하는 부분이 정중앙 부분에 해당하면 흉 작용이 일어나므로 특별히 주의해야 한다. 주로 발전운·정보운·사업운·업무운 등을 담당한다.

서(西)

태양이 가라앉는 방위로, 재물운과 수확을 의미한다. '수확과 결실'을 상징하며, 풍부와 기쁨, 번영을 의미하기도 한다. 여성을 의미하는 방위라서 특히 주부의 운기를 좌우한다. 서쪽의 가상이 좋으면 가정주부는 건강하고 가사를 잘하여 가정이 늘 밝다. 계절에 비유하면 곡물과 과실이 결실을 맺는 가을을 의미하기 때문에 인생의 즐거움이나 기쁨과도 관련이 있다. 수확은 물질적인 풍부함을 가져오므로 운기를 높이고 하루하루 즐겁게 살고 싶다면 서쪽의 힘을 활용하는 것이 좋다.

서쪽에 요(凹)가 없으면 수입이 안정되어 경제적으로 윤택하다. 적당한 길이의 철(凸)이 있으면 길한 작용으로 수입이 증가해 저축액이나 재산이 늘어나 여유 있게 살 수 있다.

침실이나 자녀방, 부엌, 화장실, 욕실, 노인의 방으로 최적이다. 다만 요(凹)가 있으면 돈의 흐름이 막히거나 가정 경제가 파산하여 가정 붕괴의 위험성을 초래한다. 가정의 기반과 관련된 소중한 방위이므로 가상을 특히 주의해야 한다. 주로 사교운·재물운·연애운·장사운을 담당한다.

남(南)

해가 잘 비치는 곳으로, 정신력과 지적 능력이 좋고, 판단력·창조력·영감이 넘치는 방위다. 사물의 성립, 목적 달성, 가정의 안전과 발전 등 미래를 암시한다. 태양이 하루 중 가장 높은 곳에 있는 방위로, 집의 중심에서 볼 때 남쪽에 좋은 기가 채워지면 지성과 재능을 인정받을 수 있는 기회가 생긴다. 매력을 강화하는 힘도 가지고 있으며, 모든 것을 밝게 비추는 태양의 영향으로 사물을 통찰하는 능력과 선견지명이 길러지기도 한다.

거실(응접실)에는 최고로 좋은 방위지만 침실이나 자녀방으로는 부적합하다. 남쪽에 공부방이 있으면 집중력이 떨어지고 산만해진다.

'목표 달성'이라는 의미가 있으므로 이곳에 문을 설치하면 지적인 면이 발휘되어 명예와 지위를 얻을 수 있다. 입구로 좋은 방위라서 건물 현관이 남쪽에 위치하면 좋을 것이라 생각할 수 있는데, 문과 현관은 일직선상에 놓지 않는 것이 가상의 기본이므로 주의해야 한다. 만약 남쪽에 요(凹)가 있으면 정신적인 문제가 많이 발생한다. 허영이나 허례허식을 쫓거나 대인관계의 악화, 지위의 실추 등을 경험하게 되고 정신 계통의 질환이 생길 수 있다. 주로 명예운·인기운·미용운·지성운을 담당한다.

북(北)

가정 환경이나 사회 환경 등 외부와의 접촉에 영향을 주는 방위다. 부부 관계를 좌우하는 방위로, 부부간의 원만한 관계와 건전한 가정생활을 주관한다. 두뇌 회전에 영향을 주기 때문에 예부터 건강의 비결인 두한족열(頭寒足熱)을 실천하기에 가장 적당한 방위로 여겨져 왔다. 음(陰)의 방위로서, 음이 지극하면 양으로 변하기 때문에 양(陽)의 시작이자 만물을 소생(태어나는)시키는 에너지를 가지고 있다. 만물이 태어나기 위해서는 교제가 필요하기 때문에 사람과 사람의 교제나 남녀의 사랑을 담당하기도 한다. '혈(穴)'과 '리(裏)'라는 의미도 있어 비밀이나 비자금 등도 이 방위의 영향을 받는다.

본명괘에 따라 문이나 현관을 배치하면 좋은 가상이 된다. 인간관계가 순조롭고, 좋은 사원이나 부하를 얻고, 외부적으로도 좋은 협력자를 만날 수 있다. 문이나 현관을 배치하지 않을 때는 침실을 설치하는 것도 좋은 방법이다. 침실 외에도 서재나 자녀의 공부방, 노인의 방으로 적합하다.

이 방위에 요(凹)가 있으면 사회적으로 신용을 잃고 부부 사이에도 문제가 발생하여 자주 다투게 된다. 경영자는 직원들로 인해서 고생을 하고, 주가가 하락하여 큰 어려움에 직면한다. 주로 교제운·애정운·섹스운·자녀운·공부운·저축운을 담당한다.

북동(北東)

재앙을 부르는 문이라는 뜻에서 귀문(鬼門)이라 부른다. 인간의 육체와 정신에 별로 좋지 않은 자연 환경을 가지고 있기 때문이다.

북동쪽은 햇빛이 잘 들어오지 않고 춥고 습기가 많은 방위다. 겨울에서 봄으로 변화해 가는 계절을 담당하기 때문에 정지나 종점, 개혁이나 변화, 연결 고리 등과 관련이 있다. 이 때문에 귀문이라 불리며, 사람들이 꺼린다. 그러나 한계를 타파하거나 정체에서 빠져나오게 하는 에너지가 있으므로 활용해 볼 만하다.

집을 짓는 경우 좋지 못한 기가 정체되기 쉬운 방위가 된다. 팔방위 중에서는 흉한 작용이 강한 방위로, 건축업자들도 설계상 어려움을 느끼는 방위다. 설계도를 작성할 때는 구조상 요철(凹凸)이 없게 하는 것이 기본이다. 특히 물을 사용하는 공간(부엌·욕실·화장실 등)을 배치해서는 안 되며, 문이나 현관 등의 출입구를 배치해서도 안 되는 방위다. 자녀방이나 침실, 노인방 등을 배치하는 것이 가장 무난하다. 이런 기본 원칙만 따르면 크게 신경 쓸 일이 없다. 사물에는 이면성이 있다는 것을 인식하고 좋은 면을 더욱 활용하는 것이 중요하다.

부동산이나 후계자 문제(변화)에 관련되는 방위이기 때문에 잘 처리해 두면 나쁜 요소가 사라져 좋은 후계자나 상속인을 보거나 재물을 쌓는 등 길의(吉意)가 생긴다. 주로 재산운·유산운·상속운·부동산운·이사운·이동운을 담당한다.

동남(東南)

'진사(辰巳)의 방위'. 태양이 솟아오르는 동쪽의 에너지와, 태양이 가장 빛나는 남쪽의 에너지를 모두 가지고 있어 팔방위 중에서도 최상의 길방위로 소중히 여겨져 왔다. 계절에 비유하면 봄에서 여름, 즉 해가 길어지는 시기로, 햇빛의 작용이 강해지는 시기다. 인연이나 결혼을 담당하는 방위로, 성립되는 것이 조화를 이루고 세상의 평가를 의미하며 신용이라는 의미도 뒤따른다. 동남쪽의 힘을 높이면 신용을 얻고 좋은 인연을 만날 수 있다.

이 방위에는 문·현관·침실·자녀방·거실·응접실 외에 부엌·침실·욕실·화장실 등 물을 사용하는 공간을 배치해도 좋다. 특히 문과 현관 배치는 외부의 에너지를 불러오고 복을 불러들여 사회적인 신용을 얻는다는 점에서 가장 좋은 방위가 된다. 경영자라면 사업의 번성과 경제적 안정, 샐러리맨이라면 출세 등 행운을 불러들인다.

이 방위에 집을 지을 때는 동남쪽의 길의(吉意)를 충분히 활용하는 집을 짓는 것이 중요하지만, 집의 동남쪽에 요(凹)가 있으면 치명적인 결함이 생겨 타인에게 신용을 얻지 못하고 좋은 평판을 얻지 못하므로 주의해야 한다. 주로 결혼운·교제운·사회운·여행운을 담당한다.

남서(南西)

북동쪽의 표귀문에 대한 이귀문(裏鬼門)에 해당한다. 서쪽과 마찬가지로 '땅의 혜택으로 사물을 기르고 수확한다.'는 의미가 있다. 충실한 가정생활을 의미하며, 만물을 낳아 기르는 대지의 에너지를 가진 방위다. 사물이 성장하고 결실을 맺기 위해서는 시간과 수고가 든다. 이 방위를 좋은 기로 채우면 견실하고 근면해져 하나의 일에 몰두할 수 있게 된다. 충실함이나 끈기를 필요로 하는 방위이므로 바로 결과를 기대할 수는 없지만 지속하면 큰 소득을 가져온다. 성실한 자세로 직장이나 가정의 기반을 지킨다는 의미를 가지고 있어 특히 주부의 내면과 건강에 영향을 미친다. 온화하고 침착한 성격을 만들어 주는 기능도 있다.

주부가 가정에 충실하기를 바란다면 이 방위에 요(凹)가 없어야 한다. 요가 있으면 낭비하기 쉽고, 멋대로 생활하는 주부가 된다. 그리고 부부간의 애정 문제가 생겨 가정에 음습한 기운이 돌기 쉽다.

침실이나 노인방으로는 좋지만 부엌은 절대로 배치해서는 안 되며, 욕실과 화장실도 가능하면 피하는 것이 좋다. 주로 가정운·사업운·건강운을 담당한다.

서북(西北)

주인의 방위로 불리며, 가상에서 중요한 위치다. 군자와 권력을 상징하고, 크고 강력한 힘이 넘치는 방위다. 장년 남성이 지위나 명예를 얻어 열심히 활약하는 큰 에너지를 나타낸다. 신불(神佛)을 모시기에 좋은 곳이므로 기의 흐름이 좋으면 신불의 가호를 얻을 수 있다.

사람들 위에 군림하고 지도하는 방위이므로 가장의 방이나 서재, 부부 침실에 최적이다. 2층 건물일 경우 1층에는 노인방을 두고 2층은 가장의 서재나 부부 침실로 이용하면 좋다. 단, 이 방위에 물을 사용하는 공간을 배치하면 가족간에 구심점이 없어지므로 주의해야 한다.

가상에 문제가 없으면 주인의 자리가 안정되어 사회적으로 존경과 명예를 얻어 재산도 순조롭게 축적할 수 있다. 반대로 요(凹)가 생기면 가장이 역할을 제대로 수행하지 못하여 가족 각자 자기중심적인 사고를 하게 되고, 그로 인해 가족간의 유대가 부족해진다. 주로 출세운·승부운·사업운·재물운을 담당한다.

중앙

집의 '중심'은 모든 기가 모이고 변화의 힘이 넘치는 장소이다. 중앙에 모이는 창조력과 파괴력은 둘 다 에너지가 매우 강하기 때문에 그 안에 사는 사람에게는 자기 자신을 확립하는 동시에 타락하는 의미가 있다. 집 전체의 힘에 큰 영향을 미치므로 에너지의 흐름을 좋게 해야 한다. 주로 전체운과 가장의 운을 담당한다.

5) 방위와 인체의 상호 작용

가상이 건강에 영향을 미친다고 해서 현대 의학으로 진단이 가능한 감기나 복통 같은 질병을 유발하는 것은 아니다. 현대 의료 기술로도 좀처럼 원인을 밝힐 수 없는 질병이나, 치료해도 다시 재발을 반복하는 질병이 대부분이다. 선천적인 질환을 가지고 있거나 체질이 허약한 경우를 놓고 가상의 영향(자연의 영향) 때문이라고 말할 수는 없다. 하지만 집의 방향이나 구조가 자신과 맞지 않으면 원인을 알 수 없는 병이 발생하기도 한다.

각 방위의 결점이 인체에 미치는 영향을 살펴보면 다음과 같다.

동쪽

하지, 발, 목, 간장, 신경 등에 영향을 준다.
신경통이나 담석, 노이로제, 천식 등의 발작과 경련을 수반하는 병에 걸리기 쉬우므로 주의해야 한다.

서쪽

입이나 치아, 폐, 혈액 등에 영향을 준다.
식중독이나 치조농루, 흉부 질환, 혈행 불순 등에 걸리기 쉽고 부상이 많이 발생하므로 주의해야 한다.

남쪽

두뇌, 시력, 심장, 얼굴 등에 영향을 준다.
뇌막염이나 신경쇠약, 심장병, 시력장애, 유방암 등에 걸리기 쉬우므로 주의해야 한다.

북쪽

귀, 코, 항문, 생식기, 혈액 등에 영향을 준다.

당뇨병이나 신장병, 부인병, 요도염, 혈액병, 유전성 질병에 걸리기 쉬우므로 주의해야 한다.

북동쪽

허리, 근육, 관절, 비장, 어깨 등에 영향을 준다.

요통, 신경통, 관절염, 비장, 류머티즘, 암 등에 걸리기 쉬우므로 주의해야 한다.

동남쪽

장이나 기관지, 신경, 동맥 등에 영향을 준다.

늑간 신경통이나 기관지염, 탈장, 담석, 장염, 감기 등 유행성 질병에 걸리기 쉬우므로 주의해야 한다.

남서쪽

위장, 비장, 혈액 등에 영향을 준다.

위궤양, 빈혈, 만성 위장병 등에 걸리기 쉽고 내장 기능이 허약해질 수 있으므로 주의해야 한다.

서북쪽

심장, 순환기, 머리, 폐 등에 영향을 준다.

심장병이나 신경과민증, 변비, 피부병, 폐 질환 등에 걸리기 쉬우므로 주의해야 한다.

중앙

심장, 폐장, 비장, 간장, 신장의 오장에 영향을 준다.

뇌출혈이나 심장병, 궤양, 복부 질환, 암 등에 걸리기 쉬우므로 주의해야 한다.

6) 가상에서 꺼리는 흉방위

(1) 암검살(暗劍殺)

암검살은 연반(年盤), 월반(月盤)·일반(日盤)·시반(時盤)으로, 오황의 반대 방위를 일컫는다. 갑자기 덮쳐오는 것이 마치 '어둠속에서 검이 뚫고 나오는 공포' 같다는 의미에서 '암검살'이라고 한다.

오황이 동쪽이면 암검살은 서쪽으로 오황살의 반대되는 곳이 된다. 암검살은 '밤에 칼을 맞는다.'는 의미가 있으며, 타인의 과오나 악의로 그 흉함이 표면적으로나 양적으로 나타나는 흉 작용이 강하다.

이 방위일 경우 험난(險難)·중병급사·변사·천재지변 등이 일어난다. 모두 생명을 위태롭게 하는 것으로서, 돌발적인 사고를 각오해야 한다. 암검살이 회전하는 방위는 연반·월반·일반·시반으로, 모두 같은 순서로 이동한다.

암검살을 만났을 때는 여러 가지 좋지 않은 일이 발생할 수 있으므로 매사에 조심해야 나쁜 일을 예방할 수 있다.

■ 구성의 암검살

구성	암검살	암검살이 되는 구성
일백수성	북	육백금성
이흑토성	남서	팔백토성
삼벽목성	동	일백수성
사록목성	동남	삼벽목성
오황토성	중앙	오황토성
육백금성	서북	칠적금성
칠적금성	서	구자화성
팔백토성	북동	이흑토성
구자화성	남	사록목성

■ 월의 암검살 방위표

해의 간지	1월	2월	3월	4월	5월	6월	7월	8월	9월	10월	11월	12월
자(子)·묘(卯)·오(午)·유(酉)	북동	서	서북	무	동남	동	남서	북	남	북동	서	서북
축·진·미·술	무	동남	동	남서	북	남	북동	서	서북	무	동남	동
인·사·신·해	남서	북	남	북동	서	서북	무	동남	동	남서	북	남

(2) 오황살(五黃殺)

암검살 방위의 반대 방위를 말하며, 암검살 다음으로 대흉방위다.

암검살이 북쪽에 있으면 남쪽, 암검살이 남동쪽에 있으면 북서쪽의 방위가 오황살이 된다. 오황살이 닥쳐 오면 자신이 좋다고 생각한 일이나 행동이 모두 화(禍)가 된다. 화재·다툼·여난(女難)·파산·장기 중병 등이 일어나 정신적으로도 나쁘다. 구토·설사·변비·복통·황달 등으로 고통받는 경우도 많다.

① 일백수성(一白水星)이 남쪽에 올 때
관찰 착오나 인식 착오, 불건전한 사고방식 등으로 직장에서나 사회적으로 악영향을 미치게 된다. 사소한 실패를 거듭하기 쉽고, 눈병과 심장병에 잘 걸리며, 법률상의 문제와 화재 등이 발생하기도 한다.

② 이흑토성(二黑土星)이 북동쪽에 올 때
사업이 부진하고, 직장에서 강등되거나 좌천될 우려가 있고, 친척들로 인해 어려운 일을 당하고 뼈 질환에 걸리기 쉽다.

③ 삼벽목성(三碧木星)이 서쪽에 올 때
지출이 많아지는 등 현금 관계에 여러 가지 문제가 발생한다. 유흥과 오락으로 신세를 망치기도 한다. 남녀 관계가 좋지 않은 방향으로 흐른다.

④ 사록목성(四綠木星)이 서북쪽에 올 때
능력 밖의 일로 인해 어려움을 겪거나 윗사람과의 불화가 생기고 도박으로 망신을 당하거나 파산할 우려가 있다. 호흡기 질환에 걸리기 쉽다.

■ 구성의 암검살 · 오황살

구성	암검살	오황살
일백수성	북	남
이흑토성	남서	북동
삼벽목성	동	서
사록목성	동남	서북
오황토성	무	무
육백금성	서북	동남
칠적금성	서	동
팔백토성	북동	남서
구자화성	남	북

⑤ 오황토성(五黃土星)이 중앙에 올 때

전체적으로 사업 실패나 파산, 건강 악화, 사회적 지위의 실추 등이 발생하기 쉽다.

⑥ 육백금성(六白金星)이 동남쪽에 올 때

지금까지 쌓았던 신용과 공로를 잃기 쉽고, 직장이나 영업적인 면에서 불리한 일이 발생할 수 있다. 결혼 문제로 어려움을 겪고, 간장 질환에 걸리기 쉽다.

⑦ 칠적금성(七赤金星)이 동쪽에 올 때

발전이 둔화되고 체력이 약해지며, 언설로 인해 많은 구설이 발생한다. 화재 위험이 있고, 부하나 자식에게 배신당하기 쉽다.

⑧ 팔백토성(八白土星)이 남서쪽에 올 때

가정에 골치 아픈 일이 생기고, 사업이나 직장에서 불상사가 발생하기 쉽다. 부동산운이 약해지고, 소화기 계통 질환에 걸리기 쉽다.

⑨ 구자화성(九紫火星)이 북쪽에 올 때

사업을 하거나 사람을 상대하는 데 있어 선량한 사람보다는 악한 사람을 많이 만나고, 도난 문제가 발생하며, 생식기 계통의 질환에 걸리기 쉽다.

(3) 세파(歲破)

세파란 년(年)의 흉방위로 년의 십이지에서 일곱 번째에 해당하며, 년의 십이지의 정반대 방위를 말한다. 년반(年盤) 중에 파(破)라는 것으로 흉방위 가운데 세 번째에 해당한다. 이 방위

■ 세파

십이지	세파
자	오
축	미
인	신
묘	유
진	술
사	해
오	자
미	축
신	인
유	묘
술	진
해	사

에 해당하는 해에 신축이나 증·개축, 이전·개업 등을 하면 타인에게 과거의 과실이 적발되어 그것이 원인이 되어 실패하는 일이 많아진다. 과거에 앓았던 병이 재발해 중병에 걸리거나 그것이 재발의 원인이 되어 생명을 잃는 경우도 있다.

대세(大歲)는 해[年]의 건설 작용을 하고, 세파는 해[年]의 파괴 작용을 한다. 물리학적인 측면에서도 한쪽이 건설 작용을 하면 그 반대쪽은 반드시 파괴 작용을 한다. 예를 들어, 나무 의자를 만들려고 나무를 베는 작업은 건설 작용이지만 의자를 만들기 위해 벌채를 하는 것은 파괴 작용이라고 할 수 있다. 유형적으로나 무형적으로나 한쪽이 건설 작용을 하면 반대쪽은 파괴 작용을 하는 것이다.

(4) 월파(月破)

월파는 월(月)의 십이지의 정반대 방위로 월의 십이지에서 일곱 번째 방위에 해당한다. 월반(月盤)에 파(破)라고 쓰여 있는 방위로, 매년 축(丑)월에는 미(未)의 방위가, 인(寅)월에는 신(申)의 방위가 월파가 되며, 매년 변하지 않는다.

세파에 비해 미치는 영향이 1/12 정도로 작은 편이지만 이 또한 가볍게 여겨서는 안 된다. 아주 작은 구멍이 제방을 무너뜨리듯 사소한 것이 계기가 되어 모든 것을 파괴할 수도 있기 때문이다. 월파의 방위를 향해 신축이나 증·개축, 이전 등을 하면 해당하는 방위에 따라 정신적·물질적으로 많은 영향을 받는다.

월파에 해당되면 자동으로 자신의 행동이나 말이 원인이 되어 재앙이 일어난다. 주로 5~7년 정도의 미해결 문제가 발생한다. 회복되었던 병이 재발하거나 과거에 미처 갚지 못한 빚을 갚아야 하는 등의 일이 연달아 일어난다.

■ 월파

월(음력)	월파
1월	미
2월	신
3월	유
4월	술
5월	해
6월	자
7월	축
8월	인
9월	묘
10월	진
11월	사
12월	오

(5) 본명살(本命殺)

　자신의 본명성에 해당하는 방위를 말한다. 일백수성의 사람은 일백수성의 방위, 이흑토성의 사람은 이흑토성의 방위가 본명살이다. 암검살이나 오황살, 세파는 해당하는 모든 사람에게 화(禍)가 되지만 본명살은 해당하는 구성과 같은 본명성의 사람에게 화가 미친다. 오황토성의 사람은 본명살과 동시에 오황살이 함께 오면 그 흉 작용은 매우 심하다.
　본명살이 오면 중병에 걸려 막대한 치료비를 지불하게 되거나, 이 방위를 향해 신축이나 증·개축, 이전·개업 등을 하면 처음에는 잘되는 것 같아도 나중에는 대수롭지 않은 일이 원인이 되어 무너질 수 있다. 같은 본명의 사람에게만 화(禍)가 오므로 무심코 지나치지 않도록 해야 한다.

(6) 본명적살(本命的殺)

　본명성 방위의 정반대 방위를 말한다. 본명적살에 흉성(凶星)이 있는 것은 물론 길성(吉星)이 있어도 적살의 영향을 피할 수 없다. 본명성이 오황토성인 사람은 암검살도 동시에 해당되기 때문에 흉 작용은 더욱 심하다.
　본명적살이 왔을 때 이 방위를 향해 신축이나 증·개축, 이전이나 개업을 하면 재앙을 입게 된다. 자신의 말과 행동이 원인이 되어 재앙이 일어나는 것으로, 욕심과 욕망이 증가함에 따라 모든 일이 점점 사양의 길을 걷게 된다. 더구나 이를 반성하거나 사태의 심각성을 깨닫지 못하고 자만하거나 실패의 책임을 타인에게 전가하는 등 정신적으로도 피폐해진다. 이 방위도 본명살처럼 같은 본명성을 가지는 것이 흉방위가 되므로 주의해야 한다.

(7) 월명살(月命殺)

자신의 월명성에 해당하는 방위를 말한다. 월명살의 화(禍)는 본명살과 비교했을 때 대동소이하다. 신용을 잃거나 중병에 걸려서 생명이 위태로워질 수 있다. 본명살은 10년에 한 번 오지만 월명살은 10개월에 한 번 꼴로 오므로 주의해야 한다.

(8) 월명적살(月命的殺)

자신의 월명성의 반대 방위로, 말과 행동이 원인이 되어 재앙이 일어난다. 어떤 길성에도 그 효과는 사라지고 흉 작용이 더해진다. 이 방위를 향해 신축이나 증·개축, 이전·개업 등을 하면 자만심이 늘고 나태해진다. 사람을 거만한 태도로 부리게 되고, 폭언과 거짓을 일삼아 목표를 잃게 된다. 본명적살은 10년 단위로 이동하지만 월명적살은 10개월 단위로 이동한다.

■ 본명성 조견표

구성	탄생년(괄호 안은 입춘 시작일)								
일백수성	2017 2/4~	2008 2/4~	1999 2/4~	1990 2/4~	1981 2/4~	1972 2/5~	1963 2/4~	1954 2/4~	1945 2/4~
이흑토성	2016 2/4~	2007 2/4~	1998 2/4~	1989 2/4~	1980 2/5~	1971 2/4~	1962 2/4~	1953 2/4~	1944 2/4~
삼벽목성	2015 2/4~	2006 2/4~	1997 2/4~	1988 2/5~	1979 2/4~	1970 2/4~	1961 2/4~	1952 2/4~	1943 2/4~
사록목성	2014 2/4~	2005 2/4~	1996 2/4~	1987 2/4~	1978 2/4~	1969 2/4~	1960 2/5~	1951 2/5~	1942 2/4~
오황토성	2013 2/4~	2004 2/4~	1995 2/4~	1986 2/4~	1977 2/4~	1968 2/5~	1959 2/4~	1950 2/4~	1941 2/4~
육백금성	2012 2/4~	2003 2/4~	1994 2/4~	1985 2/4~	1976 2/5~	1967 2/4~	1958 2/4~	1949 2/4~	1940 2/4~
칠적금성	2011 2/4~	2002 2/4~	1993 2/4~	1984 2/5~	1975 2/4~	1966 2/4~	1957 2/4~	1948 2/4~	1939 2/4~
팔백토성	2010 2/4~	2001 2/4~	1992 2/4~	1983 2/4~	1974 2/4~	1965 2/4~	1956 2/5~	1947 2/5~	1938 2/4~
구자화성	2009 2/4~	2000 2/4~	1991 2/4~	1982 2/4~	1973 2/4~	1964 2/5~	1955 2/4~	1946 2/4~	1937 2/4~

■ 월반 구성표(月盤九星表)(음력 기준)

월 \ 해	자·묘·오·유(子·卯·午·酉)의 해	축·진·미·술(丑·辰·未·戌)의 해	인·사·신·해(寅·巳·申·亥)의 해
인(寅) 1월	팔백토성	오황토성	이흑토성
묘(卯) 2월	칠적금성	사록목성	일백수성
진(辰) 3월	육백금성	삼벽목성	구자화성
사(巳) 4월	오황토성	이흑토성	팔백토성
오(午) 5월	사록목성	일백수성	칠적금성
미(未) 6월	삼벽목성	구자화성	육백금성
신(申) 7월	이흑토성	팔백토성	오황토성
유(酉) 8월	일백수성	칠적금성	사록목성
술(戌) 9월	구자화성	육백금성	삼벽목성
해(亥) 10월	팔백토성	오황토성	이흑토성
자(子) 11월	칠적금성	사록목성	일백수성
축(丑) 12월	육백금성	삼벽목성	구자화성

■ 본명성이 삼벽목성, 육백금성, 구자화성인 사람의 경우(음력)

탄생월	1월	2월	3월	4월	5월	6월	7월	8월	9월	10월	11월	12월
월명성	오황토성	사록목성	삼벽목성	이흑토성	일백수성	구자화성	팔백토성	칠적금성	육백금성	오황토성	사록목성	삼벽목성

■ 본명성이 이흑토성, 오황토성, 팔백토성인 사람의 경우(음력)

탄생월	1월	2월	3월	4월	5월	6월	7월	8월	9월	10월	11월	12월
월명성	이흑토성	일백수성	구자화성	팔백토성	칠적금성	육백금성	오황토성	사록목성	삼벽목성	이흑토성	일백수성	구자화성

■ 본명성이 일백수성, 사록목성, 칠적금성인 사람의 경우(음력)

탄생월	1월	2월	3월	4월	5월	6월	7월	8월	9월	10월	11월	12월
월명성	팔백토성	칠적금성	육백금성	오황토성	사록목성	삼벽목성	이흑토성	일백수성	구자화성	팔백토성	칠적금성	육백금성

■ 구성대요도(九星大要圖)

구성	상징적인 의미	오행	구성	상징적인 의미	오행
일백수성(一白水星)	시작, 건강, 자녀운	수	육백금성(六白金星)	축재, 지위, 사회운	금
이흑토성(二黑土星)	노동, 가정, 직업운	토	칠적금성(七赤金星)	금전, 연애운	금
삼벽목성(三碧木星)	교재, 성공, 발전운	목	팔백토성(八白土星)	개혁, 부동산, 친척, 친구운	토
사녹목성(四綠木星)	신용, 영업, 결혼운	목	구자화성(九紫火星)	달성, 지성, 명예운	화
오황토성(五黃土星)	안정, 지배운	토			

■ 본명성의 상생 상극표

구성 \ 기운	생기(生氣)	퇴기(退氣)	비화(比和)	사기(死氣)	살기(殺氣)
일백수성	칠적금성, 육백금성	삼벽목성, 사록목성	없다	구자화성	이흑토성, 팔백토성
이흑토성	구자화성	육백금성, 칠적금성	팔백토성	일백수성	삼벽목성, 사록목성
삼벽목성	일백수성	구자화성	사록목성	이흑토성, 팔백토성	육백금성, 칠적금성
사록목성	일백수성	구자화성	삼벽목성	이흑토성, 팔백토성	육백금성, 칠적금
오황토성	구자화성	육백금성, 칠적금성	이흑토성, 팔백토성	일백수성	삼벽목성, 사록목성
육백금성	이흑토성, 팔백토성	일백수성	칠적금성	삼벽목성, 사록목성	구자화성
칠적금성	이흑토성, 팔백토성	일백수성	육백금성	삼벽목성, 사록목성	구자화성
팔백토성	구자화성	육백금성, 칠적금성	이흑토성	일백수성	삼벽목성, 사록목성
구자화성	삼벽목성, 사록목성	이흑토성, 팔백토성	없다	육백금성, 칠적금성	일백수성

■ 구성의 상생과 상극의 의미

상생	생기(대길)		주위에서 행운이 들어온다.
	퇴기(중길)		노력과 공부 등으로 스스로 운을 개척한다.
	비화(길)		상호 협력하고 공존 공생할 수 있다.
상극	살기(흉)		상대보다 우위에 있음. 상대에게 위험을 가함.
	사기(대흉)		상대에게 피해와 방해를 받음. 운기가 좀처럼 열리지 않음.

(9) 4길방 · 4흉방

4길방은 생기 · 천의 · 연년 · 복위, 4흉방은 절명 · 오귀 · 육살 · 화해로 부른다.

목적에 따라 각 방위의 행운의 힘을 이용한다.

■ **4길방과 4흉방의 작용**

생기 – 최대길
- 적극적인 활동으로 실천력 상승, 지도력 발휘.
- 일이나 공부의 능률 상승(사춘기 때 주의).
- 생기발랄함으로 사랑의 기회를 잡는다.
- 성욕과 자녀운 증가(바람기 있는 사람 주의).
- 생명력을 높여 주는 파워풀한 방위.

절명 – 최대흉
- 주변 사람에게 이해받지 못하고 오해와 중상모략으로 고립됨.
- 이유 없이 우울하고 실패를 반복함.
- 심각한 컨디션 난조로 정신적 혼란을 겪는다.
- 사람을 믿지 못하고 피해망상에 빠짐.
- 생명력이 약해지며 모든 일이 혼란함.

천의 – 대길
- 쾌식 · 숙면 · 쾌변 습관이 생기고 건강해짐.
- 협력자나 하늘의 도움을 받음.
- 상처가 낫거나 회복력 증가.
- 문제나 고민이 해소, 정신적 안정.
- 근심이 있으면 즐거움이 있는 법. 마지막에 큰 성과를 얻는 방위.

오귀 – 대흉
- 신경질적이고 대인 관계에서 문제 발생. 신뢰 추락.
- 비판적, 끊없는 불만으로 범죄 행위에 빠짐.
- 피해망상으로 판단력 저하.
- 불안, 초조, 반항적, 사람들에게 상처 줌.
- 난폭함을 높이는 방위. 가정 폭력을 불러옴.

연년 – 중길
- 협조하는 습관으로, 자연과 사람에게 영향을 줌.
- 초조함과 불만이 없어지고, 매사에 만족.
- 인내력과 지구력이 생김.
- 이론적이고 건설적인 생각이 나옴.
- 조화의 방위로, 연애운과 결혼운이 상승.

육살 – 중흉
- 자율신경의 불균형으로 불면증이나 불안감을 겪음.
- 집중력 저하와 실패로 운기 저하.
- 자제력 떨어져 의존증이나 불륜 문제 발생.
- 질투심이 많고 시기하고 따돌림.
- 서류상의 실수, 남녀문제가 발생하는 방위.

복위 – 소길
- 사회인으로서 자립심과 책임감 형성.
- 경제력 상승, 계획성 증가.
- 가족의 사랑이 강해지고, 부부 사이 및 부모 자식간이 원만해짐.
- 자신다움을 회복, 에너지 충전.
- 성욕 억제 방위로 바람기 방지에 사용 가능.

화해 – 소흉
- 잡무가 많아 업무 성과 저하.
- 타인에게 이용되고 자주 속게 됨.
- 누적된 피로로 인한 체력 저하(특히 위장).
- 철저하지 못하고 실수가 잦음.
- 철이 천천히 녹이 슬 듯 상황을 부식시키는 방위.

4. 사신사

1) 사신사의 의미

사람들은 육체와 정신의 조화를 추구한다. 풍수에서도 자신과 주변 환경과의 조화를 말하고, 이런 조화를 가리켜 사신사(四神砂) 또는 오령(五靈)이라고 한다.

집의 사면(전후좌우)에 있는 산을 사신사라고 한다. 사신사의 명칭은 주산(主山)을 등지고 지대가 낮은 곳을 향해 내려다보는 형태에서 왼쪽의 산을 청룡(靑龍), 오른쪽 산을 백호(白虎), 앞산을 주작(朱雀) 그리고 뒷산을 현무(玄武)라 하며, 일반적으로 좌청룡(左靑龍)·우백호(右白虎)·전주작(前朱雀)·후현무(後玄武)라고 부른다. 청룡이나 백호가 여러 겹으로 겹쳐 있어 산 너머에 다른 산이 보이는 경우 가까운 곳에 있는 산을 '내청룡', 내청룡 뒤쪽에 있는 산을 '외청룡'이라고 한다. 그리고 혈이나 명당 가까이 있는 백호를 '내백호'라 하고, 내백호 뒤쪽에 있는 산을 '외백호'라고 한다. 청룡과 백호를 함께 말할 때는 용호(龍虎)라고 한다.

청룡 중에서도 주산에서 맥이 연결된 청룡을 본신청룡(本身靑龍)이라 하고, 주산이 아닌 다른 산에서 맥이 연결된 청룡을 외산청룡(外山靑龍)이라고 한다. 백호 중에서도 주산에서 맥이

[사신사 배치도]

연결된 백호를 본신백호(本身白虎)라 하고, 다른 산에서 맥이 연결된 백호를 외산백호(外山白虎)라 한다. 본신과 외산이 동시에 있는 경우에는 주합용호(湊合龍虎)라고 한다. 본신용호와 외산용호를 비교하면 본신용호는 주산에서 맥이 연결되어 있어 외산용호보다 명당에 생기를 많이 발생시킨다는 것이 장점이다.

사신사란 자신이 거주하는 건물의 외부 환경이나 실내 인테리어에서 집과 사무실의 건축 계획, 도시 설계에 이르기까지 모든 분야에 적용할 수 있는 완벽한 안정 조건이다.

2) 사신사의 기능

사신사의 기능은 주룡에 있는 혈에 생기를 만드는 것으로, 혈이나 명당은 사신사로 만들어진다. 그러나 사신사가 있는 곳이 모두 혈이나 명당이 되는 것은 아니다. 혈이나 명당에 생기를 만들기 위해서는 사신사가 바람막이 기능을 하고 있어야 하며, 곡면 반사경 기능과 볼록 렌즈 기능의 3가지를 갖추어야 한다.

사신사가 바람막이 기능을 해야 하는 이유는 생기가 바람에 의해 만들어지기 때문이다. 하지만 강한 바람은 오히려 기운을 분산시켜 생기가 되지 못하므로 사신사가 사면에서 불어오는 강한 바람을 순하고 부드러운 바람으로 만들어 주어야 한다. 이처럼 바람을 막고 생기를 만들고 흩어지지 않도록 하는 과정을 '장풍(藏風)'이라고 한다.

청룡과 백호가 있다고 해서 모두 바람을 막아 주는 것은 아니다. 지세에 따라서는 오히려 바람을 더욱 강하게 하여 생기를 분산시키기도 한다. 용호가 바람막이 기능을 수행하고 생기를 만들기 위해서는 명당 앞쪽으로 혈을 마주보아야 하는 동시에

삼태기처럼 둥그런 모양으로 감싸고 있어야 한다. 용호가 명당을 향해 감싸고 있지 않더라도 명당을 향해 아름답게 마주보고만 있어도 바람막이 역할을 수행하는 경우가 많다.

반면 용호가 명당 쪽에 등을 보이는 경우는 둥근 형태를 이루고 있다 하더라도 결코 바람막이의 기능을 수행할 수 없을 뿐만 아니라 오히려 더욱 강한 바람을 일으키게 된다.

반사경이란 빛을 반사하는 거울을 말하는데, 그중에서도 곡면 반사경은 반사면이 곡면을 이루고 있어 빛을 한 점에 집중적으로 모으는 장점이 있다. 자동차의 헤드라이트가 곡면 반사경의 대표적인 예다.

일반적으로 산과 나무, 강 등은 그 자체의 빛으로 햇빛이나 달빛을 반사할 수 있다. 따라서 태양과 달빛이 청룡과 백호에 비치면 그 빛의 일부는 반사된다. 이때 반사된 빛이 한 지점에 모여 하나의 초점을 이루는 경우 이 초점에 신비한 기운, 즉 생기가 발생한다. 반사경의 초점에 생기가 발생하는 공간을 혈(穴)이라고 하며, 혈 주변 공간을 명당(明堂)이라고 한다. 여러 종류의 빛이 모이는 공간은 그 빛으로 인해 이름 그대로 명당을 이룬다. 즉 청룡과 백호가 완전하게 반사경의 기능을 해야 생기가 많아져 명당을 이루게 된다.

볼록 렌즈는 분산되어 있는 빛을 하나로 모으기 때문에 매우 밝고 뜨겁다. 사신사의 이상적인 형태는 혈을 중심으로 둥글게 감싸고 있는 것이다. 이 둥근 형태의 청룡 능선은 마치 볼록 렌즈의 둥근 부분과 같은 모양으로, 이 볼록 렌즈 형태의 청룡이 주변에 분산되어 있는 기운을 모아 하나의 초점을 만든다.

이처럼 청룡은 혈의 왼쪽에서, 백호는 혈의 오른쪽에서, 주작은 혈의 앞에서, 그리고 현무는 혈의 뒤에서 각각 볼록 렌즈와 같은 역할을 수행함으로써 4개의 볼록 렌즈의 공통 초점이 되는 곳이 바로 혈이 되고, 이곳에 엄청난 양의 생기가 모이게 되는 것이다.

3) 사신사의 영향

사신사의 배치도를 보면 중심에 뱀이 있다. 이 뱀을 황색 용이나 기린으로 표현하는 경우도 있다. 이는 자기 자신이나 집, 도시 전체를 가리키며, 뱀은 주위의 동물들에게 보호받거나 그들을 조정한다.

(1) 현무(玄武)

자신의 뒤쪽에 있는 산을 현무 또는 주산(主山)이라고 한다. 현무는 혈의 뒤쪽에 우뚝 선 사(砂) 또는 산(山)으로, 혈로 불어오는 뒤쪽 바람을 막아 주지만 주된 역할은 혈을 맺는 내룡을 출맥시킨 어머니와 같은 산이다. 태조산에서 뻗어나온 용맥이 중조산과 소조산을 거쳐 지기(地氣)가 일단 머문 곳으로, 입수를 거쳐 혈에 생기를 주입시킨다. 따라서 주산은 완만한 경사를 이루며 나아가다가 마치 거북이가 머리를 숙이고 정지해 있는 듯한 형세가 좋다. 만약 고개를 높이 쳐든 형세라면 시신의 안장(安葬)을 용납하지 않는 처사로, 그곳에서 뻗어 내린 내룡에는 생기가 없다고 본다.

주산은 청룡과 백호의 주인이 되고, 손님인 조산과도 서로 품격이 어울려야 혈의 생기가 순화된다. 조산이 주산에 비해 왜소하거나 품격이 떨어진다면 혈의 생기 역시 적당하지 못하다. 하지만 평지에서는 주산이 멀리 떨어져 있어 이곳에서 출맥한 내룡의 기세가 약하다. 하지만 구불구불한 것을 취하고 혈장의 뒤쪽에 기운을 묶은 곳(결인, 속기)이 있으면 용맥이 형성된 것으로 본다. 산속에서 결인은 생기를 응집시키는 주된 역할을 하

현무. 현무의 지세가 좋은 지역에서는 능력이 뛰어난 인재가 나온다.

고, 평야의 결인처는 산 속에서 주산과 같은 역할을 한다.

이처럼 현무는 주인이 역할을 수행할 경우 사신사 중에서 가장 이상적인 지세가 된다. 산세의 규모나 기상이 청룡이나 백호, 주작보다 크고 힘차야 하며, 주룡에서 개장과 천심 등 몇 가지 변화 과정을 이루는 생룡이어야 한다.

현무의 지세가 좋은 지역에서는 능력이 출중한 인물이 배출된다. 안정 또는 완전한 상태를 가리키며, 뒤쪽의 공격에 대한 불안감을 해소해 준다. 인테리어로 말하면 벽이나 칸막이에 해당한다.

(2) 주작(朱雀)

주작 또는 안산(案山)은 혈 앞에 낮게 엎드려 있는 산으로, 앞쪽에서 혈로 부는 바람을 차단하는 역할을 한다. 안산은 책상과 같아 높으면 눈썹 높이요, 낮으면 심장 위치로 가지런해야 좋다. 한쪽으로 치우치면 흉하다. 안산이 손에 잡힐 듯 보이면 재물이 쌓이고, 외방에 수려한 봉이 천 개가 있어도 하나의 안산만 못하다고 한다. 이것은 조산의 길흉화복이 안산의 것보다 못하다는 뜻이다. 하지만 안산이 너무 가까우면 내당이 협착하여 기를 모으기 어렵고, 너무 멀면 바람을 가두기 어려워 혈에 살풍이 분다.

주작. 주작이 좋은 집터에서는 큰 재산을 모을 수 있다.

안산의 모양이 초승달이나 반달 같은 아미사(蛾眉砂)를 닮았으면 딸 중에서 왕비나 미인이 나고, 안산 앞으로 맑은 물이 흐르면 재색을 겸비한 딸이나 며느리가 나온다고 한다. 안산이 없어서 전면에서 바람이 불어오면 기를 모을 수 없기 때문에 가난해지고, 안산이 지나치게 높으면 혈장의 생기를 눌러 압혈이 되므로 후손 중에 눈이 멀거나 불구자가 태어난다고 한다.

그리고 안산은 당국(當局)의 물이 혈을 둘러싸고 흐르도록 유도하니 재물이 풍족하다. 산이 물을 가두는 형세라면 나라를 얻는다고 한다. 하지만 안산이 너무 비탈지거나 등을 보이고 도망가거나 뾰족한 능선과 곡살(谷殺)이 혈을 향해 직사하면 크게 흉하다. 안산이 개발로 인해 파손되거나 깎아지른 듯 험하고 달아나는 듯 무정하고 부스럼이나 종기가 난 것처럼 조잡하고 거칠면 재화를 면할 수 없다. 물형론에서는 주로 안산의 모양새를 보아 형국(形局)을 결정하는데, 조금도 착오가 없어야 한다.

현대 풍수학에서는 봉황(朱雀)이 위치하면 풍부한 정보나 그 아름다움으로 많은 영감을 준다고 본다. 앞쪽에는 넓은 공간이 필요함을 시사한다. 주작 중에서 집터 가까이에 있는 안산은 재산과 사회적 지위, 평판 등의 기운과 연관된다. 주작이 좋은 집터에서는 큰 재산을 모으고 사회적으로 높은 지위에 오르며, 많은 사람들에게 존경을 받게 된다. 그러나 주작이 좋지 않은 집터에서는 재산을 잃고 직장에서 누명을 쓰고 물러나는 등 명예를 잃게 된다.

(3) 청룡(靑龍)

청룡(靑龍)은 혈장 왼쪽에 담을 치듯 완만하게 흘러 뻗으며, 혈을 감싸안은 산줄기다.

주된 역할은 혈장에 부는 바람을 가두는 일이다. 바람을 막기 위해 2, 3겹으로 겹겹이 감싸 주면 좋고, 혈에서 봤을 때 청룡 너머로 들판이나 강물이 보이면 이것을 월수(越水)라 하여 장풍이 되지 않은 흉한 것으로 본다.

청룡은 사람의 팔과 다리 그리고 집의 담장과 같다. 청룡 끝이 높이 솟구쳐서 호위병이 주인을 째려보는 형세를 가지고 있으면 혈을 기만하는 것이라 하여 흉하게 본다. 평지에서는 혈의 왼쪽 산이 높지 않아 청룡이 명확하게 드러나지 않는다. 이때

청룡. 청룡의 지세가 좋으면 특히 자손이 번창하게 된다.

높은 밭이나 흙이 쌓인 둔덕 등이 미미한 용기를 이루면서 용맥을 형성한 채 혈을 감싸안았다면 청룡으로 간주한다. 청룡을 가로질러 도로가 생기면 이곳으로 바람이 통하므로 묘에 곡장(曲墻)을 둘러 바람을 막는 것이 좋다.

형기론 풍수에서 청룡은 남자 후손의 건강 또는 수명과 관련 있으며, 그중에서도 장손이 가장 큰 영향을 받는다. 청룡이 끊어지면 집안이 절손되고, 짧거나 부실하면 남자쪽 후손이 단명하거나 병치레를 한다. 혈장을 감싸지 않은 채 등을 돌리고 있으면—바깥쪽으로 구부러져 있으면—불효자가 나고, 끝머리가 끊어지거나 미약하면 객사하는 후손이 나오고, 끝머리에 암석이 돌출해 있으면 인재가 태어난다고 한다.

청룡에서 발생하는 생기는 자손 번창, 권력과 지도자 그리고 재산의 기운을 가지고 있다. 청룡의 지세가 좋으면 사람들이 건강하고, 고급 공무원이 되거나 경제적으로 번성하며, 자손까지 번창한다. 반대로 청룡의 지세가 나쁘면 건강을 잃고 자손이 줄어들며, 심한 경우 대가 끊기기도 한다. 용이 먼 곳을 바라보면 중요한 결정을 내리는 것을 상징하기도 한다. 인테리어에 응용할 경우에는 자신의 왼쪽으로 옷장이나 책장 등 키가 큰 가구를 배치하면 된다.

(4) 백호(白虎)

백호(白虎)는 혈장 오른쪽에 담을 치듯 완만하게 흘러 뻗으며, 혈을 감싸안는 산줄기다. 주된 역할은 혈장에 부는 바람을 가두는 일이다. 바람을 막기 위해 2, 3겹으로 겹겹이 감싸 주면 좋고, 혈에서 바라볼 때 백호 너머로 들판이나 강물이 보이면 이것을 월수(越水)라 하여 장풍이 되지 않은 흉한 것으로 본다.

백호는 사람의 팔과 다리 그리고 집의 담장과 같다. 머리를

백호. 백호가 좋은 지역에서는 훌륭한 여성이 배출된다.

숙이고 다소곳이 엎드려 있는 형상이 좋으며, 머리를 들고 혈을 주시하면 시신을 삼키는 백호라 하여 흉하다 본다. 평지에서는 혈의 오른쪽 산이 높지 않아 백호가 명확하게 드러나지 않는다. 이때 높은 밭이나 흙이 쌓인 둔덕 등이 미미한 융기를 이루면서 용맥을 형성한 채 혈을 감싸안았다면 백호로 간주한다. 백호를 가로질러 도로가 생기면 이곳으로 바람이 통하므로 묘에 곡장을 둘러 바람을 막는 것이 좋다.

형기론 풍수에서 백호는 딸이나 며느리 등 여자 후손의 운수나 재물운을 관장한다. 백호가 아름다우면 재색을 겸비한 여성이 나오고, 백호가 부실하면 여자 후손이 빨리 죽어 홀아비가 생긴다고 한다. 형세가 전체적으로 왜소하면 굶어죽는 후손이 나오고, 끝머리가 뚝 끊긴 듯 뭉툭하면 후손이 끊기거나 과부가 생긴다고 한다. 청룡보다 백호의 위용이 지나치게 당당하면 청상과부가 생기거나 며느리의 주장이 거세진다고 한다.

백호에서 발생하는 생기는 재산과 여성의 생명력을 상징한다. 백호가 기능을 다하는 지역에서는 부자가 나오고 훌륭한 여성이 많이 배출되며, 딸은 물론 며느리에게도 그 영향이 미친다. 백호의 지세가 좋지 못하면 딸이나 며느리가 가출하는 일이 발생한다. 공격과 방어에 모두 뛰어나지만 언제나 자세를 낮추어 준비하고 있다.

자신의 오른쪽에는 호랑이처럼 보조 탁자나 수납 박스 등 키 작은 가구를 배치하면 편리함과 안정을 얻을 수 있다.

4) 사신사의 거리와 발복(發福)

혈을 구성하는 지세에서 청룡과 백호의 길이가 같은 것이 이상적이지만 청룡과 백호의 길이가 각각인 경우도 많다. 혈과 명당에서 청룡이나 백호까지 떨어져 있는 거리도 일정하지 않다. 이처럼 용호의 길이나 거리는 지세에 따라 모두 다른데, 이 길이와 거리의 차이로 혈과 명당의 기운도 달라진다.

일반적으로 혈에서 청룡 또는 백호까지의 거리는 30미터 정도 떨어져 있는 것이 대부분이다. 지세에 따라 짧게는 10미터, 길게는 100미터 이상 떨어진 경우도 있다. 하나의 혈에서도 청룡이나 백호까지의 거리가 서로 비슷해 좌우 균형을 이루고 있는 지세가 있는가 하면 청룡과 백호의 거리가 서로 다른 경우도 있다.

혈에서 청룡 또는 백호까지의 거리는 발복(發福)을 일으키는 시간과 관련 있다. 그래서 청룡이나 백호가 집터에서 가까울 때는 이들 용호의 영향이 빨리 나타난다. 예를 들어 좋은 청룡과 백호가 집터에서 30미터 떨어져 있는 경우에는 집에 입주한 날부터 경사스런 일이 생기기 시작하여 3년 내에 재산과 명예가 따르고 건강해지는 등 이른바 금시발복하게 된다.

반면 흉기(凶氣)를 갖고 있는 청룡과 백호가 혈에서 30미터 정도 가까운 거리에 있을 때는 입주한 해부터 교통사고나 부도, 질병 등의 불행한 일이 발생한다. 집터에서 청룡에 이르는 거리는 가깝지만 백호까지의 거리가 먼 경우 청룡의 영향은 바로 나타나지만 백호의 영향은 시간이 흐른 뒤에 발생한다.

5) 한옥 및 전원 주택과 사신사

풍수가들은 산의 형세를 살펴보면 조종(祖宗)이 되는 산은 누각이 나듯 치솟은 형세를 지닌다고 말한다. 그리고 주산(主山)은 수려하고 단정하며 청명하고 부드러운 것이 좋다. 두 번째로는 뒷산이 면면하게 이어져 들판을 가로질러서 문득 높은 봉우

동부(洞府)
신선이 산다는 골짜기.

리를 일으키고, 지엽(枝葉)과 같은 지맥(支脈)이 그것을 둘러싸 동부(洞府)를 이루어 마치 관부(官府) 안으로 들어가는 듯하며, 주산의 형세가 듬직하고 풍성하여 다층집이나 높은 궁전과 같은 것이 좋다. 마지막으로 사방의 산이 멀리 물러나 앉아 평야를 에워싸고 있고, 산맥이 뚝 떨어져 내려와 평지에서 물을 만나 맥이 그쳐 들판의 중심이 되는 것이 그 다음으로 좋다.

이와 반대로 피해야 할 것은 내룡(來龍)이 나약하고 멍청해서 생기가 없거나 산세가 부서지고 비스듬히 기울어 길한 기운이 없는 것이다. 무릇 땅에 생기와 길한 기운이 없으면 인재가 나지 않는다.

한옥이나 전원 주택에서 왼쪽에 물이 있는 것을 청룡이라 하고, 오른쪽에 긴 길이 있는 것을 백호라 하며, 앞에 연못이 있는 것을 주작이라 하고, 뒤에 언덕이 있는 것을 현무라 한다. 이처럼 사신사가 혈을 감싸고 있는 곳이 가장 좋은 터다.

집의 좌우와 전면에 있는 사(砂)가 뾰족하게 솟아 단정하고 둥글면 과거에 급제하고, 손(巽)방과 신(辛)방에 붓을 세워 놓은 듯한 모양을 하고 있으면 문과에 급제하여 부귀영화를 누리

▼ 사신사가 균형을 이룬 마을

게 된다. 갑옷이 쌓여 있거나 군대가 주둔한 형상을 하고 있으면 무인이 되어 귀해지며, 머리가 기울고 정수리가 비스듬하게 기운 형상이면 도적이 되고, 고요(孤曜)하면 승려나 도사가 된다. 불꽃이 타오르는 듯한 형태를 한 산이 있는 경우에는 전염병과 화재를 겪는다. 집 주위에 있는 산에 돌이 부서진 것이 많이 보이면 소송으로 인해 다투게 되며, 남자는 멀리 유랑하고 여자는 예의가 없어진다. 집 뒤쪽에 언덕이나 절벽이 있어 집 내부가 들여다보이면 도적이 생기고 전쟁으로 죽는다.

　사람은 양기를 받으며 살아가야 하므로 하늘이 보이지 않거나 해가 들지 않는 곳에 거처해서는 절대로 안 된다. 들이 넓으면 넓을수록 집터가 좋다. 모름지기 집터는 햇빛과 달빛 그리고 별빛이 찬란하게 땅을 비추고, 비바람과 추위, 더위가 적절해야 한다. 이런 곳에서 인재가 많이 나고 질병도 적다.

　가장 피해야 할 곳은 사방에 산이 높이 솟아 주위를 압도하여 해가 늦게 뜨고 일찍 지며 북두성이 보이지 않는 곳이다. 이런 곳은 신령스러운 빛도 적을 뿐더러 음기가 쉽게 침입하기 때문에 귀신이 우글거리는 소굴이 된다. 또 아침저녁으로 습기와 안개가 서려서 사람들이 쉽게 병든다. 계곡에 사는 것이 들에 사는 것보다 못하다고 말하는 이유도 여기에 있다.

5. 나경과 24산

1) 나경의 의미와 3대 유파

나경(羅經)은 약 5천 년 전 중국 황제 때부터 사용하기 시작했다고 전한다. 나경에 관한 여러 설이 전해지고 있지만 구체적인 발달 과정을 살펴보면 전한 시대 때 장량(張良)이 선천도(先天圖)에 의해 지반정침(地盤正針)을 제정하고, 그 후 당 나라 양균송과 송 나라 뇌문준(賴文俊)이 이 정침을 중심으로 보완하여 천반봉침(天盤縫針)과 인반중침(人盤中針)을 제정했다고 한다. 현재 많이 이용되는 나경은 청 나라 매곡천(梅穀天)이 이를 다시 정교하게 제작한 〈강희윤도(康熙輪圖)〉에 근거한 것이다.

'만물을 망라(罔羅)하고 천지를 경위(經緯)한다.'는 의미가 담겨져 있는 나경은 정식으로는 36층으로 이루어진 동심원의 각 층에 선현들이 남긴 하늘과 땅의 질서와 법칙이 정연하게 새겨져 있다. 풍수의 이론과 고대 중국의 여러 가지 점성학과 운명학의 지식[기학·주역·단역·사주학·기문둔갑] 등이 집약되어 있고, 이런 지식을 자연 풍수나 양택에서 최대한 활용할 수 있도록 만들어진 것이 나경(패철 또는 나침반으로도 부름)이다.

나경 사용법의 관점에서 풍수의 각 유파를 설명하면 첫째, '팔택파'가 있다. 《팔택명경(八宅明鏡)》(靑, 건륭 55년경)에서 말하는 가장 기본적이고 명쾌한 유파로, 생년간지나 생년월일시에 의한 명식(命式)을 고려해 높은 수준의 판단을 할 수 있다. 팔방위 45도를 4길방과 4흉방으로 나누고, 24산 방위를 사용한다.

둘째, '비성파(飛星派)'는 대지의 주기를 20년의 중운(中運)으로 하고, 9궁까지의 순환에서 합계 180년을 대운으로 한다. 팔택파의 4길방, 4흉방에 얽매이지 않고 오로지 24산 방위를 사용하고, 때로는 '120분침'을 사용하여 그 밖의 나경 층은 사용하지 않는다.

셋째, '점험파(占驗派)', '중용파(中庸派)'라고 할 수 있으며 나경의 각층을 대부분 사용한다. 24산·투지60용(透地六十龍)·64괘분금(六十四卦分金)·아산72분금(牙山七十二分金)·120분침(一百二十分針)·240분수(二百四十分數)·차착공망홍권흑점(差錯空亡紅圈黑点)·360분수(三百六十分數) 등에 더해 '현공오행(玄空五行)'에 의한 지운(地運), 인운(人運)을 산출하는 신비롭고 정밀한 방법이다.

2) 나경의 구성과 내용

나경의 원리와 근원은 태극에 두고, 구조와 바탕은 낙서(洛書)와 후천도(後天道)에 둔다. 태극의 음양양의(陰陽兩儀)를 사상(四象)으로 나누고, 다시 팔괘 방위로 나누어 이를 다시 24방위로 나눈 것이 기본 구조다. 6층부터 36층까지 여러 종류가 있다.

나경의 첫째 지반정침(地盤正針)은 선천지지 십이방위를 경반 위에 배치하고, 사유(四維 : 건곤간손) 팔간(八干 : 갑·경·병·임·을·신·정·계)을 균배하여 24기본 방위를 선정한다. 당나라 양균송이 천간과 지지의 쌍산을 봉합하여 천반봉침을 획

나경은 풍수에서는 없어서는 안 되는 중요한 도구다. 시판되는 것의 종류가 매우 다양하다.

정하고, 송 나라 뇌문준이 성수의 위치에 따른 인반중침을 획정하여 비로소 천인지 삼위의 정확한 방위를 경반에 등재하였다. 이를 실용화하기 위해 천인지 삼반을 더 세분하여 72지기와 60천기를 나누고, 이를 120분금과 360도로 분정했다.

나경은 둘레가 360도로, 기본 분획은 태극을 바탕으로 남북으로 양분하여 양과 음으로 나누며, 정북은 0도이고 정남은 180도다. 또 동서남북으로 나누어 각각 90도다.

사방(동서남북)에 북동·동남, 남서, 서북 등 사간방을 합하면 8방이 되며, 이는 각각 45도씩인데 이를 팔괘라 한다. 괘를 다시 각각 3등분하면 24방위가 되며, 1위는 15도씩이다. 이 24방위는 풍수지리의 기본 방위로, 모든 법수 측정의 기준이 된다. 이 24위의 이름과 배열은 정북에서 왼쪽으로 순행하여 임자계·축간인·갑묘을·진손사·병오정·미곤신·경유신·술건해의 순으로 360도 회전한다.

(1) 나경 사용법

나경은 풍수에서 없어서는 안 되는 귀중한 도구다. 나경의 기본 용도는 동서남북뿐만 아니라 팔방위를 정확하게 재는 데 있다. 가운데가 자석으로, 남극과 북극점에서 발생하는 밀고 당기는 자력(磁力)의 힘을 이용하여 침이 남북을 가리키는 원리다. 판에는 24방위가 그려져 있으며, 이를 풍수지리에 적용한다. 과거에는 36선까지 사용했지만 요즘에는 축소된 6선까지를 유용하게 사용한다.

- 제1선은 황천수의 물이 어디에서 들어와 어디로 나가는지를 가늠한다.
- 제2선은 외부에서 불어오는 바람인 팔요풍을 측정하고 혈

판에 살풍이 들어오는지를 감지한다.
- 제3선은 삼합 오행의 음양오행으로 화복을 논한다.
- 제4선은 산의 기맥의 흐름을 측정하여 생룡과 사룡을 알 수 있다.
- 제5선은 분금법이라 하여 재혈(裁穴)할 때 좌선과 우선을 구분한다.
- 제6선은 오행으로 주변의 길사격을 논할 때 길흉화복을 논한다.
- 제7선 이상은 이기론에서 가끔 사용하는 경우도 있으나 근래에는 사용하지 않고, 기본적으로 6선까지를 가장 많이 사용한다.

바늘의 고리가 있는 부분은 항상 북쪽을 향한다. 나경은 어깨 넓이보다 조금 낮은 자세로 보는 것이 좋다. 쇠붙이나 자석이 주변에 있으면 침이 정확하지 않으므로 잘 관리해야 한다. 양택 풍수 인테리어에서는 나경으로 기두와 출입문을 측정하여 흉가와 복가의 길흉을 논한다. 나경의 바늘이 남북으로 일직선이 되게 고정하고 물체를 측정할 때 어느 좌(坐)에 해당하는지를 본다. 음택에서는 다음과 같다.

- 나경1층 : 광중 속으로 물(황천수)이 드는가의 여부를 측정하는 칸으로, 용상팔살(龍上八殺)이라 한다.
- 나경2층 : 팔로사로황천살(八路四路黃泉殺)이라 하여 묘를 향해 바람(팔로풍)이 치지 않는가를 보는 칸이다.
- 나경3층 : 삼합 오행을 표시한 칸이다.
- 나경4층 : 지반정침(地盤正針)이라 하여 24방위를 배열한 칸이다.
- 나경5층 : 천산72룡(穿山七十二龍)이라 하여 입수(入首) 뒤편, 과협처(過峽處)의 길흉을 측정한다.

- 나경6층 : 인반중침(人盤中針)이라고 하며, 혈(穴) 주변 사격(砂格)의 길흉을 분별한다.
- 나경7층 : 투지60룡(透地六十龍)이라 하여 입수부터 당판(堂板)의 관혈지맥(貫穴之脈)의 생사를 판단한다.
- 나경8층 : 천반봉침(天盤縫針)이라 하여 득수(得水 : 물이 들어오는 것)와 파구(破口 : 물이 나가는 것)를 측정하고 좌향의 길흉을 분별한다.
- 나경9층 : 봉침분금(縫針分金)이라 하여 시신의 좌향(坐向)을 정확하게 맞추는 데 쓰이는 칸이다.

(2) 나경의 층

① 제1층 팔살황천(八煞黃泉)

삼합파(三合派)가 사용하는 신살(神煞)의 하나로, 신살 중에서 중요한 것을 표시한 것이다. 황천의 천(泉)은 물을 뜻하고, 집의 방향과 물의 들고 남은 하늘의 중기(中氣)를 담당하는 신살을 나타낸다. 하지만 양택 풍수에서는 집의 중심에서 보았을 때 신살의 방위에 화장실처럼 부정한 것을 두면 거주자에게 질병이나 사고가 올 수 있다고 하여 좋지 않게 본다.

② 제2층 선천팔괘형(先天八卦形)

나쁜 기운을 막아 주는 부적과 같은 역할을 하기 때문에 팔괘의 거울이나 부적, 장식 등으로 많이 사용된다.

③ 제3층

나경 구조의 3층은 삼합 오행을 표시한 칸이므로 설명은 생략한다.

④ 제4층 24산

제4층부터 제7층까지는 팔방위 하나를 셋으로 나누어 24방위로 한다. 가장 중요한 것은 제7층의 24산이지만 24산 방위가 가지는 상의(象意 : 天星)를 배당한 것이 제4층이다. '지상에는 하늘을 비추는 거울이 있고, 하늘에 별이 있는 것처럼 땅에는 산이 있다.'고 풍수 사상에서 설명하고 있다.

⑤ 제5층 겁살의 방위

겁(劫)에는 분실이나 도난 등의 의미가 있다. 양택 풍수에서는 집의 중심에서 볼 때 겁살 방위에 문(門)이 있으면 돈이 모이지 않고 돈의 출입이 심하며 도난 등 재물운이 나빠진다고 여긴다. 집의 방향(현관의 방향)과 집의 중심에서 살펴본 문의 위치와의 관계를 24산 방위에서 본 살이며, 가족의 성공이나 재물운을 좌우한다.

⑤ 64괘층

제8층부터 제15층까지는 64분할의 사소한 방위다. 제8층은 방도 하괘의 선천수·방도 64괘, 제9층은 방도 상괘의 선천수·

■ 24산 방각 환산표

임(壬)	337.5~352.5도	자(子, 정북)	352.5~7.5도	계(癸)	7.5~22.5도	북방 45도 내
축(丑)	22.5~37.5도	간(艮, 정북동)	37.5~52.5도	인(寅)	52.5~67.5도	북동방 45도 내
갑(甲)	67.5~82.5도	묘(卯, 정동)	82.5~97.5도	을(乙)	97.5~112.5도	동방 45도 내
진(辰)	112.5~127.5도	손(巽, 정동남)	127.5~142.5도	사(巳)	142.5~157.5도	동남방 45도 내
병(丙)	157.5~172.5도	오(午, 정남)	172.5~187.5도	정(丁)	197.5~202.5도	남방 45도 내
미(未)	202.5~217.5도	곤(坤, 정남서)	217.5~232.5도	신(申)	232.5~247.5도	남서방 45도 내
경(庚)	247.5~262.5도	유(酉, 정서)	262.5~277.5도	신(辛)	277.5~292.5도	서방 45도 내
술(戌)	292.5~307.5도	건(乾, 정서북)	307.5~322.5도	해(亥)	322.5~337.5도	서북방 45도 내

원도 상괘형, 제10층은 원도 64괘형·국수의 9궁명, 제11층은 국수, 제12층은 국수의 부모천지인 배당, 제13층은 64괘의 육효(六爻) 등으로 구성되어 있다. 이 64괘층은 원래 자연 환경을 보고 지형과 지세에서 길혈을 찾아내는 자연 풍수로 활용된다. 혈의 좌산과 향, 용맥이 오는 방위, 물이 왕래하는 방위와 맞춰 보고, 역괘의 이론으로 길흉을 결정한다.

(3) 24산의 의미와 작용

① 임산병향(壬山丙向)

에너지가 강하게 활동하고 재산과 관계 있는 방위이므로 이곳에 집을 지으면 강한 지기를 받아 큰 재산을 모을 수 있다. 권력자나 고관이 되는 방위로, 문무(文武)로 말하면 무(武)가 강한 것이 특징이며, 고향을 떠나 해외에서 성공하는 운이다.

아파트나 맨션의 현관은 동남쪽이 좋고, 부엌은 남서쪽이나 서쪽이 좋다. 단독 주택의 현관은 남쪽이 좋으며, 이때 부엌은 동쪽이 좋다.

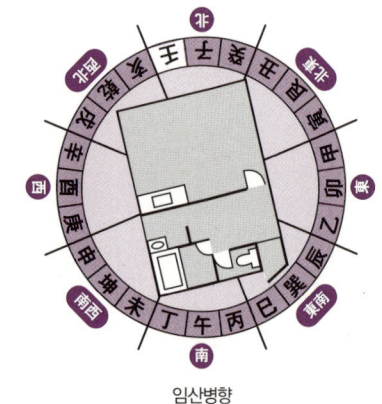

임산병향

- 북쪽에 산이나 물이 있으면 팔운 중에 재물운과 건강운의 혜택을 받는다.
- 서북쪽이나 동남쪽, 서쪽에는 산이나 물이 없는 것이 좋다. 있으면 건강을 해치고 금전을 손실하며 재앙이 끊이지 않는다.
- 서쪽에 산이 있고 동남쪽에 물이 있으면 소화기 계통의 질환이나 위암, 신경성 질환에 걸리기 쉽다.
- 동남쪽에 산이 있고 서쪽에 물이 있으면 소화기 계통의 질환이나 파상풍, 황달, 암 등에 걸리기 쉽다.
- 서북쪽에 산이 있으면 간장 질환에 걸리기 쉽고, 물이 있으면 담낭이나 고관절 질환에 걸리기 쉽다.

- 문과 현관은 남쪽으로 향하는 것이 이상적이다.

② 자산오향(子山午向)

집이 정남향으로 하루 종일 햇볕이 들어오므로 사당이나 절을 짓는 데 적당하여 이곳에 거주하면 고귀한 자식을 낳을 수 있다. 기운이 강한 토지를 선택하면 시대를 이끌어 갈 인물이 태어나고, 이 방위에서 운을 잡으면 큰 기회를 잡을 수 있다.

아파트나 맨션의 현관은 남서쪽이 좋고, 부엌은 남쪽이 가장 좋으며, 그 다음은 동쪽이다. 단독 주택은 현관이 남쪽에 있는 것이 좋다.

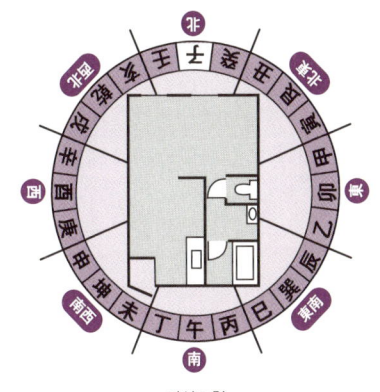

자산오향

- 남쪽에 산과 물이 있으면 팔운 중에 재물운과 건강운의 혜택을 받는다. 우뚝 솟은 산이나 빌딩, 맑은 물이 흐르는 하천이 있으면 효행이 지극한 자식을 얻고 부와 명성을 얻으며, 장수할 수 있다.
- 동쪽이나 동남쪽, 서북쪽에는 산이나 물이 없어야 좋다.
- 서북쪽에 산이 있고 동쪽에 물이 있으면 파상풍이나 황달, 위암에 걸리기 쉽다.
- 동쪽에 산이 있고 서북쪽에 물이 있으면 맹장염이나 소화기 질환, 정신병에 걸리기 쉽다.
- 동남쪽에 산과 물이 있으면 간장 질환이나 담낭 질환, 발 질환에 걸리기 쉽다.
- 문과 현관은 남쪽을 향하는 것이 이상적이다.

③ 계산정향(癸山丁向)

실업계에서 성공하며 각종 경쟁에서 승리할 수 있는 방위. 과감함과 용기를 주는 강한 에너지가 활동하는 방위다. 일대에서 상당한 재산을 모을 수 있으며, 예부터 예쁜 여자 아이가 태어나는 방위로 이름나 있다. '황후'라는 의미도 있어 여성에게는 특히 좋은 방위다.

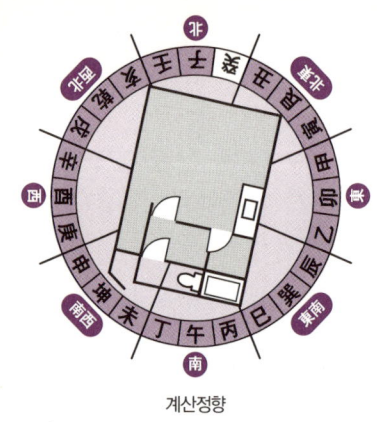

계산정향

아파트나 맨션의 현관은 남서쪽에 있는 것이 좋고, 부엌은 동쪽이 가장 좋으며, 그 다음은 남쪽이다. 단독 주택의 경우에는 현관이 남쪽에 있는 것이 좋다.

- 남쪽에 산과 물이 있으면 팔운 중에 재물운과 건강운의 혜택을 받는다. 우뚝 솟은 산악이나 빌딩, 맑은 물이 흐르는 하천이 있으면 효행이 지극한 자식을 얻고, 부와 명성을 얻을 수 있으며, 장수할 수 있다.
- 동쪽이나 동남쪽, 서북쪽에는 산이나 물이 없는 것이 좋다.
- 서북쪽에 산이 있고 동쪽에 물이 있으면 파상풍이나 황달, 위암에 걸리기 쉽다.
- 동쪽에 산이 있고 서북쪽에 물이 있으면 맹장염이나 소화기 질환, 정신병에 걸리기 쉽다.
- 동남쪽에 산과 물이 있으면 간장 질환이나 담낭 질환, 발 질환에 걸리기 쉽다.
- 문과 현관은 남쪽을 향하는 것이 이상적이다.

④ 축산미향(丑山未向)

축재에 적합한 방위. 축은 토의 성질이 강하기 때문에 돈을 저축하는 힘에 혜택을 받는다. 꾸준하고 착실한 사람에게 최적의 방위라고 할 수 있다. 건축이나 토목처럼 흙과 인연이 깊은 직업에 적합하다. '신불의 방위'이므로 집이나 묘를 이 방위로 선택하면 신앙심이 두터운 사람이 태어난다.

아파트나 맨션의 현관은 남쪽이 좋고, 부엌은 남서쪽과 서쪽에 있는 것이 좋다. 단독 주택의 경우 현관은 남서쪽, 부엌은 동쪽에 있는 것이 좋다.

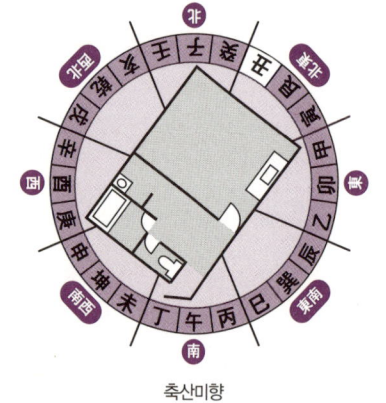

축산미향

- 북동쪽에 산이 있고 남서쪽에 물이 있으면 팔운 중에 재물운과 복덕, 건강, 인재에 관한 혜택을 받는다.
- 동쪽이나 동남쪽, 남서쪽에 산이 있으면 건강을 해치고 재앙을 만나기 쉽다.

- 서쪽이나 북동쪽, 서북쪽에 물이 있으면 금전의 손실이나 재앙이 끊이지 않는다.
- 문과 현관은 남서쪽을 향하는 것이 이상적이다.

⑤ 간산곤향(艮山坤向)

표귀문에 해당하는 방위이므로, 전문가가 아닌 이상 이 방위에 집을 짓는 것은 좋지 않다. 이 방위의 강한 에너지와 땅의 기를 얻어서 일발승부(一發勝負)에 이용하는 경우가 있다. 자유업에 종사하는 사람은 단기간에 막대한 재산을 축적할 수 있다.

아파트나 맨션의 현관은 남쪽이나 남서쪽이 좋고, 부엌은 남쪽이나 남서쪽, 서북쪽이 좋다. 단독 주택의 현관은 남쪽과 서쪽이 좋고, 부엌은 현관이 남쪽일 때는 남서쪽이나 서북쪽, 현관이 서쪽일 때는 남쪽에 있는 것이 좋다.

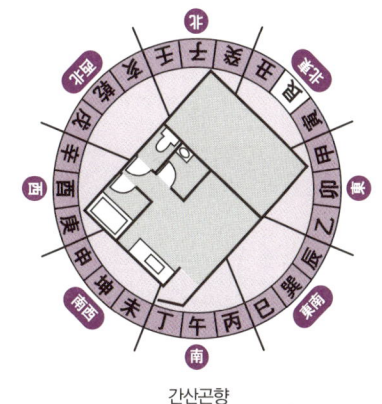

간산곤향

- 북동쪽에 물이 있고 남서쪽에 산이 있으면 팔운 중에 재물운과 건강운의 혜택을 받는다.
- 서쪽이나 북동쪽, 서북쪽에 산이 있고, 동쪽이나 동남쪽, 남서쪽에 물이 있으면 건강을 해치고 금전을 손실하는 등 질병과 재앙이 끊이지 않는다.
- 문과 현관은 남쪽을 향하는 것이 이상적이다.

⑥ 인산신향(寅山申向)

전문가와 상담하여 집을 짓는 것이 좋은 방위다. 질병과 관계가 깊어 가족들이 질병에 잘 걸리고, 아이들도 심신의 질병으로 고통받게 되는 방위다.

아파트나 맨션의 현관은 남쪽이나 남서쪽이 좋고, 부엌은 남쪽이나 남서쪽, 서북쪽이 좋다. 단독 주택의 현관은 남쪽이나 서쪽, 부엌은 현관이 남쪽일 때는 남서쪽이나 서북쪽, 현관이 서쪽일 때는 남쪽이 좋다.

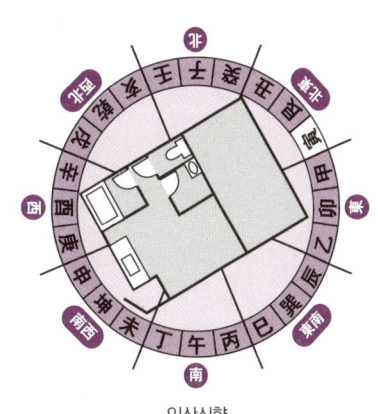

인산신향

- 북동쪽에 물이 있고 남서쪽에 산이 있으면 팔운 중에 재

물운과 건강운의 혜택을 받는다.
- 서쪽이나 서북쪽, 북동쪽에 산이 있고, 동쪽이나 동남쪽, 남서쪽에 물이 있으면 건강을 해치고 금전을 손실하는 등 질병과 재앙이 끊이지 않는다.
- 문과 현관은 남쪽을 향하는 것이 이상적이다.

⑦ 갑산경향(甲山庚向)

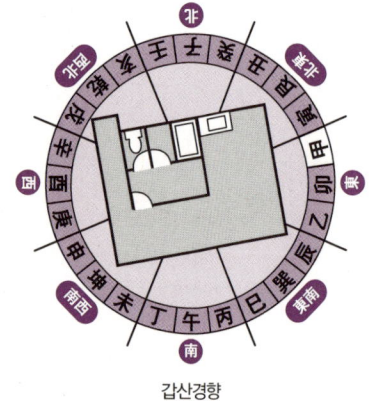

갑산경향

병마궁(病魔宮)이라 불리므로 가능하면 이 방위를 좌산(座山)으로 하여 집을 짓는 것은 좋지 않다. 단, 실력 있는 풍수 전문가의 도움으로 좋은 기가 흐르는 토지를 골라 이 방위를 활용하여 집을 지으면 막대한 재산을 얻고 높은 지위에 오를 수도 있다. 묘의 방위일 경우에는 허약한 아이가 태어나기 쉽다.

아파트와 맨션의 현관은 서북쪽이 좋고, 부엌은 남쪽, 그 다음은 북쪽이다. 단독 주택의 현관은 서쪽이나 남서쪽이 좋다.

- 북동쪽에 산과 물이 있으면 팔운 중에 재물운과 건강운의 혜택을 받는다.
- 서쪽·북동쪽·서북쪽에 산과 물이 없는 것이 좋다. 있으면 건강을 해치고 금전을 손실하고 질병이 끊이지 않는다.
- 남쪽과 서북쪽에 산과 물이 있으면 위궤양이나 피부병, 식도암, 위암 등에 걸리기 쉽다.
- 서쪽과 북동쪽에 산과 물이 있으면 간장 질환이나 담낭 질환, 발 질환에 걸리기 쉽다.
- 문과 현관은 동쪽을 향하는 것이 이상적이고, 맨션에 적합하다.

⑧ 묘산유향(卯山酉向)

'성공·번영'의 의미가 있으며, 중요한 일에 성공하여 높은 지위나 권력을 얻을 수 있는 방위다. 에너지가 강하므로 업무에서 큰 성과를 원하는 사람에게 알맞고, 통솔력이 뛰어난 인물이 탄생하는 방위다.

아파트와 맨션의 현관은 남서쪽이 좋고, 부엌은 북쪽이 좋다. 단독 주택의 현관은 남서쪽이나 서쪽이 좋다.

- 서쪽에 산과 물이 있으면 팔운 중에 재물운과 건강운의 혜택을 받는다.
- 동쪽이나 북쪽, 동남쪽, 남서쪽에는 물과 산이 없는 것이 좋다. 있으면 건강을 해치고 금전을 손실하고 재앙과 질병이 끊이지 않는다.
- 남서쪽에 산이 있고 동쪽에 물이 있으면 간장 질환이나 뇌격(雷擊)에 걸리기 쉽다.
- 동쪽에 산이 있고 남서쪽에 물이 있으면 소화기 질환이나 정신병에 걸리기 쉽다.
- 동남쪽에 산이 있고 북쪽에 물이 있으면 황달이나 파상풍, 위암에 걸리기 쉽다.
- 문과 현관은 서쪽을 향하는 것이 이상적이다.

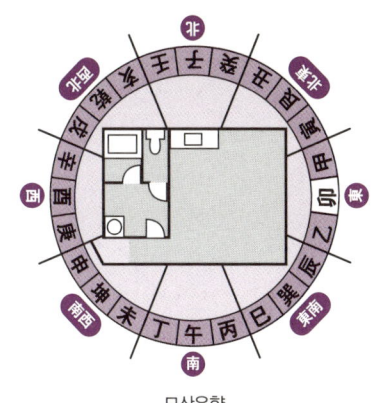

묘산유향

⑨ 을산신향(乙山辛向)

여성이나 예술, 예능 방면에 관계된 사람에게 길방위다. 공예술과 관련된 사람이나 배우에게도 최적의 방위다. 재능을 평가 받고 재물운의 혜택을 받아 재산을 축적할 수 있다. 공예·예능·배우 등에서 재능을 살리는 방위이기도 하다.

아파트나 맨션의 현관은 서북쪽이 좋고 부엌은 북쪽이 좋다. 단독 주택의 현관은 서쪽이나 남서쪽, 서북쪽이 좋다.

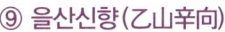

을산신향

⑩ 진산술향(辰山戌向)

오랜 기간에 걸쳐 돈을 저축하기에 적합한 방위다. 진에는 토의 성질이 풍부하기 때문에 재산을 축적하는 데 최적이다. 근검절약을 의미하는 방위이므로 저축에 힘써야 한다. 학문을 해도 좋으며, 맑은 감성과 직감력을 얻을 수 있다.

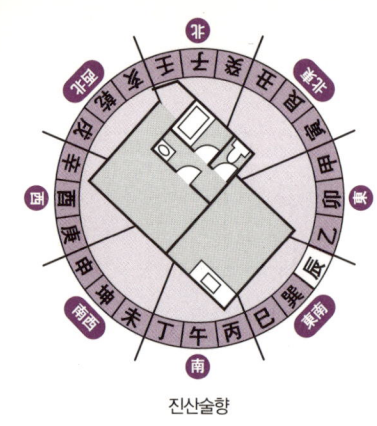

진산술향

아파트나 맨션의 현관은 북쪽이 좋고, 부엌은 남쪽이나 북동쪽이 좋다. 단독 주택의 현관은 북쪽이나 서쪽이 좋고, 부엌은 현관이 서쪽일 때 북쪽이 좋다.

- 서북쪽에 산이 있고 동남쪽에 물이 있으면 팔운 중에 재물운과 건강운의 혜택을 받는다.
- 남쪽에 산과 물이 있으면 부녀자의 행실이 음란해진다.
- 북쪽에 산과 물이 있으면 가스 중독이나 간암, 각종 중독증에 걸리기 쉽다.
- 남서쪽에 산이 있으면 담낭 질환에 걸리기 쉽고, 동쪽에 있으면 위암에 걸리기 쉽다.
- 북동쪽에 물이 있으면 간장 질환에 걸리기 쉽고 서쪽에 있으면 소화기 질환에 걸리기 쉽다.
- 문과 현관은 동남쪽을 향하는 것이 좋다.

＊본명괘가 태명(兌命)인 사람에게는 불리하다.

⑪ 손산건향(巽山乾向)

공부를 잘하는 수재가 태어나는 집의 방위로, 일명 문장궁이라 불리며, 거주하면 자격 시험 등에 강해져 안정된 지위와 수입을 얻을 수 있다.

아파트나 맨션의 현관은 서북쪽이나 북쪽이 좋고, 부엌은 남서쪽이 가장 좋고 그 다음은 서쪽이다. 단독 주택의 현관은 서북쪽이 가장 좋다. 이때 부엌은 동쪽에 있는 것이 좋다.

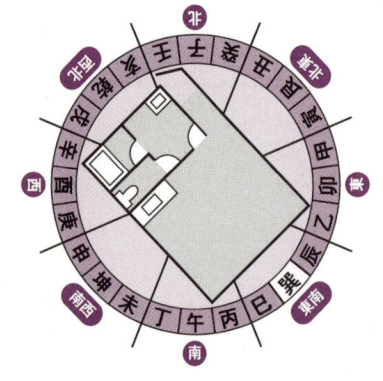

손산건향

- 동남쪽에 산이 있고 서북쪽에 물이 있으면 팔운 중에 재물운과 건강운의 혜택을 받는다.
- 남쪽에 산과 물이 있으면 간암이나 연독(煙毒)에 걸리기 쉽다.
- 북쪽에 산과 물이 있으면 소화기 질환이나 정신병에 걸리기 쉽고 부녀자의 행실이 바르지 못하다.
- 서쪽에 산이 있으면 황달이나 위암에 걸리기 쉽고, 북동쪽

에 있으면 담낭 질환에 걸리기 쉽다.
- 동쪽에 물이 있으면 소화기 질환에 걸리기 쉽다.
- 문과 현관은 서북쪽을 향하는 것이 이상적이다.
* 본명괘가 태명인 사람에게는 불리하다.

⑫ 사산해향(巳山亥向)

음식·요리, '천자(天子)의 부엌'을 의미하는 방위로, 먹는 것과 관계 깊다. 음식 관련업에 종사하거나 식당을 경영하면 최적이다. 지기가 강한 토지를 선택하면 큰 재산을 모을 수 있다.

아파트나 맨션의 현관은 서북쪽이나 북쪽이 좋고, 부엌은 남서쪽이 가장 좋으며, 그 다음은 서쪽이다. 단독 주택의 현관은 서북쪽이 좋다. 부엌은 현관이 서북쪽이라면 동쪽이 좋다.

⑬ 병산임향(丙山壬向)

지위와 명예를 의미하는 방위로, 높은 지위와 명예를 얻을 수 있다. 병(丙)은 하늘에 빛나는 고고한 태양으로, 경쟁 사회에서 이익을 추구하는 사업가보다 정치가 등에 어울려 많은 사람들의 추앙을 받는다.

아파트나 맨션의 현관은 북동쪽이 좋고, 부엌은 서쪽이 좋다. 단독주택의 현관은 북쪽이 좋고, 부엌은 현관이 북쪽일 때 동쪽이 좋다.

- 북쪽에 산과 물이 있으면 팔운 중에 재물운과 건강운의 혜택을 받는다.
- 서북쪽이나 동남쪽, 서쪽에는 산과 물이 없는 것이 좋다. 있으면 건강을 해치고 금전을 손실하며 재앙과 질병이 끊이지 않는다.
- 서북쪽에 산과 물이 있으면 간장 질환이나 담낭 질환, 발 질환에 걸리기 쉽다.
- 서쪽에 산이 있고 동남쪽에 물이 있으면 종창이나 위암에

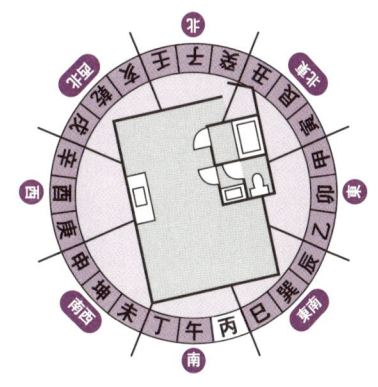

사산해향

병산임향

걸리기 쉽다.
- 동남쪽에 산이 있고 서쪽에 물이 있으면 소화기 질환이나 정신병에 걸리기 쉽다.
- 문과 현관은 북쪽을 향하는 것이 이상적이다.

⑭ 오산자향(午山子向)

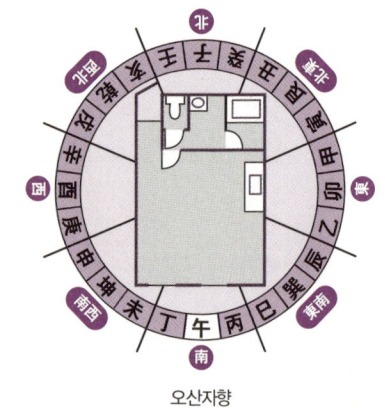

오산자향

정남(正南) 방위로, 팔괘의 리(離)에 해당한다. 불꽃처럼 에너지의 변화가 심한 것이 특징으로, 좋은 땅의 기를 받으면 지도자가 될 수 있지만 실패하면 이산(離散)의 위험도 있는 방위다.

아파트나 맨션의 현관은 서북쪽이나 북동쪽이 좋고, 부엌은 동쪽이나 서쪽이 좋다. 단독 주택의 현관은 북쪽이 좋고, 부엌은 현관이 북쪽일 때 동쪽이나 남쪽이 좋다.

- 남쪽에 산과 물이 있으면 팔운 중에 재물운과 건강운의 혜택을 받는다. 높은 언덕과 빌딩을 비롯하여 맑은 물이 흐르는 하천이 있으면 효행이 지극한 자식이 태어나고 부와 명성을 얻으며 장수할 수 있다.
- 서북쪽, 동남쪽, 동쪽에 산과 물이 없는 것이 좋다. 있으면 건강을 해치고 금전을 손실하며 재앙이 끊이지 않는다.
- 문과 현관은 북쪽을 향하는 것이 이상적이다.

⑮ 정산계향(丁山癸向)

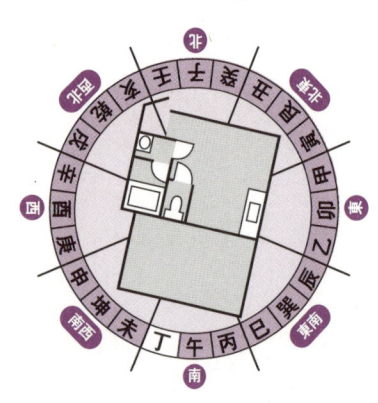

정산계향

건강이나 장수의 혜택을 받기 쉬운 방위로, 좋은 기가 흐르는 토지를 선택하면 사람들의 추앙을 받는, 리더십이 강한 인물이 된다.

아파트나 맨션의 현관은 서북쪽이 가장 좋고, 그 다음으로 북동쪽이 좋다.

부엌은 동쪽이나 서쪽이 좋다.

⑯ 미산축향(未山丑向)

축재(蓄財)를 위한 방위로 축·진과 함께 토의 기가 강하여 돈을 저축하기에 최적이다. 돈의 흐름이 오랫동안 지속될 뿐만 아니라 '신불(信佛)의 방위'이기 때문에 이 방위에 집이나 묘를 선택하면 신앙이 깊은 인물이 태어난다.

아파트나 맨션의 현관은 동쪽이 좋고, 부엌은 남쪽이 가장 좋으며, 그 다음은 동쪽이 좋다. 단독 주택의 경우 북동쪽에 현관이 있는 것이 좋다.

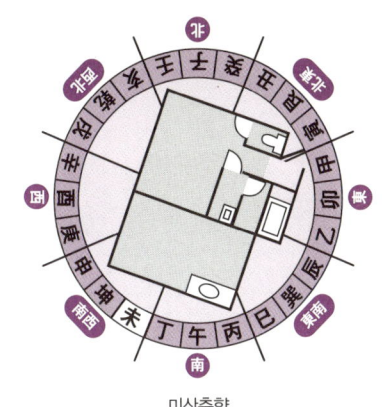

미산축향

- 남서쪽에 산이 있고 북동쪽에 물이 있으면 팔운 중에 재물운·복덕·건강·인재에 관한 혜택을 받는다.
- 서쪽이나 북동쪽, 서북쪽에 산이 있으면 건강을 해치고 금전을 손실하며 재앙과 질병이 끊이지 않는다.
- 동쪽이나 동남쪽, 남서쪽에 물이 있으면 건강을 해치고 금전을 손실하며 재앙과 질병이 끊이지 않는다.
- 문과 현관은 북동쪽을 향하는 것이 이상적이다.

⑰ 곤산간향(坤山艮向)

큰 승부를 내거나 내기를 하는 경우를 제외하고는 사용하지 않는 것이 무난한 방위다. 풍수에서는 땅에 흐르는 용맥의 기를 잡으면 위대한 영웅이 탄생할 수도 있다고 여긴다.

아파트나 맨션의 현관은 동북동쪽이나 북북동쪽이 좋고, 부엌은 동쪽이나 남쪽이 좋다. 단독 주택의 현관은 북쪽과 동쪽이 좋고, 부엌은 현관이 북쪽이나 동쪽일 때 서북쪽이 좋다.

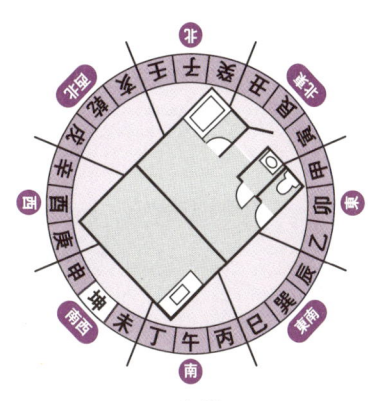

곤산간향

- 남서쪽에 물이 있고 북동쪽에 산이 있으면 팔운 중에 재물운과 건강운의 혜택을 받는다.
- 동쪽이나 동남쪽, 남서쪽에 산이 있으면 건강을 해치고 금전을 손실하며 재앙과 질병이 끊이지 않는다.
- 서쪽이나 북동쪽, 서북쪽에 물이 있으면 건강을 해치고 금전을 손실하며 재앙과 질병이 끊이지 않는다.

- 문과 현관은 동쪽을 향하는 것이 이상적이다.

⑱ 신산인향(申山寅向)

좋은 것에도, 나쁜 것에도 강한 에너지가 활동하지 않는 방위다. 대체로 무난한 방위지만 크게 성공하려면 지기(地氣)가 강한 토지를 선택하는 것이 좋다. 이렇게 하면 젊어서 높은 지위에 오르고, 장사도 잘되고, 인재에 혜택을 받기 쉽다. 자영업을 하고 있다면 손님이 크게 증가하여 성공하게 된다.

아파트나 맨션의 현관은 북동쪽이 좋고, 부엌은 남쪽이나 서북쪽이 좋다. 단독 주택의 현관은 북쪽이나 동쪽이 좋고, 부엌은 현관이 북쪽이나 동쪽일 때 서북쪽이 좋다.

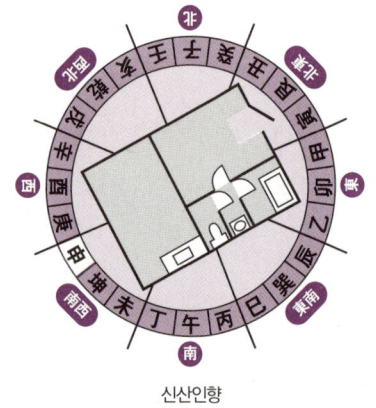

신산인향

⑲ 경산갑향(庚山甲向)

영웅과 결단력을 의미하며, '지도자', '선견지명이 뛰어나다.', '결단력이 있다.' 등의 의미도 동시에 가지고 있다. 대기업 사장이나 사람들 앞에 서는 지도자 등 용기와 결단력이 뛰어난 인재를 배출하는 방위다. 경은 철 등의 금속을 의미하기 때문에 전쟁이라는 의미도 있다. 좋은 땅의 기를 받으면 재산 축적도 가능하다.

아파트나 맨션의 현관은 동남쪽이 좋고, 부엌은 북동쪽이 좋으며, 그 다음으로는 서북쪽이다. 단독 주택의 현관은 동쪽이 좋고, 부엌은 동남쪽이나 남쪽이 좋다.

- 동쪽에 산과 물이 있으면 재물운과 건강운의 혜택을 받는다.
- 남쪽이나 서쪽, 북동쪽, 서북쪽에는 산과 물이 없는 것이 좋다. 건강을 해치고 금전을 손실하며 재앙과 질병이 끊이지 않는다.
- 서쪽에 산이 있고 북동쪽에 물이 있으면 간장 질환에 걸리기 쉽다.

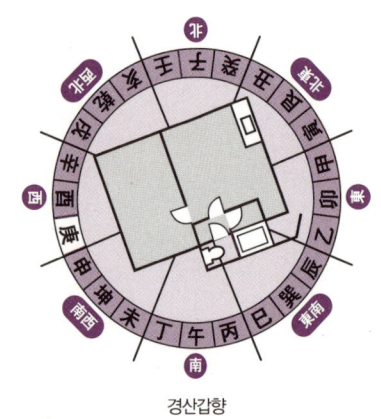

경산갑향

- 서북쪽에 산이 있고 남쪽에 물이 있으면 소화기 질환이나 정신병에 걸리기 쉽다.
- 남쪽에 산이 있고 서북쪽에 물이 있으면 황달이나 위암에 걸리기 쉽다.
- 문과 현관은 동쪽을 향하는 것이 이상적이다.

⑳ 유산묘향(酉山卯向)

'공공·관공서·신사·불각·명성·관직·고귀함' 등을 의미하는 방위로, 신사나 사찰에서 선호한다. 그러나 '도화(桃花)'의 의미도 있어서 여성에 빠지거나 음식이나 의복 등이 사치스러우며 돈을 낭비하게 되는 방위이기도 하다. 공무원에게 최적이며, 명성이나 관위(官位)에 혜택을 받는 방위다.

아파트나 맨션의 현관은 동남쪽이 좋고, 부엌은 북쪽이나 남쪽이 좋다. 단독 주택의 현관은 동쪽이 좋다.

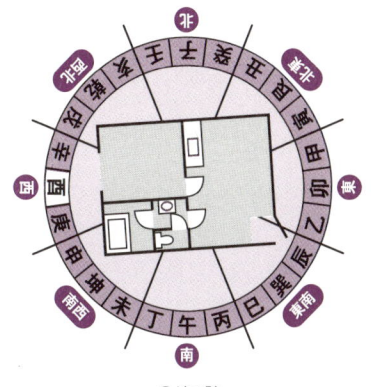

유산묘향

- 서쪽에 산과 물이 있으면 팔운 중에 재물운과 건강운의 혜택을 받는다.
- 동쪽이나 남쪽, 동남쪽, 남서쪽에는 산과 물이 없는 것이 좋다. 있으면 건강을 해치고 금전을 손실하며 재앙과 질병이 끊이지 않는다.
- 남서쪽에 산이 있고 동쪽에 물이 있으면 고관절 질환이나 담낭 질환에 걸리기 쉽다.
- 동쪽에 산이 있고 남서쪽에 물이 있으면 발 질환이나 간장 질환에 걸리기 쉽고 사고가 나기 쉽다.
- 북쪽에 산이 있고 동남쪽에 물이 있으면 황달이나 궤양, 암에 걸리기 쉽다.
- 동남쪽에 산이 있고 북쪽에 물이 있으면 맹장염이나 소화기 질환, 정신병에 걸리기 쉽다.
- 문과 현관이 북동쪽을 향하는 것이 이상적이다.

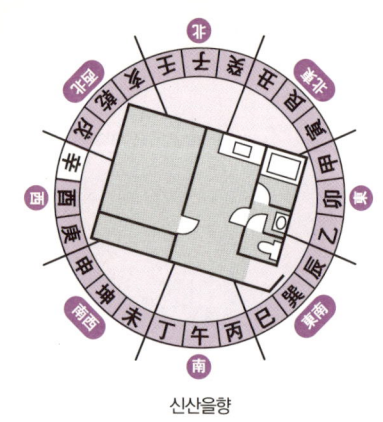

신산을향

㉑ 신산을향(辛山乙向)

학자・연구가, 도리와 분별, 수재 등을 의미하는 방위다. 학문이 뛰어난 수재를 배출하는 방위로, 손(巽)과 함께 문장궁이라 불리며, 날카로운 두뇌를 가진 인물을 배출한다. 학자나 연구자에게 최적의 방위이며, 유명한 절이나 고찰이 자리한 방위이기도 하다.

아파트나 맨션의 현관은 동남쪽이 좋고, 부엌은 서북쪽이나 북동쪽이 좋다. 단독 주택의 현관은 북동쪽이 좋고, 부엌은 북쪽이나 남쪽이 좋다.

㉒ 술산진향(戌山辰向)

재산운이 좋은 방위로, 술에는 토의 기가 풍부하여 재산을 쌓을 수 있는 기가 있다. 땅과 깊은 관계가 있어 특히 토지나 부동산으로 큰 재산을 축적할 수 있다.

아파트나 맨션의 현관은 동쪽이나 남쪽, 동남쪽이 좋고, 부엌은 북쪽이 좋다. 단독 주택의 현관은 동남쪽이 좋다.

- 서북쪽에 물이 있고 동남쪽에 산이 있으면 팔운 중에 재물운과 건강운의 혜택을 받는다.
- 남쪽과 북쪽에 산과 물이 있으면 건강을 해치고 금전을 손실하며 재앙과 질병이 끊이지 않는다.
- 서쪽이나 북동쪽에 산이 있으면 건강을 해치고 금전을 손실하며 재앙과 질병이 끊이지 않는다.
- 동쪽이나 남서쪽에 물이 있으면 건강을 해치고 금전을 손실하며 재앙과 질병이 끊이지 않는다.
- 문과 현관은 서북쪽을 향하는 것이 이상적이고, 맨션에 적합하다.

＊본명괘가 태명인 사람에게는 불리하다.

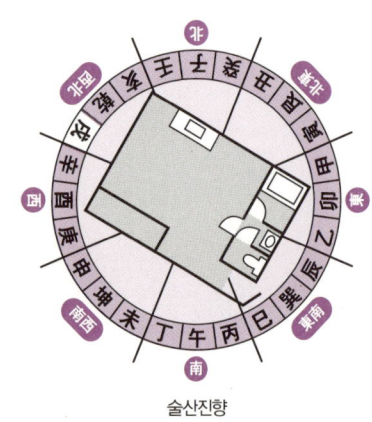

술산진향

㉓ 건산손향(乾山巽向)

에너지가 강한 방위로, 유아독존형 인물이 나올 수 있으므로 주의해야 한다. 집의 정면이 동남향이므로 일조량에서는 이상적이다. 묘와 집을 의미하며, 힘이 매우 강하고 집이나 묘에 이상적이다. 하지만 '고독'과 '완고하다.'는 의미도 있으므로 산 속에 외로이 있는 집이나 묘가 이 방위인 경우에는 주의해야 한다.

아파트나 맨션의 현관은 동남쪽이나 남쪽이 좋고, 부엌은 동쪽이나 북쪽이 좋다.

- 서북쪽에 산이 있고 동남쪽에 물이 있으면 팔운 중에 재물운·복덕·건강·인재에 관한 혜택을 받는다.
- 남쪽과 북쪽에는 산과 물이 없는 것이 좋다. 있으면 건강을 해치고 금전을 손실하며 재앙과 질병이 끊이지 않는다.
- 동쪽과 남서쪽에 산이 있으면 건강을 해치고 금전을 손실하며 재앙과 질병이 끊이지 않는다.
- 서쪽과 북동쪽에 물이 있으면 건강을 해치고 금전을 손실하며 재앙과 질병이 끊이지 않는다.
- 문과 현관은 동남쪽을 향하는 것이 이상적이다.
* 본명괘가 태명인 사람에게는 불리하다.

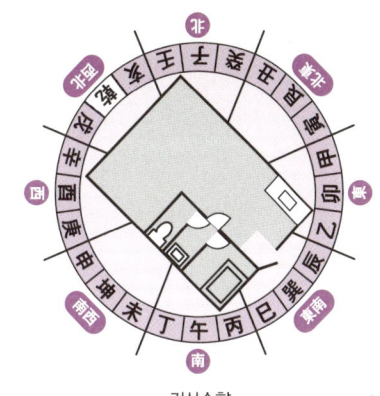

건산손향

㉔ 해산사향(亥山巳向)

고귀함·복덕·존엄·명예·지위·윗사람의 도움·발탁·천자 등을 의미하는 방위다. 24방위를 지배하는 매우 강한 방위다. 고대 중국에서는 기가 가장 강한 존재인 북극성이 위치하는 방위로 여겼다. 이 방위에 집을 짓거나 그 안에 머물면 높은 지위를 얻을 수 있고 명예가 빛나며 덕을 얻을 수 있다.

아파트나 맨션의 현관은 동남쪽이 좋고, 부엌은 동쪽이나 북쪽이 좋다.

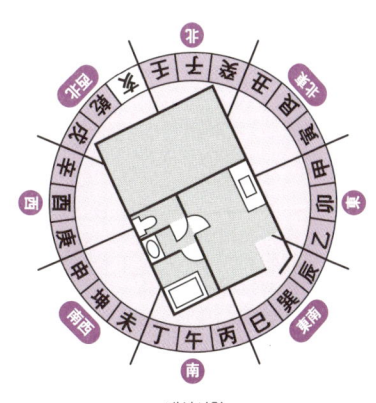

해산사향

(4) 24산의 길흉

최대 길격국

- 재물운, 복덕, 건강, 인재의 혜택을 받는다.
- 건산손향, 해산사향의 건물에서 서북쪽 45도 이내에 산이 있고, 동남쪽 45도 이내에 물이 있는 것.
- 손산건향, 사산해향의 건물에서 동남쪽 45도 이내에 산이

■ 생년십이지와 풍수 길흉 방위

자 자	집 흉방 : 좌남(오산)향북 집 길방 : 좌북향남, 좌동향서, 좌서향동 • 갑자생 : 좌동남이 재신방 • 병자생 : 좌정서가 재신방 • 무자생 : 좌정북이 재신방 • 경자생 : 좌정동이 재신방 • 임자생 : 좌동남이 재신방	진 辰	집 흉방 : 좌남(미산)향북방 집 길방 : 좌북향남, 좌동향서, 좌서(유산, 술산 제외)향동 • 갑진생 : 좌정동이 재신방 • 병진생 : 좌정북이 재신방 • 무진생 : 좌정북이 재신방 • 경진생 : 좌정동이 재신방 • 임진생 : 좌동남이 재신방	신 申	집 흉방 : 좌남(미산)향북 집 길방 : 좌북향남, 좌동향서, 좌서향동 • 갑신생 : 좌정서가 재신방 • 병신생 : 좌정서가 재신방 • 무신생 : 좌정북이 재신방 • 경신생 : 좌정동이 재신방 • 임신생 : 좌정남이 재신방
축 丑	집 흉방 : 좌동(진산)향서, 좌남(미산)향북 집 길방 : 좌북향남, 좌동향서, 좌남향북 • 을축생 : 좌동남이 재신방 • 정축생 : 좌정서가 재신방 • 기축생 : 좌정북이 재신방 • 신축생 : 좌북동이 재신방 • 계축생 : 좌정남이 재신방	사 巳	집 흉방 : 좌동(진산)향서방 집 길방 : 좌북향남, 좌남향북 • 을사생 : 좌동남이 재신방 • 정사생 : 좌정서가 재신방 • 기사생 : 좌정북이 재신방 • 신사생 : 좌정남이 재신방 • 계사생 : 좌정남이 재신방	유 酉	집 흉방 : 좌동(진산)향서 집 길방 : 좌북향남, 좌서향동 • 을유생 : 좌동남이 재신방 • 정유생 : 좌정서가 재신방 • 기유생 : 좌정북이 재신방 • 신유생 : 좌동남이 재신방 • 계유생 : 좌정남이 재신방
인 寅	집 흉방 : 좌북(축산)향남, 좌서(신산)향동 집 길방 : 좌북향남, 좌동향서, 좌남향북 • 갑인생 : 좌동남이 재신방 • 병인생 : 좌정서가 재신방 • 무인생 : 좌정동이 재신방 • 경인생 : 좌정동이 재신방 • 임인생 : 좌정남이 재신방	오 午	집 흉방 : 좌북(축산, 자산)향남 집 길방 : 좌남향북, 좌동향서, 좌서향동 • 갑오생 : 좌동남이 재신방 • 병오생 : 좌정서가 재신방 • 무오생 : 좌정북이 재신방 • 경오생 : 좌정동이 재신방 • 임오생 : 좌정남이 재신방	술 戌	집 흉방 : 좌북(축산)향남 집 길방 : 좌남향북, 좌동향서, 좌서향동 • 갑술생 : 좌동남이 재신방 • 병술생 : 좌정서가 재신방 • 무술생 : 좌정북이 재신방 • 경술생 : 좌동남이 재신방 • 임술생 : 좌정남이 재신방
묘 卯	집 흉방 : 좌서(유산, 술산)향동 집 길방 : 좌북향남, 좌동향서, 좌남향북 • 을묘생 : 좌동남이 재신방 • 정묘생 : 좌남서이 재신방 • 기묘생 : 좌정북이 재신방 • 신묘생 : 좌정동이 재신방 • 계묘생 : 좌정남이 재신방	미 未	집 흉방 : 좌서(술산)향동 집 길방 : 좌북향방, 좌동향서방, 좌남향북 • 을미생 : 좌동남이 재신방 • 정미생 : 좌서북이 재신방 • 기미생 : 좌정북이 재신방 • 신미생 : 좌정남이 재신방 • 계미생 : 좌정남이 재신방	해 亥	집 흉방 : 좌서(술산)향동 집 길방 : 좌북향남방, 좌동향서, 좌남향북 • 을해생 : 좌동남이 재신방 • 정해생 : 좌서북이 재신방 • 기해생 : 좌정북이 재신방 • 신해생 : 좌정동이 재신방 • 계해생 : 좌정남이 재신방

있고, 서북쪽 45도 이내에 물이 있는 것.
- 미산축향의 건물에서 남서쪽 45도 이내에 산이 있고, 북동쪽 45도 이내에 물이 있는 것.
- 축산미향의 건물에서 북동쪽 45도 이내에 산이 있고, 남서쪽 45도 이내에 물이 있는 것.

대길격국
- 재물운, 복덕, 건강, 인재의 혜택을 받는다.
- 자산오향, 계산정향의 건물에서 남쪽 45도 이내에 산과 물이 있는 것.
- 오산자향, 정산계향의 건물에서 남쪽 45도 이내에 산과 물이 있는 것.

길격국
- 재물운·복덕에는 혜택을 받지만 건강과 인재 면에서는 보통이다.
- 병산임향의 건물에서 북쪽 45도 이내에 산이나 물이 있다.
* 길격국 - 건강과 인재 면에서는 혜택을 받지만 재물운과 복덕은 보통이다. 임산병향의 건물에서 북쪽 45도 이내에 산과 물이 있다.

반길격국
- 재물운과 복덕에는 혜택을 받지만 건강과 인재 면에서는 어려움을 겪는다.
- 묘산유향의 건물에서 서쪽 45도 이내에 산과 물이 있으면 가운이 호전된다.
- 을산신향의 건물에서 서쪽 45도 이내에 산과 물이 있으면 가운이 호전된다.
- 경산갑향의 건물에서 동쪽 45도 이내에 산과 물이 있으면

가운이 호전된다.
* 반길격국 - 건강과 인재 면에서는 혜택을 받지만 재물운과 복덕은 곤궁하다.
• 유산묘향의 건물에서 서쪽 45도 이내에 산과 물이 있으면 가운이 호전된다.
• 신산을향의 건물에서 서쪽 45도 이내에 산과 물이 있으면 가운이 호전된다.
• 갑산경향의 건물에서 동쪽 45도 이내에 산과 물이 있으면 가운이 호전된다.

소흉격국
• 재물운과 복덕은 보통이며 건강과 인재 면에서는 어렵다.
• 진산술향의 건물에서 동남쪽 45도 이내에 물이 있고, 서북쪽 45도 이내에 산이 있으면 가운이 호전된다.
* 소흉격국 - 건강과 인재 면은 보통이지만 재물운과 복덕은 곤궁하다.

술산진향의 건물에서 서북쪽의 45도 이내에 물이 있고, 동남쪽 45도 이내에 산이 있으면 가운이 호전된다.

대흉격국
• 재물운과 복덕이 곤궁하고, 건강과 인재 면에서도 어렵다.
• 간산곤향, 인산갑향의 건물에서 북동쪽 45도 이내에 물이 있고, 남서쪽 45도 이내에 산이 있으면 가운이 호전된다.
• 곤산간향, 신산인향의 건물에서 남서쪽 45도 이내에 물이 있고, 북동쪽 45도 이내에 산이 있으면 가운이 호전된다.

2

집의 기운이 좋아지는 실외 풍수

1. 살기 좋은 집터 고르는 법
2. 부지 모양에 따른 길흉
3. 풍수 원리와 건축 설계
4. 주위 환경과 형태에 따른 길흉
5. 정원 풍수

1. 살기 좋은 집터 고르는 법

1) 집터로 좋은 토질

토질(土質)의 좋고 나쁨은 그 땅에 거주하는 사람의 건강과 운기에 많은 영향을 준다.

좋은 집을 짓기 위해서는 거주하는 곳의 토질이 적당한가를 살펴야 산다. 좋은 토질인지 아닌지를 쉽게 판단하는 방법으로 그 지역에서 자라는 식물의 생육 상태를 관찰하는 방법이 있다. 좋은 토질에는 키가 큰 수목이 많다. 토질과 공생하는 식물이 건강하게 자란다는 것은 토질이 좋음을 확실하게 증명하는 것이라 볼 수 있다.

(1) 거주지로 적당한 토질

- 흙색이 엷은 흰색을 띠는 황색으로 적당한 습기가 있다.
    → 건강운 상승
- 흙색이 황색과 흑색의 혼합 색으로 적당한 습기가 있다.
    → 건강운 상승
- 위에서 언급한 토질이거나 약간 딱딱한 토질 → 건축에

가장 적합하다.
- 모래가 섞여 있는 토질은 거주나 건축에는 적절하지 않지만 식물이 성장할 수 있으면 문제가 없다.
- 흙색이 자색을 띠면서 윤기 있으면 명예와 재복이 온다.
- 흙이 단단하고 윤기가 있으면 번창할 지상(地相)으로, 거기에 사는 사람까지 건강이 좋아진다.
- 아침저녁으로 적절한 습기가 도는 토질은 흙이 좀 단단하지 않아도 번영을 부르는 지상이다.

✱ 전통적인 토질 검사 방법

집터를 선택할 때 땅 위에 깔린 표토(表土)를 걷어내어 생흙이 나오게 한다. 그리곤 윗면을 고르게 깎은 뒤 사방의 넓이와 깊이가 고루 30cm 정도 판 다음 깨끗하고 좋은 흙을 깔아 다시 원래의 구덩이에 넣는다. 이때 손으로 눌러 다지지 않도록 한다. 다음 날 아침 살펴보아 흙이 가라앉았으면 흉하고, 솟아올랐으면 길한 것이다.

(2) 거주지로 적당하지 않은 토질

- 검푸른 색의 점토질로 된 토질 → 건강운을 쇠퇴시킨다.
- 모래가 많아 흙먼지가 발생하기 쉬운 곳은 나무를 심기에도 부적합하다. → 건강에 심각한 영향을 준다.
- 먼지가 일어나는 땅은 사업에 좋지 않은 영향을 끼친다.
- 돌이 많아 흙을 보기 어려운 토지는 주거지로도 좋지 않고 사업장으로도 좋지 않다.
- 검붉은 색을 띠고 초토와 같은 지질에서는 뜻밖의 재난을 당할 수 있다.
- 토질에 습기가 전혀 없고 하얗게 보이면 정신적으로 불안정하다.
- 연약한 지반은 건축하기에 부적절할 뿐만 아니라 질병을 발생시킨다.

좋은 토질과 좋은 형태의 부지를 선정하는 것은 좋은 집을 짓는 데 있어 가장 중요한 요소다. 살기 좋은 집은 자연과 좋은 관계를 유지할 수 있는 곳이다.

(3) 지반의 중요성

부지를 선택하고 집을 지을 때는 반드시 토질과 지반 상태를 점검해야 한다. 모래 등의 매립지나 강 하류에 형성된 모래 퇴적지, 저지대나 지하수위 면이 지표면과 가까운 곳은 지반이 연약하기 때문에 지진 등의 재해가 발생했을 때 지지력을 잃어 건물이 무너져 내릴 위험이 있다.

큰 강 유역의 저지대는 대부분 연약한 충적층(현대~1만 년 전까지 퇴적한 지층)으로 구성되어 있다. 이처럼 연약 지반이나 성토 지반에서는 지반이 서서히 침하하여 건물이 기울어지는 현상이 발생한다. 이를 가리켜 '부동 침하'라고 한다. 대지나 건물에 균열이 생기거나 하수구의 배수 상태가 나빠지는 등의 현상이 나타날 때는 우선 부동 침하를 의심하고 조사해 보아야 한다.

건설회사에서 조성한 택지나 아파트, 주택에 대한 광고를 할 때, 교통 시설이나 일조량, 통풍 등에 관해 화려한 문구를 늘어놓는 경우가 많다. 하지만 내가 살 땅을 선택하고자 한다면 광고 문구만 무조건 믿을 것이 아니라 여러 가지 항목을 꼼꼼히 점검하는 것이 좋다.

특히 염려스러운 점은, 지반의 좋고 나쁨에 대해서는 알려주지도 않고, 입주를 생각하는 사람들도 크게 관심을 두지 않는다는 점이다. 많은 사람들이 지반은 부동, 불변의 것이라 생각하는데, 지반 침하의 문제는 1천 건에 5~10건의 비율로 일어나고 있으므로 반드시 함께 살펴야 한다.

택지의 품질이 건물의 자산 가치에 차이를 주는 것은 당연하다. 토지나 건물을 구입할 때는 가장 먼저 지반의 상태를 잘 살펴보아야 한다.

3) 좋은 토지를 선택하는 법

(1) 좋은 토지를 찾는 기준

- 배산임수(背山臨水)로 뒤에는 산이 있고 앞에는 물이 있다.
- 좌북조남(坐北朝南)으로 남향에 햇빛이 잘 드는 곳이 좋다.
- 전저후고(前低後高)로 전방은 낮고 후방은 높아야 한다.
- 지면이 건조하고 배수가 편리해야 한다.
- 오행상생으로 토지와 사는 사람의 오행이 맞아야 한다.
- 사신사가 잘 갖추어진 곳이어야 한다.
- 매립한 땅은 피해야 한다.
- 공동묘지나 묏자리는 피해야 한다.
- 토지 주변에 물이 풍부하면서 오염되지 않은 곳이 좋다.
- 숲이 있거나 주변 집들이 잘 정비되어 있으면 좋다.
- 불탄 자리나 낡은 집, 택지는 그대로 사용하지 않는다.

배산임수의 요건을 갖춘 마을

(2) 좋은 부지와 나쁜 부지

부지를 선택할 때는 자연 환경을 살펴야 한다.

가장 먼저 고려해야 할 것은 햇빛이다. 햇빛이 잘 드는 방향인 동쪽이나 남쪽을 향해 있는 것이 좋다. 남쪽 햇빛을 차단하는 건물이나 야산이 앞에 있으면 좋지 않다. 반대 방향인 북쪽에 냉기나 습기가 발생시키는 강이나 수로가 있어도 좋지 않다.

두 번째로 중요한 것은 통풍이다. 항상 신선한 바람이 통하는 환경은 좋은 기를 흐르게 하고 습기를 막아 주어 그 안에 거주하는 사람에게 쾌적한 환경을 제공한다. 숲에서 나오는 나무의 기를 잘 활용하면 훨씬 더 좋은 환경을 유지할 수 있다. 거주지의 북동쪽이나 남서쪽에 숲을 두면 매우 좋다.

세 번째로 고려할 것은 부지의 모양이다. 부지는 높낮이에 차이가 없고, 정방형이나 장방형이면 좋다. 부지의 모양이 일그러져 있으면 방위의 균형이 맞지 않아 좋은 방위의 영향과 나쁜 방위의 영향이 동시에 발생할 수 있다. 특히 삼각형 모양의 부지가 가장 좋지 않다. 부지가 평면이 아니라 계단처럼 높낮이가 다른 것도 좋지 않다. 가정의 운을 떨어뜨린다. (자세한 내용은 p.123 참고)

네 번째로 부지와 도로의 관계도 살펴야 한다. 부지가 도로와 접할 때는 반드시 집을 도로와 평행하게 세워야 한다. 평행하지 않을 때는 낮은 울타리나 덧문을 설치하는 등의 방법으로 조정해 주어야 한다.(자세한 내용은 p.119 참고)

마지막으로 부지 주위의 환경도 중요한 요소가 된다. 부근에 혐오 시설이 있는 부지, 과거에 좋지 못한 장소(형벌 관련, 분쟁터 등등)로 사용되었던 부지는 반드시 피해야 한다. (자세한 내용은 p.125를 참고)

최근에는 농가(農家)를 구입하여 전원주택으로 개조하는 경우가 많다. 낡은 건물을 해체하고 철거한 다음 집을 건축할 경

도로와 평행하지 않을 때는 낮은 울타리나 덧문을 설치한다.

우에는 반드시 토지에 햇빛을 쏘여 땅의 에너지[地氣]를 북돋워 주기 위해 45일 정도의 활성 기간이 필요하다. 토지는 지구의 자기 등의 에너지를 방출함으로써 사람들의 건강에 많은 영향을 준다. 지기(地氣)가 없는 부지는 에너지를 활성화할 필요가 있다. 도시에서는 앞에서 말한 조건을 모두 충족시키기가 쉽지 않다. 하지만 가능하다면 좋지 않은 조건만이라도 피하는 것이 좋다.

3) 지하수 개발

(1) 수맥 찾는 법

가정에서 지하수를 파고자 할 때는 샘의 근원을 찾기가 어렵다. 샘의 근원을 찾는 몇 가지 소개하면 다음과 같다.

대야로 물 기운을 관찰하는 방법

넓은 들에서나 가능하다. 세 자 정도 깊이의 땅을 파되, 폭과 길이는 임의대로 한다. 구리나 주석 대야 하나를 준비하여 식물성 기름을 골고루 바른다. 파 놓은 구덩이 바닥에 높이가 30cm 정도 되는 나무를 박아 놓고 대야를 거꾸로 뒤집어 엎어 놓는다. 그 다음 대야 위에 마른 풀을 덮고, 마른 풀 위에 흙을 덮어 놓는다. 하루를 지내고 나서 열어 보았을 때 대야 밑에서 물방울이 떨어지려고 하면 그 아래가 바로 샘이다.

장군으로 시험하는 방법

질그릇 굽는 곳 가까이에 살면 아직 굽지 않은 병이나 장군(액체를 담는 그릇)을 앞에서 말한 구리 대야 방법대로 시험한

＊ 우물을 파는 방위와 길흉

- 인(寅) 방위에 샘을 파면 부귀해진다.
- 묘(卯) 방위에 샘을 파면 현명한 사람이 계속 태어난다.
- 진(辰) 방위에 샘을 파면 주식(酒食)이 끊어지지 않는다.
- 사(巳) 방위에 샘을 파면 자손이 번성한다.
- 오(午) 방위에 샘을 파면 손녀가 음탕해진다.
- 신(申) 방위에 샘을 파면 관리가 재앙을 입어 병사한다.
- 축(丑) 방위에 샘을 파면 부처(夫妻)가 이별하게 된다.
- 자(子) 방위에 샘을 파면 자손을 잃거나 팔다리가 꺾인다.

다. 물의 기운이 병이나 장군으로 스며들어 가면 그 아래에 샘물이 있다. 질그릇을 구할 수 없다면 흙벽돌로 대신해도 좋다. 습기를 받아들이지 않는 양털을 이용해도 쉽게 알 수 있다.

불로 시험하는 방법

앞에서와 같이 구덩이를 파고 그 바닥에 쇠바구니를 놓고 불을 피운다. 연기가 피어오르면서 구불구불 곡절이 생기는 것은 물 기운에서 젖은 것이므로 아래에 샘물이 있는 것이다. 연기가 곧바로 올라가는 곳은 물이 없다.

우물을 파다가 수원(水源)에 이르렀을 때 물이 솟아오르는 곳의 흙 색깔을 살펴본다. 붉은 질흙이라면 물맛이 나쁘다. 붉은 질흙은 점토이므로 벽돌이나 기와를 만드는 데 적합하다. 부슬부슬한 모래흙이라면 물맛이 약간 담백하고, 검은 덩어리 흙이라면 물맛이 좋다. 덩어리진 검은 흙은 색깔이 검고 조금 차지다. 모래에 작은 돌멩이가 섞여 있으면 물맛이 가장 좋다.

(2) 물의 좋고 나쁨을 시험하는 방법

지하수의 수질을 간단하게 시험하는 방법은 다음과 같다.

물을 끓이는 방법

맑은 물을 깨끗한 그릇에 넣고 펄펄 끓인다. 물을 기울여 흰 사기 그릇에 붓고 맑아지기를 기다린다. 사기 그릇 바닥에 모래 흙이 가라앉는 것이 있다면 수질이 나쁘다고 할 수 있다. 수질이 좋은 것은 찌꺼기가 남지 않고 물이 금방 끓는다.

햇빛으로 시험하는 방법

맑은 물을 흰 사기그릇 속에 넣고 햇볕 아래에 놓아 햇볕이 똑바로 물속을 비추게 한다. 그때 물속의 햇빛을 바라볼 때 마치 아지랑이가 낀 것처럼 먼지가 희뿌옇게 끼여 있으면 수질이 나쁘다. 수질이 좋은 것은 맑아서 바닥까지 영롱하게 빛난다.

맛으로 시험하는 방법

물은 기본적으로 아무 맛이 없으므로 맛이 없는 것이 참된 물이다. 맛이란 외부의 물질이 합해져서 이루어진다. 담백한 맛이 먼저이고, 그 다음이 맛이 좋은 것, 맛이 나쁜 것순이다.

무게를 재는 방법

그릇 하나를 가지고 번갈아 가며 물을 담아 재어 보는데 가벼운 것일수록 품질이 좋다.

종이나 비단으로 시험하는 방법

종이나 비단 종류 중에서 색깔이 아주 흰 것에 물을 뿌려 말린다. 말렸을 때 아무 자국도 남지 않는 것이 좋은 품질이다.

2. 부지 모양에 따른 길흉

1) 부지와 도로의 관계

부지를 중심으로 했을 때 도로가 어느 방향에 있느냐에 따라 부지나 건물에 미치는 길흉의 작용이 다르다.

■ **부지와 도로의 관계**

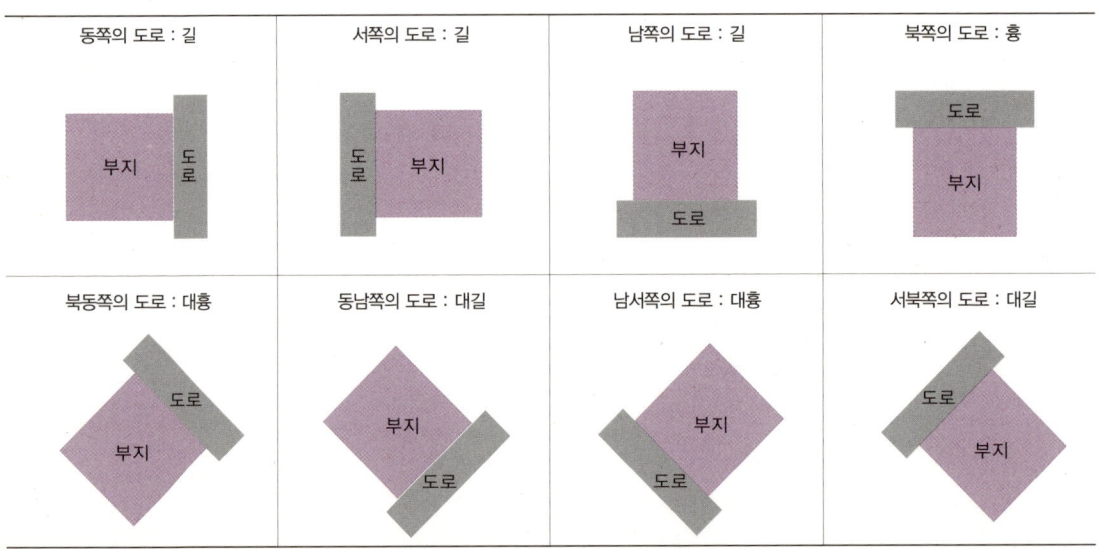

116

2) 부지의 요철(凹凸)에 따른 길흉

부지 각 변의 길이가 1/3을 넘지 않는 함몰(凹)을 '감퇴(減退)'라고 하며, 각 방위가 가지는 의미에 좋지 않은 영향을 미친다.

반대로 부지 각 변의 길이가 1/3 이상으로 철(凸) 부분이 되는 불룩한 부분은 각 방위가 가지는 의미를 강조한다.

■ 부지의 요(凹)가 가지는 의미

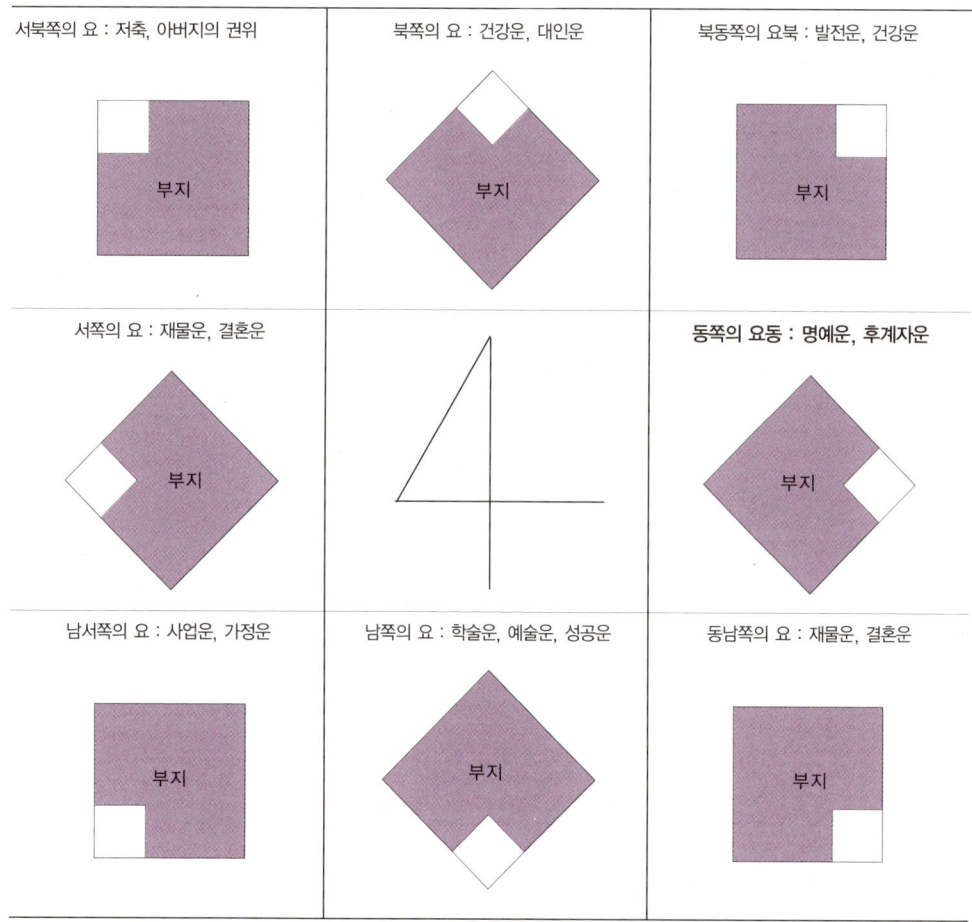

(1) 요철에 대한 풍수학의 길흉

길상

- 동쪽과 서쪽의 토지가 요(凹)로 되어 있으면 길흉이 없고 평범하게 살 수 있다.
- 동서남북의 토지가 요(凹)로 되어 있는 것은 길이다.
- 동남쪽이 길고 동서로 좁은 것은 부귀의 영향을 받으며 자손이 번영한다.
- 동남쪽이 요(凹)로 되어 있으면 처음은 아이가 생기지 않지만, 나중에 부귀의 영향을 받고 자손들도 다산(多産)하며 건강하게 살 수 있게 된다.
- 남서쪽이 요(凹)로 되어 있으면 사업에서 성공한다.
- 북동쪽이 요(凹)로 되어 있으면 큰 재해는 당하지 않는다.
- 전방이 좁고 후방이 넓은 토지는 부귀를 얻을 수 있으며 유명해진다.
- 전방과 후방이 평평하고 정방형, 장방형의 토지는 금전이나 부동산운을 타고나 의식의 곤란함을 겪지 않는다.
- 전방이 원형, 후방이 방형의 토지는 부귀를 타고 난다.
- 전방에 수목이 무성한 원형의 토지는 억만장자의 재산을 타고 난다.

흉상

- 북쪽과 남쪽이 요(凹)로 되어 있으면 병이 들기 쉽고 사업도 실패하기 쉽다.
- 동쪽이 요(凹)로 되어 있으면 의식에 곤란을 겪게 된다.
- 서쪽이 요(凹)로 되어 있으면 장기체재(長期滯在)로 대흉이다.
- 남쪽이 요(凹)로 되어 있으면 재물운을 타고나지만 가정에서는 다툼이 끊이지 않는다.

- 북쪽의 요(凹)는 장기체재로 흉이다.
- 북동·동남·남서·서북쪽의 토지가 요(凹)로 되어 있는 것은 대흉이다.
- 남방과 북방이 좁으면 흉이다.
- 북쪽이 요(凹)로 되어 있으면 일은 성공해도 건강이 나빠지고 자손운이 없다.
- 토지 오른쪽이 길고 왼쪽이 짧으면 고독하고 고생을 많이 한다.
- 토지 왼쪽이 길고 오른쪽이 짧으면 부인이나 자녀 문제로 고생한다.
- 후방이 좁고 전방이 넓은 토지는 재물운과 건강운의 혜택을 받지 못하고 아이를 낳기 어렵다.

(2) 요철에 대한 가상학의 길흉

길상
- 동쪽의 철(凸)은 대길.
- 동남쪽의 철(凸)은 대길.
- 남쪽의 철(凸)은 길.
- 서쪽의 철(凸)은 길.
- 서북쪽의 철(凸)은 길.
- 북쪽의 철(凸)은 길.
- 동남쪽의 요(凹)는 길.
- 남서쪽의 요(凹)는 길.
- 서쪽의 요(凹)는 길.
- 남쪽의 요(凹)는 길흉 반반.
- 장방형의 지형.

흉상
- 남서쪽의 철(凸)은 흉.
- 북동쪽의 철(凸)은 흉.
- 동쪽의 요(凹)는 흉.
- 서북쪽의 요(凹)는 흉.
- 북쪽의 요(凹)는 흉.
- 북동쪽의 요(凹)는 흉.
- 정사각형에 가까운 지형.
- 가늘고 긴 지형.
- 삼각형 또는 다각형의 지형.

3) 부지의 형태 및 사용에 따른 길흉

집을 지으려면 부지의 형태와 주변 환경을 잘 살펴야 한다. 자연과 함께 숨 쉬는 공간으로 햇빛과 바람, 배수가 잘되는 곳을 찾는다.

 좋은 부지의 조건으로 우선 햇빛이 잘 들어야 한다. 햇빛의 양에 따라 나무 모양은 물론 열매의 빛깔도 달라진다. 햇빛은 정원에 직접적인 영향을 미칠 뿐만 아니라 정원을 이용하는 사람에게 따사롭고 아늑한 느낌을 준다. 건물에 가려 햇빛이 드는 시간이 짧다면 여러 가지 문제점이 발생한다.

 바람도 충분히 드나드는지 살펴본다. 주변에 바람을 가로막는 시설물이 있다면 거주자들뿐만 아니라 정원수에도 각종 병충해가 발생하기 쉽다.

 이 밖에도 부지의 형태와 주변의 환경 등은 많은 영향을 미친다.

■ 부지의 형태에 따른 길흉

동남 모퉁이의 땅 — 大吉 동남 모퉁이의 땅은 원래 풍수에서 나온 말. 운과 주거 모두에 좋다.	**경사지 — 凶** 풍수상으로 좋지 않고, 경사 아랫부분 토지 소유자와 문제가 끊이지 않는다.	**부지 연장형의 통로 첨부 — 小凶** 주로 정신적인 면에 나쁜 영향을 미친다. 권총 모양을 닮아 상대의 집이나 부지에 나쁜 영향을 준다.
장방형의 지형 — 吉 텔레비전 화면이나 엽서, 담뱃갑처럼 황금 비율이 이상적이다. 장방형이면 좋은 부지다.	**삼각지 — 大凶** 최악의 운을 가진 부지. 병사·사고사·파산·재기 불능 등 여러 가지 악운이 겹친다. 확실한 대흉 부지.	**와지(窪地)·애지(崖地)·도로 아래 — 凶** 양의 기운을 받기 어려워 좋은 기운을 받을 수 없다. 나쁜 일이 날마다 일어난다.
응달의 토지 — 凶 주위의 높은 건물로 햇빛이 들어오지 않아 그늘이 지면 하루 종일 음의 기운이 지배하게 되어 매우 위험하다.	**계단형의 성토지 — 凶** 절토로 남쪽이 계단형이라면 좋지만 성토는 기본적으로 흉의 작용이 있다.	**뚝 떨어진 영토 — 凶** 기본적으로 미묘하지만 사용법에 따라 길도 되고 흉도 된다. 일반적으로는 흉 작용이 활동하는 땅이다.
계단에 인접한 경사지 — 凶 풍수상으로 좋지 않다. 경사+계단 또한 자산 가치가 없다.	**다각형의 토지 — 凶** 토지의 풍수적인 에너지를 얻기 어려운 지형. 운의 혜택을 받을 수 없다.	**배수가 나쁜 토지(습지) — 凶** 건물을 지으면 운이 최저로 떨어지는 땅이다. 오행에서는 물과 흙은 흉 작용의 근원이 된다.

■ 부지의 쓰임새에 다른 길흉

지하에 시설이 있는 토지 — 凶 지하철이나 지하상가 시설이 지하에 있는 토지에서는 상업적으로는 영향이 적지만, 생활에는 악영향을 미친다. 수면 시 나쁜 기운의 영향을 받아 운이 열리지 않게 된다.	**경매 물건 — 凶** 전 거주자의 괴로움과 슬픔이 스며든 토지로 경매 물건을 손에 넣은 사람들이 성공할 수 없는 것은 이 때문이며, 같은 일로 가라앉는 운명을 가질 수 있다.	**화재가 일어났던 토지 — 凶** 화재가 일어나서 한 번 철거했던 토지에 집을 건축해도 그 집에는 운은 전혀 없다. 그것보다도 나쁜 일이 계속해서 일어난다. 풍수적으로 흉이다.
도로나 철도의 고가다리 아래 — 凶 고속도로, 철도 등의 고가 다리 아래나 옆은 기의 흐름이 어지러워 침착하지 못한 인생을 살게 된다.	**낡은 우물이 있는 토지 — 凶** 우물의 방위에 따라 최악의 운이 당신에 다가올 수 있다. 어느 쪽이라도 좋지 않기 때문에 메워 버리는 것이 현명하다.	**자살 사건이 있었던 토지 — 大凶** 자살자의 원한이 충분히 스며든 토지. 최악의 경우는 가족의 죽음이 기다리고 있다.
지하에 매설물이 있는 토지 — 凶 매설물이 땅속의 에너지가 사람들에게 전달할 수 없도록 방해하여 운이 영원히 열리지 않는다.	**묘지 철거지 — 凶** 팔방이 막혀 침체된 운기가 가족들을 생활고에 빠지게 한다.	**살인 사건이 일어난 토지 — 大凶** 살인 사건이나 병사, 사고사 등이 일어났던 토지에서는 모두에게 대흉의 기운이 영향을 미치기 때문에 최악의 장소이다. 이런 곳은 구입할 생각조차 할 필요가 없다.
병원 철거지 — 凶 풍수적인 원리를 떠나 나쁜 기운이 성행한다.	**재해가 났던 토지 — 凶** 재해로 운기의 균형이 무너졌기 때문에 행운은 멀어진다. 풍수적으로 흉이다.	

4) 지세(地勢)

집의 선택에서 토지의 형태뿐만 아니라, 토지나 주변의 지리 조건인 지세를 읽는 것이 중요하다.

길상

- 북쪽이 높고 남쪽이 평탄하고 넓은 토지는 길.
- 완만하게 남쪽으로 경사진 토지는 길.
- 서쪽이 높고 동쪽이 낮은 토지는 길.
- 뒤가 높고 앞이 낮은 토지는 길.
- 뒤쪽에 산이나 높은 건물이 있으면 길.

흉상

- 남쪽이 높고 북쪽이 낮은 토지는 흉.
- 높은 언덕으로 동서남북에 벼랑이 있는 토지는 흉.
- 웅덩이처럼 가운데가 낮은 토지는 흉.
- 동남쪽이 높고 서북쪽이 낮은 토지는 흉.
- 북쪽으로 강이나 수로가 있는 토지는 흉.
- 앞이 높고 뒤쪽이 낮은 토지는 흉.

3. 풍수 원리와 건축 설계

1) 풍수 환경 과학이란?

고대 중국 사람들은 토질·지형·바람·비·기후·별 등을 자주 관찰하면서 '어떤 토지나 집에 살면 좋을까?', '집을 어떻게 지으면 기(에너지)가 모이는가?'를 알게 되었다. 기술과 이론은 오랜 기간을 거쳐 많은 사람들의 연구로 개선되고 체계화되었다. 이 기술은 중국 역대 국가의 수도를 건설하는 데도 항상 활용되어 왔다.

풍수의 많은 부분이 가상(家相)과 같다고 보는 이유는 많은 가상 연구가가 '풍수를 자칭하는 것이 상담하기에 좋다.'는 이유로 가상의 이론을 풍수로 소개한 것이 원인이다. 그러나 본래의 풍수와 가상은 차이가 있다. 가상에서는 누가 어디에 사는가는 관계없이 방위의 길흉이 정해져 있지만, 풍수에서는 누가 어디에 사는가에 따라서 달라진다.

주위 상황이나 환경, 건물 자체의 형상을 무시하고 배치만으로 좋은 장소를 만들 수는 없다. 사람에게 영향을 주는 것은 방위뿐만이 아니라 색채·형태·소재·동선 등 다양한 요소를 모두 고려하고 판단하는 것이 풍수 환경 과학이다.

* 풍수를 응용한 건축 설계 효과
- 가족의 심신 건강을 유지하고, 자연 치유력을 높인다.
- 부부나 부모와 자식이 서로 원만한 가정을 쌓아 올린다.
- 가정 내의 여러 가지 문제를 해결한다.
- 자녀가 심신 모두 건강하게 자란다.
- 자녀의 학습 능력과 의욕을 높여 성적을 향상시킨다.
- 자녀의 등교 거부를 막는다.
- 고령자의 노망을 막는다.
- 고령자가 건강하고 장수하는 것을 돕는다.
- 병에 따라 사회 복귀 요법을 촉진한다.
- 피로를 달래고 건강하게 지내게 한다.
- 가족의 경제력을 안정시키고 높인다.
- 좋은 손님이 늘어나 가정이 밝아진다.

(1) 풍수 환경 과학의 역할

풍수 환경 과학의 역할은 주택이나 대지의 기의 흐름을 정돈하여 자신의 몸과 거주지에 기(에너지)가 잘 흐르게 하기 위한 것이다. 잘 흐르게 한 에너지를 통해 치유 능력을 끌어내어 면역성을 높이고 스트레스를 완화시키는 등의 효과를 얻자는 것이다.

한의학에서 기(氣)의 흐름인 경락을 중시한다. 경락은 소화 기관과 호흡 기관 등의 내장을 둘러싸면서 신체의 깊은 곳이나 표면에 흐르고 있다고 한다. 기의 흐름이 나빠지면 병이 나는데, 경혈을 자극하여 기혈의 흐름을 좋게 함으로써 건강을 회복하거나 유지할 수 있다고 본다.

'거주지 한의학'이라고 할 수 있는 풍수 환경 과학에서는 대지나 주거 공간에서의 기의 흐름을 용맥(龍脈)이라 한다. 이 용맥을 통해 주거지 내의 각 방과 현관을 비롯해 화장실과 목욕탕, 침실 등의 공간에 기가 흐른다. 기가 나쁜 곳에서 생활하면 인간뿐만이 아니라 동식물도 병들어 버린다. 집의 기의 흐름이 나쁜 부분이 집의 병든 부분이며, 대지에서도 기의 흐름이 나쁜 곳이 대지가 병든 부분이다. 각 공간마다 기의 흐름이 좋으면 집의 문제점이 개선되어 거주하는 사람이나 동식물이 생기가 돈다.

(2) 용맥과 용혈

병을 앓는 것은 몸만이 아니다. 건물도 병을 앓는다. 예를 들면 장사가 잘되지 않는 가게에 들어가면 왠지 기분이 나쁘다. 이것은 벌써 병들어 있다는 뜻이다.

인체에서 기가 흐르는 길을 경락(經絡)이라 하고, 기가 나오는 장소를 혈이라고 한다. 산에서는 용맥이나 용혈이라 부른다. 기가 아래에서 솟아나기 시작하는 장소가 용혈, 위에서 우주의 에너지가 떨어지는 장소가 용맥이다. 이 용맥이나 용혈은 집안에도 있다. 예를 들면, 집 안의 어떤 장소에 무엇인가 존재한다고 생각한다면 사람들의 마음이 안정되고 침착한 느낌이 드는 곳이 있는데, 바로 이런 곳을 용혈이라 볼 수 있다.

용혈이 있는 자리에 있으면 묘하게 안정감을 느낄 수 있어 명상 상태가 된다. 그 용혈이 거실, 침실, 식당 등 어디에 있는지에 따라 기능이 다르다. 용혈이 거실에 있으면 거주자의 성격이 차분해지고, 부엌에 있으면 식욕이 늘어 건강해진다.

집 안의 배수 즉 물의 흐름이 음의 경락이라면, 현관을 중심으로 빛이 어떻게 들어오는가 하는 것은 양의 경락이다. 양과 음의 경락이 조화를 이루는 집은 건강한 집이다.

기는 바람에 의해서 움직이고, 물에 의해서 멈춘다. 인간도 마찬가지다. 산소를 들이마셔 몸속에 들어온 기는 몸 안의 혈액과 수분에 의해서 멈춘다. 집도 현관으로 들어온 기가 어항의 위치나 건물 안에서 물을 사용하는 곳에 멈추게 되므로 매우 중요하다.

(3) 집의 구조와 공간 배치

현관에 들어가자마자 계단이 보이는 집이 있다. 이런 집은 현관을 열면 집의 좋은 에너지가 2층에서 내려와 밖으로 빠져나간다. 2층에 있는 기가 높은 쪽에서 낮은 쪽으로 떨어져 밖으로 나가 버리면 위가 텅 빈 상태가 되기 때문에, 2층에 자녀의 공간이 있는 경우, 자녀가 무기력해져서 매사가 귀찮아진다.

정원에는 나무를 심어야 하는데 심지 않았다면 거주자는 공격적이고 폭력적인 성격이 된다.

화장실이 음침하고 어두우면 집에 돈이 없다고 생각해도 과언이 아니다. 화장실의 방향과 위치도 각각 의미를 가지고 있다. 화장실에 섰을 때 햇빛의 방향(동쪽에서 남쪽)으로 얼굴이 향하는 것이 좋다.

식당의 위치는 애정운이나 부모와 자식의 관계를 의미한다. 식당이 너무 어두우면 부모와 자식 관계가 원만하지 못하고, 지나치게 밝아도 좋지 않다. 형광등 아래에서 식사하면 안색이 나빠 보여 주인은 화내고 싶어지고, 요리도 맛있게 보이지 않는다. 식당을 난색으로 인테리어하면 식욕을 높일 수 있다.

'물에 의한 경제 활동'이라는 말이 있다. 집의 복도는 강 떠는 높은 산이라고 본다. 풍수에서 바람은 기의 움직임을 나타내고, 물은 기를 포함한 재의 흐름으로 본다. 그러므로 복도가 어두우면 기의 흐름은 막히고, 좋지 않은 냄새가 난다. 뿐만 아니라 어두운 공간을 빠져나가는 사이 점점 마음이 무거워진다. 정신이 암울해지고 행동도 밝지 못하며 부정적으로 변해, 비판과 푸념만 늘어난다.

이런 것들이 풍수의 중요 부분이다. 단지 밝은 일로 경제가 좋아지는 것이 아니라, 기가 갖추어진 이런 장소에서 행동함으로써 에너지를 받게 되는 것이다.

2) 풍수 건축의 의학적인 효과

고대 인류는 자연과 조화를 이루고 사는 지혜를 통해 집을 짓거나 마을을 만들었으며, 나아가서는 도시를 계획할 때도 기의 흐름을 중시해 왔다. 그러나 오늘날에는 그런 정서와 거주자의 특징을 무시한 채 무시한 채 건축법에만 맞추어 건축가 마음대로 하는 집짓기가 만연하고 있다.

■ 건축 의학의 8단계

단계	내용
제1단계	유해 물질을 배제한다.
제2단계	주위 환경에 잠복하는 악영향에 대해 파악한다.
제3단계	인간과 환경(생명장)과의 공생 관계를 이해한다.
제4단계	색과 형태가 인간에게 미치는 영향을 밝혀 낸다.
제5단계	구입해야 할 토지를 선택한다.
제6단계	심신과 뇌를 활성화시키는 집을 만든다.
제7단계	오행에 의한 생명장(生命場)을 정돈한다.
제8단계	방위의 중요성을 인식한다.

최근 쉬크하우스증후군(새집증후군)이라는 말도 사람들에게 많이 알려졌으며, 건축물에 사용되는 포름알데히드를 비롯한 여러 가지 화학 물질의 문제가 주목을 받고 있다. 뿐만 아니라 전자파 문제와 주거 환경의 원인으로 많은 질병이 발생하고 있다. 지자기의 강약과 생체와의 관계, 색채와 심신과의 관계 등도 서서히 밝혀지고 있다.

건축 의학은 8단계로 되어 있는데, 이중 1단계인 '유해 화학 물질의 배제'에 대해 알아보자.

(1) 유해 화학 물질의 배제

건축 소재는 매우 중요하다. 건축 의학은 건강한 소재를 기초로 하는 것에서부터 시작된다.

건축 의학사는 설계사나 인테리어 디자이너를 지도하여 거주자가 진정한 건강을 실현할 수 있는 거주지를 만든다.

플로어링(마루)

플로어링은 무크 판을 사용한 것과 합판 위에 화장판을 붙인 것, 파티클 보드처럼 목재 소편을 본드로 굳힌 것 등이 있다. 천연목을 사용한 무크 판이라면 문제는 없지만, 그 밖의 것은 모두 포름알데히드 등의 방충제와 방부제를 사용하고 있다. 포름알데히드는 상온에서는 무색이고 자극적인 냄새가 있는 기체로 물에 잘 녹는다. 농도 40% 정도의 수용액이 생물 표본의 방부제에 잘 사용되는 포르말린이다. 단백질과 결합해 응고하는 성질이 있기 때문에 방부제나 소독약에 사용된다. 이것이 휘발하여 인체에 흡수되면 건강을 해치게 된다. 구체적으로는 코나 인후의 점막과 안구를 강하게 자극하고, 저농도에서도 기침이나 목의 이상·두통·구토·현기증을 일으켜 쉽게 알레르기성 질환이 된다. 고농도에 이르면 암이 발생하거나 신경세포의 파괴, 소화기가 비정상이 되기도 한다.

합판의 포름알데히드로 알레르기 반응을 일으키는 사람은 매우 많고 심신의 곳곳에 좋지 않은 영향을 미치므로 신생아나 어린아이가 있는 집에서는 특히 주의해야 한다. 포름알데히드는 마루 말고도 건축자재, 가구나 벽지에도 많이 사용된다.

현재 평균적인 공법에 따라 사용된 것이 모두 휘발되기까지 약 2년 가까이 걸린다는 연구 결과가 있다. 맨션 등 신축 건물은 피하는 것이 무난하다.

벽지

벽지는 안과 겉, 양쪽 모두에 곰팡이 방지제가 사용되어 있고, 비닐 크로스의 대부분이 곰팡이 방지제 처리가 되어 있다. 앞에서 말한 포름알데히드 외에 유기할로겐 계나 유기비소 등도 곰팡이 번식만 막는 것이 아니라 인간의 세포에도 작용한다.

비닐 크로스는 염화 비닐을 가공한 것으로, 미국에서 발암물질로 알려져 있다. 비닐 크로스의 가소제(단단한 화학 물질을 부드럽게 하는 약제)로 사용되는 폴리탄산에스테르 [polycarbonate]는 장기간에 걸쳐 실내에 확산된다. 온도가 높으면 높을수록 확산되는 양이 많아지고 매우 위험해진다. 화학 물질 과민증은 극히 미량에서도 일어난다. 동물 실험에서는 쥐의 간장에 종양이 생겼다는 보고도 있다.

다다미

현재 우리나라에서도 일본의 다다미를 활용하여 인테리어를 하는 경우를 종종 볼 수 있다. 다다미 위에서 이불을 깔고 자는 것은 매우 위험하다고 할 수 있다. 진드기 대책으로서 펜티온 (fenthion)이나 페니트로티온(fenitrothion)이라는 유기인 계열의 농약을 사용하고 있기 때문이다. 사용량의 면적을 비교하면 논에 살포되는 양의 20~30배에 달한다. 펜티온은 극물(劇物)로 지정되어 태아의 기형 유발이나 발암의 원인이 된다고 보고되고 있다. 목초액으로 방충 처리를 한 다다미라면 안전하다.

마루 밑

마루 밑에는 방의제(흰개미 구제제)가 살포된다. 발암성이나 신경 독소에 강한 농약이 사용되고 있어 흰개미 이상으로 위험하다고 말할 수 있다. 한 번 뿌리면 5~10년간 독소는 계속 확산되고 특히 1층 실내 공기의 오염이 심해지므로 2층 이상에서 자는 것이 그나마 안전하다.

사이프러스(cypress) 오일이나 목초액 등을 바르면 흰 개미는 접근하지 않는다. 이미 방의제가 살포되어 있을 때는 숯을 넣어두어 유해 물질을 흡착시킬 수 있다. 맥반석을 살포하는 것도 구제제의 독성을 떨어뜨려 생명장을 높일 수 있다.

방충제 · 살충제

의료용 방충제에 사용되는 나프탈렌이나 파라디클로로벤젠

(paradichlorobenzene)은 꽃가루 알레르기를 일으키거나 발암성 물질로서 인체에 매우 유해하다. 냄새나지 않는 방충제도 유해하고 조금씩 들이마시면 만성 중독되어 두통·현기증·귀울음·혈압 이상·암 등이 발생할 우려가 있다. 옷장 문을 연 채로 자면 자는 동안 실내에 방충제가 가득 차게 되고 그것을 들이마시게 되므로 주의한다.

실내에 양복을 걸어두거나 드라이클리닝한 의류를 그대로 두면 트리클로로에틸렌(Trichloroethylene) 등의 화학 물질을 들이마시게 되어 몸에 좋지 않은 영향을 미친다. 의류는 반드시 옷장에 넣고 실내 공기를 오염시키지 않도록 한다.

청소기의 종이 팩에 이용되는 곰팡이 방지제나 방충항균 성분도 페니트로티온·다이아지논(Diazinon)·페르메트린(Premethrin) 등의 농약과 같은 화학 물질이 사용되고 있어 청소기를 돌릴 때마다 방 안에 고농도로 살포된다. 청소기의 종이 팩은 화학 물질을 첨가하지 않은 것을 선택하는 것이 안전하다.

시판되고 있는 전자 모기향도 농약과 같은 피레스로이드(Pyrethrum)계 약제가 사용된다. 피레스로이드는 살충 유효 성분의 피레트린(Pyrethrin)을 흉내 내어 만들어진 화학 합성 물질의 총칭이다. 피레트린은 사람과 가축에게 피해를 덜 주지만 피레스로이드계 약물은 잔류성이 높고 동물 실험에서 발암성이 있다고 밝혀진 것도 있다. 피레스로이드계 약제는 인체에 눈의 통증·두통·구토·천식·설사 등의 증상을 일으킨다.

욕실

수돗물에 포함되는 트리할로메탄(Trihalomethane) 등의 유기염소 화합물에 대해 관심을 갖는 사람들이 늘고 있다. 수돗물에 포함되는 유기염소 화합물의 상당수는 피부를 통해 흡수되고, 휘발성은 증기가 되어 호흡할 때 흡입된다. 염소는 유기물과 쉽게 반응하기 때문에 머리카락이나 피부, 폐 안의 점막도 염소와 반응하여 세포가 파괴된다. 염소 계열 표백제로 손이 매우 거칠어지거나 수영장을 이용하면 피부가 꺼칠꺼칠하고 머리카락이 손상되는 이유도 이와 같다.

트리할로메탄은 온도가 높아지면 더 확산되기 때문에 음료보다 입욕을 통한 악영향이 더 많다. 수돗물을 끓여 목욕할 때 환기팬을 돌리지 않으면 위험하다고 할 수 있다. 목재나 천연석, 비타민C 분말(아스코르빈산) 등을 수돗물을 끓이기 전에 넣어 염소를 제거한 뒤 사용한다. 24시간 영업하는 목욕탕의 경우에는 레지오넬라균에도 주의할 필요가 있다.

에어컨

앞쪽 흡입구를 청소하지 않으면 필터에 먼지가 쌓여 곰팡이가 쉽게 발생한다. 에어 필터는 1주일에 한 번 정도 청소하는 것이 좋다. 에어 필터를 청결하게 유지한다고 해도 일반 주택에서는 6개월~1년 정도 시간이 지나면 에어컨 내부의 열교환기에 먼지가 쌓인다. 먼지를 방치해 두면 곰팡이나 세균 번식의 온상이 되어 방 안에 곰팡이나 박테리아가 가득 찬다. 이런 공기를 마시면 면역력이 떨어져 여러 가지 질병에 노출되기 쉽다.

냉각수를 사용하는 공기 조절기의 경우 레지오넬라병을 주의해야 한다. 이 병은 레지오넬라균이라는 세균으로 일어나는 폐렴이다. 증상은 사람에 따라서 여러 가지로 나타나며 가벼운 감기 정도의 증상으로 끝나는 사람도 있지만 노인이나 저항력이 떨어지는 사람은 중증이 되어 사망하는 경우도 있다.

항균 가공 처리

최근 다양한 상품에 항균 가공이라는 표시를 볼 수 있다. 항균가공 처리에는 곰팡이 방지제 TBZ나 파라키온 안식향산염이 들어 있다. 이런 화학 물질은 알레르기나 기형을 유발한다. 항균과 방취 등에만 신경쓰느라 안전성을 해친다면 의미가 없다.

(2) 면역을 높이는 자연 소재

주택 자재나 가구의 재질이 방이나 건물 공간의 성격을 결정한다. 예를 들면 나무 소재의 제품이 많다면 심리적으로 안정을 느낄 수 있다.

자연 소재 즉 나무나 돌 등의 소재는 인간에게 안정감을 줄 수 있다. 나무로 만들어진 건물에 살게 되면 자연스러운 사고방식을 가지게 된다. 부자연스러운 소재는 역시 부자연스러운 기운 즉 악의나 살기를 인간에게 준다. 자연스러운 소재는 생기를 내고, 부자연스러운 소재는 살기를 뿜어낸다.

한옥 등의 목조 건물에 가면 심리적으로 안정되는 이유는 목재에서 나무의 기(에너지)가 나오기 때문이다. 최근에는 절이나 한옥을 새로 지을 때에도 콘크리트 구조를 택하는 경우가 많은데, 그렇게 하면 외관상으로는 비슷해도 목재 건물의 특징인 평온함을 얻을 수가 없다.

오행에서 '나무'는 파란색이나 초록색을 상징하는데, 이는 진정 효과가 있다. 따라서 나무가 주된 자재인 목조 주택에는 사람의 몸과 마음을 진정시키는 효과가 있다고 할 수 있다. 대화 내용이 딱딱하거나 긴장감이 느껴질 때 목재를 많이 활용한 방에서라면 침착한 태도를 유지할 수 있다. 그러므로 회사의 응접실 등은 가능하면 나무를 활용하여 인테리어하는 것이 상담을 잘하는 비결이 된다.

나무는 스트레스를 일으키는 독성 물질의 분비를 줄일 수 있고, 수목에서 나오는 피톤시드(fitontsid)는 독성 물질을 줄이는 힘이 있어 그 냄새를 맡으면 노화를 늦출 수 있다.

콘크리트나 벽돌, 플라스틱, 유리는 방습 특성이 매우 나쁘고, 나무나 종이에는 수분을 흡수하거나 방출하는 특성이 있어 인간의 면역성을 높여 준다.

겉은 한옥의 모양을 갖추었으나 주된 건축 자재가 콘크리트로 이루어진 건축물.

4. 집 주위 환경과 형태에 따른 길흉

1) 집 주위의 물의 형태와 의미

풍수에서는 물이 재물을 상징한다. 물의 좋고 나쁨(또는 길흉)을 포(抱)와 불포(不抱)로 구분한다.

좋은 물 즉 포(抱)는 물의 흐름이 완만하고, 집 주위를 둘러싸거나 물이 흐르는 곡선의 안쪽에 집이 있는 것을 말한다. 집이 하천의 곡선 안쪽에 있거나 흐름이 너무 빠르지도 너무 늦지도 않은 것, 물의 투명도는 강의 바닥이 보일까 말까 할 정도로 깨끗한 물을 말한다.

나쁜 물 즉 불포(不抱)는 물의 흐름이 빠르거나 집으로 향해 휘어지거나, 집을 향해 흘러오는 곡선의 바깥쪽에 집이 있는 것을 말한다. 집이 하천의 곡선 바깥쪽에 있거나, 흐름이 매우 빠르거나 반대로 흐르지 않거나, 계곡처럼 깨끗하거나 도시의 하천처럼 너무 탁하여 강바닥이 전혀 보이지 않는 물을 말한다.

집 주위의 물이 좋은 물, 길(吉)한 물의 형태라면 재정적으로 풍족해져 수입이 많고 지출이 줄어드는 것으로 여겨진다. 좋지 않은 물, 흉한 물의 형태라면 수입은 적고 쓸데없는 지출이 많아진다.

* 물은 재물이다

《증보산림경제》: 물은 재물과 녹봉을 관장하기 때문에 큰물의 연안에 큰 부잣집과 이름난 마을, 은성(殷盛)한 촌락이 많다. 비록 산중일지라도 계곡물과 시냇물이 흘러들어 모여든 곳이라면 오래도록 거처할 만한 땅이다.

《택리지》: 물이 없는 곳은 사람이 살 곳이 못 된다. 산에는 반드시 물이 있어야 한다. 물과 짝한 다음이라야 바야흐로 생성하는 묘(妙)함을 다 할 수 있다. 이처럼 물은 반드시 흘러오고 흘러감이 지리에 합당해야만 비로소 정기를 모아 기르게 된다. 이런 것은 풍수가들의 술서(術書)에 있으므로, 갖추어 논하지 않겠다. 그러나 집터는 묏자리와는 다르다. 물은 재록(財祿)을 맡아 큰 물가에 부유한 집과 유명한 마을이 많다. 비록 산중이라도 또한 시내와 간수(澗水) 물이 모이는 곳이라야 여러 대를 이어 가며 오랫동안 살 수 있는 터가 된다.

■ 물의 흐름과 길흉 작용

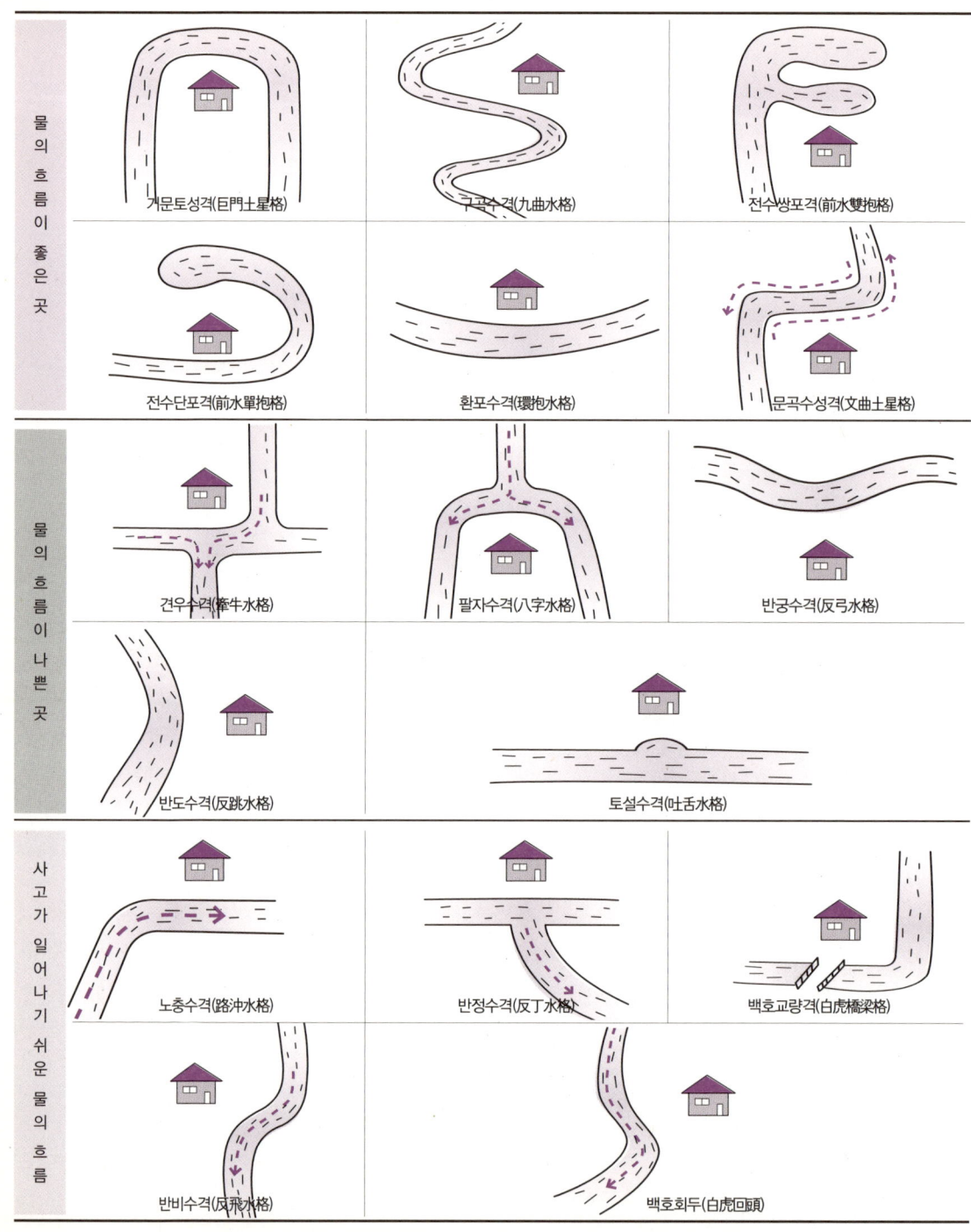

2) 건물 주위 환경과 길흉

풍수의 좋고 나쁨에 따라 가족이나 자손의 번영과 길흉에 크게 영향을 미친다고 본다. 풍수를 믿든 믿지 않든 거주하는 사람은 집의 구조나 주위의 환경으로부터 많은 영향을 받고 있다.

자연에서 나오는 기는 인간과 같은 생명(에너지)이 있다. 생명의 길흉을 결정하는 것은 환경·지형·방위·환기·채광 및 '출생 시간' 등이다. 집과 집 주위의 에너지가 강하면 집주인의 건강 또한 좋고 운기도 강하다.

집 주위의 환경이 집이나 거주자에게 미치는 영향은 다음의 표와 같다.

■ 건물의 주위 환경에 따른 길흉

백호살(白虎煞) 집에서 현관을 향해 오른쪽 부근에 건물 해체나 신축 등의 공사를 하고 있는 경우를 백호살이라 한다. 특히 그 방향으로 큰 창이나 발코니가 있다면 매우 큰 영향을 받는다. 가족에게 질병이 발생하거나 재물운의 저하를 가져온다.	**문충살(門沖煞)** 빌딩이나 집의 현관이 정면 건물의 현관과 서로 마주보고 있다면 주의해야 한다. 서로 반목하고 항상 문제가 끊이지 않는다. 심리적으로도 좋지 않은 영향을 미친다.
천참살(天斬煞) 큰 건물이 줄지어 서 있고 그 사이의 매우 좁은 틈새로 발생하는 흉의 기운을 '천참살'이라 한다. 그 틈새가 집이나 점포, 직장을 향하고 있으면 주의해야 한다. 자신이나 가족에게 재앙을 가져온다. 아파트 단지의 구조에서 많이 볼 수 있다.	**정심살(頂心煞)** 전신주나 큰 나무, 높은 굴뚝 등이 도로를 사이에 두고 건물이나 집 현관의 바로 정면에 서 있으면 주의해야 한다. 날카로운 것이 있으면 스트레스가 끊이지 않으며, 심리적인 면에서도 좋지 않은 영향을 준다.
능각살(稜角煞) 인접한 곳 또는 도로의 반대편에 서 있는 다른 건물이 집과 병행하는 것이 아니라 비스듬히 되어 있다면 주의해야 한다. 건물의 모퉁이가 이쪽 건물을 향하고 있다면 능각살로, 특히 현관을 향한다면 최악이다. 사각형의 건물보다 삼각형 건물의 모퉁이는 몇 배의 흉상이 된다.	**압살(壓煞)** 언제나 자신이 앉아 있는 장소 바로 위 천정의 대들보나 불룩하게 튀어나온 것이 있는 경우는 특히 주의해야 한다. 매일 그 아래에서 오랜 시간 머물러 있으면 그 압박을 계속 받아 정신적으로도 육체적으로도 나쁜 영향을 받게 된다.
창살(槍煞) 집의 부지가 도로의 막다른 곳에 위치하고 있을 때는 주의가 필요하다. 막다른 곳의 부지나, T자, L자의 도로에서 도로가 일직선으로 향하는 경우에도 해당한다. 특히 도로가 직선으로 길거나 넓거나 교통량이 많으면 영향력은 더욱더 크다.	**파재살(破財煞)** 현관을 들어서면 맞은편에 곧바로 베란다의 출구가 있다. 현관과 베란다 사이를 차단하는 것이 없고 일직선으로 통해 있으면 주의해야 한다. 어느 정도의 수입은 있지만 예정에 없는 지출이 많이 발생하여 전혀 재산이 모이지 않는다.

■ 건물의 주위 환경에 따른 길흉

반궁살(反弓煞)
집을 마주한 도로가 곡선으로 되어 있으면 특히 주의한다. 그 집의 재물운을 이동시킴으로써 점차 경제적 불안을 가져온다. 곡선 도로에서 커브 안쪽의 집은 기의 흐름이 완만하고, 생활에 적합하다. 그러나 커브 바깥쪽은 기의 흐름이 순조롭지 못하고 어지러워 생활에 부적합하다.

집 앞에 교통 신호가 있다
교통 신호도 기를 어지럽히는 요인 중의 하나다. 방위에 따라서는 대흉에 가까울 정도의 재앙을 불러오기도 한다. 풍수 효과는 흉이다.

근처에 선로가 있다
기의 흐름이 강하기 때문에 기찻길 옆은 피하는 것이 좋다. 여러 가지의 작은 문제가 계속해서 나타나고 이익 없이 바쁘기만 하다. 풍수적으로 흉하다.

건물의 모퉁이가 집을 향하고 있다
풍수에서는 첨각(모퉁이)이 다른 건물의 정면이나 현관을 향하고 있는 것을 화살이나 칼날이 나를 위협하는 것으로 본다. 즉 무서움에 떨며 항상 신경이 흥분된 상태가 된다. 이런 건물이나 집에 살면 인생이 추락한다.

집 앞에 신상(神像)이 있다
신상은 경배의 대상으로 매우 좋지만, 신상의 정면이나 옆, 뒤에 집이 있을 때는 각종 영혼들의 영향으로 생활에서 여러 가지 문제가 발생한다. 주로 마음이 혼란하고 애정의 감퇴나 정신적인 스트레스 등 심리적인 면에서 좋지 않은 영향을 미친다.

창 밖으로 대형 송전선이 보인다
기를 어지럽히는 송전선이 집 근처에 있는 것은 대흉을 의미한다. 원인을 알 수 없는 많은 재앙으로 가족들을 괴롭히기 때문에 빨리 이사해야 한다.

간선도로 주위 가까이에 있다
기찻길과 마찬가지로 기의 흐름이 강하기 때문에 간선도로 옆은 피하는 것이 현명하다. 여러 가지 문제가 발생하며 이익 없이 바쁘기만 하다.

L자로와 T자로에 접한 집
왼쪽의 직각로(L자로)에서는 바깥쪽에 접한 집의 기운이 어지러워 운기가 침체한다. 그러나 안쪽의 집은 곡선 도로의 집처럼 풍수 작용이 생겨 운세가 상승한다. 오른쪽의 수직로(T자로)는 곧바로 다가온 기로 인해 직접 어지러운 기를 받기 때문에 풍수상 최악의 운기가 집을 덮치게 된다.

집의 뒤에 절벽이 있다
절벽이나 언덕이 집에서 멀리 떨어진 곳이라면 좋지만 바로 뒤에 있으면 전체적으로 운기가 침체한다. 기의 영향이 강한 만큼 건강에도 좋지 않다. 운과 관계 없이 지진이나 큰 비 등으로 산사태가 일어나기 쉬우므로 주의해야 한다.

수직로와 막다른 곳의 직진로에 접한 집
왼쪽 수직로(T자로)에서는 직선 도로 정면의 집이 풍수의 운에 적합하지 않은 최악의 상태이고, 오른쪽 도로 막다른 곳에 위치한 집은 도로가 길면 길수록 최악이다. 가족의 죽음 등 매우 심각한 일을 당하게 된다.

송전선이 지붕 위를 지나간다
기를 어지럽히는 송전선이 머리 위에 있는 것은 최대의 흉이다. 흉 작용이 강하게 일어나 가족을 재난에 빠트린다. 주거지로서 백해무익한 곳이므로 이사하는 것이 좋다.

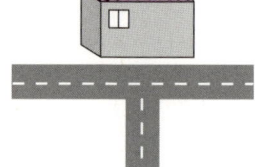

---

* 절이나 교회(성당) 건물의 위치와 길흉

절이나 교회가 100미터 이내에 있으면 강한 영향을 받는다. 어느 방위에도 주의가 필요하다.

- **진서와 진북** : 자신의 선조를 제사 지낼 때 대길. 선조가 재난에서 자손을 지켜 준다. • **남서쪽과 서북쪽** : 흉상. 맏아들이 가출하는 등 자녀와의 인연이 얇아진다. • **동쪽과 서북쪽** : 흉상. 사업에 재물운이 없고 이윤도 나오기 어렵다. • **북동쪽과 서쪽** : 흉상. 재산이 줄어든다. • **남쪽** : 흉상. 화재가 일어나기도 하며, 여성의 컨디션에도 영향을 미친다. • **동남쪽** : 흉상. 애정 면에서 좋지 않다. 특히 여성에게 좋지 않다.

3) 오행으로 분류한 건물의 모양

도시에서 생활하거나 장사를 하려면 도시 전체나 자신의 거점을 중심으로 주위의 풍수가 어떤 상태인지를 관찰할 필요가 있다. 그 기본이 되는 것이 큰 건물의 형태다.

땅의 에너지에도 인간과 같은 성질이 있다. 고대 중국에서는 대지의 기(氣) 에너지를 성질에 따라서 목(木)·화(火)·토(土)·금(金)·수(水)의 5가지로 분류했다. 토지의 성질을 파악하고, 궁합이 좋은 건물을 만들어 흉운을 피하고 길운을 불러들였다. 이들 오행을 각각 도형에 적용시켜서, 건물도 그 형태에 따라 분류할 수 있다.

목형(木形)
목(木)은 가늘고 긴 것에 머무는 성질이 있으므로 장방형을 나타낸다. 따라서 '목형'은 높고 곧게 솟은 건물.

화형(火形)
화(火)는 위를 향해 타오르므로 앞이 날카로운 형태나 삼각형 등을 나타낸다. 따라서 '화형'은 날카롭거나 삼각형의 건물.

토형(土形)
토(土)는 균형 잡힌 안정된 형태로 정방형을 나타낸다. 따라서 '토형'은 사각형 또는 상형(箱型)의 건물.

금형(金形)
금(金)은 각이 없는 것을 나타내므로 원형을 나타낸다. 따라

산의 모양과 오행

산의 외형적인 특징도 건물과 같이 목·화·토·금·수 5가지로 구분할 수 있다.

목형 : 정상이 꽃봉오리 모양. 학문 숭상, 공무원 – 서울 북한산

화형 : 두 개 이상의 뾰족한 봉우리를 이룸. 종교인, 예술가 – 서울 관악산

토형 : 정상이 옆으로 장방형을 이루며 평평. 후덕함, 귀인 – 구미 천생산, 전남 장흥 천관산

금형 : 노적봉이라 하여 재물운과 풍년을 부름. – 인왕산

수형 : 정상에 여러 개의 봉우리가 연속해서 부드럽게 연결됨. 예술적 재능, 청렴함 – 서울 남산

서 '금형'은 원형과 품형(品型) 또는 앞뒤에 떨어져 있는 건물.

수형(水形)

수(水)는 유동체나 파형(波型) 등을 나타낸다. 따라서 '수형'은 파상의 파도가 있거나 평탄한 건물.

혼합형

5개의 요소가 혼재한 건물. 5개의 에너지의 성질을 살펴보았지만, 많은 건물에는 몇 개의 요소가 합쳐진 건물도 있다. 이런 경우에는 양쪽 모두의 성질이 나타나지만, 그 균형을 생각하는 것은 매우 곤란하다.

어떤 조합을 좋다거나 나쁘다고 총괄적으로 말할 수는 없다. 일반적으로 거주나 상업용에 적합하다고 여기는 것은 '토'와 '금'의 조합이다.

건물의 형태가 다양하듯이 모양에 따라서 주위에 많은 영향을 준다. 집의 주위를 살펴보면 반드시 하나는 큰 건물이 있다. 집은 그 건물의 영향을 매일 받고 있다고 해도 지나치지 않다.

간단하게 살펴볼 수 있는 기본적인 요소는 집 앞쪽 건물의 형태가 '토'면 대길, '금·수·목'이라면 길, '화'라면 흉이다. '금·수·목'의 건물이 있다면 '사람들에게 많은 도움'을 얻을 수 있다. 어떤 인생을 살더라도 매우 중요한 일이다.

주위에 다양한 건물이 있으면 발전적인 영향을 가져오지만, '토'의 건물이 있으면 재물운에 많은 영향을 받으며 안정적인 수입을 가져올 수 있다. '토'의 건물은 전방뿐만 아니라 주위 어디에 있어도 길운을 불러온다.

'화'형은 어느 방향에 있어도 '흉'이라고 생각해야 한다. 이 건물은 사방으로 나쁜 기운을 방출하고 있기 때문에 주위 건물에 심각한 피해를 준다.

■ 오행으로 분류한 건물의 모양에 따른 의미와 길흉

오행	모양	의미와 길흉
목형 木形		**안정된 재물운과 건강운을 가져오는 '목형'의 건물** 기본적으로 '장방형'의 건물에는 모두 '목'의 성질이 있다. 목은 눈에 보이지 않을 만큼 느리지만, 빛이 비추는 곳을 따라 성장하려는 힘이 있다. 장사하거나 이사해도 한 계단 한 계단 올라가듯이 운세가 상승한다. 빌딩이 가지는 에너지는 매우 온화하고, 재물운과 건강운이 모두 안정된다. 정직하고 덕망이 있는 관직 생활을 할 수 있다.
화형 火形		**운세의 움직임이 격렬한 '화형'의 건물** 끝이 날카로운 빌딩이나, 위에서 보았을 때 삼각형인 빌딩을 말한다. 불은 상승하는 힘을 가지고 있어 '뜬다(浮)'는 경향이 있다. 거주용으로는 안정성이 적어 적합하지 않다. 상업용으로 사용할 경우에는 재물운 방면의 효과를 얻을 수 있으며, 상상을 초월할 정도의 수확을 얻을 수도 있지만, '도박'적인 요소도 포함하고 있다. 강건하고 개혁적이며 건설적인 형태다.
토형 土形		**가장 견실(堅實)한 '토형'의 건물** 위에서 보면 정방형인 빌딩이나 전체가 입방체 형태인 건물을 말한다. 토는 모든 물질이 돌아가는 장소이며 가장 안정된 곳이다. 거주와 장사 모두에 가장 이상적인 곳이라 할 수 있다. 착실하게 부지런히 신뢰를 쌓아 가는 생활이나 장사를 하고 싶다면, '토'의 건물이 최고다. 덕성과 포용성과 존엄성을 주관하는 형태다.
금형 金形		**재물운의 에너지를 가진 '금형'의 건물** '돔'형이나 반원형·원형·타원형·구형으로 각이 없는 건물이다. '금'의 에너지는 말 그대로 '재물운'을 재촉하는 힘을 가지고 있다. 그러나 '구른다, 돈다'는 현상도 있어, 안정성이 부족하고 운기에 지구력이 없다. 거주에는 적합하지 않고 장사를 하는 경우에도, 입구의 설계가 중요하게 작용한다. 금형은 노적봉을 말하며, 부귀를 관장한다.
수형 水形		**재물이 모이는 '수형'의 건물** 물은 위에서 아래로 흐르는 성질이 있어 방치하면 자꾸 흘러가 기가 불안정해진다. 원래 재물운을 부르는 에너지이므로, 주위 지형이나 현관 방향이 잘 만들어지면 댐에 물이 고이듯이 재물이 쌓이지만, 작은 균열에도 단번에 흘러가 버린다. 입주자가 자주 교체된다는 의미이며, 한 계절 만에 큰 수입 또는 배의 선착장 등에 적합하다. 수형은 청렴한 문재(文材)를 관장한다.
혼합형	**5개의 요소가 혼재한 건물** 5개의 에너지의 성질을 살펴보았지만, 많은 건물에는 몇 개의 요소가 합쳐진 건물도 있다. 이런 경우에는 양쪽 모두의 성질이 나타나지만, 그 균형을 생각하는 것은 매우 곤란하다. 어떤 조합을 좋다·나쁘다고 총괄적으로 말할 수는 없다. 일반적으로 거주나 상업용에 적합하다고 여기는 것은 '토'와 '금'의 조합이다.	

4) 건물의 요철(凹凸)에 따른 길흉

* 요철(凹凸)을 판단할 때의 기준
• 요(凹) : 튀어나와 있는 부분이 건물 한 변 길이의 1/3 이하
• 철(凸) : 튀어나와 있는 부분이 건물 한 변 길이의 1/3 이상

건물의 요철(凹凸)은 방위에 따라서 길흉과 관련되어 있다. 특히 새 집을 지을 때 예쁘게 짓고 싶지만 요철(凹凸) 때문에 많은 고민을 하게 된다.

가상에는 단순한 미신이나 본래의 의미가 왜곡되어 전해진 부분이 많다. 요철(凹凸)도 실은 이런 경향이 강하다. 예를 들어, 철(凸)은 가상에서는 길, 요(凹)는 흉으로 여기지만, 귀문의 방위(북동·남서)에 있는 철(凸)은 흉으로 본다. 요철에도 방위에 따라 여러 가지 설이 있다. '동남쪽에 철(凸)이 있는 집은 맏아들이 출세한다', '북동쪽의 철(凸)은 가족의 건강을 해친다.', '동쪽의 요(凹)는 사업에 실패하는 흉상이다.' 등이 그것이다.

동남쪽으로 철(凸)이 있으면 밝고 공기가 좋은 환경의 공간에서 자녀를 기를 수 있다. 또한 햇볕을 차단할 수 있어 그늘이 있는 장소를 만들 수 있다. 귀문인 북동쪽에 철(凸)이 있다고 해도 겨울 추위의 영향을 완화시킬 수 있는 방법을 연구해 두면 건강을 해칠 우려가 적다.

동쪽의 요(凹)도 다른 집과 접근해 있는 상황에서는 일조량 문제나 프라이버시 측면에서 유리할 수도 있다. 하지만 함부로 요철을 만들면 후회하게 된다. 요철은 현대 건축에서도 주의가 필요한 부분이다. 건물의 요철은 집의 강도에 영향을 미친다.

건물에는 중심이 되는 2개의 점이 있다. 1개는 집의 질량의 중심을 나타내는 것으로, 일반적인 집의 '중심'이다. 다른 하나는, 힘의 중심을 나타내는 '강심(剛心)'이다. 이 2개의 점 사이의 거리가 짧으면 내진성이 강하고, 거리가 떨어지는 만큼 내진성은 약해진다. 최근에는 건물의 힘의 중심인 '강심'을 추구해 내진성을 측정할 수 있는 소프트웨어도 판매되고 있다. 실제로 내진성 계측 소프트웨어로 측정해 보면 네모반듯한 집은 그

만큼 중심과 강심이 일치하기 쉽고, 요철이 많은 복잡한 형태의 집은 중심과 강심과의 거리가 떨어져 내진성이 약다는 계산이 나온다. 우리나라도 지진의 안전 지대가 아닌 이상 내진성이 강한 건물을 지어야 할 것이다.

요철은 건물의 내구성에도 영향을 준다. 요철이 많으면 지붕의 형태도 복잡하다. 이런 복잡한 지붕은 빗물 누수의 원인이 되기 쉽다. 항상 응달인 부분이 생겨 습기가 발생하여 집의 토대 등을 손상시키므로 집을 수리하는 비용도 무시할 수 없을 것이다.

'북쪽이나 서북쪽의 요(凹)는 자금의 흐름이 좋지 않다.'고 하는 이유도 햇빛이 비치지 않기 때문에 습기로 눅눅하고, 집을 손상시켜 수리비가 든다는 측면에서 보면 맞는 말이다. 가상이 좋은 집이란 '안전하고 쾌적하게 살 수 있는 집, 자연 재해로부터 안전하고 튼튼하며 오래 가는 집'을 말한다.

(1) 건물 외부에 나타난 철(凸)의 길흉

북쪽의 철(凸)
회사 직원들에게 혜택을 주는 '장래성 있는 회사'가 된다.

북동쪽의 철(凸)
주위로부터 고립되기 쉽고 지나치게 자신의 이익을 요구하기 때문에 궁지에 몰리기도 한다. 이 방향에 철(凸)이 있는 건물은 피하는 것이 좋다.

동쪽의 철(凸)
결단력과 재치가 풍부해지며 모든 일에 적극적으로 참여하며 활달한 기를 가지게 된다.

■ 요철의 흉 작용

북동쪽의 철(凸)

북동쪽의 철(凸)은 대흉이다. 이 방위는 표귀문이 되기 때문에 가능한 한 요철(凹凸)이 없는 것이 길상이다. 왼쪽 그림처럼 되어 있다면 자신의 존재나 지위가 위험해지고, 환자나 재난이 발생한다.

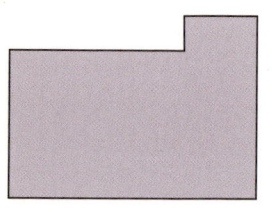

그림과 같은 철(凸)은 성공한 사람에게는 길상이지만, 젊은 사람에게는 흉상이 된다. 모든 면에서 발전성이 결여되어 있다.

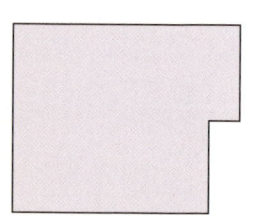

건물의 형태에서 철(凸)이 적으면 길상이다. 평화로운 가정생활을 유지할 수 있고, 타인의 협력을 얻을 수 있고, 사업이 순조롭게 진행되어 성공율이 높아진다.

동남쪽의 철(凸)

번영과 이익이 성장하여 주위의 신용을 얻어 거래나 교섭이 잘 이루어진다.

남쪽의 철(凸)

탐구심이 커지고, 상품 개발이나 예술 방면에 효과가 있다. 남쪽의 철(凸)이 지나치게 크면 동남쪽과 남서쪽이 요(凹)가 되어 대흉상이 된다. 특히 동남쪽이 요(凹)가 되지 않도록 설계해야 한다. 이 방위가 요(凹)가 되면 신용 문제가 발생하고, 인간관계가 원만하지 못하다. 사업가와 샐러리맨, 사람들에게 인기를 얻어야 하는 직업을 가진 사람들은 성공할 확률이 줄어든다.

남서쪽의 철(凸)

여성이 사장이거나 사원도 여성 중심이 좋다. 약품 회사 공장이나 농업 관계의 건물에도 적합하다.

서쪽의 철(凸)

교제가 잘되므로 사교 중심의 업무에 좋다.

서북쪽의 철(凸)

권위 있는 리더, 훌륭한 지도자가 된다. 회사도 발전하고 이익은 더욱더 증대될 것이다.

(2) 건물 외부에 나타난 요(凹)의 길흉

북쪽의 요(凹)

가정 문제가 많이 발생하고 가장이 무기력해져 경제적으로 많은 곤란을 겪게 된다. 경영자나 상업에 관계된 사람은 인간관계로 고생을 많이 한다. 특히 여성은 이혼 문제가 발생한다.

동쪽의 요(凹)
특히 주의해야 할 것은 부상이나 교통사고다. 전체적으로 가운도 떨어져 노력하는 만큼의 성과를 얻기 어렵다.

남쪽의 요(凹)
여러 가지 인간관계가 복잡해지고 특히 여성 문제로 가정 파탄을 일으키거나 도난의 우려가 한다. 안질이나 뇌에 관한 질병에 특별히 주의해야 한다.

서쪽의 요(凹)
재물운의 혜택을 받지 못해 자금의 흐름이 원활하지 못하며 남성이 유흥에 빠져 여성 문제를 일으키게 된다.

(3) 동남·남서·서북쪽의 요철(凹凸)

① 동남쪽의 요철(凹凸)
동남쪽의 철(凸)은 길상. 정리나 결정이라는 의미를 가지고 있다. 이 방위가 길상이면 사람들에게 신용을 얻어 여러 가지 면에서 길의 영향을 받는다.

동남·중앙·서북쪽을 연결하는 선을 복(福) 선이라고 하여, 행복을 가져오는 선이 된다. 따라서 흉상이 되는 요(凹)는 절대로 만들지 않도록 해야 한다. 나쁜 영향으로 독선적인 성격이 강하기 때문에 타인에게 신용을 잃는다.

② 서북쪽의 요철(凹凸)
서북쪽의 철(凸)은 복선의 방위가 되어, 지위와 재산을 타고나 주위의 존경을 받는다. 가족에게는 가장으로서의 존경을 받아 안정적인 가정을 만들 수가 있다.

이 방위의 요(凹)는 반대 현상이 발생한다. 교통사고가 발생하기 때문에 복선에 요(凹)가 만들어지는 것을 반드시 피해야 한다.

③ 남서쪽의 요철(凹凸)

이 방위의 요철(凹凸)은 모두 흉의 작용이 있기 때문에 주의해야 한다. 요(凹)보다는 오히려 철(凸)의 흉 작용이 강해진다. 흉의 작용으로는 노력과 근면의 정신을 지속할 수 없고, 주부에게 흉의 작용이 있어 가정 내에 항상 문제를 발생시킨다.

■ 동남 · 남서 · 서북쪽의 요철의 길흉

동남 방위 요철의 작용	서북 방위 요철의 작용	남서 방위 요철의 작용
흉상	흉상	흉 · 길상
길상	길상	흉상
길상	길상	흉상

5) 지붕의 모양에 따른 길흉

일반적으로 가상에서 집을 판단하는 기준으로 집의 '입체 전체상'을 보고, 하늘에 가까운 곳을 남쪽으로 보며, 마루 등 지면에 가까운 곳은 북쪽으로 본다.

지붕은 방위상 남쪽으로, 남쪽 방위는 두뇌나 심장의 의미를 가지고 있고 지붕 모양은 거주자의 머리를 나타내므로 매우 중요하다. 사물은 모두 음양(陰陽), 플러스와 마이너스[正負]로 구성되어 있기 때문에 두면이 대칭을 이루는 형태가 좋다. 지붕 모양이나 형태에 따라 기가 모이는 방법과 흐르는 방법이 다르기 때문에 다양한 지붕의 형태는 거주자에게 많은 영향을 미친다. 기가 모여 안정된 흐름을 유지할 수 있는 지붕이라면 거주자도 좋은 기를 받을 수 있다.

저마다 다양한 개성을 지닌 집과 지붕. 지붕의 형태는 거주자에게 큰 영향을 미치는 것으로 알려져 있다.

외쪽 지붕

이 모양의 건물에 거주하는 경우는 부모와 자식 관계가 원만하지 못하며, 여러 가지 문제가 발생하기 쉽다. 좋은 기가 들어오는 공간이 외쪽 지붕의 천정으로 되어 있다면 한쪽의 운기는 향상하고, 나쁜 기가 많은 곳의 운기는 불안정해진다. 이런 지붕의 형태는 샐러리맨에게는 적합하지 않고, 연예 계통이나 유행에 관련된 사람에게는 큰 기회를 잡을 수 있는 주거 형태이다. 이런 집에 오래 머물면 자유업에 종사하기 쉽다.

지붕을 머리의 형태로 본다면 외쪽 지붕은 한쪽 면이 없는 형태이므로 거주하는 사람에게 여러 가지 뇌 질환을 일으키기 쉽다고 볼 수 있다.

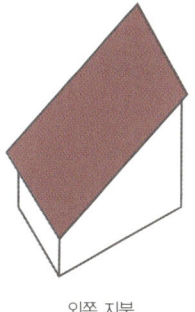

외쪽 지붕

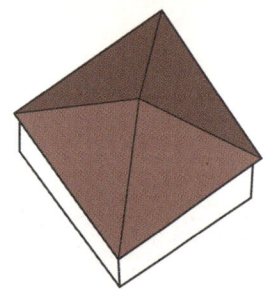

방형 지붕

방형 지붕

 이런 형태의 지붕은 기를 모으는 힘이 매우 강하다. 집의 중앙은 사람의 머리 부분에 있는 백회라는 혈자리에 해당하는 부위로 집중적으로 기가 모이기 때문에 뇌의 기능을 활성화한다. 이런 모양의 공간은 명상에 적합하다. 침실의 천정만 방형으로 만들어 놓아도 자는 동안에 뇌의 기능을 효과적으로 활성화시킬 수 있다. 하지만 발전성이나 가운(家運)에 대한 영향이 적기 때문에 일반적인 주거나 직장에는 그다지 적합하지 않다. 퇴직하여 의욕을 상실한 노인이 활기차게 생활하고 싶은 경우나 뇌질환이 있는 사람에게 빠른 치료를 위한 목적으로 활용하면 효과적이다.

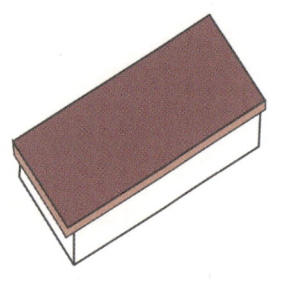

평평한 지붕

평평한 지붕

 지붕의 모양이 전체적으로 평평하기 때문에 기가 움직이지 않는 형태로 성장과 상승의 기가 모이지 않는다. 지붕의 모양은 개인 주택뿐만 아니라 빌딩이나 맨션의 경우에도 중요하다. 지붕의 모양이 전체적으로 평평하다면 발전성이 약하고 재물운도 증가하지 않는다.

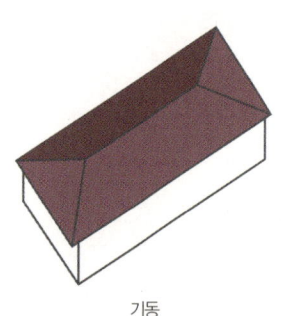

기동

기동(寄棟)

 이런 지붕은 심리적으로 사람들을 얌전하게 만드는 에너지를 방출한다. 사업이나 인생을 굴곡이 없이 무난히 끝마치고 싶은 사람에게 적합하다. 하지만 안정성을 가진 반면에 발전성은 다소 부족하다.

 풍수적인 원리에 맞게 집을 지으면 사람들에게 존경받는 인물이 태어날 수 있다. 샐러리맨이나 성격이 조용하고 침착한 사람에게 적합한 집이다. 부모와 자식 관계를 원만하게 잘 유지하고 싶은 가정에도 적합하다.

팔작 지붕

이런 지붕의 집은 창조성과 발전성을 가져다준다. 대지의 기의 흐름이 위쪽을 향해 흐르기 때문에 거주자 성격도 긍정적으로 변하고, 뇌의 진정 효과를 가져다준다.

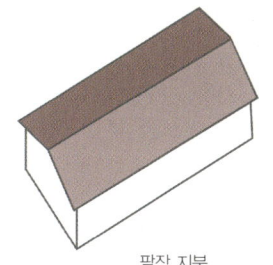

팔작 지붕

다각형 지붕

이것은 뇌 전체를 가리는 모양으로, 거주자의 활동을 억제하려는 경향이 있다.
사람이 거주하는 집의 지붕으로는 적합하지 않고 제일 많이 사용되는 곳이 외양간 지붕 모양이다.

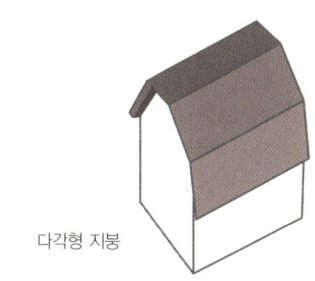

다각형 지붕

창고형 지붕

가능성도 없고 불가능성도 없는 곳이다. 머리 위에 불필요한 것이 얹혀 있는 모양이므로 풍수에서는 권장하지 않는다.

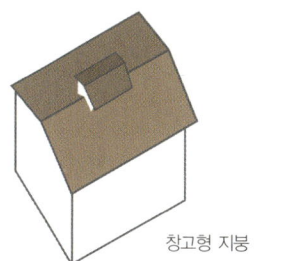

창고형 지붕

편각 지붕

이 모양도 측면에서 보면 균형을 이루지 못하기 때문에, 기의 흐름이 불안정하다. 기본적으로 좌우 대칭이 맞지 않는 지붕은 균형이 나쁘다. 이런 지붕은 가능하면 짓지 않는 것이 좋다.

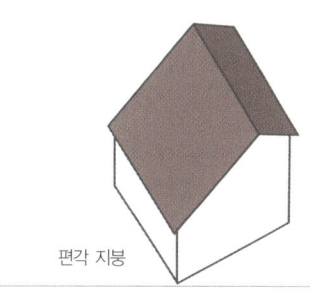

편각 지붕

돔형 지붕

이 모양은 하늘의 기를 모으는 힘이 있으며, 숲 속에 있으면 특히 힘을 발휘할 수 있다. 명상가나 정보를 수집하는 일에 종사하는 사람에게는 안성맞춤이다. 활동적인 기의 에너지가 강한 사람에게는 기를 잘 조정할 수 있고 휴식하기에 좋은 주거 장소가 될 것이다. 그러나 활동력을 높이고 싶다거나 표현력을 높이고 싶은 사람에게는 부적합하다. 그런 사람에게는 박공 지붕(맞배 지붕 : 건물 모서리에 추녀가 없이 용마루까지 측면 벽이 삼각형으로 된 지붕)이 좋다.

돔형 지붕

5. 정원 풍수

1) 정원의 풍수적인 의미

집 내부뿐만 아니라 집 주변에도 풍수적인 원리를 도입하면 자연의 에너지를 더욱 강하게 받을 수 있다.

대지 면적이 협소한 도시, 아파트나 빌라 등 공동 주택에 거주하는 사람의 입장에서는 정원에 대한 고민 자체가 사치스럽게 여겨질지도 모른다. 하지만 아주 작은 공간이라도 정원을 만들어 가꾸면 흙과 식물을 통해 자연의 기를 받을 수 있다. 굳이 넓고 이상적인 정원이 아니더라도 마당 한쪽에 잘 정리된 자연 환경을 만들어 놓는 것으로도 의미가 있다.

(1) 정원을 만들 때의 주의 사항

건축물과의 조화를 고려한다

정원을 만들 때는 건축물과 조화를 이루도록 하고, 나무도 잘 골라 심어야 한다. 나무를 심기 위해 흙을 50cm 이상 팔 경우에는 반드시 방위를 조사해야 한다. 대지에 구멍을 팔 때는 길흉 작용이 강하게 발생하기 때문이다. 가정에 흉의 작용을 미치는 것, 집을 감싸는 큰 나무, 버드나무처럼 가지가 처지는 나무는 음수(陰樹)인 흉목(凶木)이므로 부적합하다. 또한 다 자라 키가 커지면 집에 그늘이 져 햇빛을 받을 수 없으므로 높이는 3미터 이하로 제한한다.

식물의 특성을 파악한다

정원에 심는 식물에는 성격이나 감정이 있다. 양지를 좋아하는 나무를 음지에 심거나, 음지를 좋아하는 나무를 양지에 심으면 적응도 하지 못하고 본래 가지고 있는 기도 감소한다.

정성 들여 키운 화초나 나무는 정원의 환경에 잘 적응하며 아름다운 꽃을 피운다. 식물이 좋아하는 환경을 유지해 주면 건강하게 자라고 자연의 에너지를 사람들에게 제공해 준다. 정원에 나무를 너무 빽빽하게 심으면 식물들이 자라는 데 충분한 영양과 수분을 공급하지 못해 답답해하고 잘 자라지 못한다. 그러므로 정기적으로 나뭇가지를 잘라 잘 다듬어 주고, 나무 주변의 잡초를 제거하는 등 관리에 세심한 신경을 써야 한다.

정원의 방위와 잘 어우러진 정원수

(2) 정원에 적합한 방위

집의 좌향(坐向)이 남향이나 동향일 때

- 동쪽 정원 : 키가 너무 높은 나무는 심지 말고 낮은 나무(철쭉이나 진달래)를 심는 것이 좋으며, 평평하게 만들어 햇빛이 충분히 거실에 들어오도록 하는 것이 좋다.
- 동남쪽 정원 : 동쪽의 경우처럼 정원을 평평하게 하면 가족 구성원 모두가 건강해지고, 평화롭게 번영하는 혜택을 받는다.
- 남쪽 정원 : 위에서 언급한 두 방위처럼 정원을 만들고 평평한 정원을 만들면 개방적인 일에 종사한다.

그런데 정원에 적합한 방위로 서·북·북동·서북쪽을 주장하는 풍수가들도 있다. 이들은 집의 중심에서 보았을 때 역광(逆光)의 방해를 받지 않고 정원의 아름다움을 감상할 수 있기 때문이다. 정원의 식물들이 사람들을 압도(壓倒)할 정도로 자라는 것은 좋지 않기 때문에, 그런 측면에서는 이 방위를 고려해 볼 필요도 있다. (이 방위에서는 햇빛이 잘 들지 않으므로 식물들이 잘 자라지 않는다.)

정원의 위치는 집의 좌향에 따라 달라질 수 있으므로 집의 좌향에 맞추어 설치하는 것이 바람직하다.

2) 정원수와 방위

방위에 맞는 나무를 심으면 최고의 효과를 얻을 수 있다. 양성하는 기를 발생하는 방위는 동·동남·남쪽이다. 남서쪽에 수목을 심으면 부패의 기운이 발생하는 것을 막고 좋은 기를 발

정원의 수목이 사람의 기를 압도할 정도로 자라는 것은 좋지 않다.

생시킨다.

중앙의 정원은 가상에서는 대흉이 된다. 중앙은 오황토성의 방위로 모든 물건을 부패시키는 토기(土氣)가 발생한다. 북동쪽 및 남서쪽의 부지는 좋지 않은 기의 발생을 억제하고 좋은 기를 발생시키므로 중요하다.

나무를 심을 때는 지방이나 정원의 방위와 생육 환경에 맞도록 하고, 독성이 없는 나무와 식물이면 수기(樹氣)의 효과는 차이가 있지만, 좋은 기를 내뿜는 것에는 아무런 차이가 없다. 좋지 않은 흉의 기가 발생하는 방위에는 길상의 나무나 식물을 심어 좋지 않은 환경을 개선할 수 있다.

- 현관 주위 : 장수의 기운이 있는 소나무 종류를 심는다.
- 정화조나 오수관 주위 : 정화 작용이 있는 나무를 심는다.
- 귀문 : 악의를 쫓아 버리는 나무를 심는다.
- 남쪽 : 건강이나 성공을 가져다주는 나무를 심는다.

돌이나 기타 장식품들을 통해 운기를 높일 수도 있다. 예를 들면 서쪽에는 노란 것, 동쪽에는 붉은 것을 두어 운기를 높이고, 문패를 반드시 달며, 연못물은 고여서 오염되지 않도록 항상 순환시킨다는 식이다.

굳이 풍수적인 원리만 고집할 필요는 없다. 가상(家相)에서도 그렇지만 완벽을 추구하는 것은 쉽지 않다. '뜰에 식물을 심어 소중히 가꾼다.'는 생각만으로도 식물들이 가진 풍수적인 에너지의 혜택을 받을 수 있으므로 무리하지 않는 범위 내에서 정원을 가꾸면 좋다.

3) 정원수를 고르는 요령

바람이 심한 지역

정원수가 바람을 막아 주어야 하므로 뿌리가 깊게 자라는 것을 고른다. 그러한 종류로는 소나무·느티나무·은행나무·팽나무·참나무·밤나무·호두나무·삼나무 등이 있다.

뿌리를 깊게 내리지 못하는 미루나무·포플러·벚나무·대금송·가문비나무·사철나무 등을 심으면 바람에 넘어져 사람이 다치거나 집이 파손될 수 있다.

공기 오염이 심한 지역

거주 지역의 대기 오염과 환경 오염 등을 고려해서 정원수를 고른다. 매연이나 산성비, 산성 토양, 오염이 심한 도심지에는 나무가 잘 자라지 않고 죽는 일이 빈번하다.

배기 가스에 강한 수목으로는 비자나무·향나무·은행나무·히말라야시다·측백나무·물푸레·자작나무·개나리·무궁화·쥐똥나무·겹벚꽃나무 등이 있다.

배기가스에 약한 것은 삼나무·소나무·단풍나무·자목련·산수국·화살나무 등이다.

토질의 배수 관계 고려

습한 땅에서도 잘 자라는 나무는 대추나무·무화과·석류나무·은행나무·백일홍·감나무·자귀나무·장미·등나무·대나무·동백나무·사철나무·치자나무·탱자나무 등이다.

건조한 땅에서도 잘 자라는 나무는 소나무·굴피나무·때죽나무·느릅나무·진달래·철쭉·향나무 등이다.

이른봄에 피어나 고향의 정을 느끼게 하는 진달래. 건조한 땅에서도 잘 자란다.

꽃과 열매의 색깔

붉은 열매를 맺는 것은 여름에는 오미자·해당화, 가을에는 동백나무·산수유·대추나무·감나무, 겨울에는 감탕나무와 식나무 등이 있다. 노란 열매를 맺는 것은 여름에는 매화·자두나무, 가을에는 탱자·치자·모과 등이 있다. 가을에 흑자색 열매를 맺는 나무로는 생강나무·분꽃나무 등이 있다.

사철나무·감나무·대추나무·대나무·라일락·장미·향기를 내뿜는 화초류·향나무 등은 어느 방위나 좋다.

이른봄에 꽃을 피우고 여름에 노란 열매를 맺는 매화

4) 정원수의 음양오행과 금기

나무는 햇볕을 잘 받아야만 잘 자라는 양목(陽木)과 햇볕이 없어도 잘 자라는 음목(陰木), 아무데서나 잘 자라는 음양목이 있으므로 잘 고려해 심는다.

양목으로는 은행나무·소나무·느티나무·목련·모과나무·향나무·앵두나무·석류나무·대추나무·라일락·장미 등이 있고, 음목으로는 주목나무·수국·회양목·호랑가시나무·팔손이나무·사철나무 등이 있다. 음양목으로는 오엽송·왜금송·편백·탱자나무·담쟁이덩굴·영산홍·철쭉나무·대나무 등이 해당된다.

《산림경제》〈복거편〉에서는 정원수에도 사신사의 원리를 적용하여 동쪽에는 복숭아나무나 버드나무를 심어 좌청룡으로 삼고, 서쪽에는 느릅나무나 산뽕나무, 치자를 심어 우백호로 삼았으며, 남쪽에는 매화나무나 대추나무를 심어 전주작으로 삼고, 북쪽에는 사과나무나 살구나무, 벚나무를 심어 후현무를 삼았다. 그리고 연(蓮)은 집 앞 정면에서 약간 벗어나 연못을 만들어 심었고, 국화는 동쪽 울 밑에 심었으며 맨드라미나 봉선화는 울 밑이나 장독대 옆에 흔히 심었다.

정원수의 금기 사항

일반적으로 큰 나무를 정원 가운데 심으면 집안이 곤궁해진다고 해서 꺼린다. 재앙을 부르고 한 달 안에 천금의 재물이 흩어진다고 했다. 뜰 가운데 나무를 심으면 사각형 울타리 속에 목(木)자가 들어 있는 꼴이 되어 빈곤할 곤(困)자의 형상이 되기 때문이다.

대문에서 바로 보이는 위치에 나무를 심는 것도 좋지 않다. 대문 앞에 나무 한 그루가 문을 가로막고 있거나 문 옆에 대칭으로 두 그루를 심는 것은 꺼린다. 문 앞에 바로 버드나무나 대나무, 큰 나무가 있는 것은 무조건 기피한다. 큰 나무가 문 옆에 있으면 염병을 자초하거나 주인이 전염병에 걸린다고 한다.

남서쪽의 큰 나무를 꺼리는 이유는 남향집인 경우 가장 해를 오래 받는 방향이 남서쪽이므로 해를 가리는 큰 나무를 기피하는 것은 당연하다.

수양버들은 울타리 안에 심지 않는다. 늘어진 가지가 상을 당해 머리를 풀어 헤친 여인의 모습을 연상시키므로 수양버들을 심으면 불행한 일이 발생한다고 생각했다. 버들은 바람에 하늘거리는 모습이 요염한 여자의 허리와 비슷하다고 하여 심지 않았다고 한다.

복숭아나무는 축귀를 한다고 믿었기 때문에 집 안에 심는 것을 금했다. 복숭아나무가 집 안에 있으면 제사를 지낼 때 조상들이 무서워 집 안으로 들어오지 못한다고 믿었다. 요염한 도화색이 여자의 음기를 자극하여 바람나게 할 우려가 있다고 본 것이다. 복숭아나무를 우물가에 심는 것은 기생집 옆에 딸을 키우는 것만큼이나 기피했다고 한다.

뽕나무나 산뽕나무도 집 안에 심는 것을 기피했다. 뽕을 따

■ 식물이 가지고 있는 풍수상의 의미

나무	의미
떡갈나무	문화, 영예
작약	번영, 영원, 명예
수선	행운
복숭아	아름다움, 매력, 매혹
국화	신사적, 우아한, 장수
연꽃	순수
소나무	탄력, 회복, 성실, 정직, 위엄, 존엄, 장수
대나무	존엄, 장수, 충실
매화	아름다움, 매력, 매혹
야자나무	재능의 발전
감나무	즐거움, 신규 사업, 식욕
사과	안정성
오렌지	행운
석류나무	풍부함, 풍부한 상상력, 다산
복숭아와 매화를 같이 심었을 때 : 형제애	

러 멀리 갈 필요가 없어 게을러지기 때문이라고 한다.

명자나무는 장미과에 속하는 낙엽관목으로 예부터 관상용으로 심었다. 꽃이 아름다워 집안의 아녀자가 이 꽃을 보면 바람난다고 하여 집 안에 심지 못하게 했다.

이 밖에도 뜰 앞에는 오동나무, 집 안에는 무궁화·상육(商陸)은 심지 않았으며, 집 주위에는 단풍·사시나무·가죽나무는 심지 않았다고 한다.

방위에 따른 금기 사항

복숭아나무는 집 안에는 심지 않았지만 집 밖에 심을 경우에는 남쪽 담 가까이에 심으면 길하고, 서북쪽에 심으면 음사(陰邪)하고, 북쪽에 심으면 여난(女難)의 재앙이 생긴다고 한다. 복숭아를 동쪽 담 가까이에 심었던 것은 병귀(病鬼)와 액귀(厄鬼)가 담을 넘어 오지 못하는 것으로 인식했기 때문이며, 귀신들은 동쪽으로 뻗은 복숭아 나뭇가지를 가장 무서워했기 때문이다.

자두나무도 복숭아나무와 비슷하게 남서쪽을 피하고 동쪽에 심어야 좋으며, 특히 북쪽에 심으면 음사가 발생한다고 했다.

매화나무는 동쪽이나 남쪽에 심는 것이 좋고, 살구나무는 주택의 북쪽에 심는 것은 좋으나 동쪽에 있으면 흉하다고 했다.

대추나무는 대문을 들어서서 바로 옆 서쪽에, 그것도 문전쌍조(門前雙棗)라고 하여 쌍으로 심게 하였다. 대추나무를 서쪽에 심으면 소(牛)가 잘 자라고, 두 그루를 심으면 구설수를 막아준다고 한다.

석류나무는 뜰 앞에 심어 아들을 많이 낳기를 기원하였으며 뜰 앞에 두 그루를 심으면 총명한 자식을 얻고 자손이 번성한다고 믿었다.

사과나무가 있는 집의 딸은 귀인에게 시집을 갈 것이라고 믿었고 심는 방향으로는 북쪽이 좋다고 하였다. 사과나무가 있

명자나무 꽃을 보면 집안의 아녀자가 바람이 난다고 하여 집 안에 심는 것을 삼갔다.

는 집에서 찾아온 승려를 박대할 경우 그 딸에게 깃들여 있는 복이 나간다고 믿었다. 그래서 탁발승들은 사과나무가 심어 있는 집을 즐겨 찾았다고 한다.

뽕나무는 집 안에 심지 않았으며, 집밖에 심을 경우에는 진방(辰方)이 좋고, 오동나무는 술해방(戌亥方)에 세 그루를 심으면 아랫사람이 많다고 했다.

느티나무는 중문 앞에 심으면 대길이라 했다. 중문에 세 그

■ 방위에 따른 정원수의 길흉과 개선

방위	정원수의 길흉과 개선
북쪽	북쪽의 찬바람을 막을 정도의 큰 나무를 심는다. • 길한 작용의 나무 : 바람을 막을 수 있는 나무가 적합 • 흉한 작용의 나무 : 붉은 꽃이 피는 나무, 가시가 있는 나무, 복숭아, 배나무
북동쪽	너무 큰 수목은 심지 않는다. 큰 나무는 그늘을 만들기 때문에 집에 습기를 많이 만들어 좋지 않다. • 길한 작용의 나무 : 매화, 월계수, 회양목, 계수나무, 파초, 대추나무 • 흉한 작용의 나무 : 큰 나무
동쪽	흰색이나 황색 꽃이 피는 화초나 나무는 흉목(凶木)이다. • 길한 작용의 나무 : 구기자, 참죽나무, 매화, 자귀나무 • 흉한 작용의 나무 : 버드나무, 살구나무, 복숭아, 앵두나무
동남쪽	곧게 성장하는 나무는 길하고, 가지가 어지럽게 횡행하는 것은 흉이다. • 길한 작용의 나무 : 오동나무, 복숭아, 구기자, 참죽나무, 수국 • 흉한 작용의 나무 : 소철, 파초, 버드나무, 대나무
남쪽	키가 크지 않은 나무를 심는다. 지나치게 큰 나무는 햇빛을 가릴 수 있다. • 길한 작용의 나무 : 참죽나무, 매화나무, 대추, 노송나무, 소나무, 삼나무, 화차 • 흉한 작용의 나무 : 잎이 무성하고, 크게 자라는 나무
남서쪽	정원에 텃밭이나 잔디 등의 키가 낮은 식물이나 나무가 길하다. 큰 나무는 건강운에 나쁜 영향을 미친다. • 길한 작용의 나무 : 대추나무 박달목서, 매화, 구기자나무 • 흉한 작용의 나무 : 큰 나무, 모양이 이상한 나무
서쪽	중(中)저목이 좋다. 노란색이나 흰 꽃이 피는 화초나 수목이 좋다. • 길한 작용의 나무 : 느릅나무, 치자나무, 대추나무, 석류나무, 노송나무 • 흉한 작용의 나무 : 복숭아, 버드나무, 붉은 꽃이 피는 나무, 소나무, 떡갈나무
서북쪽	수목은 양성(陽性)이지만, 돌은 음성(陰性)에 해당되어 정원석이나 부석(敷石)이 지나치게 많은 것은 흉상이다. • 길한 작용의 나무 : 소나무, 잣나무, 은행나무, 앵두나무, 밤나무, 느릅나무, 감나무, 싸리나무 • 흉한 작용의 나무 : 뿌리가 큰 나무, 붉은 꽃이 피는 초목

루를 심으면 대대로 부귀하고, 신방(申方)에 심으면 도둑을 막아주는 것으로 알았다.

집에 회화나무를 심으면 집안에서 큰 학자가 배출되고 국가와 민족을 위해 큰일을 하는 인물이 태어난다고 믿었다. 특히 중문에 회화나무를 심으면 삼대에 걸쳐 부귀하다고 했다. 나무를 문 앞에 심어 두면 잡귀신의 접근을 막아 집안이 내내 평안할 수 있다는 관습도 있었다.

느릅나무는 귀신이 무서워하기 때문에 집 뒤에 심어 두면 백귀가 감히 접근하지 못한다고 했다. 특히 남서쪽으로 담을 넘어오는 귀신이 가장 질 나쁜 귀신이라 이곳에 심은 느릅나무가 가장 좋다고 한다. 앞뜰에 느릅나무를 심으면 조상신이 공포를 느껴 집 안에 들어오지 못한다고 한다.

은행나무는 흔히 공자의 행단을 본따서 문묘나 향교, 사찰의 경내에 심어 천심을 하강시키는 신목으로 여겼다.

소나무는 소나무 아래에 물이 고이지 않아 뱀이나 곤충이 없기 때문에 묘지 주변에 심는 나무로 많이 사용되었다.

대나무는 집의 서쪽이나 북쪽에 심었다. 대나무가 집의 서쪽에 있으면 재물이 불어나고 북쪽에 있으면 북풍을 막아 줄 뿐만 아니라 그 푸른빛이 겨울의 추위를 덜 느끼게 해 준다.

진달래는 음을 좋아하므로 북쪽에 심는 것이 좋다고 했다.

소나무 아래에는 물이 고이지 않아 벌레가 생기지 않으므로, 묘지 주변에 많이 심었다.

5) 정원의 연못과 분수대, 우물

여성 및 재물과 관련이 깊은 정원의 형태는 정사각형이나 원형이 가장 좋다. 장방형의 정원은 정사각형으로 바꾸고 삼각형 정원은 조경이나 울타리 등의 시설로 둥글게 만든다.

마당에 연못이나 분수대가 있는 경우에는 그곳에 고여 있는

우물의 위치에 따라 집안의 길흉이 달라진다.

물에 마당의 생기가 흡수된다. 생기를 잃으면 거주하는 사람이 건강을 잃게 되므로 마당에 연못이나 분수대를 가능하면 설치하지 않는다.

- 우물이나 수돗물이 정남쪽에 있으면 집안에 안질 환자가 끊이지 않는다.
- 북쪽에 위치한 우물은 비뇨기 계통의 질환을 가져온다.
- 북동쪽의 우물은 주인의 기운을 쇠퇴하게 하며 잦은 질병에 시달리게 된다.
- 서쪽에 우물이 있는 경우에는 통풍이 양호한 처마나 담이 있어야 한다.
- 동쪽이나 동남쪽, 서북쪽에 위치한 경우는 양호한 배치라 할 수 있다.
- 집의 대문 앞에 우물이 있는 경우 집안이 평안치 못하고 고향을 떠나야 한다.
- 문 앞에서 약간 떨어진 곳에 둥근 모양의 연못이 있으면 길상으로 친다.
- 문 앞 중심에 길이 나 있으면서 양편으로 연못이 있거나 가로지르면 타향으로 떠나거나 젊은 나이에 상해를 입게 된다.
- 대문에서 왼편에 연못이 있으면 재산 걱정이 없고 벼슬을 하게 된다. 오른쪽에 연못이 있으면 주인이 바람을 피고 부부 사이가 악화된다.
- 문 앞의 연못이 삼각형으로 생겼다면 가정불화가 따른다.

6) 담장과 정원

주위 환경과 잘 어우러진 돌담과 길..

담장은 외부인의 시선을 차단할 만큼 너무 높거나 너무 낮으면 불필요한 관심을 집중시키는 결과가 된다. 특히 높은 담장의 경우는 낮은 경우보다 도둑이 많이 든다고 한다.

- 돌이나 시멘트로 된 담장보다 나무 울타리가 더 좋은 영향을 미친다.
- 터가 좁은 집일수록 담장을 낮게 만드는 것이 좋다.
- 금이 가거나 기운 담장은 가능하면 빨리 개축해야 한다.
- 생목의 울타리가 아닌 경우에는 가능하면 낮게 그리고 통기성 있게 구멍이 나 있는 재료를 쓰는 것이 좋다.
- 요철이 심한 대지는 담이 높을수록 나쁜 영향이 증가하기 때문에 가능하면 낮게 만드는 것이 좋다.
- 정원이 좁거나 정원에 연못이나 우물 등이 있다면 반드시 낮은 담장이나 통기성이 좋은 울타리를 만들어야 한다.
- 매립지에서는 담장의 높이가 낮아야 하며 땅에서 나오는 나쁜 가스를 쉽게 순환시킬 수 있어야 유리하다.
- 북동쪽이나 남서쪽에 교목을 심거나, 집안에 오래된 큰 나무를 잘라 버리는 경우, 정원석 등을 지나치게 깔아 둔 경우, 석등이나 석탑과 같은 석물을 현관이나 대문의 통로에 놔두는 것은 좋지 않다. 정원 바닥을 콘크리트나 돌 등으로 덮어 버리거나 마루나 현관 바로 앞의 큰 나무는 집안에 질병을 가져온다.
- 키가 큰 교목을 집에 가깝게 심는 것, 서로 상극인 나무를 함께 심는 것, 대문이나 우물 앞에 큰 오동나무가 있는 것 등은 좋지 않다.

3

행운을 부르는 실내 풍수

1. 현관 · 대문
2. 거실
3. 침실
4. 부엌
5. 화장실
6. 욕실
7. 자녀방
8. 서재
9. 계단 · 창고
10. 공동 주택 – 아파트 · 맨션

1. 현관 · 대문

1) 현관의 역할과 의미

현관(대문)은 사람이 넓은 세상으로 나아가는 출발점이자, 휴식처인 집에 들어서면서 가장 먼저 만나는 곳이다. 또한 손님이 집을 방문했을 때 처음으로 집주인의 이미지를 느낄 수 있는 곳이다. 따라서 '집의 얼굴'이라고 할 수 있다.

풍수에서는 문이나 현관을 복과 흉한 액(厄)이 드나드는 곳으로 본다. 사람들이 출입하면서 외부의 기운이 가장 많이 전달되는 곳이기 때문이다. 현관은 집의 운을 읽을 수 있는 포인트가 되므로 항상 깨끗하고 아름답게 보이도록 해야 한다.

현관이 깨끗하게 정리되어 있으면 기가 들어와 가족들이 화목하고 경제력도 증가한다. 현관에 가장이나 가족 구성원에 맞게 그림이나 거울을 장식하고, 조명과 향기 등을 적절하게 활용하면 생기를 높이고 재물과 사랑을 불러올 수 있다.

현관이 어둡거나 눅눅하면 좋은 기가 들어오지 않고, 가족의 건강이 나빠지거나 사업운이 약해진다. 문이 작고 빈약하면 가족들에게 좋은 에너지가 없으며, 발전과 비전이 없는 집이라고 판단할 수 있다. 지저분하거나 형태가 날카로운 물건이 있다면 거주자들에게 좋지 않은 영향을 미친다.

현관은 사람의 입에 해당하므로 비좁거나 물건이 많이 놓여 있다면 음식을 먹을 수 없는 상태가 되어 야위고 궁상스러워지며 재물운이 약해진다.

현관 앞에 한 그루의 식물을 심으면 나쁜 기를 좋은 기로 바꿀 수도 있다. 단, 키가 크거나 가시가 있는 것은 좋지 않다. 특히 문 주위에 소나무가 있으면 기가 들어오는 것을 방해하여 상속운을 떨어뜨린다.

현관과 도로의 관계

'○○방위의 현관은 길', '△△방위의 현관은 흉'이라는 식의 표현이 있다. 하지만 택지의 방향이 결정되어 있기 때문에 큰 도로와 접하는 방위에 문이나 현관이 향하게 된다. 하지만 도로를 무시하고 방위만으로 현관 위치를 결정하는 것은 좋지 않다. 도로가 직선으로 문이나 현관을 향하는 경우도 좋은 기를 받을 수 없다. 기는 적당하게 구부러진 통로를 지날 때 그 힘이 더욱더 강해지기 때문이다. 현관은 도로에서 어느 위치가 좋은지 생각하고 만드는 것이 중요하다.

외부에서 행운이 들어와야 할 출입구가 음의 기운에 지배되면 손님에게 좋지 못한 인상을 주게 된다.

2) 현관의 방위와 풍수 인테리어

현관은 처음 집을 방문하는 사람이 집 전체의 생활 감각을 느끼는 곳이므로 신중하게 계획해야 한다. 집의 면적과 비례하여 균형이 잡힌 현관이 좋다. 지나치게 크거나 작거나 하면 좋은 현관이 될 수 없다.

현관은 도로와 부지의 상황에 따라 그 집의 규모와 면적에 따라 좋은 기운이 들어오도록 설계해야 한다. 풍수에서는 문과 현관이 일직선으로 배치되는 것을 꺼려하므로 주의한다. 남쪽으로 문을 배치했을 경우 현관은 동남쪽으로 배치하면 좋다.

(1) 현관과 방위의 관계

현관의 길상 방위는 동쪽에서 남쪽에 이르는 방위다. 대지를 찾을 경우 남쪽이나 동쪽으로 도로가 나 있는 대지나 동남쪽의 모퉁이 땅 등이 길상지라는 것을 기억한다. 동서남북과 서북쪽에 현관을 배치해도 가상적으로는 문제가 없지만, 동서남북은 정중앙선에 해당하기 때문에 가능하면 피한다.

동쪽 도로의 경우 동쪽이나 동남쪽으로 문이나 현관을 열어도, 북동쪽 방위로는 별로 열지 않는다. 풍수나 가상에서는 이 방위로 현관이나 문을 내는 것을 꺼린다.

북쪽 도로의 경우에는 북동쪽을 피해 북쪽이나 서북쪽으로 문이나 현관을 내는 편이 좋다. 특히 서북쪽의 현관은 집의 중심인 가장의 운을 강하게 한다. 아무래도 북동쪽으로 문이나 현관이 있는 경우에는 현관 앞을 넓게 만들어 통풍이 좋고 햇빛이 잘 들어오는 공간을 만드는 것이 중요하다.

---

* 집을 지을 때 유의할 점

집을 지을 때는 토지에 맞게 어떻게 배치할 것인가를 신중하게 생각한다.
첫째, 중심의 도로에서 집의 전면이 향하도록 짓는다.
둘째, 대지 전체에 건물을 짓지 않고, 앞뒤에 마당 등의 공간을 만든다.
셋째, 건물 형태는 삼각형이나 복잡한 형태보다 정방형이나 장방형이 좋다.
넷째, 남북으로 길게 만들기보다 동서로 길게 만든다.
다섯째, 문과 현관이 일직선이 되지 않게 한다.
여섯째, 집과 주차 공간은 가능하면 떼어 놓는다.

서쪽 도로는 남서·서·서북쪽 어디라도 현관을 만들 수 있지만, 서쪽 햇빛을 고려하는 것이 좋다. 남서쪽의 방위를 흉이라고 하는 경우도 있지만, 실제 현장을 조사해 보면 남서쪽으로 문이나 현관이 있을 경우 주부의 운세가 강해지는 경향이 있다.

(2) 현관의 방위와 길흉 작용

동남쪽 현관

최고의 길방위로, 집안이 크게 길하게 된다. 특히 작은 돈을 취급하는 자영업자가 동남쪽의 현관을 길상으로 만들면 부지런한 사람이 되어 열 배가 넘는 돈을 벌게 된다. 동남쪽에 위치한 현관은 '외교적인 힘으로 사회적 신용을 얻는다.'는 의미가 있다. 큰병을 앓을 일도 줄어든다.

동쪽 현관

동쪽은 일출(日出)의 방위로서, 하루의 시작을 의미한다. 계절적으로는 봄을 상징하는 방위로, 새로운 생명이 숨을 쉬거나 새로운 출발을 나타낸다.

현관으로 아침 해가 들어오는 집은 희망운·발전운·번영운을 타고 난다. 동쪽에 현관이 있는 집에 사는 사람들은 밝고 사교적이고 언제나 신선한 분위기를 갖는다. 나이를 먹어도 항상 꿈을 향해 젊은 청년 정신으로 살아간다. 다만 꿈만 크고 현실은 동떨어져 있기 때문에 노력하고 실력을 높이는 것이 중요하다. '꿈꾸는 소년(녀)'으로 끝나지 않도록 해야 한다. 교재나 기회가 찾아오는 운은 강하지만 물질적인 운은 약간 약하다.

동쪽 현관에서 재물운을 높이기 위해서는 현관에 봄의 분위기를 가져다주는 꽃이나 그림, 소리를 내는 물건을 장식하는 것이 좋다. 문에 풍경이나 차임벨을 달아도 좋다. 잡화는 가늘고 곧게 성장한 수목을 상징하는 띠를 감은 형태가 좋다. 행운의 색으로는 파란 계열이 좋고, 원 포인트로 빨간색이나 오렌지를 이용한다. 재물운을 높이는 행운의 수는 3이나 8, 행운의 식물은 관엽 식물·고무나무·아메리칸 블루·수국·히야신스 등이다. 재물운을 높이기 위해 집 안의 중심에서 남서쪽과 북쪽에 물을 두는 장소로 정한다.

남쪽 현관

남쪽은 태양의 빛과 열이 강한 방위로, 햇빛이 들어오는 상태를 조정하여 밝고 활동적인 분위기를 만들 수 있다. 명예운·명성운이 있어 정치가나 의사, 변호사 등 자신의 이름으로 일하는 사람들에게도 추천할 만하다. 현관 앞이 넓으면 명예운이나 인기운이 강해진다. 옥외에 나무가 있으면 운세가 강해진다.

영감이 발달하며 개성적으로 예술적 감각을 타고나, 미용·패션 관계, 예능·예술 관계의 일을 하고 있는 사람에게는 대길의 현관 방위다.

현관이 남쪽에 있으면 자존심이 높고 화려함을 좋아해, 자칫 허세를 부려 고가의 물건을 사는 등 사치하는 경향이 있다.

남쪽 현관의 재물운을 높이기 위해서는 불필요한 허세나 프라이드를 버리고 자신이 정말로 마음에 드는 것을 장식한다. 빛이나 아름다움을 강조하는 스탠드나 라이트, 거울을 사용하여 밝고 깨끗한 현관을 만든다. 삼각형이나 끝이 날카로운 물건이 길이며 짝으로 된 상품도 좋은 기회를 늘린다. 행운의 색은 빨간색·녹색·흰색 계통이며, 행운의 수는 2와 7, 행운의 식물은 관엽 식물, 소나무·남천·피라칸타 등이다. 재물운을 높이기 위해 집안의 중심에서 동남쪽에 물을 두는 장소로 정한다.

수경 재배가 가능한 관엽 식물을 물에 담가 기르면 물과 관엽 식물의 에너지를 동시에 얻을 수 있다.

서쪽 현관

서쪽은 가을 소득이나 수확의 방위로 돈이 들어와 경제적으로도 풍족한 운이 있다. 현관을 화려하고 즐겁게 장식하면 손님도 많아지고 밝은 가정이 된다. 서쪽으로 현관이 있으면 언변과 사교성이 좋다. 타인에게 도움을 받거나 재물운이 좋아지지만, 사치스럽고 낭비하는 경향이 있다. 음식비나 교제비가 늘고 취미나 놀이에 관심을 가져 돈을 쓰기 때문에 자금의 흐름은 좋지만 좀처럼 저축할 수 없다.

서쪽 현관에서 재물운을 높이기 위해서는 평상시 저축에 신경 쓰고 낭비하지 않도록 노력해야 한다. 현관을 스탠드나 거울, 빛을 조절하여 밝고 분위기 있게 조절하면 재물운을 불러들이는 운이 강해진다. 가을의 수확을 상징하는 벼이삭이나 과일 그림, 장식물 등으로 장식하면 좋다. 둥근 떡 모양이나 원형의 잡화가 길이다. 재물운을 높이는 행운의 색은 흰색·황색·금색·주홍색, 행운의 수는 4나 9, 행운의 식물은 감귤류나 프리지아·해바라기·튤립 등이다.

재물운을 높이기 위해 집의 중심에서 북쪽이나 동남쪽에 물을 두는 장소로 정한다.

북쪽 현관

북쪽은 물을 상징하는 방위. 햇빛이 적게 들어오므로 침착한 현관이 된다. 마음에 드는 가구나 일상생활 용품을 모아 충실하게 인테리어하면 재물운이 강해진다. 북쪽에 현관이 있으면 배타적이어서 교제의 범위가 좁아진다. 성격상의 버릇이나, 신경질적인 것이 강조되어 타인의 이해를 받는 데 시간이 걸린다.

북쪽의 현관은 기술자·학자 등 자신의 재능을 살리는 일을 하는 사람에게는 적합한 방위다. 금전적으로는 크게 돈을 벌지 못하지만, 먹는 데는 고생하지 않는 운이다. 일은 한 걸음씩 착실하게 진행해야 성공한다. 투기나 내기는 가능하면 손대지 않는 편이 좋다.

북쪽 현관의 재물운을 높이기 위해서는 물을 유용하게 사용

햇빛이 제대로 들지 않는 북쪽이나 북동쪽 현관에는 태양을 상징하는 해바라기 관련 장식물이 효과적이다.

하는 것이 좋다. 어항이나 수반을 두거나 화병에 생화를 장식하는 것도 좋다. 물과 궁합이 좋은 관엽 식물이나, 흰색 계통의 꽃이 길운을 부른다. 행운의 색은 검은색·모노톤·흰색 계통, 엷은 난색 계열이 좋다. 평탄한 형태나 얇은 형상, 곡선이나 파형의 라인을 가지는 잡화가 길이다. 행운의 수는 1이나 6, 행운의 식물은 카사블랑카·나도제비난·흰 백합·은방울꽃 등이다. 재물운을 높이기 위해 집의 중심에서 동쪽이나 남서쪽에 물을 두는 곳으로 정한다.

북동쪽의 현관

북동쪽은 새로운 에너지가 생겨나는 방위로, 예부터 현관이나 화장실을 배치하지 않았다. 북동쪽의 현관을 열자마자 벽이 있거나 어둡고 눅눅한 공간이 있는 경우에는 주의해야 한다. 가족이 뿔뿔이 흩어지기 쉽고, 맏아들이 능력을 제대로 발휘하지 못할 수 있다. 가능한 한 통풍이 잘되도록 하고, 조명을 밝게 하고 흰색 계통이나 밝은 난색 계열의 희미한 색채로 장식하는 것이 좋다. 작은 그릇에 소금을 담아 두는 것도 효과적이다.

■ 현관 방위에 따른 흉 작용과 개선책

방위	흉 작용과 개선책
북동쪽	현관으로는 매우 좋지 않은 방위. 환자가 잇따르거나 가출, 가정불화가 생기는 등 좋은 일이 없다. 조금이라도 흉한 작용을 누르기 위해 소금을 놓아두거나 청결한 상태를 유지한다. 그리고 둥근 모양의 장식물을 놓아두면 좋다.
남쪽	침착성이 없는 가상. 자리를 자주 비우게 되거나 자존심이 높아지고 소외당하는 일이 많다. 붉은 장식물을 놓아두면 완화시킬 수 있다.
서쪽	돈의 출입이 매우 심해질 수 있으므로 금빛 계열이나 노란색의 장식물 두는 것이 좋다.
남서쪽	소금을 놓아두면 좋다. '곤(坤)'은 대지를 나타내는 방위이므로, 수정을 놓아두면 모든 일이 좋아진다.
동남쪽	상인의 가게나 사업의 발전에 최고로 좋은 방위. 둥근 모양의 관엽 식물을 두거나 천연의 수정을 두면 인맥이 넓어지고 일이 활성화된다.
동쪽	번영과 발전이 강한 길상이다. 운을 보다 강하게 만들기 위해서 붉은색 물건을 두거나, 풍경이나 종 등 소리가 나는 것을 매달아 둔다.
서북쪽	지위를 높이는 방위로 윈도우 차임이 효과적. 흰 것을 두어도 좋다.
북쪽	인간관계가 좁아지는 방위로 개선하기 위해서 현관에 윈도 차임벨을 장식하면 운기가 오른다. 밝게 하는 것이 포인트.

■ 현관 방위별 행운 아이템

방위	행운 아이템		
	색	아이템	포인트
북	흰색 물색(水色) 분홍색	노란색 꽃 분홍색 꽃	흰색이나 푸른색으로만 정리하면 차가운 느낌이 들기 때문에 난색 계열을 더해 따뜻한 분위기를 연출한다. 다만 빨간색이나 오렌지색은 흉이 된다.
북동	흰색 아이보리 검은색	청결한 흰 슬리퍼 산(山)의 그림 네모진 화병	현관의 바닥을 날마다 물로 청소한다.
동	파란색 빨간색 흰색	방울 관엽 식물 녹색 바탕에 붉은 무늬가 있는 매트	소리가 나는 것을 장식한다.
동남	녹색 황녹색 흰색 분홍색	꽃 아로마 방향제, 포푸리, 리본 꽃무늬 매트	꽃이나 가늘고 긴 아이템을 장식한다.
남	붉은색 흰색 녹색	존재감이 느껴지는 관엽 식물 화병	한 쌍의 장식물로 장식
남서	황색 금색 녹색	테라코타풍의 타일 화분	거울이나 빛이 있는 장식품.
서	황색 분홍색 베이지 흰색	대리석 금속성 상품 해바라기나 감귤계의 식물 또는 그 그림	거울은 둥근 것을 선택하는 것이 좋다.
서북	베이지 금색 은색 자연색	둥근 거울 대리석 수석 용이나 신불에 관계된 장식품	거울은 둥근 것을 선택하는 것이 좋다.

3) 대문의 방위와 풍수 인테리어

(1) 건물의 좌향(坐向)과 대문의 길흉

대문의 방향은 동사택론(東四宅論)과 서사택론(西四宅論)에 따라 정한다. 먼저 집의 중심을 기준으로 하여 동서남북·북동·동남·남서·서북의 8방위로 나눈 뒤, 동사택(東舍宅)은 안방·대문·부엌이 동·남·북·동남쪽에 있어야 하고, 서사택(西舍宅)은 안방·대문·부엌이 서·북동·남서·서북쪽에 있어야 한다.

대문을 정하는 방법은 먼저 집 안의 중심에서 안방 위치를 가늠하여 그에 맞게 대문 위치를 정해야 한다.

■ 문의 방향과 동사택·서사택

동서사택		동사택(東四宅)				서사택(西四宅)			
건물의 좌향		서향	남향	북향	서북향	동향	북동향	동남향	서향
대문 위치	북	80	60	80	100	40	20	20	0
	북동	0	0	40	20	100	90	80	70
	동	70	80	100	90	20	10	0	0
	동남	90	100	80	70	0	0	20	20
	남	100	80	70	80	0	10	20	40
	남서	20	20	20	0	80	70	100	90
	서	20	30	0	0	70	80	80	100
	서북	0	10	20	20	90	100	70	80

*점수는 대문 위치에 따른 길·흉을 나타낸 것임 : 100 대길, 90~80중길, 60 소길, 0 대흉, 10~20 중흉, 30~40 소흉

(2) 대문을 만들 때의 주의 사항

높이에 맞춘다
문의 좌우와 벽의 높이는 반드시 맞춘다. 집 안에서 볼 때 왼쪽 벽이 높으면 집 주인이 이혼이나 재혼할 가능성이 있고, 오른쪽이 높으면 인연이 없고 고독해진다. 이것은 벽의 불균형으로 인해 기의 흐름이 흩어졌기 때문이다.

문을 벽보다 낮게 하여, 집의 크기에 맞춘다
문이 벽보다 높으면 슬픈 일이 자주 생긴다. 또한 문이 지나치게 크면 거주하는 사람의 기를 눌러 여러 가지 일이 막힌다.

문이 집의 옆면을 향하지 않도록 한다
문이 집의 정면을 향하도록 한다. 집의 옆면을 향하면 들어온 기가 벽과 충돌하여 안으로 들어오지 못해 재앙의 근원이 된다.

(3) 대문의 방위와 길흉 작용

북쪽 - 흉
북쪽에 대문이 있는 것은 좋지 않다. 자(子)의 해에 출생한 사람에게는 특히 흉한 방향이다.

북동쪽 - 대흉
귀문이라 하여 모든 사람에게 대흉이므로 피해야 한다.

동쪽 - 대길
발달의 문이라고 하여 좋은 방향이다. 다만 갑(甲)·을(乙)·

대문은 기가 드나드는 곳으로, 그 위치와 모양에 따라 집안의 길흉이 달라질 수 있다.

■ 문의 방향과 길흉 방위

문향	4길방	4흉방
북(坎)	서(생기)·북(복위)·동남(천의)·서북(연년)	동(절명)·남(화해)·북동(오귀)·남서(육살)
북동	동(생기)·남(연년)·북동(복위)·남서(천의)	서(절명)·북(오귀)·동남(육살)·서북(화해)
동(震)	동(복위)·서(생기)·남서(연년)·서북(천의)	남(오귀)·북(육살)·북동(화해)·동남(절명)
동남(巽)	남(천의)·북(연년)·동남(복위)·남서(생기)	동(화해)·서(절명)·북동(육살)·서북(오귀)
남	남(복위)·북(생기)·동남(천의)·남서(연년)	동(절명)·서(화해)·북동(오귀)·서북(육살)
남서(坤)	남(생기)·북(연년)·남서(복위)·서북(천의)	동(육살)·서(화해)·북동(오귀)·동남(절명)
서	서(복위)·남(천의)·동남(연년)·서북(생기)	동(화해)·북(육살)·북동(오귀)·남서(절명)
서북(乾)	남(연년)·서(생기)·동남(천의)·서북(복위)	동(육살)·북(화해)·북동(절명)·남서(오귀)

묘(卯)의 해에 출생한 사람에게는 흉하다.

동남쪽 – 길

번영의 문이라고 불린다. 다만 진(辰)·사(巳)의 해에 출생한 사람에게는 흉의 방향이 된다.

남쪽 – 대길

길문이지만 오(午)의 해에 출생한 사람에게는 흉이 된다.

남서쪽 – 대흉

귀문으로 대흉의 방향이므로 문을 내서는 안 된다. 특히 미(未)·신(申)의 해에 출생한 사람에게는 가장 나쁜 방향이다.

서쪽 – 길·흉

문을 내는 사람의 오행에 맞으면 좋지만, 맞지 않으면 피하는 것이 좋다. 유(酉)의 해에 출생한 사람에게는 무조건 흉이다.

서북 – 대길

길문으로 해(亥)의 해에 출생한 사람에게만 흉이 된다.

■ 흉 작용을 미치는 현관과 대문의 주위 환경

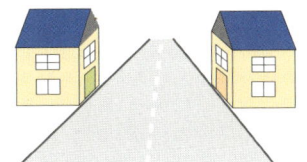

현관이 서로 마주보고 있다
서로 마주본 상대와 대립하게 된다. 도로를 건너지 않더라도 아파트와 같이 서로 마주 보았을 경우도 포함된다.

현관 정면으로 계단이 있다
항상 강한 공격을 받고 있는 상태. 심신 뿐만이 아니라 경제적인 면이나 애정적인 측면에서도 악영향을 미친다. 흉의 작용이 강하다.

현관 정면의 버스 정류장
전방을 차단한 상태로 일이 잘 풀리지 않는다. 이 경우는 이동하는 것이 최고의 방법이다.

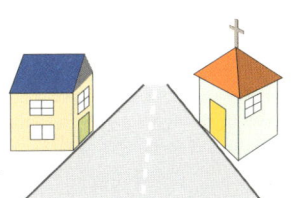

현관 정면으로 사찰이나 교회 문이 있다
신의 길을 막고 있으므로 길운은 있을 수 없다. 초상현상(超常現象)이라 하여 이해할 수 없는 일들이 많이 일어난다.

현관 정면으로 가로수
전방을 차단하고 있는 상태로 일이 잘 풀리지 않는다. 도로 건너편에 가로수가 있는 경우에도 조금은 괜찮을지 몰라도 일이 잘 풀리지 않는다

현관 정면으로 우체통이 있다
전방을 차단하고 있어 일이 잘 풀리지 않는다. 이동하는 것이 좋다.

현관 정면으로 주차장 출입구
항상 공격을 받고 있는 상태가 되기 때문에 컨디션도 좋지 않고 정신적으로도 불안정하다.

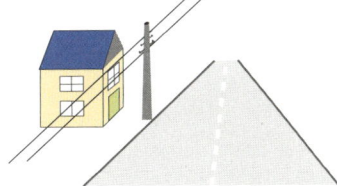

현관 정면으로 전신주
전방을 차단하고 있는 상태로 일이 잘 풀리지 않는다.도로 건너 편에 전신주가 있는 경우에도 조금은 괜찮을지 몰라도 일이 잘 풀리지 않는다.

현관 정면의 차고 출입구
항상 공격받고 있는 상태이기 때문에 컨디션도 좋지 않고 정신적으로도 불안정하다.

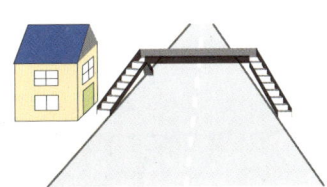

현관 정면의 육교 계단
전방을 차단하고 있는 상태로, 일이 잘 되지 않는다.

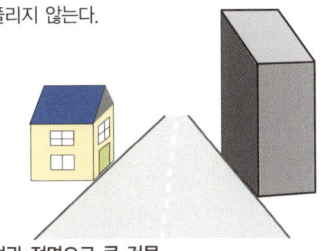

현관 정면으로 큰 건물
방해자에게 방해를 받는다. 특히 모퉁이가 향하고 있을 때는 가족 구성원에서 환자가 나온다.

현관 정면에 광고판
방해자의 방해를 받는다. 특히 모퉁이가 현관을 향하고 있을 때는 가족 중에서 환자가 발생한다.

현관의 기운을 좋게 하는 풍수술

청소와 정리정돈에 신경쓴다

재물운과 행운이 드나드는 통로인 현관은 항상 깨끗하게 정리정돈하는 것이 좋다. 먼지가 쌓이면 문을 여닫을 때 나쁜 기운과 함께 먼지가 집 안으로 들어와 가족들의 건강을 해칠 수 있다.

먼지가 쌓이지 않도록 1주일에 한 번 정도는 물청소를 해 주는 것이 좋다. 특히 신발장 주변을 항상 깨끗하게 정리하고, 외출에서 돌아온 뒤 신었던 신발은 반드시 신발장에 넣는 습관을 들인다. 여성의 경우 신발이 노출되면 연애운이 떨어진다.

운기를 높여 주는 신발 수납법

신발을 깨끗하게 닦아 두면 운이 좋은 사람이 될 수 있다. 신발은 운이 좋은 장소에 데려다주는 아이템이다. 매일 다양한 장소를 걷기 때문에 여러 가지 운을 흡수한다. 행운을 불러오기 위해서 신발 보관 장소를 정돈하는 것이 중요하다. 먼저 신발장을 열어 3년 이상 신지 않은 것은 처분한다. 낡은 신발에는 '음(陰)'의 기운이 가득 차 있기 때문에, 행운의 장소로 이끌어 주지 않는다. 또 신지 않는 신발은 깨끗하게 손질해서 보관한다.

가족의 수를 넘어서는 수의 신발을 현관에 내놓으면 집으로 들어오는 운기를 신발이 밟아 버린다. 특히 남편의 운이나 그 집 여성의 인연과 관련된 운기에 영향을 미치기 때문에 신지 않는 신발은 반드시 수선하고 닦아서 보관하거나 버리는 습관을 들이는 것이 좋다.

신발장에 보관할 때도 기를 좋게 하는 수납법이 있다. 유행을 타는 신발이나 새 신발은 발전을 나타내는 '목'의 기운에 속하므로 가능하면 위쪽에 수납하고, '토'의 기운이 강한 스테디셀러 신발은 토대가 되는 아래쪽에 수납하면 신발장의 기운이 안정된다.

여성의 경우 샌들처럼 경쾌한 인상을 주는 것은 상단에, 펌프스 같은 무거운 인상을 주는 것은 하단에 수납을 한다. 남성의 경우 스포츠화 등 캐쥬얼한 인상을 주는 것은 위쪽에, 가죽신 등 중후한 인상을 주는 것은 아래쪽에 보관한다.

또한 남성과 여성의 신발을 함께 수납할 경우 여성의 것을 위쪽에, 남성의 것은 아래쪽에 수납한다. 아이들 신발은 맨 위에, 조부모가 계시다면 아버지보다 아래 선반에 수납을 하고, 신발장 안에는 숯 등을 넣어 두어 신발에 가득 찬 나쁜 냄새와 기운을 정화하도록 한다.

숯은 탈취 및 정화 작용이 뛰어나다.

현관의 기운을 좋게 하는 풍수술

소품을 이용한 개운법

신발장 정리 – 신발장 위에는 싱싱한 화분을 놓거나 가장의 띠에 맞게 인테리어한다. **호랑이나 토끼띠**는 나무로 된 조각품을, **말이나 뱀띠**는 한지 공예로 된 조명등을 장식한다. **용이나 개, 소, 양띠**는 초벌구이한 도자기를, **원숭이나 닭띠**는 쇠나 동(銅)으로 된 장식물로 장식하고, **쥐나 돼지띠**는 작은 어항이나 수경식물을 두면 가장에게 힘을 실어 주고 직장에서의 성공운을 상승시킬 수 있다.

조명 – 어둠침침한 조명은 밝고 온화한 느낌의 백열등으로 바꾸어야 재물운과 행운이 들어온다.

맑은 소리 – 현관 출입문에 맑은 소리가 나는 금색의 작은 종을 달아 놓으면 가장의 성공과 재물운이 상승한다.

분홍색 물건 – 애정운 또는 결혼과 관계된 일이 좋아진다.

흰색 – 흰색으로 장식하면 대인관계가 원만해진다.

관엽 식물 – 가족들의 늦은 귀가나 잦은 외박은 관엽 식물이나 반짝이는 물건을 두면 효과를 볼 수 있다.

녹색 현관 매트 – 현관이 남동쪽에 있다면 남동쪽의 색인 녹색 현관 매트를 놓아 둔다. 가장에게 맞는 방위가 남동쪽인 경우 남편의 일이 술술 풀리는 효과가 있다.

※ 흉 작용

시계 – 시계를 걸면 가족들이 스트레스를 받는다.

레저 용품 – 레저 용품을 두면 가정생활과 직장생활을 소홀히 한다.

거울 – 현관 정면에 거울을 걸어 놓으면 재물운을 내쫓는 흉 작용이 일어나기 때문에 주의해야 한다.

햇빛이 들어오지 않는 현관엔 태양을 상징하는 해바라기를 둔다

방위와 공간 구조를 생각하여 특별히 신경 써서 새로운 집을 선택했는데, 유일한 결점이 현관의 채광이라면 어떻게 할까?

현관의 채광이 좋지 않다면 양(陽)의 파워를 보충하는 태양과 관련된 소품을 현관에 장식하면 된다. 흔히 구할 수 있는 것이 태양의 상징인 해바라기다. 해바라기 생화를 장식하면 운이 좋아지는데, 만일 생화가 없다면 해바라기를 소재로 한 그림으로 대신해도 된다.

남동쪽 현관의 기운을 좋게 하는 녹색 매트

2. 거실

1) 거실의 역할과 의미

거실에서 늘 웃음소리가 끊어지지 않는 집은 크게 번영한다. 거실은 가족이 함께 사용하는 장소로, 가족의 화목을 도모하는 곳이다. 함께 모여 대화를 나누며 정신력과 심리적인 안정감을 충족시키는 장소로 가정운과 관계가 있다. 손님을 접대하는 장소이기도 하므로 인간관계에도 영향을 미친다.

거실은 정신적인 기를 길러 가정을 안정시키는 장소이기 때문에 통풍과 일조가 좋고 휴식할 수 있는 공간이어야 한다. 따라서 거실 인테리어는 가족의 화목을 돕고 구성원들의 기와 재운을 높일 수 있어야 한다.

거실의 가치를 알고 운을 높이려면 '가족들이 기분 좋게 모일 수 있는 공간'으로 만드는 것이 중요하다. 가족들이 자연스럽게 자신의 방에서 나와서 모여앉아 화목하고 편안하게 대화할 수 있는 공간을 목표로 한다. 방위에 맞추어 색이나 인테리어를 선택하면 온 가족이 편안하게 쉴 수 있는 거실이 될 수 있을 것이다.

2) 거실의 방위와 풍수 인테리어

(1) 거실과 방위의 관계

가장 좋은 방위는 동남쪽에서 남쪽까지의 방위다. 이 방위는 실내에 개방적인 힘을 주는 방위로, 일조(日照)는 태양의 정기, 통풍(通風)은 나무의 정기를 얻을 수 있어 정신적인 힘이 충만하고 영감이 샘솟아 일을 완성시키고 목표를 달성할 수 있다.

동남쪽 · 남쪽

샐러리맨은 지적 충족의 공간인 남쪽과 동남쪽 거실이 좋다. 지위가 상승하고 가정이 안정되며 미래가 밝아지는 공간이다.

서쪽 · 북쪽

서쪽과 북쪽의 거실은 가족 구성원에게 전체적으로 나쁜 에너지가 발생하여 흉이 된다. 서쪽이나 남서쪽은 문제가 많아 가정불화가 끊이지 않는다.

(2) 거실의 가구 배치

거실의 벽이나 마루의 마무리에도 천연 소재나 나무 소재를 사용하면 자연의 혜택을 실내로 불러올 수 있어, 자연과 더불어 조화를 이루면서 생활할 수 있다.

어둡거나 지나치게 진한 거실 벽면은 가장의 권위가 너무 강하여 가족들 간에 대화가 적어지고 귀가가 늦어진다. 황색 · 베이지색 · 황갈색 · 초록색 · 연한 아이보리색 등의 벽지는 활기찬 분위기와 다양한 대화를 이끌어 내는 데 도움이 된다.

소파

소파는 거실에서 가장 많은 공간을 차지한다. 화목한 가정을 만들고 싶다면 천으로 된 소파를 사용한다. 소파나 의자를 놓을 때는 창문과 문을 향하지 않도록 한다. 일반적으로 벽에 붙이거나 벽 쪽을 향하는 것이 원칙이다. 문이나 창을 향하면 심리적으로 매우 초조해진다.

일반적으로 자주 하는 실수로, 소파와 벽의 사이에 공간을 많이 두어 뒤쪽을 무방비 상태로 두는 것이다(그림 1, 4). 뒤로 창이 있거나 문이 열려 있다면 문제는 더 악화된다(그림 1, 2). 이처럼 문이 있는 쪽에 소파를 두는 것은 좋지 않다(그림 2, 5).

문 정면에 소파를 두는 것도 피해야 한다(그림 3). 빛과 같이 자신을 겨냥하고 방에 들어오는 에너지의 흐름에 노출되기 때문이다.

소파를 두기에 가장 좋은 위치는 문과 창에서 멀어진 코너로(그림 6), 뒤쪽도 지킬 수 있고 에너지에 노출되지도 않고, 느긋하게 방 전체를 바라볼 수 있는 장소다. 소파의 뒤쪽이 어느 쪽 벽면을 접촉할 필요는 없다. 다른 한쪽의 벽과 소파 사이에 작은 보조 탁자를 두는 것도 좋은 방법이다.

소파 소재는 원하는 목적에 따라 가죽과 직물 제품으로 나누어 사용한다. 사교가 중요하다면 가죽 제품을, 가족의 화목이 중요하다면 직물 제품을 사용한다. 가죽 소파는 서로의 마음을

■ 소파의 위치에 따른 길흉

그림 1

그림 2

그림 3

그림 4

그림 5

그림 6

숨기는 작용이 있어 가족의 화목에는 좋지 않다. 색상은 연한 갈색이 좋고, 튀는 것보다 자연스러운 느낌을 주는 것이 좋다. 날카로운 느낌의 무늬나 격자무늬는 피해야 한다.

거실 창가나 소파 옆에는 가장의 키보다 작고 잎이 무성한 화분을 두어 기를 원활하게 한다. 벤자민이나 파키라 화분을 두면 혈압이나 중풍성의 질환에 매우 효과적이다.

텔레비전

풍수에서는 예부터 '소리 나는 물건은 거실이나 식당에 놓지 마라.', '좋지 않은 자리에 놓으면 가족이 뿔뿔이 흩어진다.'는 말이 있다. 가족이 식사하는 식당에서는 음식이나 그릇이 주인공이고, 거실에서는 가족 간의 대화가 중요하므로 방해하는 물건을 놓지 말라는 뜻이다.

텔레비전이 서쪽에 있는 집은 아이들이 텔레비전만 보고 공부를 하지 않는다거나, 주부가 텔레비전만 끼고 사는 일이 종종 생긴다. 서쪽은 격상의 방위이기 때문에 이 방위에 있다면 텔레비전이 집안의 권력자가 된다.

북쪽에 있으면 텔레비전 때문에 싸움이 끊이지 않게 된다. 북쪽은 차분함을 나타내는 방위로 텔레비전이 있다면 기가 산만해져서 사람이 신경질적으로 변한다.

텔레비전을 놓는 자리로는 동쪽이나 남쪽이 좋다. 동쪽이나 남쪽에 있으면 가족간의 대화가 늘고 집안이 화목해진다.

필요 이상으로 화면이 큰 것은 피하고, 먼지가 쌓이지 않게 청소를 자주 하는 것이 중요하다.

어항·수족관

물은 재물운에 많은 영향을 미친다. 특히 홍콩과 대만에서는 집이나 사무실, 상점 등의 '재방(財方)'에 어항을 설치하면 재물운이 들어온다고 하여 관심이 높아지고 있다. 굳이 어항이 아

컴퓨터

컴퓨터를 방의 중심에서 북쪽에 둘 경우 가정이 안정되고 일도 열심히 할 수 있는 힘을 받을 수 있다. 붉은색 계열의 소품을 근처에 두면 좋다.

- 동쪽으로 둘 경우 컴퓨터를 하면서 음악을 듣는다. CD로 컴퓨터와 함께 음악을 즐긴다. 가족 모두 컴퓨터를 중심으로 가족 간의 화목함이 생긴다.
- 남쪽으로 둘 경우 컴퓨터 양쪽으로 작은 관엽 식물을 놓아둔다. 자신의 숨은 재능이 컴퓨터를 하면서 발견될 수 있다.
- 서쪽으로 둘 경우 컴퓨터를 하면서 재물운이 자꾸자꾸 올라간다. 컴퓨터 옆에 노란 꽃으로 된 장식품을 놓아둔다.
- 모든 방위에 해당하지만 그해의 행운의 색의 물건을 컴퓨터 옆에 놓아두고 의자 주변을 풍수로 장식한다.

어항은 풍수에서 재물운을 높여 주는 기능이 있다. 설치 장소에 주의를 기울여야 한다.

■ 어항에 넣는 물고기 수

가장의 오행	밝은색 물고기	어두운색 물고기
수	1	6
화	2	7
목	3	8
금	4	9
토	5	10

니라도 화병이나 물을 이용한 제품을 사용하면 좋다.

이 방위에는 2가지 설이 있다. 왕성(旺盛)한 기를 옮기는 방위에 배치하면 더욱더 활발해진다는 것과, 쇠퇴하는 방위에 배치하면 흉이 길로 변한다는 것이다. 경험에 따르면 왕성한 방위보다 쇠퇴한 방향에 두는 것이 더 바람직한 것 같다.

동방 45도 외에 수족관을 둘 때는 '재방'에 두어야 한다. 각자의 본명괘의 4길 방위의 재방과 중복되면 가장 좋다. 동사명의 사람은 현관 방위가 서·남·북동쪽의 집이며, 서사명의 사람은 현관의 방위가 남서쪽, 서북쪽의 집이 해당한다.

어항에 넣는 물고기 수는 가장이나 회사의 경영자의 오행에 따라 결정한다. 어항의 형태는 장방형이나 정방형이되, 사방이 모나지 않고 둥글게 마감한 것이 좋고 다음으로 원형이 좋다. 설치할 때 주의해야 할 점은 다음과 같다.

- 제단이나 불단 아래에 설치해서는 안 된다.
- 어항과 부엌의 가스레인지와 마주보는 장소나 화장실과 마주보는 장소에 설치해서는 안 된다.
- 어항의 설치 높이는 1~2m 정도가 정당하다.

■ 수족관을 두는 재방

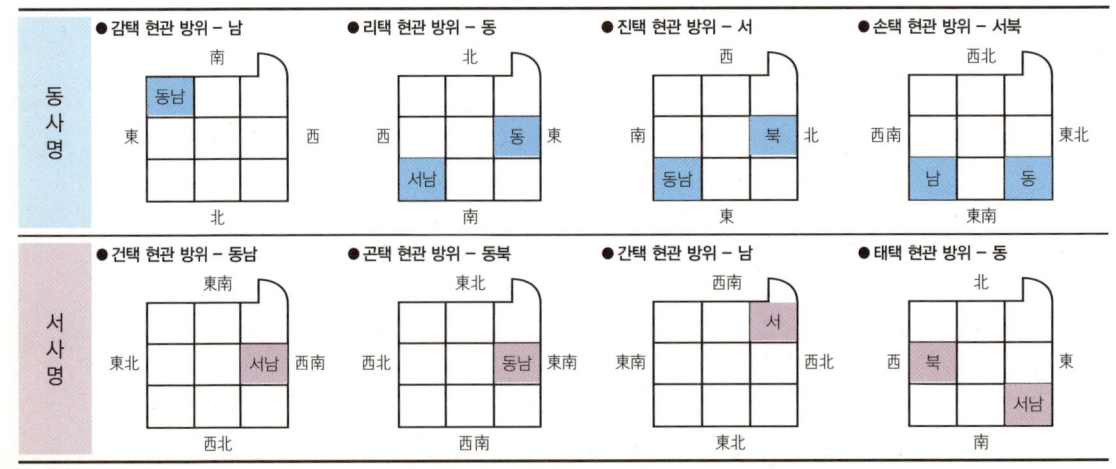

- 어두운 장소는 적합하지 않다. 조명을 이용한다.

재물운을 높이려면 어항을 거실에 놓으면 매우 효과적이지만 남쪽에 놓으면 스트레스를 많이 받게 되고, 서쪽에 놓으면 지출이 끊이지 않는다. 따라서 동쪽이나 동남쪽에 놓아야 좋다.

금전 문제가 있는 경우라면 분홍색이나 흰색 계열의 인테리어를 하면 재물운이 좋아진다.

그림과 사진

현관에서 들어서면서 마주보이는 곳에 가족 사진을 걸어 두고 사진 아래에 화분을 두며, 소파 뒤에는 가족들의 긴장을 풀어 줄 수 있는 산이나 숲이 있는 풍경화를 걸어 두면 좋다.

가상학에서는 실내에 그림이나 사진을 장식할 때도 소재와 내용에 따라 적합한 곳에 배치해야 좋은 효과를 볼 수 있다. 그림이나 사진의 소재에서 기가 발생하여, 기의 작용과 적합한 방위를 선택해야 한다.

이 밖에도 실내나 사무실에는 다양한 소재의 동양화 장식을 많이 볼 수 있다. 그 의미와 배치하는 장소를 살펴보자.

- 갈대와 참게가 그려진 그림은 장원급제를 의미하므로 서재나 아이들의 공부방에 장식한다. 게 두 마리와 갈대꽃이 그려진 그림은 두 번의 장원급제를 상징한다. 잉어 두 마리를 그린 것도 장원급제를 기원하는 의미가 있다.
- 흰 사슴 그림은 온갖 복록(福祿)을 의미하므로 거실이나 노인의 방에 좋다.
- 목숨 수(壽)자 16글자를 쓴 것은 회갑 축하의 의미가 있어 회갑을 맞이한 사람들에게 선물하면 좋다.
- 대나무와 바위는 장수를 축하하는 의미가 있고, 목련과 바위 또는 바위만을 그린 그림도 장수를 의미하여 노인들의 방에 걸어 두면 좋다.

■ 각 방위의 기에 어울리는 그림

방위	그림
동	아침 해, 악기, 차, 젊은 남성, 붉은 장미
서	소녀, 가을 풍경, 유럽의 거리
남	바다, 여름, 열대의 꽃, 추상화, 숲
북	바다, 항구, 호수, 꽃, 배
북동	눈 덮인 산, 남자아이, 설경, 아침노을
동남	봄이나 여름 풍경, 소녀가 있는 그림
남서	초원, 전원 풍경, 채소나 과일 정물화
서북	사원, 대도시의 야경이나 거리 풍경

작자 미상의 조선 시대 회화. 소나무와 학은 장수를 상징한다.

- 죽순과 대나무잎, 난초와 귀뚜라미 그림은 손자를 얻어 축하하는 의미가 있다.
- 박쥐는 복을 상징하므로 거실이나 노인 방에 장식하면 좋다.
- 갈대와 기러기는 편안한 노후를 상징하며, 부엉이와 고양이는 고희를 축하하는 의미가 있다. 또한 고양이와 나비 그림도 고희를 상징한다.
- 개 그림은 도둑을 막아 주는 의미가 있어 도둑이 잘 드는 집에 장식하면 좋다.
- 책 그림은 육조판서(六曹判書)를 의미하기 때문에 서재나 아이들의 공부방에 장식한다. 오리 그림도 장원급제를 의미하므로 서재나 공부방에 장식한다.
- 포도·호리병(박)·석류 그림 등은 사내아이 출산을 바라는 의미가 있으므로 손이 귀한 집에 선물로 주면 좋다.
- 박 덩굴에 장닭을 그린 그림은 공명만대(功名萬代)를 상징하고, 모란꽃의 부귀, 목련의 옥, 해당화의 당은 부귀옥당(富貴玉堂)으로 부귀를 상징한다. 모란꽃과 장닭도 부귀공명(富貴功名)을 상징한다.
- 소나무, 대나무, 백두조 한 쌍은 부부의 백년해로를 상징한다.
- 모란꽃과 매화는 부귀미수(富貴眉壽)로, 부유하게 오래 살기를 기원하는 의미가 있다.
- 매화가 핀 가지에 까치가 앉아 있는 그림은 기쁨과 함께 봄을 맞는 것을 상징하고, 학 한 마리는 천수를 뜻하며, 소나무와 학도 장수를 기원하는 의미가 있다.
- 새우 그림은 매사가 순조롭게 풀리고 부부가 해로하기를 기원하는 것이다.
- 소나무는 새해, 장미꽃은 청춘을, 금붕어는 금옥만당(金玉滿堂), 연꽃은 근검절약의 생활을 상징한다.

■ 거실 방위별 행운 아이템

방위	행운 아이템		
	색	아이템	포인트
북	검은색 흰색 분홍색	물과 관련된 사진이나 그림 나무 재질의 수납장 분홍색 쿠션	난색 계열을 넣어 온기가 있는 분위기를 연출한다. 빨간색은 흉이다.
북동	흰색, 아이보리 빨간색 검은색	목재 책장·옷장·찬장 키가 큰 가구 흰 크로스	키가 큰 가구나 같은 형태의 선반을 설치하면 좋다.
동	파란색 빨간색 흰색	TV, 오디오, 전화 악기 PC 붉은색 그림이나 장식 방울	젊고 건강함이 묻어나는 인테리어가 좋다.
동남	초록 황록색 흰색 분홍색	자연스러운 소재 생화 아로마 제품 꽃무늬의 커튼	밝고 상쾌한 인테리어가 어울린다.
남	베이지색 녹색 금색	빛나는 것 사진·그림·포스터 관엽 식물 한 쌍으로 된 것	한 쌍의 장식물로 장식한다.
남서	베이지 아이보리 갈색 검은색	식목 도기 손수 만든 커튼이나 쿠션	손수 만든 물건을 장식하여 온기가 있는 분위기를 연출한다.
서	황색 분홍색 갈색 흰색	거울 대리석 과일이나 열매를 나타내는 그림 은 세공품	장식장을 마련하여 와인이나 술을 장식한다.
서북	베이지색 금색 자연스런 느낌의 색	둥근 것 불단 트로피나 각종 상장 용의 장식물	고급스러움을 연출한다.
중앙	황색 보라색 금색 갈색	난초 고급스러운 제품	희귀한 것이나 손으로 만든 것을 장식하면 좋다.

3. 침실

1) 침실의 역할과 의미

침실은 집의 여러 공간 가운데서 가장 중심이 되는 기운이 작용하는 곳이다. 침실은 우리 모두에게 필요한 생명의 에너지인 자연의 기운이 모이고 나누어지는 공간이며, 집안의 생기를 판단하는 곳이다.

잠을 자는 위치는 인간의 운명과 큰 관련이 있다. 자고 있을 때는 침실 상태가 그대로 생명장(生命場)이 되어 기의 영향을 강하게 받는다. 때문에 어떤 공간에서, 어느 방위로, 어떤 상태로 자는지 매우 중요하다. 침실의 생명장이 흐트러져 있으면 흐트러진 정보가 전신을 비집고 들어오게 되어 불면증이나 심장병에 걸리기 쉽고 재물운도 약해진다.

침실에서 편안한 휴식과 잠을 잘 수 없는 경우에는 어떤 문제점이 있는지 반드시 살펴보고 개선하도록 한다.

(1) 침실의 기본 조건

침대는 몸의 자궁과 난소, 고환과 관련이 있어, 부부 문제와 자손 등에 영향을 준다. 침실의 생명장이 나쁘면 부부 관계가 원만하지 못하고 아이도 태어나지 않는다. 각각의 침대에서 따로 자는 것도 원만한 부부 관계를 이룰 수 없다. 침실에 열쇠나 잠금 장치가 없는 곳에서는 충분히 숙면을 취할 수가 없다.

통풍

편안한 휴식과 에너지를 보충하는 침실은 무엇보다도 바람이 잘 통해야 한다. 풍수와 관련된 속담에 '침실에 창문이 없으면 목숨이 열 개라도 모자란다.'는 말이 있다. 침실에는 반드시 창문이 있어야 하고 비가 오지 않는 한 하루에 한 번 정도는 창문을 열고 청소해야 쾌적한 주거 공간이 된다. 통풍이 나쁘면 곰팡이가 피거나 습기가 많이 차고 먼지가 쌓여 건강을 해치므로 항상 창문을 열어 공기의 흐름을 좋게 하고, 환기창을 달아 먼지를 배출해야 한다.

동쪽으로 아침 해가 비치는 창이 있으면 매우 좋다. 창이 없는 경우에는 작은 램프를 동쪽에 놓는다. 램프는 머리 쪽보다는 겨드랑이 쪽에 두는 것이 좋다.

정리정돈

휴식 공간인 침실은 가능하면 넓은 편이 좋고, 가구를 여기저기 늘어놓지 않고 깨끗하게 정리해 두어야 한다. 텔레비전이나 오디오 등 소리가 나는 물건과 복잡한 장식품이나 액세서리는 피한다. 침실에 장식물이 많으면 기운을 산란하게 하여 정신을 집중할 수 없고 편안하게 쉴 수 없다.

채광과 밝기

침실은 지나치게 밝지 않아야 한다. 풍수에서는 '돈은 어두운 곳을 좋아한다. 어두침침한 창고 속을 제일 좋아한다.'고 한다. 침실이 지나치게 밝으면 거주하는 사람들의 성격도 밝고 자유분방한 생활을 즐긴다. 그래서 돈을 알뜰히 모아 두는 사람이 드물다. 돈에 별로 신경 쓰지 않는 사람이 그렇듯 돈의 출입이 심한 집이 많다.

(2) 개선해야 할 침실의 문제점

- 머리 위에 창이 있다.
- 침실이 너무 좁다.
- 벽지의 문양이 화려하고 색채가 강하다.
- 자고 있다가 눈을 떴을 때 강한 색조가 시선에 들어온다.
- 움직임이 있는 사물이 있다.
- 침실에 들어가는 문의 중심선으로 침대가 횡단한다.
- 침실에 옷장이 많다.
- 의류가 침실 내에 어지럽게 걸려 있다.
- 머리 위에 공간이 있다.
- 침실로 외풍이 많이 들어온다.
- 침실 기둥의 대들보나 옷장의 모퉁이가 침대를 횡단한다.
- 자고 있는 모습이 거울에 비친다.
- 침대 아래에 짐이 꽉 차 있다.
- 침실의 공기가 흐르지 않고 언제나 막혀 있다.
- 침실에서 불쾌한 냄새가 난다.
- 침실이 지나치게 넓다.
- 소리가 나는 시계가 있다.
- 텔레비전·오디오·컴퓨터 등의 전자제품이 있다.
- 어두운 이미지의 그림이 있다.
- 앤티크 침대
- 파이프 침대
- 침실 아래층에 화장실이나 욕실, 차고가 있다.
- 천장이 낮다.

침실은 편안하게 잠을 자고 피로를 해소하는 매우 중요한 장소이다. 한옥의 경우, 머리 위로 대들보가 튀어나온 곳 아래에서 자는 것은 호흡을 어지럽혀 휴식을 방해한다. 장기적으로 볼 때 건강에 나쁜 영향을 미치므로 피해야 한다.

* 침실 안에 있는 다락방의 에너지는 끊임없이 계속되는 불규칙한 파동이다. 이곳은 기운이 흐트러져 충분히 잘 수 없으므로 낮잠 등 잠깐 자는 것 외에는 피하도록 한다. 특히 차분하게 사색하거나 명상하기에 좋지 않다. 아이의 놀이터나 수납 공간으로 사용하는 것이 무난하다.

2) 침실 풍수 인테리어

건물 안에서는 모든 에너지가 건물의 중심이나 방의 중심을 향해 모인다. 방의 중심에 모인 에너지는 그 방에 거주하는 사람에게 영향을 미친다. 특히 잠을 자는 시간은 정신적인 에너지의 충전을 의미한다. 침실을 집의 중심으로 보는 것은 건물의 에너지가 모이기 때문이다. 침실의 위치와 방위가 양택 풍수에서 가장 중요한 포인트가 되는 것도 이런 이유에서다.

(1) 침실과 방위의 관계

하루의 피로를 회복시키는 장소이므로 심신이 편안해지는 방위를 선택하는 것은 당연하다. 우리는 인생의 30% 이상을 잠을 자며 보낸다. 따라서 수면을 취하는 환경이 신체와 정신에 많은 영향을 주기 때문에 침실은 매우 중요하다.

현대 가상 풍수학에서는 침실의 환경을 매우 중요시한다. 침실은 몸과 마음을 쉬는 공간이며 내일을 위해 좋은 에너지를 보충하는 공간이기 때문이다.

가상에서는 집주인의 침실이 집의 중심이라는 방법도 있다. 편안한 휴식과 수면을 취할 수 있고 자연스럽게 생활할 수 있는 장소를 만드는 것이 침실이다.

동남쪽의 침실

동남쪽은 양택 풍수에서는 '대길'의 장소다. 어떤 방을 만들어도 좋은 영향을 주며 침실도 역시 최고의 장소라 할 수 있다. 무엇을 설치해도 최상의 방위이므로 침실을 두는 것이 일반적이다. 공기와 환경이 좋고 아침 햇빛이 쾌적한 상태를 만들어 잠에서 쉽게 일어날 수 있게 한다.

인간의 수면에는 '깊은 잠'과 '얕은 잠'을 교대로 반복하다가 서서히 '얕은 잠'이 되면서 일어난다는 하나의 리듬이 있다. 이때 자명종 소리로 눈뜨기보다 아침 햇살을 느끼며 눈뜨는 편이 신체적으로나 정신적으로나 모두 좋다. 인간은 '기분'에 좌우되는 생물이기 때문에 상쾌하게 눈뜰 수 있는 아침은 기분도 좋고, 하루를 의욕적으로 시작할 수 있어 실력 발휘에도 효과적이다. 이 방위의 침실은 밝은 에너지가 가득 넘쳐서 부부는 언제나 신혼처럼 지낸다. 단, 생활이 조금 화려해질 수 있으므로 주의해야 한다.

이 방위에 침실을 만들 경우 동쪽으로 창을 크게 만들어 빛이 많이 들어오게 하는 것이 포인트이다. 가구나 커튼으로 빛을 차단하지 않아야 하지만 여름철에는 이른 햇빛으로 잠자기 어렵기 때문에 몸에 직사광선이 닿지 않게 배치해야 한다.

동쪽의 침실

태양의 에너지를 받아 활력이 샘솟는 방위로 생명력이 넘치는 동쪽의 힘을 직접 받는다. 따라서 젊은 세대의 부부에게는 최적의 장소다. 특히 동쪽에 창이 있으면 아침 햇살이 들어와 일찍 일어나 매일 활기차게 시작할 수 있을 뿐만 아니라, 아침 햇살은 살균 작용으로 인해 건강도 좋아진다.

생명력이 넘치는 생활을 할 수 있고, 사업이나 업무도 적극적으로 성취해 나갈 수 있도록 기운을 형성해 준다. 다만 중년이나 노년의 부부에게는 맞지 않는 방위이다.

서쪽의 침실

침실은 태양이 가라앉는 서쪽을 선택하는 것이 자연의 이치에 맞는 배치다. 태양이 가라앉는 방위로, 사물이 온화하고 고요한 방위다. 따라서 편안한 휴식과 수면을 취할 수 있다. 이 방위 침실에서는 재물운과 건강운이 좋아진다. 불면증인 사람은 베개 위치를 서쪽으로 놓고 자면 편안하게 잘 수 있다.

풍수에서 젊은 사람에게는 동쪽 침실이 좋지만, 중년의 부부에게는 차분한 기가 있는 서쪽이 좋다. 서쪽은 결실의 방위로 숙면할 수 있는 방위다. 서쪽으로 머리를 두고 자면 불면증 해소에도 도움이 된다. 동쪽이 좋다고 무조건 이 방위로만 머리를 두거나 출입문을 향해 머리를 두고 잘 경우 건강이나 진로에 문제가 생길 수 있다.

가능하면 침대의 오른쪽이나 왼쪽에 작은 협탁을 두어 잎이 많은 화분이나 한지로 만든 조명을 설치하면 자면서도 좋은 기운을 받을 수 있다.

북서쪽의 침실

침실의 장소로 그런대로 괜찮다고 할 수 있다. 북쪽이지만 햇빛이 어느 정도 들어오기 때문에 겨울 추위도 조금 완화되고 여름에는 더위를 막아 준다. 집안에서는 비교적 온도의 변화가 적은 장소가 침실로는 좋은 환경이다. 예부터 서북쪽이 노인이나 가장의 침실로 적합한 장소라고 말하는 이유가 이 때문이다. 부부 사이가 원만해지고 가장에게 좋은 효과가 나타나는 길방위로서, 가장의 사회적 위치가 상승한다.

그러나 북서쪽도 주위의 환경에 따라 주의가 필요하다. 예를 들면, 집의 북측이 도로나 공원 등 인가가 없는 경우에는 북풍의 영향을 받으므로 추위와 습기에 대한 대책을 세워야 한다. 서쪽이 도로나 공원 등일 경우에는 햇빛을 차단하지 못해 더워지므로 햇빛을 차단하는 연구가 필요하다.

북쪽의 침실

부부 관계를 좋게 하고 견실한 가정을 만든다. 다만 외부와의 교제에는 좋지 않은 영향을 미치므로 주의해야 한다.

북쪽은 다른 방위보다 비교적 어두우므로 이 방위에 통장을 두면 재물운이 상승한다. 성격상 돈 낭비가 심한 사람은 커튼이나 카페트를 차가운 느낌을 주는 청색 계열로 바꾸면 효과가 있을 것이다.

남서쪽의 침실

남서쪽은 주부의 방위로, 주부에게 좋은 영향을 미친다. 주부의 애정이 풍부해져 가정의 분위기가 화목해진다. 다만 여성의 주장이 너무 강해 가장의 존재와 권위가 약해질 수 있다.

남서쪽의 특성은 여름에 덥다는 것이다. 봄과 가을, 겨울은 문제가 없지만, 여름 더위는 수면에 영향을 미친다. 여름 햇빛은 강렬하므로, 남서쪽 침실의 서쪽 창은 가장 먼저 햇빛을 차단해야 한다. 더운 햇빛이 저녁까지 비추기 때문에 침실의 온도는 밤이 되어도 쉽게 떨어지지 않는다. 에어컨으로 충분하다고 생각할 수도 있지만 남서쪽은 냉방의 효율도 나빠 전기세도 많이 나오고, 또 냉방이 지나치면 컨디션도 좋지 않다.

이 방위의 침실은 내장재나 커튼을 청색이나 녹색 등 한색 계열로 하여 시각적으로 시원함을 느낄 수 있도록 연출하면 좋다. 조명 기구 또한 백열등의 붉은 빛보다 흰 형광등 빛이 좋다.

북동쪽의 침실

귀문의 방위지만 침실을 두어도 상관없다. 오히려 침실처럼 음기의 영향을 받지 않는 방을 두는 것이야말로 이 방위를 능숙하게 활용하는 것이다. 역경에 강한 부부를 만들어 인생의 많은 세파에도 꺾이지 않는 강한 기개를 길러 준다.

이 방위는 추운 북풍이 불어와 겨울에 특히 추운 장소로, 우선 겨울의 추위와 습기에 주의해야 한다. 추위는 혈압 상승 등 인간의 몸에 부담을 준다. 습기 때문에 발생하는 곰팡이나 진드기도 우리의 건강에 좋지 않은 영향을 미칠 수 있다. 겨울의 추위와 습기에 대한 대책으로 창의 단열 효과를 높이는 것이 포인트이다. 신축할 경우에는 페어 유리나 단열 덧문, 습기에 강한 나무 재질의 창틀 등을 활용하여 바깥 공기를 막는다. 리모델링을 할 수 있다면 이중창을 달거나 습기 방지 시트 등을 붙이는 방법도 있다.

난방을 할 때는 실내 온도가 지나치게 높지 않도록 하고, 습도 또한 낮게 유지한다. 창문 주위의 습기를 말리면 습기로 생기는 곰팡이나 진드기의 발생을 막는 효과가 있다.

기본적으로 침실 인테리어는 한색 계열이 바람직하지만 겨울철의 일시적인 추위 대책으로 커튼이나 이불 커버 등은 따뜻한 색이나 무늬를 사용하고, 조명을 백열등으로 달아 시각적인 따뜻함을 연출하는 방법도 있다.

남쪽의 침실

유일하게 침실을 만들지 않는 방위다. 이 방위는 다른 목적으로 사용해야 한다. 침실로 사용했을 경우 남쪽의 기운으로 인해 지나치게 외교적인 부분이 된다. 생활이 화려해지고 심신을 편안하게 쉴 수 없는 공간이 된다.

(2) 침실의 가구 배치

침실에서는 뭐니뭐니해도 침대가 가장 중요하다. 침대 위치가 부적절하면 신경 쓰는 일이 많이 발생하고, 끊임없는 경계 태세를 갖추게 된다. 머리 뒤쪽을 확실히 막고, 발밑으로 적절한 공간이 있어야 한다. 그리고 침대 왼쪽엔 옷장이나 선반 등의 키가 큰 가구를, 오른쪽에는 보조 탁자 등 낮은 가구를 두는 것이 적합하다.

침대와 문의 위치 관계

그림 1은 사람이 들어 안으로 완전히 들어올 때까지 누군지 모른다. 그림 2~4는 문의 에너지에 노출된다. 그림 5, 6은 들어오는 에너지의 흐름에서도 직접적으로 노출되지 않고, 문도 잘 보이므로 적절하다.

■ 침대와 출입문의 위치에 따른 길흉

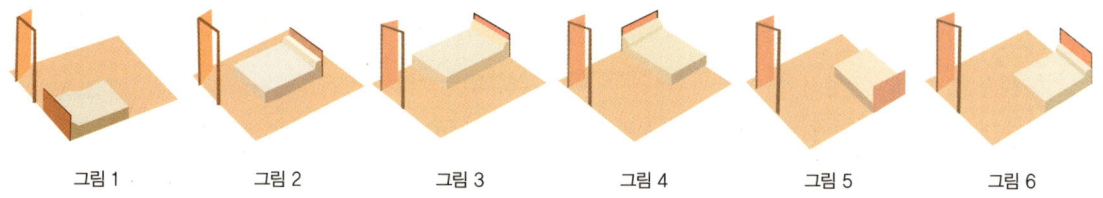

| 그림 1 | 그림 2 | 그림 3 | 그림 4 | 그림 5 | 그림 6 |

침실에 창문이 있는 경우

그림 1은 에너지의 흐름에는 노출되어 있지 않지만 문과의 관계가 좋지 않다.

그림 2는 항상 에너지의 흐름에 노출된다.

그림 3은 침대가 창의 근처가 아니기 때문에 그런대로 좋다.

그림 4는 뒤쪽이 창이므로 적당하지 않다. 하지만 블라인드나 두꺼운 커튼을 치면 적절한 침대의 위치가 된다.

그림 5의 침대는 2개의 벽면에 있는 창과 문과의 관계를 볼 때는 가장 좋은 위치다.

■ 침대와 창문의 위치에 따른 길흉

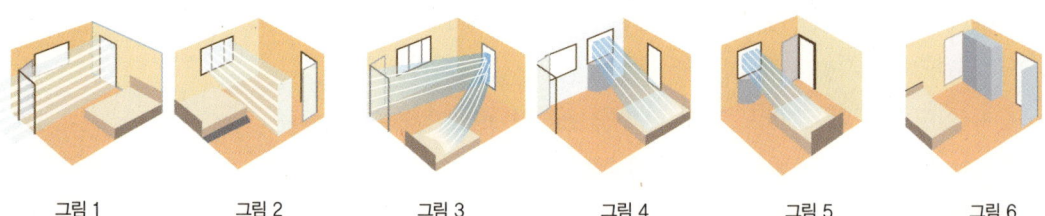

| 그림 1 | 그림 2 | 그림 3 | 그림 4 | 그림 5 | 그림 6 |

거울

거울은 에너지를 반사시키는 힘이 있기 때문에 거울을 침대 곁에 두면 자는 동안에 불필요한 에너지에 노출되어 숙면을 취하기가 어렵다.

제1의 법칙은 침실 문의 맞은편에 거울을 두지 않는 것이다 (그림 1, 3 참조). 거울은 들어오는 에너지를 곧바로 반사시키기 때문에 실내를 부드럽게 순환하는 에너지를 방해한다. 그림 2의 창문의 관계도 같다고 할 수 있다.

그림 4, 5는 침대의 맞은편에 둔 거울에서 한층 더 강화된 에너지를 침대에 보낸다. 자는 동안 끊임없이 불안을 느낄 것이다. 이상적인 배치는 그림 6과 같이 옷장의 안쪽에 거울이 있는 것이다. 거울을 둔다면 덮개로 가린다.

■ 침대와 거울의 위치에 따른 길흉

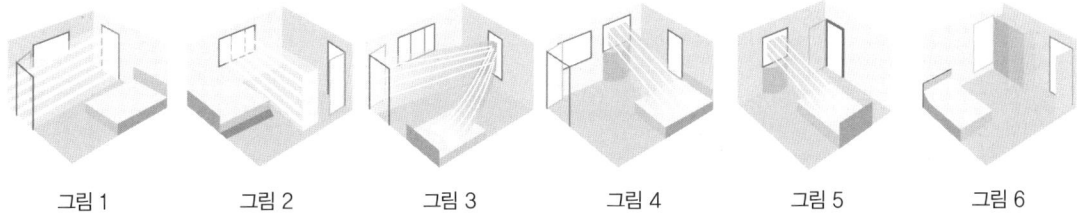

그림 1   그림 2   그림 3   그림 4   그림 5   그림 6

침대 위치와 오행

침실은 여러 공간 중에서 머무는 시간이 가장 긴 휴식 공간이므로 쾌적한 장소에 침대를 두면 숙면을 취할 수 있게 되어 건강에 큰 도움이 된다.

동사명의 사람은 오행이 수·목·화에, 길한 방위는 동·동남·남·북쪽이므로 이 방향에 침대를 배치하면 좋다. 서사명의 사람은 오행이 토·금에다 길한 방향이 서·북동·남서·서북쪽이므로 이 방향으로 침대를 두고 잠을 자면 좋다.

■ 침실 방위와 창문의 길흉 작용

방위	내용	방위	내용
북	작은 창문이 좋고 남쪽으로 바람을 빠져 나가게 하는 환기창의 역할이 필요하다. 큰 창문일 때는 북쪽의 냉기를 막기 위해 두꺼운 커튼이 필요하다. 북쪽은 채광을 충분히 받아들일 수 없기 때문에 조명 기구를 밝게 한다.	남	남쪽 방의 용도는 거실이나 넓은 방이 많으므로 큰 창문으로 태양의 따뜻한 에너지를 충분히 받도록 한다. 그러나 직사광선은 자극적이고 침착성이 없어지므로 얇은 레이스 커튼을 달아 부드러운 햇빛이 들어오도록 조정하면 건강에 매우 좋다. 푸른 계열의 침착한 커튼이 좋다.
북동	허리 높이 정도의 창이 좋고, 커튼으로 차가운 바깥 공기를 차단해야 한다. 큰 창문일 때는 북동쪽에서 발생하는 바깥 공기의 나쁜 영향을 강하게 받는다. 맨션이나 아파트에서 큰 창이 있는 경우에는 가구 등으로 창의 크기를 조절해야 한다. 밝고 따뜻한 분위기의 방을 만들고 황색 계열의 코디가 좋다.	남서	창이 크면 좋지 않는 영향이 발생한다. 노력과 분발을 상징하는 방위로 창을 크게 만들면 노력하고자 하는 정신 자세가 떨어진다. 남쪽과 접할 경우에는 다소 큰 창문도 괜찮다.
동	큰 창이 좋다. 동쪽은 아침 해가 뜨는 방위로 집안을 활성화시키는 훌륭한 에너지를 가지고 있다. 적극적으로 바깥 공기를 실내로 들여온다. 커튼은 얇은 천으로 된 것이 좋다.	서	오후의 햇빛이 강한 방위로 창문을 설치할 때는 주의가 필요하다. 큰 창보다는 약간 작은 창이 좋다. 방위의 영향으로 권태감이 생기고 활력을 잃어 게으름 피우고 싶은 마음이 생긴다. 블라인드 등을 설치하여 차광을 조절한다.
동남	큰 창문을 설치하여 개방 타입의 방으로 꾸민다. 사람과의 교류와 교제를 상징하는 방위다. 사업과 일에 좋은 영향을 미친다. 가족의 커뮤니케이션을 활용하는 장소로서는 최적이다. 거실 등 공동의 공간으로 사용하면 건강에도 좋다.	북서	정신적인 지주가 되는 방으로 제물상이나 불단을 만드는 방위이다. 정신적으로 안정된 상태가 될 수 있는 크기의 창문을 설치한다.

■ 침대 위치와 머리의 방향

● 동사명의 사람에게 적합한 침대 위치

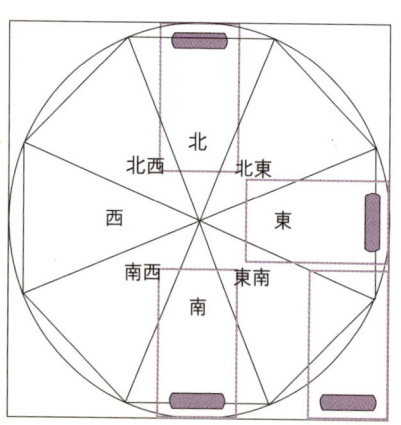

● 서사명의 사람에게 적합한 침대 위치

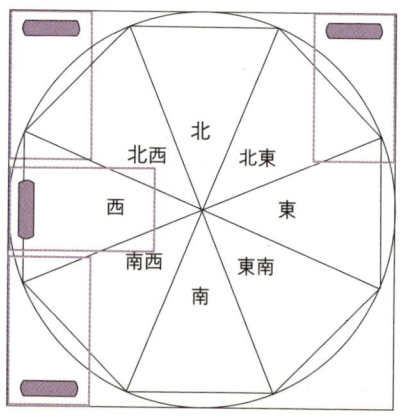

※ 침대를 배치할 때 주의해야 할 점은 문을 향해 있는 경우, 침대의 머리가 대들보 밑에 있는 경우, 머리가 창문 가까이에 있는 경우, 머리가 거울을 향해 있는 경우 등이다.

침실의 기운을 좋게 하는 풍수술

침실 화장실은 특히 청결에 신경쓴다

최근에는 침실에 화장실을 두는 경우가 많은데, 이것은 건강 면에서는 그다지 좋지 않다. 화장실은 결코 청결한 장소가 아니다. 특히 샤워실을 겸한 화장실은 변기 뒤편이나 마루 등에 잡균이 쉽게 번식할 수 있다.

침실 안 화장실에서 발생하는 습기와 냉기가 몸에 좋지 않은 영향을 미치므로 화장실과 일직선으로 침대를 두면 안 된다. 침실의 이불은 먼지가 매우 많아 화장실의 습기와 함께 곰팡이나 진드기의 온상이 될 수 있다.

침실에 화장실이 있다면 화장실 안의 나쁜 기운을 흡수하는 빨간 선인장을 두거나 보라색 그릇에 소금을 담아 놓으면 나쁜 기운을 해소할 수 있다.

또 하나의 문제점은 소음이다. 한 명이라면 괜찮지만 둘이서 사용하는 침실은 어느 한쪽의 수면을 방해하기도 한다. 특히 한밤중에 이용할 경우에는 소리가 울리기 때문에 주의해야 한다. 일반적으로 실내 칸막이벽에는 단열재가 장착되지 않으므로 화장실과 침실이 인접하는 벽에는 단열재를 넣어 주거나 가구 등을 놓아 방음 효과를 높이는 것이 좋다.

소품을 활용한 침실 개운법

침실은 자고 있는 동안에도 기운을 흡수하는 중요한 장소다. 자신에게 맞는 방위를 선택하고 기를 높이는 인테리어를 하면 좋은 기를 채울 수 있다. 정성과 노력만큼 운기가 상승한다.

침대 커버 · 베개

침대 커버의 색상은 침실의 방위에 따라 다르다. 동쪽 침실은 녹색, 남쪽 침실은 연한 적갈색, 서쪽 침실은 진녹색, 북쪽 침실은 흰색이나 베이지색이 적합하다. 불면증이 있는 사람은 파란색이나 녹색 계열을 사용하는 것이 효과적이다.

베개는 검은색이나 단색을 피하고, 흰색이나 어두운 꽃무늬를 사용하는 것이 무난하다. 재물운이 목적이라면 황색이나 연녹색을 사용한다. 동쪽으로 머리를 두는 것이 좋지만, 현실적으로 그것이 어렵다면 붉은색 베개 커버를 사용한다. 남쪽은 녹색, 서쪽은 황색, 북쪽은 흰색을 사용한다.

베개의 방향

잘 때의 베개 방향에도 의미가 있다. 북쪽은 건강운이나 재물운이 높아진다. 서쪽은 재물운이나 사교운이 상승한다. 동쪽은 젊어지는 작용이 있다. 남쪽은 감성이 풍부해지지만 다소 신경질적으로 사소한 일로 화를 내기도 한다.

커튼

침실의 커튼은 베이지색이나 흰색으로, 레이스와 직물로 된 이중 커튼을 사용하는 것이 좋다. 남쪽에 창이 있으면 녹색, 서쪽은 베이지색이나 연녹색, 동쪽은 따뜻한 색조, 북쪽은 분홍색이나 회색이 좋다. 차자면서도 운기를 흡수할 수 있게 좋은 기운이 달아

침실의 기운을 좋게 하는 풍수술

나지 않도록 차광성의 커튼을 단다.
만약 수험생이 있는 집은 세로줄무늬의 커튼이 좋다.

조명과 식물
컴퓨터나 전자업계에 종사하는 사람이라면 침실 북쪽에 작은 스탠드를 24시간 켜 둔다. 낮에는 약하게, 저녁에는 밝게 한다. 창문이 없다면 북동쪽 모서리에 작은 스탠드나 꽃이 없는 작은 화분을 둔다. 꽃이 핀 화분은 침실에 두지 않는 이유는 식물이 꽃을 피우기 위해 주위 1m 이내의 기를 흡수하기 때문이다.

부부가 사이가 좋지 않다면 침대 발치에 싱싱한 난이나 초록 식물 줄기가 늘어진 덩굴 식물을 두면 사랑을 불러일으킨다.

경제적으로 어려울 때는 침실 출입문에서 실내를 향해 오른쪽 벽면 중간 지점이나 출입문 오른쪽에 작은 스탠드나 화분을 놓으면 재물운을 높일 수 있다.

영업 신장이나 매출 확대를 목표로 할 때는 침실 출입문에서 실내를 향해 왼쪽 대각선 모서리나 동쪽 지점에 보조 조명을 설치한다.

베개의 건강학
우리 선조들은 '고침단명(高枕短命 : 베개를 높이 베면 단명함)'이라 했다. 베개를 높게 베면 목뼈는 물론 몸 전체에 각종 질환을 유발한다. 높은 베개를 장시간 베면 경추가 'I형'으로 변형되어 경추나 흉추, 요추에 디스크 질환이 발생할 수 있다. 반대로 너무 낮은 베개는 머리가 뒤로 젖혀지고 입이 벌어져 기도가 마르고, 코골이가 심해진다. 성인을 기준으로 알맞은 베개의 높이는 바닥과 목뼈의 각도가 15도 정도 되는 6~8㎝이며, 길이는 어깨 넓이 정도인 45㎝가 적합하다.

각종 씨앗·숯·허브 등과 한약재를 넣은 약베개는 자연스럽게 약효가 발산되어 질병 예방과 치료 효과가 있다. 《동의보감》에 나오는 신침(神枕)은 5월 5일이나 7월 7일에 깊은 산에서 자라는 잣나무로 베개 틀을 만들고, 32가지의 약물을 원칙에 따라 배합하여 만든다. 이 베개를 백일만 베면 신선처럼 얼굴에서 빛이 날 만큼 효과가 좋다고 한다. 시인 소동파(蘇東坡 : 1036~1101)는 '약 베개를 사용하니 혈액 순환이 원활해져 머리가 맑아지고 백발이 검게 되돌아오네. 전신이 가볍고 빠진 치아가 다시 났으며 눈과 귀가 밝아졌네.'라며 약 베개의 효능을 예찬했다.

일반적으로 가장 좋은 베개 소재는 메밀껍질이다. 알맞은 탄력과 자극을 주면서 습도와 통풍을 조절해 땀이 많은 사람에게 좋다. 스트레스로 두통이 심하고 눈이 침침할 때는 결명자, 한여름 열대야에는 아로마 베개가 좋다. 국화를 베개 속에 넣고 자면 머리가 맑아지고, 기억력을 회복시킨다. 뽕잎과 국화를 동시에 사용하면 신진대사가 원활해지고 면역력을 길러 주어 일 년 내내 감기를 달고 사는 허약한 체질의 아이에게 효과적이다. 또한 숯으로 만든 베개는 간질·현기증·빈혈 등에 좋다고 하여 히포크라테스 시대부터 사용되어 왔다고 한다.

■ 침실 방위별 행운 아이템

방위	행운 아이템	
	색	아이템
북	분홍색 흰색 베이지색	꽃무늬 커튼 분홍색이나 옅은 회색 시트 침대 커버
북동	흰색 연회색	씻을 수 있는 패브릭 시트를 자주 바꾸고 청결함을 유지
동	파란색 빨간색 흰색 녹색	라디오 카세트 자명종 빨간색이나 파란색으로 화려한 모양의 패브릭
동남	초록색 황록색 흰색 분홍색	꽃무늬의 패브릭 관엽 식물 아로마 램프 향수
남	화이트 골드 녹색 오렌지색	천개(天蓋, 닫집)가 달린 침대 금색 또는 은색의 침대
남서	빨간색 오렌지색 금색	대형 전기스탠드 화분 붉은색 소품 손수 만든 침대 커버
서	황색 분홍색 흰색	드레서 금속제 가구나 침대 황색 패브릭
서북	베이지색 금색	둥근 스탠드 중후함이 있는 침대 고급스러운 느낌의 패브릭
중앙	황색 보라색 금색 갈색	고급스러운 침대나 가구

4. 부엌

1) 부엌의 역할과 의미

집의 첫 번째 역할은 편안하게 휴식하고 푹 잘 수 있는 공간을 제공하는 것이다. 휴식을 취했다면 그 다음은 느긋하게 먹을 수 있도록 해 주는 것이다.

자연에서 생산된 재료로 우리의 건강을 책임지는 장소가 부엌이므로 건강과 가장 중요한 관련이 있는 장소다.

요리에는 활기(活氣)와 쇠기(衰氣)라는 에너지가 들어간다. 언제나 즐겁게 요리하는 부엌에서는 활기가 왕성한 에너지가 음식에 들어가고, 이것이 몸에 흡수되어 에너지가 상승된다. 부엌에서 자주 요리를 하지 않으면 거주하는 사람은 활기를 잃게 될 뿐만 아니라 재물운도 잃어버리게 된다.

(1) 부엌의 기본 조건

이상적인 방위를 찾는다

부엌으로 가장 좋은 방위는 동쪽과 동남쪽이다. 이 방위는 아침에 솟아오르는 태양의 에너지가 주부에게 많은 영향을 주어 생동감 있고 활기차게 생활할 수 있게 한다.

반대로 서쪽이나 남서쪽은 좋지 못한 에너지가 들어와 건강의 근원인 식품을 부패시키기 때문에 적절한 방위가 아니다.

북쪽은 공간상으로는 문제가 없지만 추위가 심하기 때문에 물을 다루는 주부의 작업 공간으로는 좋지 않다. 가상에서 북동·중앙·남서쪽과 현관·부엌·화장실은 특별히 주의해야 하는 곳이다.

부엌 가구(용품)의 배치에 신경쓴다

강조하고 싶은 것은 부엌 용품의 배치를 충분히 검토해야 한다. 동서남북의 정중앙선에는 수도의 수전, 개수대의 배수구, 가스레인지의 화구가 오지 않도록 해야 한다.

쾌적한 공간으로 유지한다

부엌은 가족의 건강을 다스리는 중요한 곳이자, 주부가 매일 작업하는 공간이다. 청결하고 밝은 분위기로 주부가 매일 쾌적하게 작업할 수 있는 공간으로 만들어야 한다.

분위기를 따뜻하게 해야 한다

부엌은 따뜻한 느낌을 주는 색 계열이나 자연풍의 느낌이 드는 나무 계통의 색이 부엌의 생명력을 조절한다. 부엌에 한색 계열을 사용하는 것은 바람직하지 않다. 면역과 혈액 순환을 나쁘게 한다.

물은 풍수에 있어서 재물운과 관련되어 있으며, 부엌의 생명력의 에너지가 낮으면 돈의 흐름은 나빠져 재물운을 잃는다. 부엌이 추우면 가정불화를 부르거나 허리나 자궁을 손상시켜 건강을 해친다.

■ **부엌 가구 배치의 길흉**

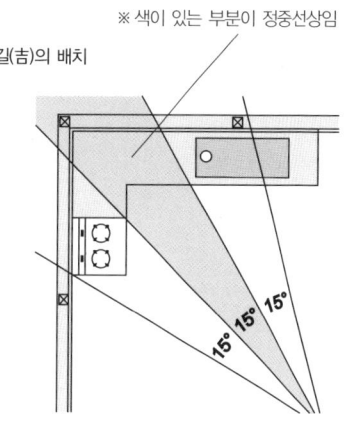

길(吉)의 배치

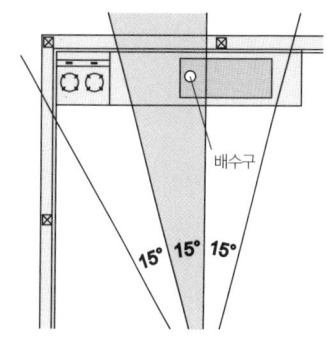

흉(凶)의 배치

2) 부엌 풍수 인테리어

(1) 부엌과 방위의 관계

가정주부들이 많은 시간을 보내는 부엌은 주부에게 '자신의 성(城)'이라고 할 수 있다. 따라서 부엌의 기운은 곧 여성의 운기라고 할 수 있다. 각 방위의 부엌은 여성들의 건강과 운세에 영향을 미친다.

또한 부엌에서는 불과 물을 동시에 사용하므로, 부엌의 위치가 나쁘면 재난이 일어나거나 큰 지출을 부르는 결과를 초래할 수도 있다.

북쪽 부엌

여성이 화려하지는 않지만 알뜰하게 살림을 꾸려 가는 형이 많다. 이 방위의 부엌은 여성이 금전 감각이 약하기 때문에 적은 돈이라도 매월 저축하면 재물운을 높일 수 있다. 비관적인 경향이 있고 푸념이 많으며 피로가 쌓이면 쉽게 병이 난다.
- 북쪽 부엌의 흉 작용 : 모르는 사이에 돈을 지출하기 쉽다. 흰색을 포인트로 장식하면 조금이라도 커버할 수 있다.

북동쪽 부엌

여성적인 매력이 부족한 경우가 많지만 생각이 깊고 정숙하며 마음씨가 고운 타입이다. 부탁을 거절하지 못해 손해를 보기도 하지만 주위 사람들에 호감을 준다. 돈을 많이 벌기도 하지만 많이 쓰는 방위이므로 절약만이 행운을 부른다. 북동쪽은 '귀문'으로 신성한 공간이기 때문에 깨끗하게 정리한다.
- 북동쪽 부엌의 흉 작용 : 지출이 많아진다. 생각하지 않은

일에 지출이 많아지고, 여러 가지 곤란한 일이 자주 발생한다. 베이지 계열의 색을 늘리면 좋을 것이다.

동쪽 부엌

금전적인 어려움을 겪지 않는 길방위로, 여성의 생기를 주관한다. 평소 몸이 약한 여성은 동쪽에 부엌을 만들면 몸이 가벼워지고 건강해지는 것을 느낄 것이다. 이 방위의 부엌에서 일하는 주부는 나이보다 젊어 보이며 늘 활기차게 생활한다. 약간은 덜렁대기도 하지만 꾸밈없는 성격이라 주위 사람을 즐겁게 한다. 가끔 침착성이 없다는 평을 듣기도 하지만, 옷이나 실내 장식을 소박하고 검소하게 해서 지나친 힘을 억제해야 한다. 와인 계열 색을 중심으로 세팅하면 좋은 '기'를 불러들일 수 있다.

동남쪽 부엌

여성의 운세를 강하게 해 주는 방위다. 주위 사람들의 도움을 받아서 재물운이 막힘없이 상승하고 건강이 좋아진다. 저축운도 뛰어나 인색하게 굴거나 저축하려고 애써 노력하지 않아도 저절로 돈이 모이는 방위다.

여러 가지 일에 혜택을 받게 되므로, 여성에게 있어서는 최고의 부엌이라 할 수 있다. 오렌지나 갈색으로 정리하면 더욱 좋은 운을 불러들인다.

남쪽 부엌

남쪽은 보통 거실로 이용하지만 공간 구조상 어쩔 수 없이 부엌을 만들 수도 있다. 주부가 사치와 낭비를 하기 쉽고 저축운도 나쁘고 자신의 능력 밖의 세상을 동경하지만 통장에는 잔고가 없다.

샐러리맨의 가정에는 적합하지 않지만, 예술과 미술을 의미하는 방위이므로 예술 계통이나 창조적인 일을 하는 주부라면

■ 구성별 부엌의 방위

구성	방위
일백수성	북
이흑토성	남서
삼벽목성	동
사록목성	동남
오황토성	중앙
육백금성	서북
칠적금성	서
팔백토성	북동
구자화성	남

■ 간지별 부엌의 방위

간지	방위
자	북
축	북북동
인	동북동
묘	동
진	동남동
사	남남동
오	남
미	남남서
신	서남서
유	서
술	서북서
해	북북서

괜찮다. 또한 남쪽에 부엌이 있으면 예술적인 감성이 뛰어나다.
- 남쪽 부엌의 흉 작용 : 낭비가 증가하는 경향이 있다. 화려한 생활을 동경하게 되므로, 빨간색이나 갈색으로 허영기를 눌러야 한다.

남서쪽 부엌

여성이 조심스럽게 행동하고 말수도 적으며 아이에게는 인자한 어머니가 될 수 있다. 가족의 편안한 휴식과 안락함을 원한다면 좋은 방위다. 남서쪽에 부엌이 있는 집의 여성은 현모양처형으로, 조용한 가정을 원하는 남성에게는 최고의 아내다. 사치하지 않고 꾸준히 저축하는 알뜰형으로, 인색하다는 평판을 듣기도 한다.
- 남서쪽 부엌의 흉 작용 : 큰돈을 모으기 어렵고, 잔돈만 모인다. 돈의 사용법이 서투르고 확실하지 않다. 황색이나 금색 계열의 제품으로 에너지를 높여야 한다.

서쪽 부엌

가족들이 개인주의적인 성향이 강하다. 자기가 좋아하는 일에 몰두해 가족의 화목과는 거리가 멀다. 특히 주부가 외출을 좋아해 많은 시간을 밖에서 보내며 자유로운 인생을 즐기고 싶어 한다. 가족 구성원들은 가정에 더욱 신경 써야 한다.
- 서쪽 부엌의 흉 작용 : 지출이 많아지고 들어온 돈도 부지불식간에 사라져 버린다. 금색 계열의 제품을 사용해 운기를 높여야 한다.

서북쪽 부엌

남성의 방위로, 주부가 어딘지 모르게 남자 같은 분위기가 느껴진다. 가끔 남편을 휘어잡는 대부분의 주부를 보면 부엌이 이 방향에 있음을 볼 수 있다. 이 방위에 부엌이 있는 여성들은 남성들처럼 경제 관념이 무뎌서 낭비하는 경향이 있다. 성격도 화려해 사치스러운 물건을 구입하기도 하고, 선심 쓰는 일이 많다. 항상 절약이라는 단어를 생각하면서 생활하면 말년을 편안하게 보낼 수 있다.

- 북서쪽 부엌의 흉 작용 : 자존심이 강해 무심코 허세를 부리기 쉽다. 저축이 어려운 부엌이다. 베이지나 크림색 계열로 부드러운 이미지로 인테리어하여 나쁜 작용을 누른다.

(2) 부엌의 가구 배치

쌀통

풍수학에서는 쌀통을 두는 장소에 대해 다음처럼 설명한다.

창고는 쌀을 넣어 두는 장소로 토(土)에 속한다. 따라서 창고의 위치는 방향이 문제가 되지 않고 토방(土方)의 길방에 배치하는 것이 좋다.

쌀통은 '토'에 속하므로 토가 왕성한 방위, 남서쪽과 북동쪽에 두는 것이 좋다. '목극토'라는 상극 관계로, 목의 기가 왕성한 동쪽과 동남쪽에 두어서는 안 된다. 쌀통을 토가 왕성한 방위에 둔다는 것은 다음 2가지 측면에서도 일리가 있다.

첫째, 쌀은 흙에서 자라는 것이다.
둘째, 고대에 쌀은 동굴 등 땅속에 보존했다.

식탁

부엌에 있는 식탁은 원형이나 모서리가 둥글게 마감된 사각형에다리가 넷 달린 것이 좋고, 의자는 식탁과 소재와 색이 같으며 단순하고 편안한 것이 좋다. 아이는 팔걸이 없는 의자를,

어른은 팔걸이 있는 의자를 사용한다.

식탁에서 부모의 위치도 중요하다. 북쪽이나 서쪽에 부모가 앉고 남쪽이나 동쪽에 아이가 앉는다. 식탁 의자가 가족 수보다 적으면 가족이 잘 모이지 못하고 흩어질 수 있으므로 가족의 수만큼 의자를 갖추어 놓는다.

냉장고

음식물을 보존하는 냉장고는 모든 가정의 필수품으로, 냉장고를 어디에 두면 좋을지 궁금해 하는 사람들이 많다. 과거에는 냉장고는 물론 냉장고와 비슷한 기능을 하는 물건도 없었다. 그래서 풍수의 고서(古書)에도 냉장고를 어디에 두면 좋은지에 대해 설명한 책이 없으므로 지금까지와는 다른 사고와 방법으로 풀어 가야 한다.

냉장고는 흉방을 제압해야 한다는 설이 있다. 이 설에 따르면 냉장고는 차고 무거우므로 흉방에 두어 흉성(凶星)을 제압하는 것이 가장 좋다. 이와 반대로 냉장고를 길방에 두어야 한다는 설도 있다. 냉장고는 부엌에 없어서는 안 될 필수품이므로 흉방에 두면 좋다고 할 수 없다. 냉장고는 하루 24시간 쉬지 않고 가동되고 있다. 흉방에 두면 흉성을 놀라게 하여 흉성이 어떤 일을 저지를지 모르므로 오히려 좋지 않다고 한다.

풍수학에는 '흉방은 정(靜)을 좋아하지 동(動)을 좋아하지 않는다.'는 표현이 있다. 동사명에 속하는 사람은 동·남·북·동남쪽에 냉장고를 놓는 것이 좋고, 서사명인 사람은 서·북동·남서·서북쪽에 놓는 것이 좋다.

또한 냉장고의 수납 상태는 재물운과 연관이 있으므로 정리 정돈에 신경쓴다.

가스레인지

집 안에서 불을 피우는 것은 집 안에 활기·재기를 불러와

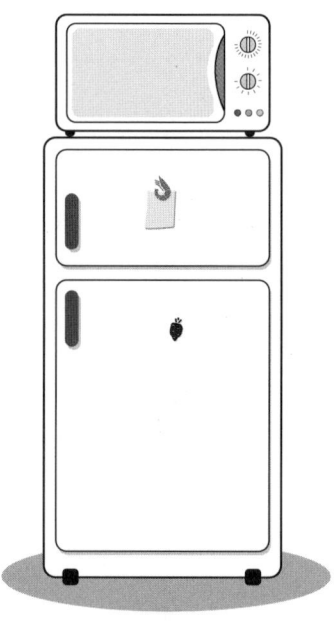

* 냉장고 위에 전자레인지를 두지 않는다

작은 냉장고 위에 전자레인지를 올려놓으면 음[물]·양[불]의 균형이 깨져 대인관계에 문제가 생기고, 지출이 심해 애인과 헤어지게 되기도 한다. 공간이 좁아 어쩔 수 없다면 냉장고와 전자레인지 사이에 나무 판자를 끼우면 흉한 작용이 다소 감소된다. 냉장고를 정남향에 두면 주부가 여러 가지 갈등에 휘말려 좋지 않다.

활동력을 높여 인간 의식도 높여 준다. 불길은 인간의 뇌 활동을 높이는 에너지를 발산한다. 하지만 가스레인지가 방이나 집의 중심에 있으면 재난이 발생하기 쉽다. 이것은 집의 중심에 있는 태극의 기를 태워버려 집을 파산에 이르게 한다. 가스레인지 손잡이는 부엌의 입구나 정면을 향하지 않도록 한다. 가스레인지 앞에 유리나 창이 있으면 낭비하기 쉽고, 가스불이 밖에서 보이면 타인과 문제가 발생하기 쉽다. 가스 사고도 일어나기 쉽다.

싱크대

부엌의 싱크대는 재물과 관련이 있으므로 재물운을 높이기 위해서는 싱크대 주변을 잘 정리해야 한다.

싱크대 밑에는 조리 기구나 미네랄워터를 수납하고, 식품과 조미료는 싱크대 밑에 두지 않는다. 물의 기가 침범해 좋지 않다. 굳이 두어야 한다면 식품은 가스레인지 밑에 수납한다.

가. 재물운을 부르는 부엌 용품 정리법

- 냄비나 솥은 음식이 눌어붙은 채로 두면 재물운이 떨어진다.
- 도자기는 유리그릇보다 낮은 칸에 수납한다. 흙과 물의 기가 섞임으로써 기운이 분산되기 때문이다. 유리는 눈높이보다 위쪽에 수납한다.
- 조리 기구는 동일한 소재와 색깔을 선택하고 재물운을 높이기 위해 주방용 조리 기구를 싱크대 문 안쪽에 걸어서 눈에 띄지 않게 둔다. 통일감이 있는 조리 기구를 눈에 보이는 곳에 수납하면 인간관계운을 높이는 데 효과적이다.
- 오픈형 선반에서 컵을 똑바로 세워 두면 재물운이 흡수되므로 엎어서 수납한다. 컵을 바로 세우고자 한다면 컵 속에 사탕이나 유리구슬 또는 둥근 것을 넣어 두면 풍요로

움을 상징한다. 장식장 안에서는 바로 세워 놓아도 괜찮다.
- 냄비는 눈높이보다 낮게 수납하는 것이 좋다. 눈높이보다 높은 곳에 두면 돈 때문에 스트레스를 받는다.
- 재물운이 좋아지기 위해서는 나이프와 숟가락은 구분해서 보관한다.

나. 재물운을 부르는 식품 정리법
- 쌀은 목재나 도자기에 수납한다. 비닐 봉투나 종이 봉투에 두면 쌀의 기운이 떨어져 건강에 좋지 않은 영향을 미친다.
- 속이 훤히 보이는 조미료 통은 돈이 모이지 않으므로 흰색 도자기류에 보관하는 것이 좋다.
- 유통기한이 지난 식품은 버린다. 상한 음식은 음의 기가 강해 돈을 헤프게 쓰는 환경을 만든다.
- 생선은 냉장고의 오른쪽, 고기는 왼쪽에 보관한다. 반대로 보관하면 가족간에 의견 충돌이 잦다.
- 오래된 채소를 방치하면 빨리 늙고 발전운을 잃게 된다.
- 달걀은 살아 있는 운이 있으므로 플라스틱에 담지 말고 꺼내서 수납한다.
- 식기 선반에 과자를 두면 뚱뚱해지기 쉽다. 과자나 먹을거리를 함께 두면 돈을 헤프게 쓰게 되고 자제력을 잃어 비만이 되기 쉽다.

■ 부엌에 문제점이 발생했을 때의 개운법

방위	문제점	해결책
북	• 자식이 태어나기 어렵다. • 도박으로 실패한다. • 계획적으로 돈이 모이지 않는다.	• 붉은색이나 황색 등 난색 계열의 상품을 사용한다. • 조명을 설치하여 밝게 한다. • 꽃을 장식한다.
북동	• 재물운은 있지만 낭비가 많다. • 여성적인 매력이 결여되기 쉽다.	• 절약을 몸에 익힌다. • 정리정돈을 철저하게 한다. • 크리스탈이나 종을 이용해 인테리어한다.
동	• 돈이 모이지 않는다.	• 붉은색이나 푸른색의 물건을 사용하여 인테리어한다.
동남	• 건강이 좋지 않다. • 저축이 되지 않는다.	• 통풍에 신경을 쓴다. • 작고 예쁜 화초를 놓아두면 기운이 상승한다.
남	• 화려함만을 동경하여 사치와 낭비가 심하다. • 저축운도 나쁘다.	• 토의 기운을 상징하는 소품으로 인테리어하거나 창조적인 일에 몰두하면 좋다
남서	• 주부가 가정생활에 충실하지 못하다. • 너무 인색하다. • 밖으로 돌고 시끄럽다.	• 토속적이고 투박한 분위기가 나도록 인테리어를 한다. • 화려한 소품보다는 실용성 있는 소품을 인테리어한다.
서	• 특히 여성의 낭비벽이 심하다. • 안정된 수입이 없다. • 자녀 문제로 여러 가지 고민이 많다.	• 황색의 꽃을 장식한다.
서북	• 돈이 모이지 않는다. • 결혼운 · 연애운이 좋지 않다. • 아이 문제로 여러 가지 고민이 많다. • 인간관계가 원만하지 못하다.	• 황색이나 갈색 계열의 목조로 인테리어한다. • 조명을 설치하여 밝게 한다. • 관엽 식물을 설치한다.

부엌의 기운을 좋게 하는 풍수술

낭비를 막고 싶을 때

헛돈이 자주 지출되거나 낭비가 심할 때는 옅은 파란색 소품 위주로 인테리어한다. 분홍색이나 연녹색의 블라인드나 커튼으로 식당의 서쪽 창문을 장식하고, 잎이 무성한 청록색 화분이나 장식품을 동쪽에 배치하면 낭비를 줄일 수 있다.

남편의 성공을 바랄 때

싱크대 앞의 매트를 초록색으로 깔면 재물운과 남편의 성공을 부를 수 있다.

돈을 벌고 싶을 때

식당 바닥에 물때가 쌓이면 재물운을 눌러 버리므로 항상 깨끗이 청소해 두는 것이 좋다. 돈을 모으려면 찬장 안의 유리컵은 모두 엎어 두고, 식기 건조대의 그릇은 항상 깨끗한 행주로 덮어 두는 습관을 들이면 재물운을 높일 수 있다.

건강운을 부르는 식사법

음식이란 목마름과 배고픔을 면하기 위한 것이므로 기갈(飢渴)만 면하면 그 이상 탐내지 말아야 한다. 맛이 좋은 음식을 접하더라도 8할이나 9할 정도 먹는 것이 좋다. 포만감을 느낄 만큼 마음껏 먹으면 여러 가지 병을 얻기 쉽다. 또 과식하고 난 다음에 약을 먹어 소화시키는 경우가 있는데, 이는 위기(胃氣)를 손상하여 소화기 계통의 질환을 불러 오는 원인이 되기도 한다.

음식을 먹을 때는 어떤 특정한 맛에 치우쳐서는 안 된다. 단 음식을 지나치게 많이 먹으면 배가 팽팽하고 아프다. 지나치게 매운 음식을 많이 먹으면 상기되거나 기운이 줄며, 부스럼이 생기고 눈이 나빠진다. 짠 음식을 많이 먹으면 피가 마르고 갈증을 느껴 물을 많이 마셔 습(濕)이 생기고 비위를 상하게 한다. 쓴 음식을 많이 먹으면 비위의 생기를 잃게 된다. 신 음식을 많이 먹으면 기가 위축된다. 그러므로 이 다섯 가지 맛을 골고루 잘 조화시켜 섭취하면 병이 생기지 않는다.

건강을 위해 음식을 섭취할 때는 따뜻한 것을 먹거나 마시고, 차갑거나 뜨거운 것을 자제한다. 특히 밥은 뜸을 잘 들여 속까지 부드러워야 한다. 되거나 진 것은 좋지 않다.

밥을 짓는 방법에 따라 건강에 미치는 영향은 각기 다르다. 밥이 끓을 때 밥물을 뜨지 않은 밥은 건장하고 충실한 체격에 좋다. 찬밥을 찐 것은 기체(氣滯)가 있는 사람에게 좋고, 밥물을 떠내고 뜸을 들인 밥은 비위가 허약한 사람에게 좋고, 찰지고 진밥이 풀 같이 된 것은 막히고 체한다. 된밥은 소화에 좋지 않으며, 햅쌀로 지은 밥은 성질이 강해서 허약한 사람에게는 나쁘다. 또한 밥은 많이 먹어서는 안 된다. 적당한 양을 먹는 것이 좋다. 밥을 많이 먹으면 비위가 상하고 원기를 막는다. 다른 음식을 과식하는 일보다 밥을 많이 먹으면 소화가 어렵고 많은 해가 있다.

5. 화장실

1) 화장실의 역할과 의미

인체의 배설물을 처리하는 화장실은 풍수에서는 액땜의 장소로 여긴다. 따라서 화장실이 더러우면 액을 부드럽게 떨쳐 버릴 수 없다.

화장실은 애정운·건강운·재물운에도 큰 영향을 끼친다. 풍수에서는 음의 기운인 물이 질병을 옮긴다고 생각하고 있다. 따라서 음의 기운이 가득한 화장실은 건강에도 나쁜 영향을 미친다고 본다. 수입의 저하로 연결되어 재물운도 저하되고 다양한 운기를 내리는 원인이 된다. 반면에 청결한 화장실은 부드럽게 액을 떨쳐내어 행운의 근원이 된다.

화장실이나 욕실은 몸의 신장과 방광에 해당되고, 혈액의 흐름과도 관련되어 있다. 이곳의 기의 흐름이 좋지 못하면 신장병·방광·혈액 관련 질환·뇌혈관계의 병에 걸리기 쉽다. 화장실 상태는 거주자의 경제력과 관련되어 있으므로, 화장실이 청결하고 공기 순환이 잘되면 재물을 모을 수 있다. 반면에 화장실이 깨끗하지 않은 집에서는 아무리 노력해도 경제 사정이 좋아지지 않는다.

(1) 화장실의 기본 조건

양택 풍수에서 가장 바람직한 구조는 화장실과 욕실이 따로 분리되어 있는 것이다. 건축비 등의 문제로 분리가 불가능한 경우에는 화장실 겸 욕실을 최대한 깨끗하게 사용해야 한다.

환기와 배수 기능이 좋아야 한다

화장실은 기본적으로 환기와 배수 기능이 좋아야 한다. 물을 많이 사용하는 공간은 습한 기운이 발생하기 쉬우므로 항상 배수에 신경 쓰고 잘 건조시켜 습한 기운이 집 안에 퍼지지 않도록 한다. 집 안에 습기가 강하면 면역력이 떨어질 염려가 있다.

위치를 잘 선정한다

집을 설계할 때 반드시 고려해야 할 점은 화장실의 위치다. 오늘날 도시에서는 대부분의 가정이 수세식 화장실을 사용하고 있기 때문에 화장실이 미치는 악영향은 어느 정도 완화된 상태이다. 하지만 화장실에 어울리는 방위는 원래 존재하지 않는다.

물을 많이 사용하는 공간인 화장실은 항상 배수와 건조에 신경을 써 습한 기운이 집 안에 퍼지지 않게도록 한다.

최근에는 한 집에 화장실 2개를 설치하는 가정도 많고, 특히 2층에도 설치하는 경우가 많으므로 배치 장소에 신경써야 한다. 이때 아래층 화장실의 위치를 고려하여 오수관과 급수관의 배관 문제도 신경쓴다.

화장실은 기본적으로 정중선(동서남북) 지역과 남서·북동쪽의 귀문, 서북쪽의 중앙은 피한다. 그리고 이왕이면 서·북·동쪽 지역에 배치하는 것이 흉의 영향이 적다. 또한 화장실의 문은 북쪽으로 하지 않도록 한다. 화장실은 음(陰)의 기운이고 북쪽도 음의 방위이므로 북쪽으로 하면 음의 기가 강해진다.

- 배치 장소의 길방위
  동쪽 방위 : 정중선 구역을 피한 북동쪽이나 동남쪽 가까이
  북쪽 방위 : 정중선 구역을 피한 북동쪽이나 서북쪽 가까이
  서쪽 방위 : 정중선 구역을 피한 서북쪽이나 남서쪽 가까이

■ **화장실 가구의 배치의 길흉**

※ 색이 있는 부분이 정중선상임

길(吉)의 배치

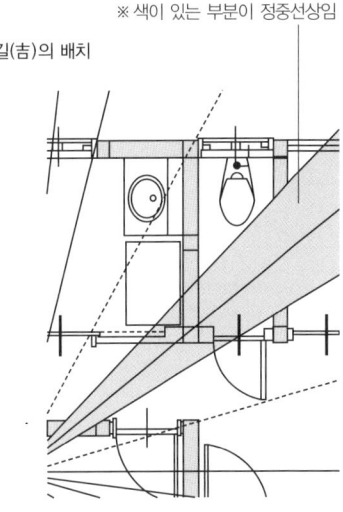

흉(凶)의 배치

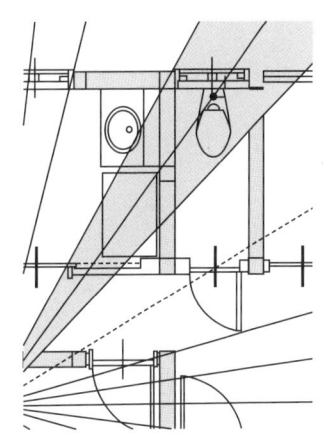

(2) 개선해야 할 화장실의 문제점

다음의 예에 해당되는 화장실은 건강과 재산에 나쁜 영향을 준다고 할 수 있다.

- 현관이나 문, 화장실의 입구가 서로 마주보고 있다.
- 현관 근처에 화장실이 있다.
- 부엌문과 화장실 문이 서로 마주보고 있다.
- 방문과 화장실 문이 서로 마주보고 있다.
- 화장실에 창이 없다.
- 화장실이 좁고 어두운 느낌이 든다.
- 변기가 한색 계열이어서 추운 느낌이 든다.
- 화장실 벽이 빨간색·검은색 등 격렬한 색조다.

- 화장실에 꽃이나 그림, 거울 등이 없다.
- 화장실에 '화장실'이라고 표시한 플레이트가 붙어 있다.
- 화장실이 지나치게 크다.

2) 화장실 풍수 인테리어

(1) 화장실과 방위의 관계

화장실은 원래 길한 방위가 존재하지 않는다. 흉한 기운을 불러오는 장소이므로 공간과 방위의 배치가 잘못되면 화를 부르게 된다. 따라서 가능한 한 흉 작용이 발생하는 것을 막는 것이 최선의 방법이다. 특히 북쪽과 북동쪽, 남서쪽 화장실은 피하는 것이 좋다. 또한 팔방위의 정방위가 지나는 자리는 피해야 하는데, 사정이 여의치 않다면 최소한 변기가 놓이는 자리만이라도 팔방위를 피하는 것이 흉액을 막는 길이다.

북쪽 화장실
혈액 순환에 문제가 생기기 쉽고, 돈의 지출도 많아진다. 흰색 계열로 인테리어하면 좋다.

북동쪽 화장실
자녀 문제로 걱정이 늘거나, 타인의 일로 고통을 받거나 다툼이 증가한다. 소금이나 수정을 사용하여 나쁜 기를 누른다.

남쪽 화장실
고혈압·눈·귀·코·심장·노이로제 등 신경계에 손상을 가져온다. 베이지나 아이보리 계열의 인테리어가 좋다.

남서쪽 화장실
내장 기관에 손상을 가져오고, 간장병·심장병에 주의해야 한다. 소금을 사용하여 나쁜 기를 누르고, 청결을 유지한다.

서쪽 화장실
어깨결림이나 치통 등 피로에서 오는 소화기 계통의 질병에 쉽게 걸린다. 지출이 많아지는 방위이기도 하다. 흰색·베이지색·황색·금색과 궁합이 좋으므로 이런 계열의 색을 사용하여 인테리어하면 흉의 작용이 줄어든다.

동쪽 화장실
호흡기계에 손상을 부르고 간장도 나빠지기 쉽다. 가능하면 빨간색이나 파란색 계열로 인테리어한다.

동남쪽 화장실
신경통·풍·부종 등에 걸리기 쉽다. 따뜻한 꽃무늬로 인테리어하면 좋은 기를 불러들일 수 있다.

서북쪽 화장실
가장에게 좋지 않은 일이 발생하고, 회사나 가정 양쪽에서 힘을 떨어뜨린다. 간장·신장 관련 질환, 정력 감퇴·변비 등의 문제가 생길 수 있다. 흰색이나 베이지색으로 인테리어하고, 늘 깨끗하게 정리정돈해 두면 흉 작용을 예방할 수 있다.

(2) 화장실의 흉 작용을 막는 인테리어

관엽 식물
변기 뚜껑은 닫아 두고, 화장실 문 앞에 작은 화분이나 관엽 식물을 두면 차고 음습한 기운을 막고 신선한 기운을 흡수할 수 있어 좋다. 관엽 식물과 스탠드는 흉한 기운을 막아 주고 집 안의 따스한 기운이 외부로 빠져나가는 것을 예방한다.

적당한 밝기의 조명을 사용한다

조명은 탁한 기를 풀어 주고 더러움을 쉽게 발견할 수 있게 하므로 밝은 것이 좋다. 밝기는 일반적으로 책을 읽을 수 있는 정도의 밝기면 적당하고, 조명이 변기 안의 물에 반사되어 반짝이는 것은 흉상이므로 피해야 한다.

밝고 안정감 있는 색으로 인테리어한다

화장실은 검은색이나 흰색, 회색 등이 잘 어울리지만 검은색으로만 이루어진 세면기나 변기, 욕조는 화장실의 방위 특징상 흉한 기운을 발생시키므로 피하는 것이 좋다.

분홍색을 위주로 한 파스텔 계열의 색도 화장실에 잘 어울리는 색이다. 전체적으로 흰색·회색·분홍색 등의 색을 사용하여 파스텔 톤으로 인테리어하면 좋다.

화장실 문과 변기가 일직선상에 놓이거나 거울이 지나치게 크고 사방 벽면에 부착된 것은 흉한 기운을 발생시키므로 피하는 것이 좋다.

젖은 수건을 계속 사용하는 것도 좋지 않다. 젖어 있는 수건은 재물운을 나쁘게 하므로 수시로 교환하여 사용하거나 햇볕에 말려서 사용한다.

화장실 전용 슬리퍼를 사용한다

화장실 슬리퍼는 필수적으로 사용하는 것이 좋으며, 자신의 오행색이나 화장실 방위에 적합한 색상을 선택하면 길운이 증가한다. 화장실 전용 슬리퍼를 신고 거실로 나온다거나, 거실용 슬리퍼를 신고 화장실에 들어가면 안 된다. 특히 낡고 더러워진

화장실 슬리퍼는 좋은 제품을 사용하되 6개월에 한 번씩 교체하는 것이 좋다.

■ 화장실에 문제점이 발생했을 때의 개운법

방위	문제점	해결책
북	• 주부의 건강이 좋지 않다. • 저축할 수 없다.	• 냉기를 없애거나 온열 변기를 사용한다. • 조명은 밝게, 꽃·관엽 식물을 놓는다. • 화분은 흙이나 도자기로 만든 것을 사용한다.
북동	• 전체적으로 운이 저하된다. • 건강이 악화된다.	• 화사하고 깨끗하게 인테리어한다. • 조명을 밝게, 소품은 흰색. • 작은 접시에 소금을 놓아둔다(1주일마다 교체한다).
동	• 결혼운이 좋지 않다(남성). • 인간관계가 원만하지 못하다.	• 붉은색이나 푸른색으로 원 포인트가 들어간 상품을 사용하여 인테리어한다. • 붉은색의 그림을 장식한다.
동남	• 신용을 잃는다. • 사업에 여러 가지 문제점이 많이 발생한다.	• 악취가 나지 않도록 환기에 신경을 쓴다. • 녹색과 분홍색의 소품을 사용한다. • 숯을 사용하여 공기를 정화시킨다.
남	• 소송 사건에 휘말린다. • 혈압이 증가한다.	• 환기를 철저하게 한다. • 작은 관엽 식물을 놓아둔다.
남서	• 저축을 할 수 없다. • 자신도 모르게 사치하는 경향이 있다.	• 흰색이나 갈색 계열의 벽지를 사용한다. • 조명은 밝게 • 슬리퍼 등의 소품은 붉은색 계열을 사용한다.
서	• 저축이 되지 않는다. • 자금 회전이 안 된다. • 향락적으로 흐른다.	• 깨끗하게 청소하여 습기가 없도록 건조시킨다. • 황색 소품을 사용한다.
서북	• 건강운이 좋지 않다.	• 관엽 식물을 설치한다.

슬리퍼를 계속 사용하는 것은 좋지 않다. 싸구려 슬리퍼를 쓰거나 다른 방에서 쓰던 슬리퍼를 화장실에서 사용하는 집이 많은데, 화장실 슬리퍼는 그 나름대로 중요한 역할이 있다. 이왕이면 좋은 제품을 사용하되, 가능하면 6개월에 한 번씩 교체하는 것이 좋다.

■ 화장실의 운을 높여 주는 색과 아이템

방위	행운 아이템	
	색	아이템
북	분홍색, 흰색, 베이지색, 노란색, 연회색	분홍색 또는 흰색 수건이나 슬리퍼, 밝은 조명
북동	흰색, 연회색	흰색 슬리퍼나 매트 소금
동	파란색, 빨간색, 흰색, 녹색	새 수건 푸른색 바탕에 붉은색 무늬가 들어간 매트나 커버
동남	녹색, 황록색, 흰색, 분홍색	흰색이나 녹색의 꽃 관엽 식물 장식
남	엷은 베이지, 회색	유리 제품의 꽃병, 노란색 꽃, 관엽 식물 소금
남서	노란색, 분홍색, 갈색	테라코타풍의 타일, 화분 갈색 수건
서	베이지색, 금색, 은색 자연스러운 색	둥근 거울, 밝은 조명 꽃꽂이용 꽃가지나 꽃의 그림을 장식
서북	황색, 분홍색, 갈색, 베이지색, 흰색	대리석, 거울 황색이나 분홍색이 많이 들어간 그림
중앙	보라색, 금색, 은색	소금

화장실의 기운을 좋게 하는 풍수술

현관에 들어서자마자 마주보이는 화장실은 좋지 않다

넓은 땅에 단층의 집을 짓고 살았던 예전과는 달리 현대 도시인에게는 주거 장소에 대한 선택권이 별로 없는 듯하다. 산업화로 인해 도시가 발달하고, 그로 인해 인구가 폭발적으로 증가하면서 공동 주택이 대세가 되었다. 흔히 아파트로 상징되는 공동 주택은 보편적인 기준에 근거하여 효율성을 높인 설계를 하기 때문에 거주자 개개인의 성향과 생활 방식, 구성원의 수를 세심하게 고려하기가 어렵다.

그중 한 예로 들 수 있는 것이 화장실. 화장실은 원래 집 밖에 위치하며, 집에서도 멀리 떨어진 곳에 두는 것이 정석이었다. 위생 환경의 측면에서 볼 때 여러 가지 위험 요소를 안고 있는 공간이기 때문이다. 하지만 현대인의 주거 형태에서는 집 안의 화장실은 필수적인 요소이다. 풍수에서는, 멀리할 수 없을 때는 최대한 깨끗하고 기분 좋게 관리하는 것이 운을 유지하는 방법이라고 한다. 적당한 밝기, 은은한 향기, 적당한 온기를 유지하면 화장실의 흉 작용은 발생하지 않는다.

예로부터 화장실은 보이지 않는 곳에 두는 것이 정석이었지만 아파트 구조상 현관을 열자마자 보이는 집이 많다. 이런 경우에는 특히 더 깨끗하게 관리할 필요가 있다. 화장실 문 근처에 관엽 식물을 두어 이미지를 개선하고, 화장실 안에는 공기를 정화하는 숯이나 운을 높이는 수정을 두어 정화한다.

집의 중심에 화장실이 있다

집의 중심은 신성한 공간이다. 그렇기 때문에 음의 기가 강한 장소가 중심에 있다는 것은 부적합하다. 이를 개선하기 위해서는 '수정을 넣은 보라색 주머니'를 화장실에 장식하여 기를 정화한다.

북쪽에 화장실이 있다

북쪽이 가지는 한기(寒氣)가 건강에 치명적인 영향을 끼칠 수 있다. 또 햇빛이 들어오지 않기 때문에 음의 기가 더욱 강해진다. 이를 개선하기 위해서는 창문을 열어 신선한 공기를 들이고 채광에 신경 써야 한다. 보온 대책에도 만전을 기해야 한다.

북동과 남서쪽에 화장실이 있다

북동쪽과 남서쪽은 토(土)의 기가 흐르는 방위. 반대로 화장실은 수(水)의 기가 강한 장소다. 이것은 오행에서 말하는 상극 관계이기 때문에 건강에 여러 가지 문제가 생긴다. 이를 개선하기 위해서는 토와 수의 균형을 조절해 줄 수 있는 것이 금(金)이다. 화장실에 금을 상징하는 것, 예를 들면 금속제의 둥근 트레이나 기타 물건을 놓아둔다. 트레이 위에 수정을 놓아두면 나쁜 기를 막는 효과도 상승한다.

6. 욕실

1) 욕실의 역할과 의미

 욕실은 하루의 피로를 풀고 정신적인 휴식을 취하는 데 필요한 장소다. 그동안 거실이나 침실 등 다른 주거 공간에 비해 그다지 중요시되지 않았던 욕실은 신체를 청결히 하는 단순한 기능 공간에서 나아가 피로를 풀고 에너지를 재충전하는 복합적인 휴식 공간으로 변모하고 있다.
 인체와의 관계를 보면 신장·당뇨병·혈액 순환·자율 신경계·부교감 신경계·정맥 등과 관련되어 있다. 따라서 방위적으로 좋은 장소, 생활의 리듬을 고려하여 공간 배치를 계획해야 한다.
 원래 욕실(화장실)은 불결한 곳으로 인식되어 온 곳으로, 집안에는 욕실에 좋은 위치가 존재하지 않는다. 하지만 현대인의 생활 양식과 수세식이라는 조건을 고려했을 때 '물을 썩게 하지 않는다.', '잡균을 번식시키지 않는다.', '습기가 집 안에 누설되지 않게 한다.' 등의 위생적인 면을 충분히 고려한 욕실이라면 어디에 위치해도 흉상의 의미가 줄어들 수 있을 것이다.
 욕실은 습기가 많이 발생하는 공간이므로 건축 자재를 부식시킬 가능성이 높다. 따라서 통풍이 잘되는 방위를 고른다. 이왕이면 물을 많이 사용해도 문제가 발생하지 않는 방위를 선택하는 것이 좋다. 다만 서쪽은 가상학적으로 재물 및 경제적인 기반과 관련되어 있으므로 충분한 주의를 기울여 계획할 필요가 있다.

욕실에서 가장 나쁜 것은 누수로, 누수가 일어나는 집은 재물과 건강을 잃어버린다. 욕실도 부엌과 화장실처럼 급수와 배수, 물과 관계가 있는 장소이기 때문에 평면 계획상 배치하는 장소가 한정된다. 우선 배치해도 나쁜 현상이 발생하지 않는 공간으로는 동·서·북·동남쪽의 방위다.

반대로 가상학적으로 절대 배치해서는 안 되는 방위는 북동쪽과 남서쪽이다. 일반적으로 표귀문이나 이귀문에 해당하는 방위로, 화장실도 예외가 아니다.

집의 중심에 욕실을 만들면 집 전체에 습기가 가득 차기 때문에 좋지 않다.

앞에서도 여러 번 설명했지만 어느 방위에 공간 배치를 하더라도 정중선 지역을 피해야 한다. 정중선 지역에 욕실이 설치되어 있다면, 욕조만이라도 정중선(동서남북)에 오지 않도록 해야 한다. 배수구도 정중선상이나 4방위(북동·동남·남서·서북)를 피하는 것이 중요하다. 오수의 배관은 반드시 집의 바깥쪽으로 직선으로 내야 한다.

■ **욕실 가구의 배치의 길흉**

※ 색이 있는 부분이 정중선상임

길(吉)의 배치

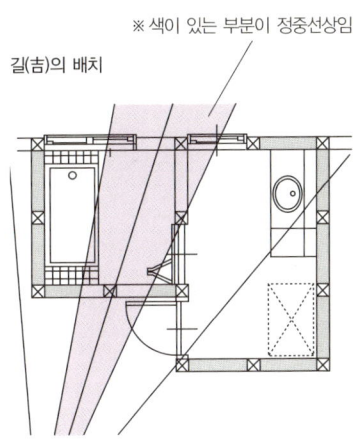

흉(凶)의 배치

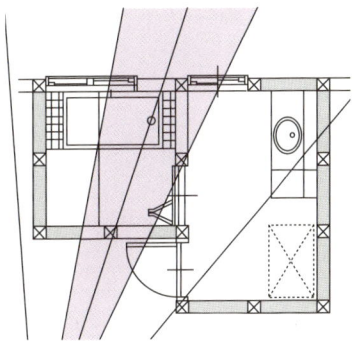

(1) 욕실의 기본 조건

습기와 통풍에 유의한다

욕실은 물을 많이 사용하는 장소로, 습기에 유의해야 한다. 배수 시설이 나쁘면, 몸을 깨끗하게 하는 장소가 오히려 세균의 번식처가 될 수 있다. 일조나 통풍이 좋으면 화장실의 환경이 훨씬 개선된다.

풍수에서 '집 중앙이나 북동쪽에 욕실을 배치하면 흉하다.'라는 말은 위생적인 측면에서 볼 때 일리가 있다. 욕조는 물론 벽과 바닥을 깨끗이 청소한다면 가족 모두가 몸도 마음도 건강해질 것이다.

어둡거나 음침하지 않아야 한다

욕실 내부는 밝고 트여 있는 답답하지 않는 느낌을 주어야 한다. 하늘색·녹색·연분홍색 등의 연한 색으로 장식하면 부부와 가족 간의 화합에 도움이 된다.

특히 창이 없는 욕실을 진한 색조로 인테리어하면 오염되거나 더러움이 눈에 잘 띄지 않게 되므로 좋지 않다. 건축 소재는 곰팡이나 잡균의 번식을 막아 주는 소재를 사용하고, 흰색을 기반으로 밝은 색조의 소재를 선택하는 것이 좋다.

밝고 깨끗해한 욕실이 좋은 운을 불러들인다.

2) 욕실 풍수 인테리어

북쪽의 욕실

북쪽은 정신적인 안정을 상징하는 방위로, 욕실이 위치하면 집안이 항상 시끄럽고 스트레스를 많이 받게 된다.

집 안의 배수 상태가 좋지 않으면 습진이나 변비 등의 질환에 잘 걸릴 수 있고, 집과 대지에 썩은 물이 고여 있다면 잡균에 의한 질병이나 방광·신장·부인병·비뇨기계·혈액에 관한 병에 걸리기 쉽다.

- 흉 작용 — 남성이 밖에서 놀기를 좋아하게 되어 가정 문제가 많이 발생한다. 이런 기운을 누르려면 흰색이나 베이지 계열로 인테리어하고, 밤에는 반드시 고인 물을 치워야 한다.

북동쪽 욕실

북동쪽에 욕실을 배치하면 아침에만 햇빛이 들어오기 때문에 건조와 살균이 어렵고 하루 내내 눅눅한 상태가 지속되어 곰팡이나 잡균이 번식하기 쉽다. 겨울이면 북동쪽의 찬바람으로 추워져 청소를 게을리하거나 환기를 자주 못할 수도 있다. 그래서 예부터 북동의 욕실은 흉이라고 했다.

굳이 욕실을 만들어야 한다면 큰 창을 내어 자연광을 받아 습기를 제거하고 통풍이 잘되어 기가 흐르는 공간으로 만들어야 한다. 이때 창문이 중심에 놓지 않도록 주의한다.

- 흉 작용 — 북동쪽에 욕실을 만들면 부상이나 화재 등 돌발적인 사고가 자주 일어난다. 부부 문제 외의 일로 다투는 일이 많고, 타인의 일에 말려드는 경향이 많다. 그로 인해 지출이 늘어나거나 분쟁의 계기가 된다.

동쪽 욕실

언제까지나 사이좋게 지내며 좋은 부부 관계를 유지할 수 있다. 부부 사이에 문제가 있을 때는 동쪽에 욕실이 있는 집으로 바꾸어 보는 것도 하나의 방법이다.

동남쪽 욕실

풍수학적으로 좋은 방위의 욕실이다. 특히 천연 나무 소재로 인테리어하면 좋다.

남쪽 욕실

남쪽은 불을 상징하는 방위이므로 물을 모으는 욕조를 남쪽으로 두면 불과 물이 서로 싸워 가정이나 직장의 인간관계에 분쟁이 발생하기 쉽다.

남쪽에 욕실을 두면 원인을 모르는 일로 초조해지는 경우가 많다. 젊을 때는 괜찮지만, 30대를 넘으면 부부 사이에 문제가 발생하여 이혼 문제로 발전할 수도 있다.

남서쪽의 욕실

 부인과 남편 사이가 멀어지고, 남편이 애인이 생겨 가정이 파탄이 날 가능성이 있다.

서쪽의 욕실

 부인의 정신・신경 계통에 문제가 발생하고, 부부 사이에도 다툼이 잦아지며 돈의 지출이 증가한다. 좋은 일이 없다.

서북쪽의 욕실

 부부 생활이 원만하지 못하다. 부부 중 한쪽이 바빠지거나 사회적 책임이 무거워져 가정에 있을 시간이 적어지는 등 문제가 있는 욕실이다.

■ 욕실에 문제점이 발생했을 때의 개운법

방위	문제점	해결책
북	• 낭비하는 여성이 많이 생긴다. • 남성의 경우 결혼운이 좋지 않다.	• 붉은색이나 노란색 등 난색 계열의 장식품을 사용한다.
북동	• 전체적으로 가정운이 좋지 않다.	• 조명을 따뜻하고 온화한 느낌이 있는 것으로 인테리어한다.
동	• 사업운이 좋지 않다. • 인간관계가 원만하지 못하다.	• 흰색 · 붉은색 · 파란색 · 녹색의 장식품을 사용하여 인테리어한다.
동남	• 건강이 좋지 않다.	• 분홍색 수건으로 자주 교체한다.
남	• 심리 불안, 가정 불화 • 저축이 되지 않는다. • 눈병이 자주 걸린다.	• 흙으로 만든 도자기를 장식한다. • 건조하고 청결하게 한다.
남서	• 여성의 건강에 좋지 않다. • 부부 사이가 좋지 않다.	• 항상 청결에 신경을 써야 한다. • 조명을 밝게 한다. • 관엽 식물을 놓아둔다.
서	• 계획적으로 돈이 모이지 않는다. • 여성의 경우 결혼운이 좋지 않다.	• 흰색이나 황색 계열의 장식품으로 인테리어한다.
서북	• 자식을 얻을 수 없다. • 사업운이 좋지 않다. • 건강운이 좋지 않다.	• 녹색 계열의 장식품으로 인테리어하고 조명을 밝게 설치한다.

욕실의 기운을 좋게 하는 풍수술

욕실의 흉 작용을 막는 인테리어

실제로 김OO 씨의 집을 조사했을 때의 일이다. 김OO 씨는 국제적인 업무를 하고 있어 해외 근무와 출장이 많다. 1년 전에 서울에서 구미로 전근해 살고 있는데 상사와의 인간관계가 원만하지 못해 고민하고 있었다.

집에 가 보니 잔디를 심은 뜰도 있고 매우 넓어 괜찮은 구조와 환경을 가지고 있었다. 단지 하나의 흠이 있다면 욕실. 욕실이 남쪽에 있고 창이 작아 어두웠다. 상사와 문제를 일으키는 원인 가운데 하나로 남쪽 방위의 욕실이 영향을 미친 것이다. 욕실이나 세면실의 주변을 깨끗하게 청소하고, 조명을 바꾸어 가능한 밝은 분위기를 만들도록 했다. 그리고 남쪽 방위의 행운의 색인 녹색 계열을 이용하고 세면실에 숯을 두어 습기를 제거하도록 했다. 욕실 이외의 남쪽 방위에 관엽 식물 등을 두고, 남쪽의 또 다른 행운의 색인 빨간 리본이나 소품을 장식해 남쪽의 운세를 강하게 했다. 그로부터 3개월이 지나, 김OO 씨는 인사 이동으로 승진하면서 문제가 있었던 상사와 떨어지게 되었다. 1년 뒤에는 더 승진하여 일본으로 가게 되었다. 이번에 집을 구입할 때는 욕실 위치에도 신경 쓰고 싶다고 한다.

운을 높여 주는 목욕법

천일염 목욕

천일염을 물에 넣고 목욕하면, 발한(發汗) 작용이 촉진되어 신진대사가 활발해진다. 그러면 몸이 점차 둥둥 뜨는 것처럼 따뜻해지는 것을 느낀다. 뿐만 아니라 소금물에 목욕하는 것은 몸을 정화(淨化)한다는 의미도 있다.

천일염은 해수 성분을 그대로 함유하고 있어 미네랄이 풍부하다. 몸에 알칼리 효과를 주며 근육과 관절에서 산성 물질이 함유된 노폐물을 제거하는 데 효과가 있고 땀을 많이 낸다. 전염성 질환·류머티즘·관절염에 좋고 긴장 완화에 효과적이다. 정유를 첨가하면 더욱더 효과가 좋다. 냉수욕을 하면 더욱더 상쾌한 효과를 얻을 수 있다. 욕탕에서 나왔을 때는 샤워를 해서 염분을 씻어 낸다.

• 방법
1. 천일염을 20큰술(약 10회 분)을 용기에 넣고, 좋아하거나 원하는 효과가 있는 정유를 50~60방울 정도 떨어뜨린다.(3가지 정도로 블랜딩하면 좋다)
2. 용기 뚜껑을 덮고 잘 섞는다.
3. 욕조에 뜨거운 물을 채우고, 2큰술 정도 넣어 잘 휘저어 준다.

• 목적에 맞는 블랜딩
1. 혈액 순환을 좋게 한다.
천일염 20큰술 + 주니퍼베리 20방울+ 로즈마리 10방울 + 레몬 20방울
2. 상쾌한 기분을 위해
천일염 20큰술 + 주니퍼베리 20방울 + 사이프러스 20방울 + 제라늄 10방울

욕실의 기운을 좋게 하는 풍수술

아로마 목욕

아로마테라피 중에 효과를 극대화하면서 즐길 수 있는 것이 바로 전신욕이다. 정유는 피로 회복·냉증·어깨 결림·요통·근육통·피부 트러블 등에 매우 효과적이다.

• 방법
1. 물의 온도는 38~39도가 좋다. 평소의 물의 온도보다 조금 낮게 한다.
2. 정유를 욕조에 떨어뜨리고 잘 저어 준다.
3. 욕조에 천천히 들어간다. 탕 속에서 온몸을 마사지하면 피로 회복에 더욱더 효과적이다. 건강한 사람은 15~20분 정도가 좋다.

※ 정유는 뜨거운 물에 잘 용해되지 않고, 수면에 뜨므로 떨어뜨리는 양은 조금 적은 듯하게 한다. 2~5방울이 적당하다. 처음 사용하는 정유는 1방울부터 시작한다.

■ 증상에 따른 정유 사용법

증상	좋은 정유
나른함 해소	마조람 2 + 주니퍼 2 + 로즈마리 2방울
피로 회복, 진정	라벤더 2 + 로즈마리 2 + 제라늄 2방울
근육의 긴장 완화	클라리세이지 2 + 진정라벤더 4방울
머리를 맑게	로즈마리 2 + 사이프러스 3 + 파인 2방울
정서 불안정 해소	로즈우드 3 + 진정라벤더 1방울
졸음 퇴치	로즈마리 4방울
숙면	시더우드 1 + 진정라벤더 3방울 로만캐모마일 1 + 진정라벤더 2방울
초조함 해소	제라늄 2 + 진정라벤더 2 + 일랑일랑 1방울
우울한 기분 해소	클라리세이지 2 + 베르가못 2 + 일랑일랑 1방울
우아한 기분	로즈 1방울
두통	진정라벤더 2 + 페퍼민트 1 + 오렌지 2방울
어깨 결림	오렌지(스위트) 2 + 진정라벤더 2방울
햇볕에 그을린 피부	라벤더 5방울
건조한 피부	프랑킨센스 2 + 산달우드 1 + 로즈우드 2방울
요통	주니퍼 3 + 로즈마리 2 + 시더우드 1방울
감기	티트리 3 + 진정라벤더 2 + 유칼립투스 1방울
알레르기	티트리 2 + 유칼립투스 2방울
변비	페널 1 + 로즈마리 1 + 레몬그라스 1방울
고혈압 진정	라벤더 2 + 제라늄 1 + 일랑일랑 1 + 마조람 1방울
냉증	주니퍼 + 클라리세이지 + 레몬 각 2방울 씩
식욕부진	페퍼민트 + 레몬 각 1~3방울
자율신경실조증	진정라벤더 2 + 페티그렌 1 + 제라늄 1방울
갱년기 장애	카모마일 1 + 진정라벤더 2 + 클라리세이지 3방울

7. 자녀방

1) 자녀방의 역할과 의미

아이들의 방은 단순히 잠만 자는 공간이 아니다. 신나게 놀기도 하고, 탐구하기도 하는, 놀이 공간인 동시에 상상과 창작의 공간이다. 주거 공간에서 차지하는 면적은 그리 크다고 할 수 없지만, 내용 면에서 보면 매우 복합적인 역할을 수행하는 공간이라고 할 수 있다. 즉 수면・유희활동・학습・휴식의 4가지 측면을 만족시키면서, 성장 단계에 따라 공간 배치가 달라져야 하는 계획성 있는 변화의 공간인 것이다. 특히 자녀방은 영・유아기부터 성년이 될 때까지 자녀가 바르게 성장해 가도록 자녀의 정신 건강에 대한 배려를 전제로 해야 한다.

영아기에는 조용해서 수면에 지장이 없어야 하고, 유아기에는 유희 활동과 수면에 적당해야 한다. 또한 학령기에는 공부방으로서의 기능이 요구된다. 따라서 자녀의 성장 단계에 따라 독립심과 책임감을 기를 수 있는 분위기를 마련해 줄 필요가 있다.

자녀의 감성을 높여 주고 싶다면 특히 디자인 감각을 살려 인테리어하면 좋다.

(1) 자녀방의 기본 조건

자녀방은 부모방보다 작아야 한다

자녀방이 구분되어 있지 않은 집에 살면 부모 자식간에 다툼이 많아져 신경과 관련된 병에 걸리기 쉽다. 또 자녀의 방이 부모 방보다 크면 부모와 자식은 대립하게 되므로 집의 제일 큰 방에 부모가 거처하는 것이 좋다. 그러나 부모가 65세 이상이거나 자녀 나이가 30세를 넘는다면 부모의 방보다 커도 괜찮다.

조명에 신경써야 한다

조명이 너무 어두우면 졸음이 오고, 너무 밝으면 집중력이 떨어지는 등 조명의 상태가 공부에 영향을 미친다. 공부할 때는 주위를 적당히 어둡게 하고, 책상 앞부분을 밝게 하면 학습 능력이 높아진다.

자극이 적은 색채를 사용한다

자녀방의 침대·책상·가구 등은 색이 너무 진한 것을 사용하지 않도록 하고, 자극이 적은 색채나 소재가 필요하다. 스틸 소재의 가구류는 가능한 사용하지 않도록 한다.

(2) 자녀방의 문제점과 개선책

- 정서불안이나 성적이 부진한 아이가 있다면 공부방 주위에 보일러실이나 창고, 어두운 공간이 있는지를 살핀다. 만일 그런 공간이 있다면 입구에 화분을 놓거나 풍경을 달아 두어야 한다.
- 자녀방의 문과 화장실 문이 서로 마주봐서는 안 된다.

- 문 근처에 책상이나 침대 머리가 있으면 기가 흐트러져 심리적으로 불안감이 높아진다. 따라서 위치를 바꾸어 놓는다.
- 자녀방에 텔레비전을 놓아두면 밖으로 나오지 않아 가족의 화목에 문제가 발생하게 된다.
- 전자파가 강하게 나오는 라디오나 카세트는 책상 근처나 침대 근처에서 멀리한다. 가까이 두면 사고 능력을 책임지는 대뇌피질의 파동을 낮추어 버린다.
- 기계적인 느낌이 드는 건물과 인테리어는 사람들을 점차 차가운 인간으로 변하게 하므로 자녀방에는 되도록 사용하지 않는다.

2) 자녀방 풍수 인테리어

(1) 자녀방과 방위의 관계

　자녀가 한 명이라면 동쪽이 좋지만 두 명 이상일 경우 방의 배치에 문제가 생긴다. 장래성을 생각했을 때는 방의 배치 방위도 중요하다. 자녀방은 민감하게 방위의 영향을 받기 때문이다. 서쪽 햇빛밖에 들어오지 않거나 서쪽 햇빛이 유난히 강하게 들어오는 방, 도로 쪽에 위치하여 차의 불빛이 비추이는 곳에 자녀방이 있는 것도 좋지 않다.
　맏아들에게는 맏아들에게 어울리는 방위, 맏딸에게는 맏딸에게 좋은 영향과 힘을 주는 방위가 있다. 풍수적으로 자녀 방의 방위로 문제가 없는 곳은 북·북동·동·동남·서쪽이다.
　동쪽과 동남쪽의 신선한 힘, 적당한 냉기를 가진 북쪽의 힘, 양 방위의 힘을 모두 가진 북동쪽은 자녀의 성장에 필요한 에너지를 기르는 데 적당하다.

자녀의 공부방은 성장 속도에 맞추어 방위를 선택하는 것이 중요하다.

동쪽 - 맏아들의 공간

태양이 뜨는 방위로 장래의 기대를 상징하는 방위다. 이 방위에 자녀방을 설치하면 신선한 에너지를 흡수하고, 결단력과 판단력이 길러지고, 정직함과 솔직함이 갖춰져 건강하고 구김살 없는 아이로 성장한다.

동남쪽 - 맏딸의 공간

바람을 상징하는 방위다. 바람은 어떤 작은 '틈'에서도 들어올 수 있기 때문에 모든 곳에 영향을 미친다고 할 수 있다. 다른 사람과 잘 협조하며 순종적인 성격으로 자라나고 동쪽의 신선한 에너지, 남쪽의 따뜻한 햇볕을 받아 건강하게 성장하고 밝고 활발한 성격으로 자란다.

풍수적으로 매우 중요한 방위로 자녀방은 2층에 설치하는 것이 좋다.

북쪽 - 둘째아들의 공간

냉기로 사고력과 집중력이 길러져 공부방으로서는 최적의 방위다. 하지만 운동을 비롯한 활동적인 영역에서 소극적인 아이가 되어 친구들에게 따돌림을 당하는 일이 발생할 수도 있다. 고학년 아이, 수험생에게 좋은 방위다.

북동쪽 - 남자아이들의 공간

북쪽 방위와는 다른 적당한 냉기가 영향을 준다. 집중력 있고 활발한 성격이 만들어져 다른 아이들과 잘 융합할 수 있는 아이로 성장하고, 건강하게 노는 아이로 성장한다.

공부를 잘하지만 자기중심형의 공부벌레가 될 수 있기 때문에 배려하는 아이로 성장하도록 부모가 특별히 관심을 가져야 한다.

서쪽 - 여자아이들의 공간

가족의 기쁨, 가족 사이의 배려가 내재하는 방위이므로, 상냥한 성격의 아이가 된다. 여자아이의 방으로써 적합하고, 다소 과보호가 될 가능성이 있기 때문에 그 점을 주의해야 한다.

남쪽 - 초등학생·유치원생

햇볕이 잘 드는 남쪽에 위치한 공부방은 활기와 생기를 공급하여 초등학생이나 유치원생 등의 어린 자녀에게 좋다. 말이나 행동에 있어서 호기심이 왕성해지고 사교적이며 교우 관계를 넓혀 밝은 성격의 창조적인 사고력을 길러 준다. 하지만 중학생이 되면 남쪽의 공부방은 바람직하지 않다. 활기가 지나쳐 공부에 집중하기 힘들어지고, 이성 교제에 관심을 두게 된다. 주의가 산만하고 과잉 행동으로 말썽의 소지가 있는 학생들에게도 남쪽의 공부방은 좋지 않다.

어쩔 수 없이 남쪽의 공부방을 사용해야 한다면 커튼이나 블라인드로 햇볕을 차단하고 방의 벽지 색을 다소 어두운 색으로 하거나 가구색이나 침대 시트 등도 진한 회청색 계열로 바꿔 주는 것이 좋다.

입시생(중학생·고등학생) - 북쪽

입시에 신경써야 하는 중학생이나 고등학생들의 공부방은 북쪽이 좋다. 북쪽은 지혜와 건강을 지배하는 방위로, 성격을 차분하게 하고 주의력을 깊게 하는 방위이다. 외부에 대한 관심을 끊고 오직 공부에만 열중해야 할 학생들에게 가장 적합하다. 어린 학생들 중에서도 산만하거나 정신 집중이 안 될 때 북쪽을 선택하면 성격이 차분하게 가라앉고 학습 능률도 향상된다.

북쪽이 '공부하는 기'를 살리고 그 밖의 불필요한 기를 소멸시킨다고는 하지만, 그 기운이 공부를 대신해 주는 것은 아니다. 북쪽에 방을 만들지 못했다고 하더라도 가족 전체의 기운이 공부와 건강에 적합한 상태라면 성적은 노력하는 만큼 오르는 법이다. 북쪽 방향에 적당한 방이 없다면 책상이라도 북쪽에 놓도록 한다.

■ 현관의 방위에 따른 업무(공부운)을 높이는 방위

입구의 방위 (향)	문창위 (文昌位)	관성위 (官星位)
북	남	서북
북	동서	동남
동	남서	북동
동남	동	남
남	북동	북
남서	북	서
서	서북	동
서북	동남	남서

(2) 자녀방의 가구 배치

책상 배치

자녀방은 책상을 가급적 출입문 가까이 두어 통제가 가능하도록 해야 한다. 자녀방에 들어설 때 책상이 보이지 않으면 자녀가 공부를 하지 않으며, 성적도 떨어지기 쉽다. 책상 배치는 출입문에서 가까운 쪽이나 왼쪽 모서리에 출입문을 향하도록 배치하고, 책장이나 책꽂이는 한군데에 일렬로 늘어놓는 것이 좋다. 특히 의자가 벽을 향하게 하여 등을 벽 쪽으로 향하는 형태는 심리적으로 든든해지고 안정되어 집중력이 상승된다. 출입문을 등지고 앉으면 좋지 않다.

책상 아래가 마루로 되어 있으면 머리의 기를 빼앗아 버린다. 책상 밑이나 침대에서 내려왔을 때 발이 닿는 곳에는 카페트 등을 깔 필요가 있다. 발밑을 차게 하면 머리의 기가 빠져 버린다.

문창위와 관성위라는 2가지 방위를 이용하여 공부운을 높이는 방법이 있다. 이 방위를 이용할 경우에는 책상의 위치나 방향을 이 방위로 하는 것이 효과적이지만 창문과 접하거나 입구 가까이에 있지 않도록 주의해야 한다. 또 머리 위에 대들보가 있어도 좋지 않다. 수정이나 문창탑(7층의 탑 같은 장식물)을 두

■ 본명괘에 따라 사업과 공부운을 높이는 방위

본명괘	방위	본명괘	방위
리	북	건	남서
진	동남	태	북동
손	동	간	서
감	남	곤	서북

어도 효과적이다.

공부방의 색

공부방의 색은 뇌신경을 안정시킬 수 있는 파란 계열이나, 눈이 피로해지지 않는 연한 초록색이나 갈색·아이보리·베이지 등이 좋다.

자녀가 깊이 있는 책을 좋아한다면 갈색이 적당하고, 평범한 책을 좋아한다면 엷은 파란색이나 밝은 초록색이 잘 어울린다. 반면에 원색은 정신을 산만하게 하여 정신 집중이 되지 않고, 회색처럼 기운을 저하시키는 색은 공부방에 적합하지 않다. 그리고 책상 앞에 창문이 있으면 좋지 않다. 바깥 풍경이 눈에 들어와 정신이 산만해지기 때문이다.

공부방에 슬로건이나 구호, 가훈 등을 걸면 스트레스를 주고 심리적인 부담을 가중시키므로 주의해야 한다.

침대 위치

공부를 마치고 잠을 잘 때는 입구에서 가장 먼 쪽에 머리를 두고 자야 한다.

침대 머리 위는 별다른 장식 없이 벽만 있는 것이 안정감을 준다. 침대 색은 베이지색이나 분홍색 계열, 갈색 계열이 좋다. 침대 아래에 잡지나 봉제 인형 등이 많으면 기관지염이나 비염, 알레르기를 일으키기 쉽다.

공부가 끝나면 편안한 휴식을 취해야 하는데 동·서·남쪽의 침실이 적합하다. 물론 각각의 특징이 있으므로 수험생의 성격에 맞추어 결정해야 한다.

동쪽은 아침 일찍 기분 좋게 일어나 공부할 수 있으며, 남쪽은 머리 회전이 빨라지고 영감이 풍부해진다. 서쪽은 잠이 쉽게 들고 푹 잘 수 있는 방위이다. 특히 서쪽은 너무 푹 잠들어 일찍 일어나지 못할 수도 있으므로 불면증이 있는 수험생들에게

만 권한다.

　자녀방의 방위로 동쪽은 아이를 건강하게 만드는 기운이 있으므로 허약한 아이는 반드시 동쪽 방에 재우기 바란다. 동쪽 방이 없다면 머리만이라도 동쪽으로 두고 자면 큰 효과가 있다.

　북동쪽이나 동남쪽은 북쪽·남쪽의 기운과 동쪽의 기운이 합쳐져 좋은 방위이다. 동남쪽은 성격이 밝고 몸도 건강하며 친구가 많아 학교에서 인기가 많다. 하지만 여자아이에게는 최적이지만 남자아이라면 용기가 부족해질 우려가 있다.

　북동쪽은 장난꾸러기, 효자 등의 기운이 있다. 이 방향에 방을 만들면 보스 기질이 있어서 친구들에게 인기를 끌 수 있다. 잘 때 머리를 동쪽으로 하면 책상 앞에 앉아 있는 시간이 길어진다.

8. 서재

1) 서재의 역할과 의미

서재는 공부나 일에 몰두할 수 있는 환경을 조성하기 위한 곳으로, 지식의 창고이면서 학업운과 성공운을 상승시키는 공간이다. 결단력과 사고 능력을 보여 주는 곳으로, 가장의 두뇌 상태와 대응한다. 그러므로 달리 서재를 두지 않은 가장에게는 결단력·사고력·지각력이 결여되는 문제가 발생하기도 한다.

최근에는 서재의 기능에 대한 관심이 늘어나면서, 집의 넓고 좁음과는 상관없이 서재를 마련하려는 움직임이 늘고 있다. 방 하나를 골라 서재로 꾸미는 집도 있지만 생활 공간이 넓지 않은 집에서는 거실이나 침실 한켠을 서재의 용도로 활용하는 경우도 있다.

서재는 가족 구성원의 학업운이나 가장의 성공운과 직결되어 있는 공간이므로 이왕이면 풍수의 원리에 맞게 꾸미는 것이 좋다.

과거를 보던 시절에는 문창방(文昌房)의 위치를 조사한 뒤에 그곳을 서재로 삼았다고 한다. 문창(文昌)은 문창성(文昌星)을 말하는 것으로, 문창성은 문곡성(文曲星)으로도 불린다. 이 별은 오래전부터 문인(文人)의 명운(命運)을 지배하는 별로, 글을 읽던 사람들이 경배하는 별이었다.

(1) 서재의 기본 조건

문창방에 만든다

풍수 유파에 따라 문창방에 대한 견해가 조금씩 다르다. 팔택파의 《지장(指掌)》에 의하면 '주택의 좌(左)의 사록의 방위를 문창이라고 한다.'고 했다. 서재나 책상을 이 방위에 두면 입신출세할 수 있다고 했다. 만일 집의 구조상 문창방에 서재를 만들 수 없다면 문창대(文昌臺)인 책상을 문창의 방위에 놓는 것만으로도 나쁜 기운을 피할 수 있다.

지나치게 개방되면 좋지 않다

서재는 밝고 정결해야 하지만 지나치게 개방되어서는 안 된다. 서재가 밝고 정결하면 심신이 상쾌해지지만, 서재가 지나치게 크거나 활짝 개방되어 있으면 시력이 상하게 된다.

자연스러운 가구를 사용한다

책상의 모양은 모퉁이가 둥근 것이 적절하지만, 금전과 관련된 일을 하는 사람은 장방형이 가장 좋은 기를 모을 수 있다. 책상의 색채가 자연풍의 나무 색이나 갈색 계열이면 기를 불러들일 수 있다.

자극적인 색을 쓰지 않는다

서재의 기본이 되는 색은 연한 녹색이나 남색을 쓴다. 검은색이나 회색 등의 어두운 색은 가능한 한 피하고, 원색 또한 자제한다.

2) 서재 풍수인테리어

(1) 서재와 방위의 관계

동쪽

약간 흉이다. 동쪽은 해가 솟아올라 활기가 넘치는 방위로, 조용하게 사색하는 공간으로 적합하지 않다. 다만 오후에만 방을 사용할 경우에는 큰 영향을 받지 않으므로 괜찮다.

동남쪽

약간 흉이다. 에너지가 넘치는 오전 중에 햇볕이 강해 침착한 기운이 부족하다.

남쪽

흉이다. 강한 햇볕으로 침착함을 잃고 스트레스를 많이 받기 때문에 부적합하다.

남서쪽

흉이다. 서재로서 피해야 할 방위다. 오후부터 강한 햇볕이 들므로 독서나 사색의 공간으로는 부적합하다.

서쪽

흉이다. 서쪽은 일몰의 장소이기 때문에 기운이 침착하지 못하다. 또한 실내 온도의 변화가 심해 건강에도 좋지 않다.

서재가 서쪽에 있다면 수목(樹木)이나 커튼 등으로 석양을 가려야 한다.

서북쪽

길이다. 집중력이 높아진다. 가장의 방위로서, 전용 서재를 마련하면 길상이 된다.

북쪽

길이다. 냉정과 침착함이 있는 서재로서 최적의 방위다. 다만 고독의 의미가 있어 오랜 시간 머물면 가족과 고립될 수 있다. 따뜻한 분위기로 인테리어한다.

북동쪽

약간 길이다. 독서나 사색의 공간으로 좋은 방위이다. 다만 변화가 심한 방위이므로 적절한 인테리어해야 한다.

(2) 서재의 가구 배치

책상

서재에서 책상을 놓을 때는 자신의 본명괘에서 길방위로 책상을 놓고, 책장은 흉방위에 놓아 흉한 기운을 제압하도록 한다.

책상 위에 책장을 놓는 경우가 많은데, 그렇게 하면 책을 꺼내는 데 걸리는 시간이 줄어들고 공간도 적게 차지하지만 풍수적으로는 좋지 않다. 책장이 책상을 압박하는 형상이기 때문이다. 다만 책장이 지나치게 높거나 무겁지 않다면 문제가 되지 않는다.

책상 앞에 거울이나 창이 있으면 기를 잃어버리게 된다. 입구 부근에 책상이 있는 것도 좋지 않다. 책상이 벽을 등지고 입구 쪽을 향하면 기는 그 사람에게 모여 온다.

(3) 서재의 식물 배치

　서재에 식물을 놓으면 생기를 불러들이므로 크게 문제가 되지 않는다. 예부터 글을 읽는 사람들은 대나무를 선호해 왔으므로 대나무 종류의 화분이 어울린다. 화분의 수는 3~4개 이하가 적당하다.
　서재의 창 밖 벽에는 담쟁이를 심거나, 소나무와 회나무를 죽 이어 심고, 분경(盆景)에는 난을 한두 뿌리 심어 둔다.
　조선시대의 선비들은 서재 곁에 벼루를 씻는 못을 마련하고 창문 근처에 분지를 만들어 금붕어를 5~7 마리 가량 키우며 천기(天機)가 활발하게 살아 움직이는 것을 관찰하면서 수양하기도 했다.

9. 계단·창고

1) 계단의 역할과 의미

계단은 1층과 2층의 마루를 연결하는 통로로서, 건물 내의 환기를 좋게 하는 역할을 한다. 현대 건축에서는 대지를 유용하게 활용하기 위해서도 반드시 필요한 요소인데, 그 구조는 주거 공간의 면적에 따라 다르다.

계단은 1층의 천장과 2층의 마루를 잘라서 연결하므로 가상에서는 요(凹)의 영향을 받는다. 따라서 마이너스 작용이 적은 공간에 설치해야 한다. 공기의 정체가 적은 외벽을 따라 설치하는 것이 이상적이고, 집의 중심이나 내벽을 따라 설치하는 것은 풍수적으로 좋지 않다. 건축 구조상으로 판단할 때 집 중앙에 구조적인 공백 부분이 있으면 수평력(水平力)에 대응하는 강도에 문제가 생긴다. 2층 부분의 계단 내벽은 난간을 설치해야 기가 정체되는 것을 예방하고 좋은 효과를 불러온다.

계단의 길흉을 생각할 경우에는 올라가는 입구와 내려가는 입구가 어느 방위에 위치하는가로 판단한다. 계단의 어귀가 동서남북 4방위의 중앙에 15도 또는 네 귀퉁이의 중앙 15도에 있는 것은 모두 흉이 된다. 구조 기준과 가상과의 배합을 고려하여 판단하는 것이 중요하다.

■ 계단 배치의 길흉

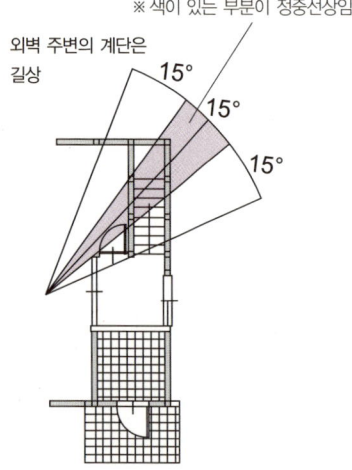

※ 색이 있는 부분이 정중선상임

외벽 주변의 계단은 길상

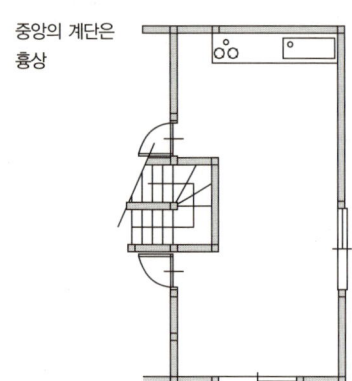

중앙의 계단은 흉상

계단의 위치와 길흉

가. 길 방향
- 북쪽의 계단은 정중 15도를 피하면 좋다.
- 북동쪽은 네 귀퉁이 15도를 피하면 좋다.
- 동쪽의 계단은 정중 15도를 피한다.
- 동남쪽 계단은 네 귀퉁이 15도를 피한다.

나. 흉 방향
- 남쪽의 계단은 머리에 영향을 미치므로 좋지 않다.
- 남서쪽 계단은 주부의 건강에 영향을 미치므로 좋지 않다.
- 서쪽 계단은 가정 내의 화합에 좋지 않은 영향을 미친다.
- 서북쪽의 네 귀퉁이 15도는 가장의 건강에 영향을 미친다.

■ 공동 주택의 계단 위치에 따른 길흉

서북	북	북동
계단	계단	계단
대길이 되기 쉽다.	흉상이 되기 쉽다.	대흉상이 되기 쉽다.

서		동
계단		계단
길상이 되기 쉽다.		길상이 되기 쉽다.

남서	남	동남
계단	계단	계단
대흉상이 되기 쉽다.	길상이 되기 쉽다.	대길이 된다.

2) 창고(차고)의 역할과 의미

넉넉한 창고나 수납 공간이 있다면 이상적인 집이라 할 수 있다. 정돈하기에도 편리하고 보기에도 깔끔하기 때문이다. 흔히들 창고는 잡다한 물건을 보관하는 장소라고 여겨 정리 정돈을 소홀히한다. 하지만 창고나 베란다가 집의 '생기(生氣) 방위'에 있을 때는 수납에 따라 집의 에너지가 좌우된다.

창고를 비롯한 수납 공간, 베란다를 활용하여 운을 높일 수 있는 가장 빠른 방법은 청소를 하는 것이다. 남의 눈에 띄지 않는다고 해서 물건을 너저분하게 넣어서는 안 된다. 물건을 잘 정리한 뒤, 방위와 상성이 좋은 색상이나 아이템을 구분하여 수납하면 재물운의 에너지를 높일 수 있다.

창고나 헛간을 두기에 좋은 방위는 동·동남·서·서북·북쪽이다. 남서쪽의 헛간은 대흉상으로, 병난(病難)의 암시가 있으므로 절대로 배치해서는 안 된다.

(1) 창고의 위치와 길흉

동쪽
본 주택(本住宅)보다 낮게 세우고 너무 가까이 짓지 않도록 하며, 채광과 통풍을 고려해야 가운이 번영한다.

동남쪽
일반적으로 '진사(辰巳)창'이라는 좋은 방위다. 동쪽과 같이 본 주택보다 낮게 세우면 가운(家運)이 번성한다.

서쪽

본채보다 낮게 지으면 결혼운과 재물운이 좋아지는 방위다.

서북쪽

술해창(戌亥倉)이라는 복이 넘치는 가정이 된다.

북쪽

자녀운과 부하운의 혜택을 받으며, 교제운이 좋은 가상이다.

(2) 차고의 위치와 길흉

- 대문과 차고는 일직선상에 놓이면 안 된다. → 주인이 사고사를 당할 위험이 있다.
- 집 뒤에 차고가 있으면 안 된다. → 도둑이 들 것을 암시한다. 집 뒤는 등처럼 사각(死角)이기 때문이다. 생각만큼 재산이 모이지 않는다.
- 차고 문은 귀문과 남북을 향하지 않도록 한다. → 가족 중 누군가가 사고로 사망할지 모른다.

9. 공동 주택 - 아파트 · 맨션

1) 아파트 명당을 구분하는 5가지 조건

도시가 발전하면서 고층 아파트 · 오피스 빌딩 · 맨션 등의 공동 주택이 늘어나고 있다. 단독 주택뿐만 아니라 아파트 · 맨션 · 상점 · 오피스 빌딩 등 모든 건물은 풍수학의 관점에서 그 길흉화복을 뚜렷이 할 수 있다.

명당은 5가지 조건에 비추어 판단할 수 있는데, 이 조건은 '산(山) · 국(局) · 격(格) · 위(位) · 향(向)'이다.

① 산(山) 또는 택산(宅山)

집 · 상점 · 사무실에서 볼 때 주변에 산 · 언덕 · 구릉 · 빌딩이 어디에 위치하는가에 따라 정해진다. 가령 집에서 볼 때 고층 빌딩이 서북쪽 45도 이내에 위치하고 있으면 건산(乾山)이라 한다.

② 국(局) 또는 택국(宅局)

집 · 상점 · 사무실 근처의 시냇물이나 강에서 볼 때 건물이 어디에 위치하는가에 따라 정해진다. 가령 강에서 볼 때 상점이 동쪽 45도 이내에 위치해 있으면 '진국(震局)'이다.

③ 격(格) 또는 택격(宅格)

집·상점·사무실이 근접해 있는 도로에서 볼 때 건물 어디에 위치하는가에 따라 정해진다. 가령 도로에서 볼 때 집이 서쪽 45도 이내에 위치해 있으면 '태격(兌格)'이다.

④ 위(位) 또는 택위(宅位)

집·상점·사무실의 층수 가장자리에서 몇 호에 있는지에 따른다. 층수의 길흉은 넓은 도로에서 볼 때 건물이 어디에 있는지에 따른다. 예를 들면, 빌딩 정면 현관을 향해 왼쪽 끝을 1로 하고, 그곳에서 몇 호 째에 있는지를 본다. 맨션에 인접한 넓은 도로에서 볼 때 정면 현관의 방위가 어디냐에 따라 1층, 6층이 대길임을 알 수 있다. 이 택위(宅位)는 2층 이상의 건물에 적용된다.

⑤ 향(向) 또는 택향(宅向)

집·상점·사무실의 현관과 입구가 어느 방위를 향하고 있느냐에 따른다. 엄밀하게 말하면 맨션이나 사무실 빌딩의 공동 현관도 맞추어 고려해야 한다.

2) 아파트의 택향(宅向)과 길흉 관계

자신의 본명괘나 건물의 택향에 따라, 또한 동·층·호수에 따라 길흉이 다르다는 사실이 연구 통계로 밝혀지고 있다.

흉의 층에 거주한다면 본명괘에 따라 풍수적인 조정을 통해 개선할 수 있다. 인간은 지면에서 멀어질수록 지자기의 에너지를 받기 힘드므로, 높은 층에 사는 사람들은 철분을 충분히 섭취하고 좋은 에너지를 받아들일 수 있는 체질로 개선하면 좋다.

■ 아파트의 택향과 길흉 관계

공통 현관의 향(向)	빌딩의 택향
북동	곤(坤)택
동	태(兌)택
동남	건(乾)택
남	감(坎)택
남서	간(艮)택
서	진(震)택
서북	손(巽)택
북	리(離)택

■ 아파트의 택향과 길흉 관계

곤(坤)택(서사명○ 동사명×)

길흉	층 수			
최대길	5	10	15	20
대길	2	7	12	17
중길	1	6	11	16
길	4	9	14	19
흉	3	8	13	18

간(艮)택(서사명○ 동사명×)

길흉	층수			
최대길	5	10	15	20
대길	2	7	12	17
중길	1	6	11	16
길	4	9	14	19
흉	3	8	13	18

태(兌)택(서사명○ 동사명×)

길흉	층수			
최대길	3	8	13	18
대길	1	6	11	16
중길	5	10	15	20
길	2	7	12	17
흉	4	9	14	19

진(震)택(동사명○ 서사명×)

길흉	층수			
최대길	5	10	15	20
대길	2	7	12	17
중길	1	6	11	16
길	4	9	14	19
흉	3	8	13	18

건(乾)택(서사명○ 동사명×)

길흉	층수			
최대길	3	8	13	18
대길	1	6	11	16
중길	5	10	15	20
길	2	7	12	17
흉	4	9	14	19

손(巽)택(동사명○ 서사명×)

길흉	층수			
최대길	4	9	14	19
대길	5	10	15	20
중길	1	6	11	16
길	3	8	13	18
흉	2	7	12	17

감(坎)택(동사명○ 서사명×)

길흉	층수			
최대길	2	7	12	17
대길	3	8	13	18
중길	4	9	14	19
길	5	10	15	20
흉	1	6	11	16

리(離)택(동사명○ 서사명×)

길흉	층수			
최대길	4	9	14	19
대길	5	10	15	20
중길	1	6	11	16
길	3	8	13	18
흉	2	7	12	17

3) 선천팔괘의 수

(1) 방위 · 팔택

- 1 · 6(11, 16)은 수(水)를 나타내고, 방위로는 북쪽이며, 감(坎)택을 의미한다.
- 2 · 7(12, 17)은 화(火)를 나타내고, 방위로는 남쪽이며, 리(離)택을 의미한다.
- 3 · 8(13, 18)은 목(木)을 나타내고, 방위로는 동쪽과 동남쪽이며, 진(震) · 손(巽)택을 의미한다.
- 4 · 9(14, 19)는 금(金)을 나타내고, 방위로는 서쪽이나 서북쪽이며, 건(乾) · 태(兌)택을 의미한다.
- 5 · 10(15, 20)은 토(土)를 나타내고, 방위로는 남서쪽이나 북동쪽이며, 곤(坤) · 간(艮)택을 의미한다.

맨션 전체의 공동 현관 방향에서 맨션 전체의 방위를 나타낸다. 그리고 맨션 전체 방위의 오행과 층수 오행의 상극 관계를 살펴본다.

맨션 전체의 방위와 층수의 오행이 비화(比和)이거나 맨션 전체 방위가 층수의 오행과 상생(生)하면 길(吉)이다.

■ 맨션 전체 방위 오행

방위	오행
동 · 동남쪽	목
남쪽	화
북동 · 남서쪽	토
서 · 서북쪽	금
북쪽	수

■ 오행과 방의 위치

오행	동 · 층 · 호수
수(水)	1동 · 6동, 1층 · 6층, 1호 · 6호
화(火)	2동 · 7동, 2층 · 7층, 2호 · 7호
목(木)	3동 · 8동, 3층 · 8층, 3호 · 8호
금(金)	4동 · 9동, 4층 · 9층, 4호 · 9호
토(土)	5동 · 10동, 5층 · 10층, 5호 · 10호

(2) 호수(戶數), 층수

현대 도시에서 맨션이나 고층 빌딩이 서 있는 모습은 《구약성서》의 〈창세기〉에 나오는 '바벨탑'을 연상시킨다. 오만방자한 인간이 하늘에 닿을 듯한 거대한 탑을 세우려고 했으므로 이에 노한 야훼가 그 계획을 좌절시키고, 그때까지 하나뿐였던 언어를 다양하게 하여 사람들을 혼란에 빠뜨렸다는 것이다. 바벨은 히브리어로 '혼란'을 의미한다.

풍수학에서도 고층 빌딩을 긍정적으로 보지 않는다. 고층 빌딩으로 인해 '풍향'이 변하고 자연계의 생태계를 흐트러뜨릴 우려가 있기 때문이다. 최근에는 풍동(風洞)이라 하여, 빌딩의 중앙 부분에 빈 공간을 만들어 바람을 통하게 하는 설계가 도입되기도 한다.

지자기와의 관계도 무시할 수 없다. 철근을 비롯한 철골재로 만들어진 거대한 상자이므로 고층으로 갈수록 지자기는 골조(骨組)에 흡수되어 약해진다. 따라서 빌딩의 층수에 따라 풍수를 보는 방법이 다르다.

1층은 지자기의 영향을 가장 많이 받기 때문에 길흉 작용이 비교적 분명하게 나타난다. 이 경우 택산(宅山 : 인접하는 빌딩이 세워진 방각에서 본 집의 방위), 택국(宅局 : 부근의 하천, 도로에서 본 집의 방위)에 따라 결정된다.

청대의 《양택십서(陽宅十書)》에 1층 단층집을 '정택(靜宅)'이라 하고, 5층까지를 '동택(動宅)', 10층까지를 '변택(變宅)'이라 하여, 각각의 판단법이 기재되어 있다. 현대 건축에도 충분히 적용할 수 있다.

2층 이상의 거주 공간은 여러 관점에서 판단할 수 있다.

첫째, 맨션과 빌딩을 넓은 도로에서 살펴보아, 팔방(각 45도)의 어떤 방위에 위치하는가에 따라 층수의 길흉화복의 수준을 알 수 있다. 그 다음에는 거주하는 사람의 본명괘(本命卦)와 궁합이 맞는지 살펴본다. 이것을 건물의 '격'이라 한다.

둘째, 빌딩의 정면 현관의 방향(24방)에 따라 건물 내의 방의 위치를 나타내는 오행이 결정된다. 그 다음에 거주하는 사람의 본명괘와 궁합이 맞는지 살펴본다. 이것을 건물의 '위'라 한다.

• 운의 오행과 층의 오행이 비화(比和)이면 재물의 혜택을

현대 도시의 상징이 되어 버린 고층 건물. 고층 빌딩이나 아파트 모두 층수에 따라 길흉 작용이 다르게 나타난다.

받고 발전한다.
- 운의 오행이 층의 오행과 상생이면 건강하고 지위가 향상된다.
- 층의 오행이 운의 오행을 상생하면 재물로 고생하고 건강을 해치기 쉽다.
- 운의 오행이 층의 오행과 상극이면 생각할 수도 없는 재앙이나 사고를 당하기 쉽다.
- 층의 오행이 운의 오행을 상극하면 반길·반흉이다.

(3) 동·층·호수의 길흉

① 감택(坎宅 : 좌북향남, 남향인 집), 감택산(북쪽에 산·언덕·고층의 빌딩이 위치하는 건물)

- 1·6동, 1·6층, 1·6호는 길이다. 단, 낭비와 방탕한 생활에 빠질 수 있으므로 조심한다.
- 2·7동, 2·7층, 2·7호는 반흉(半凶). 건강이나 자녀에 문제가 발생한다.
- 3·8동, 3·8층, 3·8호는 대길. 건강·자녀·재산에 혜택을 받아, 즐겁고 기쁜 일이 많은 생활을 하며, 지속적인 발전을 가져온다.
- 4·9동, 4·9층, 4·9호는 반길반흉.
- 5·10동, 5·10층, 5·10호는 흉. 건강이나 자녀에게 좋지 않으며, 한 가정을 몰락시킬 위험이 있다.

② 리택(離宅 : 좌남향북, 북향인 집), 리택산(離宅山 : 남쪽에 야산·언덕·고층 빌딩이 위치한 건물)

- 1·6동, 1·6층, 1·6호는 흉. 건강이나 재물운의 혜택을 받지 못한다.

- 2・7동, 2・7층, 2・7호는 길. 화재나 눈의 질병에 주의해야 한다.
- 3・8동, 3・8층, 3・8호는 반길.
- 4・9동, 4・9층, 4・9호는 흉. 건강운・자녀운・재물운의 혜택을 받지 못한다.
- 5・10동, 5・10층, 5・10호는 길. 재산을 얻지만 건강이나 자녀 문제가 발생할 수도 있다.

③ 진택(震宅 : 좌동향서, 서향의 집), 진택산(동쪽에 야산이나 언덕, 고층 빌딩이 위치한 건물), 손택(巽宅 : 좌동남향서북, 서북향의 집), 손택산(동남쪽에 야산・언덕・고층 빌딩이 위치한 건물)

- 1・6동, 1・6층, 1・6호는 반길. 건강운・자녀운・재물운의 혜택을 받지만 오래 가지는 않는다.
- 2・7동, 2・7층, 2・7호는 대길. 건강운・자녀운・재물운의 혜택을 받는다.
- 3・8동, 3・8층, 3・8호는 길. 건강운・재물운의 혜택을 받는다.
- 4・9동, 4・9층, 4・9호는 흉. 건강운・자녀운・금전의 어려움을 겪는다.
- 5・10동, 5・10층, 5・10호는 반흉. 어느 정도의 재산은 얻지만 건강운・자녀운의 혜택을 받지 못한다.

④ 건택(乾宅 : 좌서북향동남, 동남향의 집), 건택산(서북쪽에 야산, 언덕, 고층 빌딩이 위치한 건물), 태택(兌宅 : 좌서향동, 동향의 집), 태택산(서쪽에 야산・언덕・고층 빌딩이 위치한 건물)

- 1・6동, 1・6층, 1・6호는 대길. 건강운・자녀운・재물운을 비롯하여 항상 즐겁고 기쁜 일이 발생하고, 재능을 발휘한

다. 풍류를 즐긴다.
- 2·7동, 2·7층, 2·7호는 흉. 호흡기 질환에 주의한다.
- 3·8동, 3·8층, 3·8호는 흉. 신경통이나 근육통에 주의한다.
- 4·9동, 4·9층, 4·9호는 길. 남성에게는 길하지만 여성에게는 흉이다.
- 5·10동, 5·10층, 5·10호는 반길. 건강운·자녀운·재물운은 노력하는 만큼 얻을 수 있다.

⑤ 곤택(坤宅 : 좌남서향북동, 북동향의 집), 곤택산(남서쪽에 야산, 언덕 고층 빌딩이 위치한 건물), 간택(艮宅 : 좌북동향남서, 남서향의 집), 간택산(북동쪽에 야산·언덕·고층 빌딩이 위치한 건물)

- 1·6동, 1·6층, 1·6호는 흉. 위궤양이나 신장 질환을 앓기 쉬우며 자녀운이나 재물운의 혜택을 받지 못한다.
- 2·7동, 2·7층, 2·7호는 반길. 건강운·자녀운·재물운의 혜택을 얻지만 오래 가지는 못한다.
- 3·8동, 3·8층, 3·8호는 흉. 건강운·자녀운·재물운의 혜택을 받지 못한다.
- 4·9동, 4·9층, 4·9호는 대길. 오랫동안 건강운·자녀운·재물운의 혜택을 받아 즐겁게 생활하며 재능을 발휘한다.
- 5·10동, 5·10층, 5·10호는 길. 재물운에는 혜택을 받지만 건강운이나 자녀운에 문제가 생길 수 있다.

4

행운을 부르는
풍수 활용법

1. 색 풍수

2. 가구 풍수

3. 거울 풍수

4. 식물 풍수

5. 의류·수납 풍수

6. 보석 풍수

7. 운을 높여 주는 풍수 아이템

1. 색 풍수

1) 색의 역할과 의미

색은 인간의 정서와 잠재성에 영향을 주는 기를 발산하고 있다. 즉 인간의 꿈과 욕망, 개성 등을 상징한다. 또한 인간의 감정 표현이나 행동을 도와 삶에 활력을 불어넣기도 한다. 반면에 방해 작용을 일으켜 에너지를 고갈시키기도 한다.

인간의 일상은 색깔 선택의 연속이다. 아침에 일어나서 입을 옷을 선택하고, 여러 가지 색깔의 음식을 먹고, 물건을 고를 때에도 색을 중시한다. 색을 활용할 때의 기본은 자신이 좋아하는 색, 자주 사용하고 마음이 침착해지는 색을 사용하는 것이다. 좋은 작용을 하는 색이라면 그것이야말로 대길의 색채라고 할 수 있다.

색을 유용하게 활용하는 원칙은 어두운 색과 강한 원색을 피하고 밝고 부드러운 중간색을 사용하는 것이다. 하지만 중간색도 매우 다양하고 저마다 기호가 다르므로 각각의 색이 가지고 있는 성질과 영향을 알아 둘 필요가 있다.

(1) 행운을 부르는 색

색은 인간에게 심리적·생리적·물리적인 영향을 미친다. 색채를 활용하여 피로를 예방하고, 작업의 효율성을 향상시키며, 사고나 재해를 방지하기도 한다.

건강과 안전, 쾌적한 거주지를 만들기 위한 양택 풍수학에서도 색은 매우 중요한 아이템이 된다. 벽지나 커튼을 바꾸거나 가구를 고를 때 자신이 좋아하는 색이나 전체 공간의 분위기를 고려하기도 하지만, 풍수 인테리어와 관련된 책을 읽고 '행운의 색'을 선택하는 경우도 많다.

건강과 안전, 쾌적한 거주지를 만들기 위한 양택 풍수학에서도 색은 매우 중요한 역할을 한다.

행운의 색을 사용했다고 해서 운명을 바꾸는 힘이 바로 생겨나는 것은 아니지만, 보조적인 역할은 결코 무시할 수 없다. 행운의 색을 몸에 지니면 활력이 생겨 능력을 충분히 발휘할 수 있게 되고, 안정감과 충족감이 커짐으로써 운기가 안정된다.

그렇다면 행운을 불러오는 색은 어떤 것일까?

행운의 색을 찾으려면 먼저 개개인의 본명성의 색을 알아야 한다. 색이란 자연 현상에서 파생한 요소이므로 단순하게 빨강, 파랑 하는 식으로 분류할 수가 없다. 미묘한 차이가 있고, 그 안에 포함된 성질에 따라 겉보기에는 조금 다르지만 의미는 완전히 다른 경우가 많다.

본명성의 색은 근본적으로 궁합이 좋은 색이지만, 운세와 성격에 따라 다르게 나타난다. 예를 들면 본명성이 칠적금성인 사람은 애교가 있고 대인 관계에 능숙하며, 이성에게 인기가 있는 편이다. 칠적금성에 속하는 색은 오렌지색과 검붉은 색이다. 그런데 이 본명성의 사람이 평상시에 주로 오렌지색·분홍색·빨간색을 몸에 지닌다면 그 성향이 한층 더 강해진다. 칠적금성이 중궁에 위치했을 때나 서쪽으로 돌았을 때는 더더욱 강해진다. 수다가 지나쳐 말다툼으로 이어진다거나, 이성관계가 복잡해져서 곤란한 일을 겪게 되고, 파티나 향락에만 관심을 쏟게 되어 본래의 일을 잊게 된다. 그러한 부작용이 나타나는 시기에는 기를 억제할 수 있는 색을 몸에 지니는 것이 좋다.

(2) 색깔이 갖는 에너지와 길흉

색채는 인간의 심리에 많은 영향을 준다. 색채의 효과는 단지 심리적인 것뿐만 아니라 근육의 긴장을 없애는 등 생리적 측면에도 효과가 있다. 실제로 혈액의 흐름을 좋게 하거나 안색을 좋게 하는 효과도 있다.

심리와 색의 영향
따뜻한 기를 발산하는 색과 차가운 기를 발산하는 색이 있다. '따뜻한 느낌'은 붉은색 계열이고, '차가운 느낌'은 푸른색 계열이다. '편안한 느낌'은 엷고 희미한 색에서 느껴지고, '힘든 느낌'은 진한 색에서 나온다. 무게가 주는 느낌도 색채와 관련되어 있어 백색 → 황색 → 주황색 → 자색 → 적색 → 청색 → 흑색의 순으로 무겁게 느껴진다.

예를 들어 목욕탕이나 화장실의 파란색은 혈압에 좋지 않은 영향을 주므로 파란색 계열의 색은 피해야 한다. 볼일을 보는 동안에는 체온이 떨어지는데, 파란색 계열은 추위를 느끼게 하므로 체감 온도가 더욱 떨어지게 된다. 같은 이유로, 목욕탕에도 적합하지 않은 색이다. 회색조의 화장실이 기가 부족한 것도 이와 같은 이유에서다. 음의 기가 강한 장소인 화장실에 음의 기가 강한 회색은 적합하지 않다.

빨간색이나 분홍색 계열은 정열적인 이미지를 줌으로써 인간의 애정을 변화시켜 생명력을 높일 수 있지만, 본능 그대로의 행동이 표출되어 자아가 강해지거나 경박해지기 쉽다.

파란색이나 녹색 계열은 사람을 이성적으로 냉정하게 한다.

■ 색의 의미와 특징

색상	남성의 성격적 특성	여성의 성격적 특성
빨강	신체적·정신적으로 강렬한 캐릭터를 가지고 있는 국제파이며 지도적 역할을 담당해 항상 계몽적인 일을 한다.	언제나 주역을 맡으며 보통 남자는 성에 차지 않는다. 자존심이 강하다. 모든 일에 감정적으로 대처한다.
주황	좋은 아저씨 타입. 원기가 왕성해 때로 지나친 경우도 있지만 애교가 많고 이야기를 잘한다.	따뜻한 성격으로 누구와도 잘 어울린다. 외로움을 싫어한다.
노랑	뛰어난 상업적 재능을 지녔으며, 지성적이고 유머가 있으며 밝은 성격으로 천진난만하다.	밝은 성격. 대화를 즐기고 표현력이 풍부하여 사교적이고 강렬한 유머도 있다.
녹색	나서기 싫어하며 겸손하다. 차분하고 끈기 있으며, 세련된 취미가 있고 예의 바르다.	음식을 좋아하고 성실하다. 예의 바르고 사교적이며 전원 생활을 좋아한다.
파랑	뛰어난 경영 능력으로 맡은 일은 반드시 성사시킨다. 인맥 형성을 잘하며 생각이 깊어 과감한 행동력을 발휘한다.	어떻게 해야 돈을 버는지 잘 알고 있다. 냉정하며 헌신적이고 생각이 깊다. 독자적인 성격이다.
보라	변덕이 많고 감수성이 풍부하다. 개성이 강한 예술가, 이상론자. 권위를 갖추려고 노력하며 높은 지위를 동경한다.	평범하지 않은 천부적인 재능이 있어 하찮은 국면을 주의 깊게 피해 다닌다. 신비로운 매력을 산출해 낸다.
자주	직관력과 감성이 뛰어나다. 맹신론자가 되기 쉽고 한 가지 일에 몰두한다. 숭고함을 추구하는 예술가 타입이다.	직관력이 있고 감수성이 풍부하다. 재기 발랄한 타입으로 기품을 갖추고 있다.
흰색	완벽주의를 좋아하고 순수한 정신을 존중, 건강한 심신의 소유자이며 소속된 세계의 선구자이다.	항상 완전함을 추구한다. 생활과 일을 구별해 경영하는 일을 성사시키고 적당한 남성을 맞이해 권위를 빛낸다.
검정	지극히 남성적이고 적극적이며 반드시 대장이어야만 직성이 풀린다. 예의 바르고 의리가 있다. 항상 권위를 갖추고 있다.	남에게 신비하게 보이길 좋아한다. 의지가 강하고 독립심에 불탄다. 정열을 억제한다. 지고 싶어 하지 않는다.
분홍	다른 사람 일을 책임진다. 여성 이상의 상냥함을 발휘한다.	여성 그 자체로, 애정이나 감정으로 친구에게 상처받기 쉬운 타입이다.
베이지	수줍음이 많고 마음이 따뜻하며 가정적이고 원만한 인물. 약자 편에 서며, 불굴의 정신과 건실한 성품을 가졌다. 순수한 취미를 사랑한다.	건실하고 신용이 있다. 감정에 치우치지 않고 성실하고 보수적이므로 상사에게 신뢰를 받는다. 협동심을 이끌어내는 특기가 있다.

사람에게 '건강'이라는 이미지를 줄 수 있지만, 색의 균형이나 용도 및 장소를 잘못 선택하면 고독하고 보수적인 성향으로 변할 수 있다.

용도에 따른 색의 활용법

인간관계를 넓히고 싶을 때는 건물의 색채도 인간의 피부를 느끼게 하는 색을 사용하고, 실내 인테리어도 따뜻한 색 계열로 사용하면 좋다. 사무 계통의 일에 효율을 올리고 싶다면, 뇌내(腦內) 활동에 냉정과 침착함을 가져오는 파란색과 녹색 계열이 좋다.

폐쇄적인 사람(어린이 포함)에게는 기가 밝아지는 황색 계열의 패션을 추천한다. 황색은 인간을 행복감으로 채워 줄 기를 발산한다. 불행이나 불운이 계속되는 흐름을 바꾸고 싶다면 황색으로 된 사물을 보거나 황색 의상을 입으면 좋다. 다만 마음의 건강과 행동에 미치는 영향은 적기 때문에 스트레스가 많이 쌓인 사람은 이런 것을 응용한 인테리어가 필요하다.

금이나 은은 마음의 건강과 풍부함, 행동의 파동을 높인다. 단지 전면적인 배치는 부자연스러우므로 포인트로 사용하는 것이 더욱 효과적이다.

가. 부드러운 색조

따뜻함이 있는 분홍색, 침실에 이상적이다. 크림색·연회색·베이지색·분홍색이 살짝 섞인 흰색, 희미한 라벤더도 좋다. 강한 빨간색·와인색·오렌지색 계열은 색이 갖는 영향력이 지나치게 강하므로 가정의 실내에는 적합하지 않다.

나. 황색이나 진한 갈색

부엌에 효과적이다. 음양오행설에도 일치하지만 침실·욕실·거실에는 부적합하다.

다. 차가운 색조

파란 계열(한색 계열)은 실내에 어울리지 않는다. 침착해야 할 경우에 밝은 청색이 효과가 있지만 성격이 점차 내향적으로 변하게 된다. 진한 청색은 깊은 바다의 색이므로 피하는 것이 좋다.

라. 밝은 녹색

눈에 좋은 색. 밝은 녹색은 침실·거실·욕실에도 좋다. 다만 어두운 녹색은 너무 무거우므로 가정에는 부적합하다.

마. 밝은 순백색

집안 벽지 색으로는 어울리지 않는다. 크림색이나 따뜻한 느낌의 연회색, 베이지색이라면 어느 방에나 어울린다.

(3) 주로 쓰는 색의 작용

인테리어의 색을 바꾸면 방의 느낌이 크게 바뀐다는 것을 경험해 보았을 것이다. 이때 바뀌는 것은 외형적인 인상만이 아니라 방 온도나 넓이, 기분 등도 사용하는 색에 따라 크게 바뀐다.

빨간색·파란색

빨간색은 인간을 흥분시키는 색이다. 체감 온도가 높다고 느껴 방을 좁아 보이게 한다. 파란색은 인간을 냉정하게 하고 체감 온도가 낮다고 느낀다. 파란색은 빨간색과는 반대로 방을 넓게 느끼게 한다. 이 2가지의 색은 자주 대비되는 색깔이다. 텔레비전 프로그램에서도 자주 실험하지만 같은 환경과 조건에서 빨간색 방과 파란색 방에서 작업 능력 검사를 실시하면 분명히

■ 색의 의미와 특징

색	상징적 의미	사회적 활용	특성 및 성향
빨강 RED	관용, 사랑, 순교, 신의, 용기, 체력, 건강, 생명력, 분노, 탐욕, 사나움	빨간 장미(사랑 고백), 경고 표지판, 에로 영화의 배경, 헌혈 권장 표지	눈을 자극하는 색. 이 색을 즐기면 침착성이 부족하고 공격적인 성향이 강하다. 붉은색을 좋아하는 사람은 대체로 외향적이고 정력적이며 적극적이다.
주황 ORANGE	에너지, 성과, 명랑, 따뜻함, 설레임	오렌지 군단 네덜란드 축구팀의 유니폼 색깔 (거대해 보이는 효과를 준다)	남녀 차별 없이 극도로 애정에 굶주린 사람이 즐겨 선택하는 색이다. 식욕을 촉진하며 생활의 활력을 주는 오렌지색을 좋아하는 사람들은 대체로 사교적이나 심각한 일은 기피하는 경향이 있다.
진분홍 SHOCKING PINK	활기, 애정, 책임, 애정	활발한 핑크 팬더(만화 주인공), 아이들 장난감(활기를 불어넣는다.)	건강과 관련이 깊은 색이다. 특히 몸에 열이 있을 때 열에 대한 민감한 반응이 표출되는 경우가 많다.
보라 VIOLET	불안정, 불행, 죽음, 숭고, 천사, 냉철, 천사의 사랑, 신비, 우아, 위엄	마법사들의 구슬(정신력), 서양 귀족들의 침실, 의자 색상(숭고, 우아)	신의 색이라 하여 영적인 것을 나타내며 마음 깊은 곳의 억압된 감정과 연관 있다. 고귀하고 장중한 느낌을 주는 색이다.
자주 PURPLE	존엄, 정의, 고귀, 위엄, 부유, 권위, 궤변, 지능, 숭고함	귀족들의 옷, 침실, 카펫	관능과 관련 있는 심미적이고 화려한 권력 또는 타락한 권력의 색이다. 자주색을 좋아하는 사람은 내성적이고 예민하며 예술가적 기질이 많다.
노랑 YELLOW	행복, 명랑, 희망, 증오, 비겁함	유치원생들의 옷 색깔, 노란 손수건(헤어질 때 쓰는 의미)	노란색은 심리적인 고민에 호소하기 때문에 정신적으로 불안정한 사람들에게 도움을 준다.
연두 YELLOW GREEN	신선함	음식 광고(연두색으로 신선함을 표현)	지각력이 뛰어나다.
녹색 GREEN	생명, 젊음, 애정, 신앙, 불멸, 희망, 성결	환경 단체의 마크 색깔	녹색은 마음을 평온하게 해 주는 색이며 신경 및 근육의 긴장을 완화시킨다. 녹색을 선호하는 사람은 대체로 교양 있고 예의바르다.
초록색 BLUISH GREEN	식물, 풍요, 차분, 생명, 자연, 신선함, 평화, 자유, 희망, 요정, 우정, 건강, 순수	초록색 페인팅(작업장 내부에 초록색 페인트를 칠해 작업 능률 향상 유도)	조화와 균형을 상징하며 희망, 회복, 평화를 나타내고 기품 있고 성실한 사람이 좋아한다.
파란색 BLUE	침울함, 질병, 공포, 죄악, 차가움, 진실, 위엄, 권력, 무거움, 신용, 신뢰, 소유	영화 《폰》에서 파란색 위주 활용(공포심 증가)	굽힐 줄 모른다. 나쁘게 말하면 독선적이다.

■ 색의 의미와 특징

색	상징적 의미	사회적 활용	특성 및 성향
갈색 BROWN	안정	책상은 갈색	물질의 강한 욕구를 의미한다. 이 색을 좋아하는 사람은 차가운 성향이 있다. 권위 있는 이미지, 남에게 뭐라 할 수 없는 강한 이미지를 주고 싶어 한다.
분홍색 PINK	친숙, 자기중심적, 부드러움, 달콤함, 비밀, 양육	공주병(자기 중심적)	부드럽고 여성스러운 색
흰색 WHITE	순수, 청결, 순결, 신성, 정직, 밝음, 공허, 처녀, 젊음, 온화	간호사의 제복, 장교들의 제복, 결혼식 의상	항상 완전함을 추구하며 기품을 가지려고 노력하는 타입이다.
회색 GRAY	중립, 금욕, 노년, 희고, 애도, 공허, 애매, 무기력	스님들의 옷 색깔	사물을 대할 때 신중하고, 항상 성실하며, 균형을 유지하고, 분별력이 있어 세련된 성격이다.
검정 BLACK	죽음, 위험, 비탄, 상복, 부패, 밤, 실수, 무지, 지혜, 악, 죄, 악마, 미신, 슬픔	검은색 상복(검은색은 죽음을 의미), 저승사자 옷 색깔	검은색 공간에 있으면 근육 신경이 수축하고 상당히 긴장하는 것을 느낀다.
황토색 EARTHY YELLOW	영광, 힘, 부	임금의 옷 색깔	상쾌하고 찬란하다는 느낌을 주는 색이다. 항상 즐겁고 가슴 설레는 색이지만 이 색을 좋아하는 사람의 성격은 대체로 우유부단한 경향이 있다.
금색 GOLDEN	명성, 사치	금반지, 금팔찌, 금목걸이	
은색 SILVER	명성, 추위, 과학적	현대의 모던함 표현(빌딩, 로봇)	
남색 INDIGO	성실, 신앙, 희망, 믿음, 신성함, 긴장, 무거움	포돌이(경찰서 마스코트) 색깔	
에메랄드 EMERALD	부, 권력, 기억력	귀족들의 보석과 옷의 색상	

파란색 쪽이 작업 능력이 높다는 결과가 나온다. 빨간색 방은 기분이 흥분되거나 덥게 느껴져 냉정하게 작업에 집중할 수 없는 것이다.

빨간색과 파란색의 작용을 이용한 예로 공항 대합실을 들 수 있다. 대합실 시트에 파란색을 많이 이용하는 이유는 탑승 전에 흥분되는 기를 억제하는 정신적 배려라고 할 수 있다.

녹색

녹색은 심신을 침착하게 하고 평온하게 하는 효과가 있다. 눈이 피로할 때 나무의 초록색을 보면 피로 회복에 도움이 된다. 환자에게 녹색 경치를 보여 주면 통증이 줄어들고, 녹색으로 장식한 방은 산모를 안정시키고 모유 배출에 효과가 있어 의료 장소에서도 응용하고 있다고 한다.

초록색은 심신을 안정시키는 효과가 뛰어나다.

베이지

베이지도 평온함이나 안도감을 주는 색이다. 한옥 기둥 색, 토담의 색은 맥박이나 혈압을 안정시키는 효과도 있다.

서쪽의 '황색'은 기분을 밝게 하고 행복을 느끼게 한다. 본래가 밝고 행복한 색이기 때문에 서쪽이 아니어도 행복한 느낌을 주는 색이다.

2) 방위와 공간에 따른 색

'서쪽에는 황색(노란색)을 배치하라.' 는 말이 있다. 각 방위에 해당하는 운을 불러들이기 위해 방위와 궁합이 좋은 색을 두면 그 방위의 힘을 보다 높일 수 있기 때문이다. 즐겨 쓰는 소품을 궁합이 좋은 색으로 골라 사용하면 기운을 얻을 수 있다.

(1) 팔방위의 색과 오행의 상생 관계

이 세계에 있는 모든 물질은 '물·흙·나무·불·금' 중에서 어느 하나의 성질을 가지고 있다. 물은 물, 흙은 대지, 나무는 수목, 불은 불길이나 열, 금은 금속이다. 단순하지만 각 방위는 5종류의 성질을 각각 가지고 있으며, 방위에 따라 운기나 행운의 색이 존재한다.

오행의 각 색에는 각각의 성질을 활발히 하는 색이 있다. 이것을 상생의 색이라 한다. 예를 들어, '물'을 주면 '나무'가 자라듯이, '물'은 '나무'의 성질을 활발하게 하는 색이다. '나무'가 불타면 '불'을 낳으므로, '나무'는 '불'의 상생의 색이 된다. 이런 관계를 알기 쉽게 정리하면 다음과 같다.

- '물'은 '나무'를 기른다.
- '나무'가 불타면 '불'을 낳는다.
- '불'이 모두 타고 나면 '흙'으로 변한다.
- '흙'은 '금'을 기른다.
- '금'의 표면에는 '물'이 생긴다.

■ 오행별 행운의 색

방위	오행	기본색	상생의 색	보완색
북	수	물색(水色), 파란색, 검은색, 회색	흰색	빨간색, 분홍색, 오렌지색
북동	토	갈색, 노란색	빨간색	흰색
동	목	녹색, 파란색	수색	붉은색
동남	목	녹색, 푸른색	수색	붉은색, 분홍색
남	화	붉은색, 보라색, 분홍색	녹색, 청색	흰색 등의 한색(寒色)
남서	토	갈색, 노란색	붉은색	흰색, 녹색, 푸른색, 수색
서	금	흰색, 노란색, 금색, 은색	갈색	오렌지색
서북	금	흰색, 노란색, 금색, 은색	갈색	오렌지색, 진분홍색

예를 들어 서쪽은 금의 성질을 가지고 있기 때문에 금색·황색·백금의 흰색 등과 궁합이 좋고, 재물운을 맡는다고 한다.

풍수에서 가장 중요한 것은 음양의 균형을 유지하는 것이다. 오행의 기본색과 상생의 색을 배치하면 좋지만, 모든 집에 적합한 것은 아니다.

북쪽

'물'의 성질을 가지는 방위로, 물색[水色]이나 파란색이 해당된다. 밤의 방위로, 어두움의 상징이며, 검은색이나 회색도 북쪽의 색이다.

상생의 색은 흰색이지만 흰색을 많이 사용하면 북쪽은 햇빛이 잘 들어오지 않아 차가운 공간(썰렁한 환경)이 되기 쉽다. 이 방위에서 오랜 시간을 보내면 하반신에 문제가 발생하기 쉽다. 빨간색이나 오렌지색 등을 포인트로 사용하면 따뜻함을 넣어 음양의 균형을 이룰 수 있다.

■ **방위별 행운의 색**

방위	현관	욕실	화장실	침실	거실
북	흰색, 노란색, 오렌지색, 분홍색	분홍색, 노란색, 오렌지색	분홍색, 노란색, 오렌지색	분홍색, 노란색, 오렌지색	흰색, 분홍색
북동	흰색	흰색	흰색, 노란색	흰색	흰색
동	빨간색, 파란색, 분홍색	파란색	빨간색, 파란색, 흰색, 분홍색	파란색	파란색
동남	흰색, 빨간색, 노란색 분홍색	분홍색, 오렌지색	노란색, 오렌지색	오렌지색, 노란색	노란색, 오렌지색
남	흰색, 회색, 베이지색	녹색	녹색	녹색	흰색, 분홍색
남서	노란색, 보라색, 베이지색	노란색, 보라색, 흰색	검은색, 노란색, 흰색	노란색, 보라색	흰색, 베이지색
서	노란색, 흰색, 분홍색	노란색, 분홍색	노란색, 분홍색, 흰색	분홍색, 노란색	노란색, 금색(골드)
서북	녹색, 갈색	흰색, 베이지색	흰색	노란색, 오렌지색, 분홍색	흰색, 녹색

북동쪽 · 남서쪽

'흙'의 성질을 가지는 방위로, 기본색은 갈색이나 황색이다.

동쪽 · 동남쪽

'나무'의 성질을 가지는 방위. 기본색은 물의 색인 초록색과 상생의 색은 파란색이다.

동쪽은 태양이 힘차게 솟아올라 하루를 시작하고 사물의 시작을 의미하는 방위이기 때문에 태양을 의미하는 붉은색을 사용하면 방위의 의미가 강해진다.

남쪽

남쪽은 태양의 빛이 찬란히 쏟아지는 방위이기 때문에 불의 요소가 있는 태양의 빛을 상징하는 빨간색과 보라색, 분홍색 등이 행운의 색이다.

방의 남쪽이 벽이고 햇빛이 전혀 들어오지 않는다면 벽에 붉은색의 포스터를 붙이거나 조명을 다는 등 태양과 같은 효과를 내도록 한다. 자연의 모습이 재현되어 몸과 마음을 편안하게 한다.

방의 남쪽에 큰 창이 있어 빛이 충분히 들어오는 경우, 붉은색 커튼을 달면 붉은 색이 과잉된다. 이런 방은 여름철에 더위를 더 많이 느끼게 된다. 이때 초록을 비롯한 한색 계열의 커튼을 달면 체감 온도가 내려간다. 무성하게 우거진 수목을 상징하는 녹색도 남쪽을 보완하는 행운의 보완 색이다.

서쪽 · 서북쪽

'금(금속)'의 성질을 가지는 방위로 중국에서 돈이라면 백금을 뜻하므로 우선 흰색으로 나타내고, 그 다음에 황금을 상징하는 금색이나 황색, 은색 등이 기본색이 된다.

(2) 공간에 따라 효과적인 색

북동의 방

표귀문인 북동쪽의 방에는 난색 계열이 좋다. 특히 추운 겨울에 이 방위의 욕실이나 세면장, 화장실에 옅은 난색 계열의 소품을 사용하면 시각적으로 따뜻함을 느낄 수 있다.

남서쪽·서쪽의 방

더운 여름에 주의해야 하는 남서쪽이나 서쪽 방에는 시원스러운 한색 계열이 좋다. 서쪽이라고 무조건 황색을 사용하면 오히려 덥게 느껴질 수 있으므로 주의한다.

서재나 작업실

능률이 오르는 파란색이나 피로를 완화시키는 초록 계열의 커튼, 블라인드 등을 사용한다.

자녀방

베이지 계열을 사용해 보는 것이 좋다. 시험 기간에는 커튼이나 소품에 파란색이나 초록색 등을 더해 준다.

거실

온 가족이 편안해지는 색채가 좋다. 베이지, 연한 초록색은 침착함과 평온함을 느끼게 하고 방이 넓어 보이는 효과도 있다.

욕실·화장실

욕실에는 베이지, 화장실에는 크림색이 무난하다. 흰색은 기분을 반사시켜 쉽게 지치게 한다. 녹색은 편안한 휴식과 어울리지만, 물을 사용하는 좁은 장소에 녹색을 사용하면 곰팡이나 이끼 같은 인상을 주므로 화장실에는 적합하지 않다. 녹색 계열은 욕실에서는 기가 강해지고, 화장실에서는 강해지지 않는다.

(3) 본명성별 색

자신의 본명과 궁합이 좋은 본명성의 색을 몸에 지니면 좋다. 일백수성의 흑이나 오황토성의 황하의 색은 누가 지녀도 좋은 색이 아니므로 제외한다.

구자화성(九紫火星)
태양이 가장 높게 올랐을 때의 금빛에 해당하며, 빨간색과 파란색이 미묘하게 서로 섞인 보라색이다.

팔백토성(八白土星)
팔백의 흰색은 산의 흙빛, 초갈색과 비슷한 것으로, 사물이 일단 무(無)로 돌아가 새롭게 시작되는 의미라고 볼 수 있다.

칠적금성(七赤金星)
오렌지색. 칠적금성이 나타내는 저녁의 시간, 저녁놀의 색이다. 소득의 계절인 가을의 수확의 색, 단풍의 색이기도 하다.

육백금성(六白金星)
일반 흰색이라기보다 금속이나 보석의 딱딱한 빛을 나타내는 흰색이다. 오히려 금색, 은색이라는 표현이 나을 것이다.

오황토성(五黃土星)
황하의 황색, 황토색이지만 물건을 부패시키기도 하고, 흙으로서의 작용이 제일 강한 성질을 가리킨다.

사록목성(四綠木星)

초목의 초록이다. 담록색이 아닌, 풍부하고 무성하게 성장하는 초록을 의미한다.

삼벽목성(三碧木星)

새싹의 녹색을 나타내지만 파란색에 가깝다. 감청색의 파랑, 하늘의 파란색이 깊고 큰 바다에 비치는 색이다.

이흑토성(二黑土星)

흙빛이지만, 오황토성의 격렬한 작용과 달라 물건을 기르는 대지의 색이다. 검은 흙색, 부드러운 갈색이다.

일백수성(一白水星)

흰색, 검은색에 해당한다. 한밤중이나 구멍, 구덩이처럼 빛이 들지 않는 암흑의 흑, 물의 투명한 흰색이다.

■ 본명성별 행운의 색

본명성	행운의 색
구자화성(九紫火星)	갈색, 노란색, 녹색, 파란색
팔백토성(八白土星)	보라색, 금색, 갈색, 빨간색, 주황색, 노란색
칠적금성(七赤金星)	갈색, 금색, 노란색
육백금성(六白金星)	갈색, 주황색, 빨간색, 노란색
오황토성(五黃土星)	보라색, 금색, 빨간색, 주황색, 노란색
사록목성(四綠木星)	보라색, 금색, 푸른색
삼벽목성(三碧木星)	보라색, 금색, 녹색
이흑토성(二黑土星)	보라색, 금색, 갈색, 빨간색, 주황색, 노란색
일백수성(一白水星)	빨간색, 주황색, 금색, 파란색, 녹색

2. 가구 풍수

1) 가구 배치의 기본

현대 건축은 사람이 아닌 집을 중심으로 설계하고 있어 자연의 기의 흐름에 역행하는 경우가 많다. 침대 위치나 방향도 건물의 구조나 배치 관계로 기가 나쁜 장소나 방향에 두어야 할 때가 많다. 그러므로 가구를 배치할 때는 집의 방향이나 공간 구조 및 자신의 본명괘에 따른 길흉의 방위를 잘 파악하여 배치하는 것이 바람직하다.

가구 배치만으로 행운을 부를 수 없다고 생각하는 사람도 있겠지만, 조금이라도 행복하고 발전된 삶을 살고 싶다면 실천해 본다. 분명 아무것도 하지 않고 사는 것보다 자신을 변화시키는 효과가 있을 것이다.

가구 배치의 원칙과 주의점

가구 배치에서 가장 중요한 원칙은 자신의 본명괘를 명확하게 파악하는 것이다. 본명괘 편에 있는 도표를 참조(본문 34쪽)하여 자신이 동사명인지 서사명인지 확인한다.

동사명은 감(坎)·진(震)·손(巽)·리(離), 서사명은 간(艮)·곤(坤)·태(兌)·건(乾)이다.

전자제품이나 가구는 주변 환경이나 거주자의 길흉에 따라 변화무쌍한 결과를 가져온다. 따라서 길방에 설치하는 것이 가장 좋다. 길방은 집 전체의 중심(태극)에서 방위를 살펴 시행해야 하지만, 풍수를 처음 접하는 사람에게는 매우 어려우므로 자신만의 공간이나 일부분에서만 방향을 측정하여 실시해도 무난하다.

방의 길방과 본명괘의 길방이 일치하지 않는 경우에는 편안하고 심리적으로 안정을 줄 수 있는 방위를 우선적으로 선택한다. 그 이상은 풍수 전문가와 상담하여 좋은 해결책을 찾는 것이 좋다.

가구의 색상을 고를 때는 본인이 좋아하는 색을 고른다. 중국 풍수에서는 행운의 색으로 누구나 황색이 좋다고 말하지만, 황색이 자신에게 맞지 않을 때는 심리적으로 좋지 않은 영향을 미친다.

2) 가구 배치 시 주의할 점

각 가정에서 가구를 배치하다 보면 자신도 모르게 흉 작용을 일으키는 배치를 할 수도 있으므로 주의한다.

- 침대 머리나 다리가 곧바로 침실 입구로 향하게 두어서는 안 된다. → 자고 있는 동안에 나쁜 기를 받기 쉽고, 불면이나 스트레스의 원인이 된다. 여러 가지의 문제가 생기기 쉽다. 침대 위치를 바꾸거나 입구와 침대의 사이에 칸막이나 관엽 식물을 놓아둔다.
- 가구는 입구에서 낮은 순서로 배치한다. → 입구 부근에 키가 높은 가구를 두면 기의 흐름을 방해하기 때문에 좋

은 기가 들어오지 않는다.
- 가족 수보다 많은 의자를 놓지 않는다. → 비어 있는 의자에도 운기가 배당되므로 가족의 운기가 저하된다.
- 창문 없는 화장실, 목욕탕은 좋지 않다. → 집 안의 나쁜 기를 밖으로 배출하기 어려워 오히려 나쁜 기가 집 안으로 역류한다. 창이 없는 경우에는 환기팬을 가동한다.
- 각종 전자제품 배선은 깨끗이 정리한다. → 전자제품의 배선이 어지럽게 널려 있으면 인간관계를 악화시킨다.

실내의 형살(形殺)로 흉 작용을 일으키는 배치가 아닌지 살펴봐야 한다. 집 안에도 형살이 있지만 간단하게 개선할 수 없거나 이사하기 힘들 수도 있다. 대부분의 경우는 풍수 인테리어를 실시하거나 위치를 이동하는 것만으로도 해결할 수 있다.

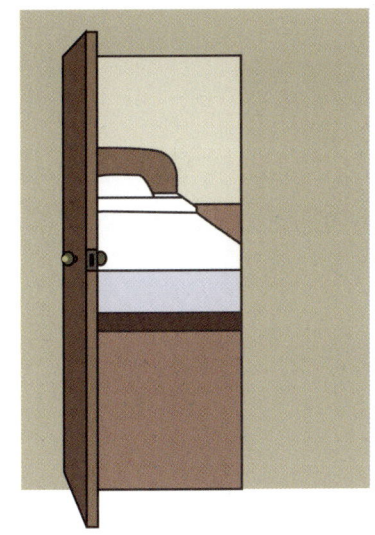

침대 머리나 다리가 곧바로 침실 입구로 향하게 두면 자고 있는 동안에 나쁜 기운에 노출되어 건강에 좋지 않다.

- 입구에서 보았을 때 바로 정면에 책상이 있다. → 각종 문제나 사고와 스트레스로 시달리게 된다. 입구와 책상 사이에 칸막이나 관엽 식물을 둔다. 일명 창살(槍殺)이라 한다.
- 현관 정면에 엘리베이터가 있다. → 문제나 스트레스에 시달린다. 관엽 식물이나 한 쌍의 사자상, 철(凸)면 팔괘 거울 등을 입구에 놓아둔다. 일명 개구살(開口殺)이라 한다.
- 출입구, 계단, 엘리베이터에 직면하고 벽시계가 있다. → 불이익을 주는 손님이 오는 일이 자주 일어나므로 시계 위치를 바꾸어 놓는다.
- 칸막이의 모퉁이 등 예각인 물건이 출입구를 향한다. → 정신적 압박감이나 불안감이 증가한다. 칸막이 방향을 바꾸거나 풍경 사진이나 그림으로 악한 기운을 억제한다.
- 머리 위로 대들보가 지나간다. → 두통이나 우울, 불안, 정신적 압박, 스트레스, 집중력 저하를 초래한다. 책상을 이동하거나 대들보에 방울이나 표주박을 달거나 대들보를

벽지나 커튼으로 숨긴다.
- 방문끼리 서로 마주보고 있다. → 인간관계에 여러 가지 좋지 못한 일이 발생한다. 관엽 식물 화분에 수정을 놓아 두거나 다른 한쪽 문에 동 재질의 풍경을 매단다.

3) 공간 · 방위별 가구 배치

(1) 현관

현관은 기가 출입하는 입구로, 풍수에서는 예부터 가장 중요한 공간으로 여겼다. 재물운이나 다양한 인연도 모두 현관을 통해 들어온다. 몸으로 말한다면 음식을 먹는 입과 같은 장소로 집 전체에 길방위에 있는 것이 바람직하다. 반대로 흉방위에 있으면 나쁜 기를 쉽게 불러 오기 때문에 각각의 방위에 맞는 오행의 아이템을 두어 나쁜 기의 작용을 억제한다.

개운을 위해서는 정리정돈이 무엇보다 중요하다. 그리고 좋은 기가 들어올 수 있는 이치를 제대로 만들어 둔다. 현관은 집의 안쪽에서 볼 때 오른쪽보다 왼쪽에 높고 인상적인 가구나 소품을 장식하는 것이 중요하다. 신발장은 왼쪽에 두는 것이 길하다. 만약 오른쪽에 있다면 왼쪽에 그림이나 사진을 장식하여 포인트를 준다.

(2) 거실

거실은 가족 전원이 모이는 공간으로, 모두가 느긋하게 지낼 수 있도록 편안한 분위기를 만드는 것이 중요하다.

조명은 지나치게 밝거나 어둡지 않은 것을 선택한다. 지나치게 밝은 빛은 가족 사이에 싸움을 일으킬 수 있다. 따라서 차분한 안정감을 주는 간접 조명이 좋다. 큰 창으로 강한 햇볕이 들어오는 것도 풍수적으로는 별로 좋지 않다. 창을 개선할 수 없다면 두꺼운 커튼을 치는 등의 방식으로 일조량을 조정한다.

가족이 함께 생활하는 거실은 길방위에 있는 것이 바람직한데, 복위·생기·천의·연년의 방위 등이 좋다. 가족이 많아 서로의 본명괘가 다를 경우에는 가족의 중심이 되는 사람의 본명괘에 맞추도록 한다. 예를 들어, 수입이 제일 많은 사람, 시험을 앞두고 있는 사람, 여러 가지 문제를 떠안고 있는 사람 등을 들 수 있다. 거실의 중심에서 본 길방위에 각각 앉도록 한다.

텔레비전이나 컴퓨터, 오디오의 위치로도 운의 효과를 얻을 수 있다. 이런 전자제품은 거실의 중심에서 본 길방위에 둔다. 텔레비전을 볼 때 길방위로 얼굴이 향하게 되기 때문이다. 반대로 쓰레기통은 흉방위로 둔다.

(3) 침실

침실은 인생의 3분의 1을 보내는 공간인 만큼 침실의 좋고 나쁨은 운에 상당히 많은 영향을 미친다. 침실은 현관과 함께 매우 중요한 장소로서, 주로 건강운을 좌우한다. 편안하게 쉴 수 있는 길방위에서 푹 자면 피로가 풀리고, 체력과 기력도 충만하여 모든 일에 적극적으로 대처할 수 있게 된다. 반대로 흉방위에서 자면 오랜 시간 자도 왠지 피곤하거나, 기력이 없어 길방위와 반대 현상이 일어난다.

침실은 결혼한 사람의 부부 관계를 원만하게 해 주는 공간이기도 하다. 침실 방위에서 제일 조심해야 하는 것이 바로 절명(絶命)의 방향이다. 자는 동안에는 무방비 상태이므로 나쁜

대들보가 있는 한옥이나 전등, 에어컨, 실링팬 아래에서 자는 일은 피해야 한다.

기의 영향을 많이 받을 수 있다. 최대 흉방위라면 운기가 내려간다.

거울에 자신의 얼굴이 비치는 위치에서 자는 것도 좋지 않다. 거울은 악의를 뒤집는 강한 작용을 가지고 있어 본래 나쁜 기에 사용하므로 자신에게 향하지 않도록 해야 한다. 만약 거울을 옮길 수 없다면 천으로 가린다.

최대길방위인 생기 방향으로 자면 좋다고 생각하지만 반드시 그렇지는 않다. 생기는 활동적인 기를 의미하는 방향이기 때문에 수면에는 적합하지 않다. 기운이 없을 때, 몹시 피곤할 때, 가끔 사용하는 것은 괜찮지만, 평상시 이 방위에서 자면 초조해진다.

대들보가 있는 한옥이나 전등, 에어컨, 실링팬 아래에서 자는 일은 피해야 한다.

침실에 어항을 두는 것도 좋지 않다. 어항의 물이 실내의 기를 어지럽히기 때문이다. 원룸에 어항이 있다면 심장보다 낮은 위치에 둔다. PC나 텔레비전도 기를 발산하기 때문에 침실에는 맞지 않다. 기를 어지럽히는 것은 없애고, 침착한 공간으로 만들도록 한다.

연년·천의·생기·복위 등의 길방위의 방을 침실로 하고, 침실의 소태극에서 본 길방위로 머리를 향하면, 자는 것만으로 운기를 높일 수 있다.

■ 흉 작용을 하는 침대 배치

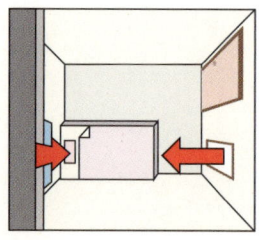

침대에 앉거나 누웠을 때 얼굴이 거울에 비친다.

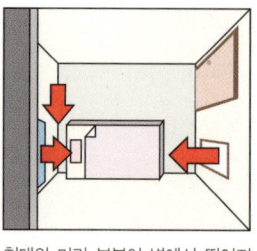

침대의 머리 부분이 벽에서 떨어져 있다.

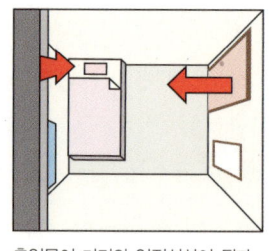

출입문이 머리와 일직선상이 된다.

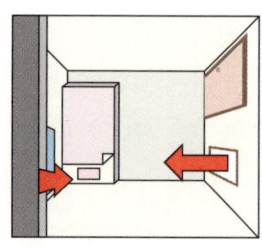

창가에 머리가 온다.

하루 일을 마치고 집에 돌아왔을 때 방은 마음과 몸을 달래주는 장소다. 일은 물론 사회생활의 스트레스가 쌓여 좀처럼 숙면하지 못할 때 자신의 침대 배치를 조정하거나 길 방향으로 향하게 한다. 가능하다면 본명괘의 천의(天醫)의 방향이 좋다.

(4) 부엌

풍수에서는 집 전체를 보고 나서 각 방을 판단한다. 그러나 부엌은 집에 살고 있는 모든 사람과 관계되는 신비스러운 힘을 가지고 있고, 불이나 물을 사용하는 장소로 중요한 공간이다.

부엌이 자신의 본명괘에서 길방위에 위치한다면 가스레인지나 오븐, 전자레인지, 밥솥 등 화기(火氣)를 가진 전자 제품을 흉방위에 둔다. 가스레인지는 쉽게 움직일 수 없지만, 밥솥이나 전자레인지 등은 간단하게 이동할 수 있다. 스위치가 붙어 있는 면을 길방위로 향하게 하는 것이 포인트다.

집 전체를 보고 부엌의 장소를 결정해야 하지만, 대부분이 이미 완성된 집에 살고 있기 때문에 마음대로 조정할 수 없으므로 가장 중요한 가스레인지의 위치와 방향을 조사한다. 가스레인지의 손잡이 방향은 정신 안정이나 질병 관계 및 재물운을 조정하지만 부엌을 사용하는 사람이나 소망에 따라 방향이 바뀐다. 방향은 일반적으로 '길방'을 향하는 것이 좋다. 서사명의 사람에게 서쪽이 좋은 위치지만, 동사명의 사람은 북쪽으로 설치하는 것이 제일 좋다. 자장의 변화는 현대 생활에서 중요하기 때문에 전자 제품을 가볍게 보지 않아야 한다. '살기(殺氣)'의 방위에는 절대로 전자 제품을 설치하지 않아야 한다. 살기의 방위에 전자 제품을 설치한다면 여러 가지 좋지 않은 화를 불러온다.

부엌칼이나 예리한 도구는 눈에 띄지 않는 곳에 정리한다.

부엌은 모든 식구와 관계되는 신비스러운 힘을 가지고 있는 중요한 공간이다.

부엌은 항상 청결하게 해 두는 것이 중요하다. 배수구나 환기팬 등은 깨끗하게 청소한다.

(5) 서재

가정에서 자신만의 공간으로 공부방이나 서재 등 여러 가지가 있다. 주부인 경우는 드레스 룸이나 파우더 룸 등이 있다.

공부방인 경우 최종 목적은 시험에 합격하는 일이다. 서재는 퇴근하고 휴식을 취하거나 새로운 계획을 세우는 공간이다. 남자들은 자신만의 시간을 자주 가지는 습관을 가져야 한다. 주부들은 자신만의 공간이 없는 경우가 많지만 식당이나 거실을 자신만의 공간으로 가꾸면 삶이 여유로워지고 윤택해진다.

생기·연년·복위의 길방위에 서재를 만들면 집중력이 높아지고 재능운이 꽃핀다. 천의 방위에 있으면 보다 효율을 높일 수 있다. 반대로 흉방위에 있으면 집중력이 부족해지고 좋은 아이디어가 떠오르지 않는다.

중요한 것은, 책상이나 컴퓨터를 길방위에 배치하는 것이다. 책상은 벽에 딱 붙이지 않도록 한다. 앉았을 때 문을 등지는 것도 좋지 않다. 앉았을 때 바로 정면에 문이 보이는 것이 좋다. 책장이나 수납 선반 등은 흉방위로, 컴퓨터·오디오·전화 등은 길방위에 둔다. 집 전체의 방위에서 생각하는 것이 힘들다면 서재 중심에서 길흉 방위를 판단한다.

(6) 욕실·화장실

물과 함께 나쁜 기가 흐른다는 욕실은 흉방위가 이상적이다. 특히 최대흉방위인 절명이나 대흉 방위의 오귀에 있으면 좋다.

건강이나 미용에도 영향을 미치지만, 흉방위에 욕실이 있다면 재물운에도 좋다. 생기·천의·연년·복위의 길방위에 있으면 더러워진 대량의 물이 악영향을 미친다. 길방위에 있다면 해당 방위에 맞는 행운의 색 수건이나 욕조 매트를 사용하면 흉 작용을 억제할 수 있다.

욕실은 길흉 어느 경우나 항상 환기를 잘해야 하며, 매일 깨끗하게 청소한다. 특히 배수구가 더럽지 않도록 주의해야 하고, 곰팡이나 악취에도 조심해야 한다. 욕조에서 목욕을 한 다음 더운 물을 모아 두지 않고 흘려보내고 욕조를 반짝반짝하게 닦아 둔다. 비누나 샴푸 등도 선반에 잘 정리해야 한다. 쾌적한 욕실에서 미용운과 건강운, 재물운을 손에 넣을 수 있다.

욕실에 거울을 장식하면 재물운을 높일 수 있는 효과가 매우 크다. 거울은 기의 방향을 바꾸거나 흐름이 빨라지는 성질이 있다. 물의 기와 관계가 있고 음의 기가 가득 차 빠른 기의 순환이 필요한 욕실에 안성맞춤이다. 거울은 풍수 인테리어 중에서도 자주 사용하는 아이템 중 하나이다. 창이나 문의 정면에는 배치하지 않는 것이 기본이다.

화장실에 창이 없고 자연광이 들어오지 않는다면 하루 종일 전기를 켜두고 분위기를 밝게 유지하도록 한다. 화장실은 음의 기운이 강하기 때문에 조명뿐만 아니라 꽃 그림 등 화사한 소품을 장식하고, 분위기를 밝게 유지해야 한다. 조명과 환기도 중요하다. 또한 강한 음의 기가 다른 방으로 들어가지 않도록 주의한다. 이때 가장 필요한 소품이 음의 기를 흡수해 주는 화장실 매트이다. 화장실 전용 슬리퍼도 중요한데, 실내용과 화장실용은 반드시 구별해야 하며, 함께 사용하면 화장실의 나쁜 기를 집 안 다은 공간으로 옮겨오게 된다.

화장실을 다 사용했으면 반드시 뚜껑을 닫는 버릇을 들이고, 변기를 사용한 뒤에는 반드시 물을 내린다.

화장실에는 항상 좋은 향기가 나야 한다. 탈취용의 숯도 나

욕실에 거울을 장식하면 재물운을 높일 수 있는 효과가 매우 크다.

쁜 기를 흡수해 주므로 추천할 만한 품목이지만, 감귤계 향기가 나는 것이 좋다(물론 개인적인 취향에 따라 향을 선택해도 된다). 여유가 있는 사람은 생화를 장식하면 좋다. 화장실은 기가 정체되기 쉬운 장소로, 기의 순환에 좋은 생화는 향기도 있어 화장실에 안성맞춤이다. 단, 시든 꽃을 오랫동안 장식해 두면 역효과가 나기 때문에 항상 신선한 꽃을 장식하도록 한다.

화장실은 항상 따뜻하게 해야 한다. 어둡고 눅눅하면 화장실에 운기는 없다. 화장실 인테리어의 기본은 난색 계열이다. 한색 계열이나 진한 빨간색 등은 좋지 않다.

(7) 사무실 · 학교

풍수 인테리어는 집에서만 이용하는 것이 아니다. 직장이나 학교에서 풍수를 응용하면 좋은 점이 많다. 하지만 혼자 할 수 있는 부분이 아니라서 어려운 점이 많다. 아침부터 저녁까지 가장 많은 시간을 보내는 직장이나 학교 공간을 풍수에 맞게 조

■ 본명괘에 따른 자리 배치

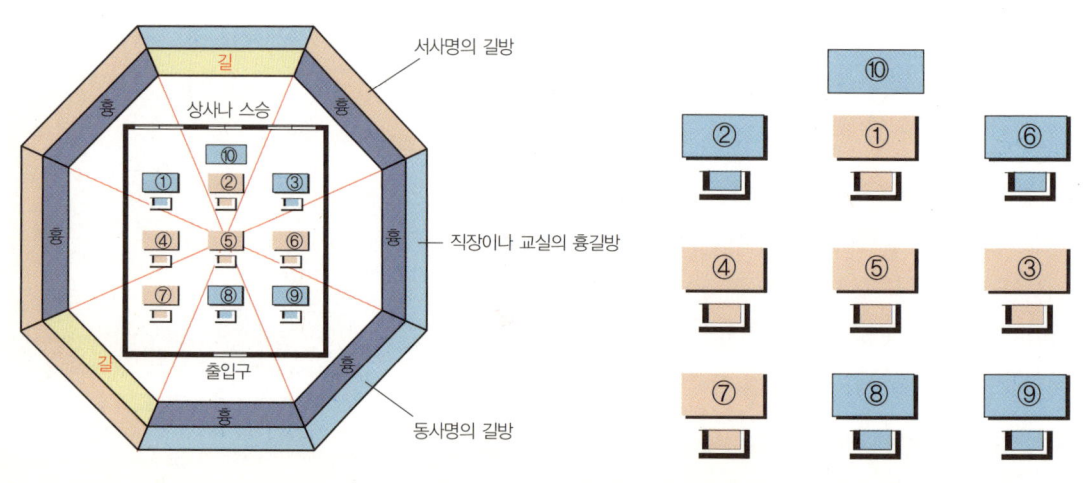

절하면, 업무 실적이나 성적이 향상되는 효과를 얻을 수 있을 것이다.

자리를 어떻게 배치하느냐에 업무 실적이나 대인 관계가 좋아다. 특히 사무실에서의 풍수 인테리어는 업무 능력을 향상시키는 효과가 크다.

옆의 그림을 사무실이나 교실이라고 본다. 그림을 보면 원기가 넘치는 사람과 전혀 그렇지 못한 사람으로 구분할 수 있다. 회사에서도 손해를 보고 개인적으로도 괴로운 일이다.

최소한 서사명과 동사명의 사람들이 자신에게 상생이 되는 장소나 방위에서 일하고 공부하게 함으로써, 지금보다는 모든 면에서 좋아질 것이다. 예를 들어 당장에 눈에 띄는 실적이 오르지는 않아도 사람들이 활기와 생기가 넘치고, 하고자 하는 의지가 생기게 된다.

다음은 본명괘와 상생을 고려한다.

어차피 하는 일이라면 누구나 즐겁고 기분 좋게 하고 싶어 한다. 개인의 성적이 좋아지면 회사 실적의 상승과도 연결되므로 개인이나 회사 모두에게 이익을 가져다 준다.

학생의 경우에는 자리의 순서에 따라 운이 좋을 수도, 나쁠 수도 있다. 평소에는 성적이 좋은데 시험만 보면 떨어진다거나, 갑자기 병에 걸리거나 상처가 많다거나, 좋아하는 아이에게 실연을 당했다거나 여러 가지의 문제가 있을 수 있다.

학교 생활을 가치 있게 보내고 즐거운 추억을 만들 수 있다면 더할 나위 없이 즐거운 학창 시절을 보낼 수 있다. 자신에게 좋은 자리나 방향이 아니라면 자리를 바꿀 것을 제안하고, 좋은 장소를 확보하여 성적이나 연애 문제를 잘 해결하여 즐거운 학교생활을 직접 만들어 간다.

직장에서도 교실에서도 자신에게 좋은 영향을 주는 전자 제품이나 식물 등을 배치하여 한층 더 자신의 인생을 즐거운 쪽으로 만들어 가도록 한다.

3. 거울 풍수

1) 거울의 역할과 의미

거울은 예부터 신물로 여겨져 소중히 다루어져 왔다. '거울은 제물상(신단)과 같이 동향이나 남향으로 하면 좋다.', '새 집에는 가장 먼저 거울을 들인다.' 라는 말은 그만큼 거울의 귀중함을 나타내는 표현이다.

거울은 화장을 하거나 몸가짐을 정돈할 때를 비롯하여 일상생활 속에서 자신의 모습을 비추어 보는 도구다. 얼굴빛을 살피고 잇몸이나 혀의 색, 편도선의 모습 등 건강 상태를 판단할 때도 이용한다.

거울에 예쁘게 비치는 자신의 모습을 보면 기분도 좋고, 오늘도 힘을 내어 열심히 살자는 의욕이 생긴다. 반대로 기운이 없어 보이면 기분이 흐려지고, 삶의 의욕도 사라진다. 그만큼 거울은 인간의 감정에 영향을 미치고 있으니 '신물'이라 할 만하다.

그렇다면 거울은 어디에 두는 것이 좋을까?

예부터 '동향이나 남향에 두면 좋다.'는 의미는, 거울에 비친 모습을 자연의 빛으로 밝게 보고자 했던 선인의 지혜에서 나온 것이다. 현대에는 주택 사정에 따라 거울을 두는 장소나 방향이

다르다는 점을 생각해야 한다. 창문의 위치, 빛이 들어오는 상태, 조명의 위치 등 집에 따라서 조건이 모두 다르다. 중요한 것은 자신이 사용하는 시간에 제일 예쁘게 비치는 장소에 거울을 두는 것이다. 재수가 좋다고 생각되는 방향이나 장소에 구애받을 필요는 없다. 예쁘게 비치는 장소, 꼭 필요한 장소에 두는 것으로 건강운이나 사회운을 크게 높일 수 있다.

풍수학에서는 밝은 장소의 거울은 길, 어두운 장소의 거울은 흉이라고 일러 왔다.

2) 거울의 풍수 기능

풍수학에서 가장 중요한 개운과 액막이 상품으로 추천되는 것이 거울이다. 거울은 예부터 신령스러운 물건으로 알려졌으며 무엇인가를 비추어 그 힘을 사람들에게 알리는 기능과, 나쁜 기운을 물리치는 기능이 있다. 거울에는 기의 입구인 현관을 통해 들어오는 좋지 못한 기운을 물리치는 힘이 있는데, 이때 쓰이는 것은 풍수 거울로, 집에 있는 일반 거울과는 다르다. 흔히 있는 일반 거울로는 힘이 강한 나쁜 기를 없앨 수 없다.

풍수 거울은 집 안에 장식하는 것만으로 밖에서 들어오는 나쁜 기를 제거하고, 좋은 기를 강하게 끌어들인다. 집에서 나갈 때나 돌아왔을 때 웃는 얼굴로 풍수 거울을 보면 보다 강력하게 나쁜 기를 제거하고, 한층 더 행운을 불러들일 수 있다.

방위에 따른 거울의 역할

북쪽의 거울은 재산을 비추어 지켜 줌으로써 집안 경제를 좋게 한다. 남쪽의 거울은 재능과 아름다움을 비추어 발달시킴으로써 재능에 따른 수입이 커지고 매력이 늘어난다고 한다.

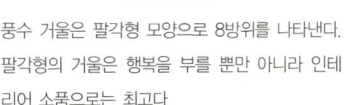

풍수 거울은 팔각형 모양으로 8방위를 나타낸다. 팔각형의 거울은 행복을 부를 뿐만 아니라 인테리어 소품으로는 최고다.

풍수 거울 활용법

운을 높이기 위해 프레임의 색이 황색이나 금색, 흰색인 거울을 현관에 들어서면서 왼쪽에 장식하면 좋다.

귀문에 거울을 두어도 좋다. 거울이 집 안으로 들어오는 나쁜 기를 물리치기 때문이다. 거울은 좋은 기를 끌어들이므로 귀문 외의 공간에도 거울을 사용해 방 안에 좋은 기를 퍼뜨린다.

거울은 현관에 두는 것이 가장 좋은데, 거울을 두는 위치에 신경을 써야 한다. 들어서자마자 거울이 정면에 보인다면 모처럼 들어온 기를 쫓아 버리는 셈이다. 출입구 정면에 거울이 있다면 지금 바로 위치를 바꾸는 것이 좋다.

팔괘 거울은 부적의 효과가 있다. 중앙 거울의 효력으로 좋지 않은 기운의 침입을 막고, 건물이나 입지의 지리적 상황이 미치는 악영향을 해소할 수 있다. 이때 주의해야 할 것은 거울의 크기다. 전신이 비치는 크기가 제일 좋고, 그 정도 크기의 거울을 둘 수 없을 경우에는 적어도 상반신이 비칠 정도의 크기는 되어야 한다. 상반신을 비출 때 머리 부분이 잘려지는 것은 좋지 않다.

현관과 거울

현관은 기의 출입구다. 기를 끌어당기려면 항상 밝고 깨끗한 상태를 유지해야 한다. 현관에 들어서면서 바라보이는 정면에 거울이 있으면 운기가 뒤집어지고, 현관으로 들어오는 재물운이나 행운의 기가 밖으로 반사되어 나가 버린다.

거울은 정면보다 측면에 걸린 것이 좋다. 현관을 들어가 왼쪽에 거울을 걸어 두면 재물운이 올라가고, 오른쪽으로 걸어 두면 지위나 명예가 올라간다.

현관에 주로 사용하는 팔괘 거울은 삿된 기운의 침입을 막고, 건물이나 입지의 지리적 상황이 미치는 악영향을 해소해 주며 살기(殺氣)를 없애 준다. 집이나 사무실이 풍수 원리에 맞게 배치되었다고 해도, 현관이 외적인 요인에 의해 눈에 보이지 않는 살기를 계속 받는다면 운이 파괴될 수 있다. 따라서 그에 대한 대처법으로 팔괘 거울이 필요하다.

팔괘 거울의 도안에는 '선천 팔괘'와 '후천 팔괘'가 있다. 두 개의 차이는 점괘를 늘어놓는 방법에 있으며, 그에 따라 가지고 있는 힘도 차이가 난다. 선천 팔괘는 그 자체가 악의를 없앤다고 하고, 후천 팔괘는 운세 등을 높이기 위해 사용되어 왔다. 현재는 대부분이 선천팔괘라고 할 수 있다.

현관에 사용하는 거울의 크기는 200×200㎜가 좋다. 200㎜라는 것은 부귀(富貴)에 해당하여, 재(財)와 명예(名譽)를 강력하게 얻을 수 있다. 풍수 거울의 뒷면에 있는 태극 팔괘도는 길조(吉兆)의 크기인 160×160㎜로 만들어져 있다. 160㎜라는 것은 대길(大吉)에 해당하여 무슨 일이든 잘되는 것을 나타낸다.

부귀(富貴)
중국 2500년 전 풍수 이론에 의해 건설업의 시조가 된 노반(魯班)이 고안했다. 길흉의 치수를 측정하는 노반척의 눈금, 재를 얻는 길상의 단위다.

3) 요철(凹凸) 거울의 효과와 사용법

요(凹)형 거울

요면경(凹面鏡)은 도로나 하천의 나쁜 기운을 제거하고 막아주는 역할을 한다. 흔히 건물을 신축할 때 주위의 지리적 악영향을 해소하기 위해 사용되곤 한다.

현관이나 입구에서 밖을 향해 걸어 두면 사물이 역상으로 비추어 악의를 은폐하고, 좋은 기로 바꾼다. 구체적으로 다음과 같은 장소에 집이나 방이 있다면 걸어 둔다.

- 현관 앞에 비탈길이 있다.
- 복합주택, 현관 앞에 남의 집 현관, 엘리베이터, 계단 등이 있다.

- 곡선의 도로와 하천 바깥쪽에 집이 있다.
- 근처에 고속도로가 있다.

이 밖에도 요면경은 빛을 모으는 성질이 있어 주위의 환경이 좋을 때는 좋은 기분을 얻기 위해 사용할 수도 있다. 상황에 따라 구분하여 사용하면 좋다.

철(凸)형 거울 - 볼록 거울

볼록 거울은 날카로운 것이나 모난 것에서 발생하는 나쁜 기운을 막아 주는 기능을 한다. 집 주위에 위압감이 있는 건물이 있거나 전신주·간판 등이 바로 보여 나쁜 영향이 걱정될 때 사용된다. 이때 대상을 향해서 사용해야 한다. 볼록 거울의 튀어나온 부분은 원래 빛을 확산시키는 작용이 있는데, 풍수에서는 나쁜 기운을 반사하고 가라앉혀 버리는 작용을 한다. 구체적으로 다음과 같은 장소에 집이나 방이 있다면 걸어 둔다.

- 근처에 전신주나 큰 간판이 있다.
- 근처에 고층 맨션 등 위압적인 건축물이 있다.
- 날카로운 건물의 첨단이 자신 쪽을 향하고 있다.
- 골목이나 통로의 막다른 곳에 집이나 방이 있다.

4) 거울 취급 방법에 따른 길흉

거울은 취급하는 방법에 따라서 좋은 작용도 나쁜 작용도 있다. 기본적으로는 왕기(王氣)를 끌어당기는 힘이 있지만, 반대로 뒤집는 힘도 있다. 주의해서 취급해야 한다.
잘못된 취급 방법을 살펴보면 다음과 같다.

- 거울이 더럽거나 흐리다.
- 현관에 들어가 정면에 거울이 있다.
- 침실에 전신이 비치는 큰 거울이 있다.
- 아이 방 책상에서 보이는 위치에 거울이 있다.

　거울은 미용운을 좌우하므로 화장실의 거울은 언제나 반짝반짝하게 해 둔다. 현관에 들어서면서 정면에 보이는 거울은 모처럼 들어오는 좋은 기를 반사해 쫓아 버린다. 침실에 큰 거울이 있으면 애정운을 떨어뜨린다. 아이 책상에서 보이는 위치에 거울이 있으면 집중력이 떨어지게 된다. 가능하면 책상에 안 보이는 곳에 거울을 걸어 둔다. 거울의 올바른 취급 방법은 다음과 같다.

- 언제나 반짝반짝하게 닦아 둔다.
- 현관에 들어서면서 오른쪽에 거울이 있다.
- 태양의 방위를 향해 놓여 있다.

　거울이 깨끗한 상태라면 방의 기운도 깨끗해진다. 화장실의 거울이 깨끗하다면 미용운을 높이는 효과도 있다. 현관에 들어가 오른쪽에 거울을 걸어 두면 매우 길하다. 기의 흐름이 부드러워져 좋은 기를 집안으로 쉽게 유도한다. 관엽 식물을 같이 두면 매우 효과적이다. 태양의 방위로 거울을 걸어 두면 태양의 좋은 기를 끌어당기는 힘이 있다.

4. 식물 풍수

1) 좋은 기를 모으는 관엽 식물

식물은 풍수학과 밀접한 관계를 맺고 있다. 풍수학에 관련된 서적에도 식물에 대해 많은 내용이 소개되어 있다. '수목은 집 앞에 있으면 길하고 뒤에 있으면 흉하다.', '집의 사방에 대나무가 파랗고 싱싱하면 재물운이 늘어난다.', '정원 가운데에는 나무를 심고 문정(門庭)에 대추나무를 심으면 길상(吉詳)이 늘어난다.', '정원의 중심에 수목이 가득하면 답답하고 거목을 중심에 심으면 화를 불러들인다.' 등이 그것이다.

전통 풍수학에서도 집 주변 수목의 종류와 위치 등에 매우 높은 관심을 보인다. 이는 식물이 양택풍수에 커다란 영향을 미치기 때문이다.

관엽 식물은 생물이다. 거주하는 사람이 영향을 받는 악이나 살기가 있으면 관엽 식물을 두어 사람 대신 악이나 살기를 빨아들여 준다. 이로 인해 나쁜 기운을 피할 수 있다.

관엽 식물의 색조나 형태 그리고 완만한 바람의 흐름에 맞추어 잎이 흔들거리는 모습은 몸이나 정신을 유연하게 하여 편안함을 줄 수 있다.

성장이 빠른 식물은 나쁜 이온을 많이 발생시킨다. 좋은 이온이 많은 장소에는 관엽 식물을 두어 나쁜 이온을 중화시켜 좋은 이온을 늘리고, 기분 좋은 장소로 바꿀 수 있다.

(1) 관엽 식물의 풍수 효과

풍수에서 관엽 식물을 실내에 두는 것은 매우 중요하다. 인공적인 것으로 둘러싸인 실내에 자연의 녹색이 있는 것은 사람에게 평온함과 위안을 줄 뿐만 아니라, 나쁜 기분을 빨아들이고 좋은 기운을 실내에 퍼뜨린다.

풍수에서 사용하는 실내 식물은 크게 '기를 왕성하게 하는 상록 식물'과, '흉상(凶相)을 쫓는 선인장류'로 나뉜다. 이 두 종류의 식물은 풍수학에서 그 목적과 놓는 방향이 다르므로 확실히 구별해 둘 필요가 있다. 기를 왕성하게 하는 방위에는 잎이 큰 상록 식물을 놓고, 기를 쇠퇴하게 하는 방위에는 선인장 같은 가시 있는 식물을 놓는다. 기를 왕성하게도, 쇠퇴하게도 하지 않는 방위에 식물을 놓으면 아무런 효과가 없다.

기를 왕성하게 하는 방위에 잎이 크고 넓은 상록 식물을 놓으면 기를 왕성하게 하고 집안의 재물운이 증가한다. 소철·고무나무·파초·만년청 등의 상록 식물이 이상적이고, 관상용으로 난이나 대나무도 효과가 있다.

대나무는 사시사철 파릇파릇하고 그 이미지가 세속과는 거리가 먼 식물로 평안의 상징이기도 하다. 집의 사방에 대나무가 파랗고 성성하면 재물운이 늘어난다고 여겨진다. 일반적으로 대나무는 관상용으로도 풍수학에도 매우 적합한 식물로 기가 왕성한 방위에 대나무 그림을 걸어 두는 것도 매우 좋다. 대나무 외에 모란 그림도 좋다. 모란은 선명하고 우아하며 화려한 꽃으로 예부터 부귀의 상징으로 여겼다.

한편 기를 쇠퇴시키는 방위에 가시가 있는 식물을 놓으면 흉 작용을 방지할 수 있다. 선인장류 이외의 장미도 이에 속한다. 선인장처럼 가시가 있는 식물을 흉(凶)방에 두면 흉을 제압하는 효과를 볼 수 있다.

관엽 식물은 수분을 포함하고 있기 때문에 어항 대신에 나쁜 기운을 억누르고 재기(財氣)를 얻을 수도 있으므로 어항을 둘 수 없는 '사기'의 장소에 관엽 식물을 둔다.

(2) 관엽 식물 배치 장소

기본적으로 길방위나 흉방위를 신경 쓰지 않고 어디에 두어도 상관없다. 다만 재물운을 얻기 위해서는 '사기'에 둔다. 빛을 쬐어 주면 기운이 활성화되므로 기운이 쉽게 가라앉는 방의 구석 등에 배치하면 좋다. 거실이나 사무실에 두면 좋고, 특히 컴퓨터나 전자 제품 근처는 빠뜨려서는 안 된다.

관엽 식물은 햇볕을 흡수하고 광합성 작용으로 산소를 만들지만 야간에는 사람과 같이 산소를 들이마시고 이산화탄소를 발생하기 때문에 침실에는 너무 큰 관엽 식물을 두지 않는다. 부엌이나 식탁에 둘 때는 흙 때문에 벌레나 세균, 박테리아가 발생할 우려가 있으므로 수경 재배법이 적합하다

빛이 들어오지 않는 장소 또는 사기와 살기가 있는 장소에 식물을 두면 점점 약해진다. 그럴 때는 다른 장소에 있는 식물과 자리를 자주 바꿔 주어야 한다. 잎이 노랗게 변하거나 시들어 있다면 정리한다.

(3) 운을 높여 주는 관엽 식물

관엽 식물의 종류는 다양하지만, 손길을 많이 필요로 하지 않고, 잎이 잘 떨어지지 않는 파키라와 아레카야시 등이 키우기 좋다. 가시가 있는 선인장이나 잎이 잘 떨어지는 벤자민은 피한다. 일반적으로는 인기가 있는 종류라도 잎이 처진 식물은 운기를 떨어뜨리므로 처지지 않도록 관리해야 한다.

재물운(금전운)

재물운을 높이기 위해서는 서쪽에 노란색 꽃이나 열매가 열리는 관엽 식물을 둔다. 열매 모양의 장식물을 매달아도 좋다.

돈이 모이지 않는 사람은 흰 그릇에 심어서 북동쪽에 둔다.

현상(懸賞)운

현상운을 높이기 위한 관엽 식물은 가지의 끝에 잎이 무성한 것을 배치한다. 기회를 펼쳐 주는 힘이 있다. 직관력을 높이기 위해서는 남쪽이 좋고, 화분이나 화분 커버는 반짝반짝 빛나는 것을 사용하는 것이 이상적이다.

부동산운

부동산운을 높이기 위한 관엽 식물은 거실이나 식당의 북동쪽이나 남서쪽에 놓아둔다. 북동쪽이라면 흰 화분에 담아 키우고, 남서쪽이라면 초벌구이를 한 갈색 화분에다 기른다. 단독주택을 갖는 것이 희망이라면 양쪽 모두 실행한다.

■ **운세를 높여 주는 꽃장식**

운세	꽃의 개운 효과
건강운	화장실에 창이 없는 가정은 보라색의 꽃을 장식하여 건강운을 높인다. 화장실이 북쪽에 있다면 분홍색 꽃을 장식하면 효과가 크다.
재물운	돈을 모으고 싶은 사람은 노란색 꽃을 서쪽 방이나 방의 서쪽에 장식한다.
현상운	상품에 당첨되고 싶은 사람은 붉은색 꽃을 남쪽의 방에, 특히 현금이나 복권에 당첨되고 싶은 사람은 붉은색 꽃을 서쪽의 방에 장식한다.
부동산운	맨션을 갖고 싶은 사람은 노란색의 꽃과 흰 색의 꽃을 북동쪽의 방에 장식한다. 토지를 갖고 싶은 사람은 노란색 꽃을 남서쪽 방에 장식한다.
자녀운	나무 열매를 침실의 북쪽에 장식하고, 후계자를 갖고 싶은 사람은 흰색 꽃을 침실의 남서쪽에 장식한다. 부엌이 북쪽에 있다면 리본을 단 흰색 꽃을 부엌에 장식한다.
가정운	가족 전체를 침착하게 하고 싶다면 노란색 꽃을 거실에 장식한다.
연애운·결혼운	리본을 단 분홍색 계열의 꽃을 동남쪽의 방에 장식하고, 행복한 결혼을 바란다면 분홍색 계열에 흰색이 들어간 꽃을 침실의 머리맡에 장식한다.
다이어트운	날씬하고 예뻐지고 싶은 사람은 푸른색의 꽃을 남쪽의 방에 장식하고, 특별히 다이어트를 하고 싶은 사람은 보라색 꽃을 식탁 근처에 장식한다.
사업운	남편의 사업운을 위해서는 북동쪽 현관, 부엌, 화장실 등에 흰색 꽃을 장식하고, 자신의 사업운을 위해서는 방의 동쪽에 붉은색 꽃을 장식한다.
인간관계운	스트레스 없는 인간관계를 원한다면 머리맡에 노란색 꽃을 장식하고, 가장 머물고 싶은 벽 쪽에 분홍색 꽃을 장식한다.

건강운을 높이기 위한 관엽 식물은 식사하는 장소의 북동쪽, 남서쪽의 운기를 높인다. 북동쪽에는 키가 큰 1.5m 이상의 식물을, 남서쪽에는 반대로 허브 관련 식물을 모아서 배치하는 것이 좋다. 창이 없는 화장실에는 미니 관엽 식물 보라색 리본을 묶어 장식한다.

다이어트운

다이어트의 운을 높이기 위한 관엽 식물은 거실이나 침실 등 평상시 느긋하게 쉬는 방의 남쪽으로 키가 큰 관엽 식물을 둔다. 남쪽과 궁합이 좋은 오렌지색이나 흰색의 리본을 묶어 놓으면 효과가 한층 더 올라간다. 체중기 곁에 두어도 좋다.

연애운을 높이기 위한 관엽 식물은 잎이 처져 있듯 긴 것이 좋다. 거실이나 부엌의 동남쪽에 두거나 매달거나 한다. 행운의 색깔의 리본을 묶어 놓으면 좋다.

2) 방위와 장소에 따른 식물의 배치

아담한 높이의 관상수나 예쁜 꽃이 담긴 화분은 집 안에 활기를 불어넣고 좋은 기를 발산한다. 자연과 접촉할 기회가 많지 않은 도시의 현대인에게 관상수는 자연의 생기를 얻을 수 있는 중요한 존재이다.

적당한 크기의 관상수나 화분은 음양의 기운을 조화롭게 조절하는 작용을 한다. 적당한 크기란 성인의 가슴 또는 어깨 높이를 넘어서지 않는 1~1.3m 정도의 크기를 말한다.

가지나 잎이 지나치게 무성하거나 빠르게 웃자라면 오히려 집 안의 생기를 흡수하여 좋지 않다. 실내 공간이 좁다면 화분 또한 작은 것이 적당하다.

(1) 방위에 따른 식물의 효과

북쪽

북쪽의 관엽 식물은 숲을 닮은 상태를 연출하면 마음이 침착해진다. 북쪽이 가지는 저축이나 신뢰라는 힘도 높일 수 있다. 키가 크고 줄기가 굵은 것이 좋다. 고무나무나 야자수 계열이 좋다.

북동쪽

북동쪽은 잎이 잘 떨어지지 않는 상록수를 두는 것이 기본이다. 흰색이 상생이 좋으므로 흰 꽃이 피는 것을 두거나 흰 플랜터에 심는다.

동쪽

동쪽에는 붉은 꽃과 열매가 열리는 관엽 식물을 두어 에너지를 저축한다. 잎 전체가 붉은색인 관엽 식물도 좋다.

동남쪽

동남쪽에 관엽 식물을 두면 재물운이 올라간다. 서쪽에는 노란 꽃, 북동쪽에는 흰 꽃, 동남쪽에는 관엽 식물을 두면 돈이 모인다.

남쪽

남쪽에는 키가 큰 관엽 식물을 한 쌍 둔다. 같은 종류로 높이를 맞추는 것이 좋다.

남서

남서쪽에는 갈색이나 흙으로 구운 플랜터를 사용하여 작은 것을 몇 개 늘어놓는 편이 좋다.

서쪽

서쪽의 관엽 식물은 잎을 펼쳐 성장해 가는 종류를 선택한다. 잎에 색이 있거나 노란 잎이 붙어도 좋다.

서북쪽

서북쪽의 관엽 식물은 둥근 것과 상생이 좋으므로 둥근 모양의 것을 선택하면 좋다. 그 밖에 아랫가지를 잘라 떨어뜨리고 둥글게 다듬은 것이나, 아치에 줄기를 얽히게 한 것도 좋다.

(2) 현관 방위와 행운의 식물

북쪽

대인관계가 축소될 우려가 있다. 일조가 나쁜 북쪽 현관에는 난색 계열의 꽃을 장식하고, 일조가 좋은 경우에는 흰 꽃을 장식한다. 방위와 상관 없이 가능하면 큰 꽃을 선택한다. 현관이 좁으면 힘이 약해지므로 꽃에 밝은 조명을 비추어 준다. 태양 아래 있는 것과 비슷한 환경을 만들어 주면 원하는 힘을 얻을 수 있다.

북동쪽

꽃과 꽃병은 흰 것을 선택하되, 꽃은 큰 것이 좋다. 꽃병 아래에 흰 레이스나 크로스를 만들어 깐다. 북동쪽은 귀문에 해당하므로 물을 자주 주고 지저분하지 않게 관리한다. 작고 하얀 접시에 소금을 담아 두면 더욱 좋다.

동쪽

3가지 색이나 3종류의 꽃을 조합하여 화려하게 장식한다. 붉은 꽃을 중심으로 하거나 분홍색도 좋다. 꽃병 아래에는 무늬

북동쪽에 어울리는 꽃은 흰색 계열이며, 꽃병 또한 흰색이 좋다.

있는 물건의 레이스를 단다. 꽃병도 화려한 디자인이 좋다.

동남쪽

특히 꽃과 상생이 좋으므로 항상 꽃을 장식해 놓되, 4가지 색깔의 꽃을 조합하는 것이 포인트이다. 연애운을 올리고 싶다면 분홍색·붉은색·흰색·황색 4가지가 좋다. 좋은 향기가 나는 꽃을 선택하는 것이 좋다.

남쪽

남쪽은 물과 궁합이 나빠 물이 많이 들어가는 큰 꽃병은 좋지 않다. 붉은 꽃을 많이 두면 싸움이 끊어지지 않으므로 피해야 한다. 생화를 사용하고, 가능하면 수수한 꽃이 좋다. 꽃병은 크리스탈이나 금속 등 반짝반짝 빛나는 것이 좋다.

남쪽에는 수수한 꽃을 장식하되, 꽃병은 크리스탈 등의 빛이 나는 재질로 된 것을 쓴다.

남서쪽

남서쪽은 흙과 상생이 좋으므로 현관은 대지를 이미지로 한다. 꽃꽂이나 꽃병에 담은 절화보다는 화분을 두는 것이 좋다. 화분도 가능하면 흙으로 만든 도기나 초벌구이를 한 것이 좋다. 꽃꽂이할 경우에도 꽃병은 흙으로 만든 것을 사용한다. 꽃의 색은 노란색·보라색·베이지 계열을 선택한다.

서쪽

서쪽은 꽃과 궁합이 잘 맞으므로 항상 꽃을 장식해 두면 좋은 방위다. 꽃병은 가능하면 고급스럽고 키가 낮은 것을 사용한다. 꽃의 색은 황색이 좋다. 그 밖에도 분홍색이나 흰색의 꽃이 상생이 좋다.

서북쪽

여성 상위가 되는 방위의 현관이다. 서북쪽은 둥근 모양을 한 꽃을 선택하거나 무성한 느낌이 들도록 키운다. 격조 높은 분위기를 내고 싶은 방위이기 때문에 꽃병은 약간 고가로 안정된 디자인을 사용하는 것이 좋다.

(3) 거실·부엌 방위와 행운의 식물

거실과 부엌은 한 가족의 단란함을 상징하는 공간이다. 장식된 꽃이 있으면 자연스럽게 가족들이 자주 모인다. 꽃 장식을 계기로 밝은 분위기가 감돌게 된다. 부엌은 불과 물을 함께 사용하는 장소이므로 건물이 손상되기 쉬운 곳부터 장식한다.

북쪽 거실과 부엌

거실에는 꽃을 크게 살린다. 흰색이나 분홍색 등 북쪽과 궁합이 좋은 색을 기조로 하면 어떤 색도 괜찮다. 일조가 나쁜 방에는 밝은색 꽃을 장식한다. 부엌에는 분홍색 꽃을 눈에 잘 띄는 장소에 장식한다.

북동쪽 거실과 부엌

크고 흰 꽃을 장식하여 청결한 이미지로 완성하되 화려해서는 안 된다. 부엌도 거실과 마찬가지로 장식한다.

동쪽 거실과 부엌

푸른색 계열의 꽃으로 장식하면 가족 구성원이 화목하게 지낼 수 있다. 텔레비전 옆에 꽃과 관엽 식물을 장식하면 가족 전체가 안정된다.

사업운을 높이고 싶은 사람이라면 붉은 꽃으로 세 종류를 장식하면 힘이 상승한다.

동쪽 거실과 부엌을 푸른색 계열의 꽃으로 장식하면 가족이 화목하다.

동남쪽 거실과 부엌

항상 꽃을 장식하는 것이 좋다. 색이나 종류에 특별히 구애받지 않아도 괜찮다. 자유롭게 장식하거나 배열한다. 부엌은 빨간색 중심의 화려한 색깔의 꽃으로 장식한다.

남쪽 거실과 부엌

빨간색이나 노란색 등의 화려한 꽃을 장식하면 신경질적으로 변할 수 있으므로 흰색이나 파스텔 톤의 꽃을 장식하도록 한다. 남쪽은 관엽 식물과 상생이 좋은 방위다. 부엌도 흰색의 꽃으로 장식한다.

남서쪽 거실과 부엌

흙이 들어간 화분을 둔다. 꽃꽂이 경우에는 노란색이나 아이보리 색의 꽃을 장식한다.

부엌은 황색이나 분홍색 계열의 세련된 느낌의 꽃을 장식한다.

남쪽 거실에는 흙이 들어간 화분이 좋다.

서쪽 거실과 부엌

화려한 듯하면서도 차분한 분위기로 황색을 기반으로 한 컬러풀한 꽃들로 화려하게 꾸민다. 꽃병도 고급스런 제품을 사용하고 아래에는 받침대를 둔다. 부엌은 노란색 꽃을 창가(단, 직사광선에 주의)에 장식한다.

서북쪽 거실과 부엌

격조 높은 분위기를 연출하여 사랑스러운 꽃보다 존재감이 있는 꽃이 어울리며, 흰색이 가장 좋다. 큰 창이 있는 경우에는 창 옆에 관엽 식물을 놓아 둔다. 부엌도 흰 꽃으로 장식하면 기운이 좋아진다.

서북쪽 거실에 큰 창이 있다면 관엽 식물을 놓아 둔다.

(4) 침실 방위와 행운의 꽃

침실에 꽃을 장식하면 수면 중에 흡수된 힘이 사업운·출세운·부부운 등에 영향을 미친다.

북쪽 침실
분홍색 계열이나 오렌지색 계열의 꽃을 장식한다.

북동 침실
흰색 꽃을 장식한다.

동쪽 침실
빨간색 계열이나 파란색 계열의 화려한 꽃을 장식한다.

동남쪽 침실
분홍색 계열로 침착한 느낌의 꽃을 장식한다.

남쪽 침실
초록색이 좀 많은 흰색 꽃을 장식한다.

남서쪽 침실
보라색 계열의 꽃을 장식한다.

서쪽 침실
황색이나 분홍색 계열의 꽃을 장식한다.

서북쪽 침실
오렌지색이나 분홍색 계열로 침착한 느낌의 꽃을 장식한다.

남서쪽 침실에는 보라색 계열의 꽃이 좋다.

(5) 자녀방 방위와 행운의 꽃

성장하는 아이는 집에서 받는 영향이 매우 크다. 집이 가지는 에너지에 민감하고, 건강과 성격, 학습 의욕이 좌우된다.

북쪽 자녀방
붉은색 꽃을 장식하면 공부나 운동 등 모든 면에서 뛰어난 역량을 보인다.

북동쪽 자녀방
장난꾸러기 아이에게 흰색의 꽃을 장식하여 침착성을 기른다.

동쪽 자녀방
남자아이에게는 푸른색의 꽃을, 여자아이에게는 붉은색의 꽃을 장식한다.

동남쪽 자녀방
여자아이에게는 최고의 방위로, 어떤 꽃을 장식해도 좋은 효과가 있다.

남쪽 자녀방
분홍색이나 오렌지색 계열의 꽃을 장식한다.

남서쪽 자녀방
성적이 부진한 아이의 책상 위에 붉은색 꽃을 장식한다.

서쪽 자녀방
노란색 꽃을 장식하여 낭비를 예방한다.

북쪽 자녀방에 붉은색의 꽃을 장식하면 성적이 향상된다.

서북쪽의 자녀방

여자아이에게는 분홍색을, 남자아이에게는 흰색이나 노란색의 꽃을 장식한다.

(5) 욕실·화장실에 효과적인 식물

화장실과 욕실은 건물 안에서 물을 사용하는 공간으로, 방위의 힘을 현저하게 떨어뜨리므로 꽃의 힘을 빌려 운을 높일 필요가 있다. 특히 화장실은 가족의 건강운에 큰 영향을 미친다.

북쪽 욕실

따뜻한 색 계열의 꽃을 장식한다. 화장실은 분홍색이나 노란색 꽃을 메인으로 장식하면 냉한 체질이나 부종에 대한 걱정도 해소할 수 있다. 아이를 갖고 싶으면 오렌지색의 꽃을 장식한다.

북동쪽 욕실

흰 꽃과 허브의 향기 등 기분이 안정되는 것을 장식한다. 화장실은 흰색이나 노란색 꽃과 함께 소금을 장식하면 요통이나 골절 걱정을 해소할 수 있다. 그리고 꽃잎이 잘 떨어지기 않는 것 등 손질하기 쉬운 꽃을 선택하는 것이 포인트이다.

동쪽 욕실

빨간색이나 파란색 계열을 중심으로 계절감이 있는 꽃을 화려하게 장식한다. 화장실에 창이 있으면 옅은 빨간색이나 파란색, 흰색의 꽃을 심고, 창이 없으면 진한 빨간색의 꽃과 붉은 꽃병을 사용한다.

북동쪽 욕실에는 흰색 꽃이 어울린다.

동남쪽 욕실

분홍색·오렌지색·옅은 노란색 등 어떤 꽃이라도 좋다. 화장실도 같다. 화장실에는 꽃과 함께 방향제 등을 두어 좋은 향기를 감돌게 할 수 있으면 더욱 좋다. 특별한 문제가 없는 방위이므로 기호에 따라 자유롭게 장식한다.

남쪽 욕실

남국의 분위기를 가진 꽃과 관엽 식물을 둔다. 화장실도 욕실과 같다. 어떤 꽃을 장식하더라도 초록색이 많은 꽃을 장식한다.

남쪽 욕실에는 불의 기운을 조절할 수 있는 초록색이 많은 꽃을 장식한다.

남서쪽 욕실

창이 있다면 노란색이나 보라색, 흰색 등의 꽃을 플랜터에 심어 그곳에 두면 좋다. 화장실에는 검은 꽃병에 노란색이나 흰색 꽃을 장식한다.

서쪽 욕실

습기가 많은 방위이므로 부지런하게 환기한다. 분홍색이나 노란색 꽃을 장식하면 길이다. 화장실에는 흰색·노란색·분홍색 계열의 꽃을 장식한다.

서북쪽 욕실

창틀이나 욕조 옆에 꽃을 장식한다. 흰색이나 베이지 등 수수한 색의 꽃병이 길이다. 화장실에는 묵직하고 안정된 꽃병에 가능하면 큰 종류의 꽃을 장식해 둔다.

3) 꽃과 꽃병의 오행

꽃과 식물은 기본적으로 오행의 목(木)의 기를 가지고 있다. 다만 꽃은 꽃과 잎의 모양, 색 등을 통해 오행으로 분류할 수 있다. 목적과 장식하는 장소에 맞게 오행의 꽃을 선택하는 것이 꽃 풍수의 성공 포인트라고 할 수 있다.

꽃을 장식하는 꽃병도 소재에 따라 오행으로 나눌 수 있다. 꽃병은 꽃의 오행과 같은 것을 사용하는 것도 좋지만, 꽃의 오행을 보완하는 것을 선택하는 것도 좋은 방법이라 할 수 있다. 꽃을 장식하는 방위의 오행에 맞추어 선택하는 경우도 있다.

아래의 도표를 참고하면서 생활 속에서 꽃 풍수를 잘 활용해 보자.

■ 꽃과 꽃병의 오행 조견표

오행	방위	꽃의 색	꽃의 종류	꽃병 소재
목(木) 사업운·발전운	동·동남	녹색 푸른색	블루스타 스프레마무	나무 제품
화(火) 인기운·미용운	남	붉은색 분홍색	장미·튤립 거베라	플라스틱 제품
토(土) 가정운·결혼운	북동·남서	노란색 오렌지색	프리지아 해바라기	도자기 제품
금(金) 재물운·독립운	서·서북	흰색	백합·난초 카라	금속 제품
수(水) 연애운·성적 매력	북	크림색 검은색	수선화	유리 제품

■ 미항공우주국(NASA)이 밝힌 정화 작용이 뛰어난 관엽 식물 10가지

※ 1989년, 미항공우주국 출신 월버튼(Wolverton) 박사 발표

이름	효과
대나무야자	증산 작용 능력이 뛰어난 식물. 겨울철 실내 공기가 아주 건조해지면 자동으로 많은 양의 수분을 내뿜어서 건조한 장소에서 적절한 습도를 조절하는 능력이 크다. 공기 중의 오염물질인 벤젠·트리클로로에틸렌·포름알데히드를 제거하는 데 유용한 식물 가운데 하나로, 아레카야자와 더불어 건물 인테리어 식물로 많이 사용되고 있으며, 보통 1.8m까지 자라고 병충해에 강하다.
아글라오네마 Aglaonema	공기 중의 오염 물질인 포름알데히드를 제거하는 능력이 뛰어나다. 잎이 점점 증가함에 따라 정화 능력도 비례하여 증가한다. 최근 들어 국내에도 많이 소개되고 있지만 아직까지는 흔히 볼 수 있는 관엽 식물은 아니다. 이 식물의 가장 큰 장점은 빛이 들어오지 않는 곳에서도 잘 자란다는 점이다. 영화 '레옹'에서 주인공의 소품으로 사용되어 한 때 일본에서 선풍적인 인기가 있었던 식물이기도 하다. 습도만 잘 유지한다면 초보자도 키워볼 만한 식물이다.
아이비 English Ivy	공기 중의 오염 물질을 제거하는 능력이 탁월하다. 특히 포름알데히드를 제거하는 능력은 관엽 식물 중에서 가장 뛰어나다. 생명력이 강해 식물을 가꾸는 초보자라도 집 안에서 기르기 쉽다. 우리나라 사람들이 좋아하는 식물 가운데 하나로, 인테리어 소품으로도 많이 이용되고 있다.
거베라 Gerbera Daisy	미항공우주국의 공기정화식물 연구에 초기부터 이용되어 뛰어난 정화 능력을 인정받았다. 공기 중의 다양한 오염 물질(포름알데히드·벤젠·일산화탄소·크실렌·암모니아 등)을 제거하는 능력이 뛰어나고 증산 작용도 활발하여 습도를 조절하는 능력이 우수하다. 꽃의 색깔은 노란색·빨간색·오렌지색·흰색·분홍색 등으로 다양하다. 그리고 병충해에 대한 저항력도 뛰어나다.
드라세나 자넷크레이지 Janet Craig	공기 중의 오염 물질인 트리클로로에틸렌을 제거하는 능력이 뛰어나다. 다 성장하면 보통 3m 정도까지 자란다. 생명력이 강해서 게으른 사람이나 식물을 처음 가꾸는 초보자도 잘 키울 수 있다. 음지에서도 잘 견디지만 자라는 속도는 그만큼 느려진다. 드라세나 종에서는 실내 공기 오염 물질을 제거하는 능력이 가장 뛰어나다.
드라세나 마지나타 Marginata	관엽 식물 중에서 가장 많이 알려진 것 중의 하나로, 빛이 덜 드는 곳에서도, 다소 건조한 곳에서도 잘 자란다. 생명력이 아주 강해 1960년대부터 꾸준히 가정과 빌딩 사무실 등에서 많이 기르고 있다. 공기 정화 능력이 뛰어나고, 특히 오염 물질인 크실렌과 트리클로로에틸렌을 제거하는 능력이 뛰어나다.
드라세나 마상게나 Corn Plant	우리나라에서 행운목이라 불리는 이 식물은 가장 대중적인 관엽 식물 가운데 하나로, 원래는 밝은 곳을 좋아하지만 음지에서도 잘 견딘다. 공기 정화 능력도 탁월하며, 특히 포름알데히드를 제거하는 능력이 뛰어나다. 개업식 등에 많이 사용되며 건물에 많이 사용된다.
산세베리아 Sansevieria	다른 식물들과는 다르게 밤에도 산소를 발생하고 이산화탄소를 제거한다. 음이온이 다른 식물에 비해서 많이 방출되어 음이온 식물이라고 불리기도 한다. 생명력이 아주 강해 게으른 사람이 키워도 거의 죽지 않는다. 총 70여 종이 있으며, 기르기 쉽고 병충해에 대한 저항력이 커서 급속도로 많이 퍼져 있다.
스파티필럼 Spathiphyllum	공기 오염 물질인 알콜·아세톤·트리클로로에틸렌·벤젠·포름알데히드를 제거하는 능력이 뛰어나다. 더욱이 크기에 비해서 증산 작용 능력이 뛰어나 건조한 실내의 습도를 높이는 데 큰 도움이 되는 식물이다. 공기 정화 능력도 뛰어나고 아름다운 흰색 화포 때문에 주부들에게 인기 있는 식물이다.
아레카야자 Areca Palm	야자류 중에서 가장 인기 있다. 실내가 건조할 때 많은 양의 수분을 공급해서 습도 조절 능력이 뛰어나다. 1.8M의 아레카야자가 하루에 뿜어내는 수분의 양은 약 1리터 정도나 된다. 성장 속도가 아주 빨라 건물 로비의 관상용으로 쓰인다. 실내 공기 오염 물질인 알코올·아세톤·트리클로로에틸렌·벤젠·포름알데히드 등을 제거하는 능력이 매우 뛰어나며 염분을 특정한 잎에 저장할 수 있는 특별한 능력도 있다. 기르기 쉽고, 병충해에도 저항력이 강하다.

6. 의류 · 수납 풍수

1) 운이 쌓이는 수납 공간

옷장이나 벽장 등의 수납 공간을 풍수에서는 '운의 저금통'이라고 한다.

수납 공간은 물건과 함께 운도 모아 둔다. 수납 공간이 어수선하거나 어디에 무엇이 들어가 있는지 모르는 상태에서는 좋은 운을 모아둘 수 없다. 사용하지 않는 것을 수납하고 있다면 '음'의 기를 모아 두게 되어 운이 없는 공간이 된다. 반대로 수납 공간에 아무것도 들어가 있지 않거나 공간을 활용하고 있지 않으면 '모아둔다.'는 의미가 없기 때문에 재물운, 특히 저축운이 없는 가정이 된다.

수납 공간에는 필요한 것을 제대로 알기 쉽게 정리하여 수납하는 것이 '운을 모아 둘 수 있는 집'으로 만드는 방법이다. 수납되어 있는 내용물을 가끔 바꿔 넣거나 정리할 때, 기의 흐름에 변화가 생겨 운기적으로도 좋은 변화가 더해진다.

수납 공간을 '운이 좋은 공간'으로 만들기 위해서 특히 주의해야 할 것은 공간에 스며드는 습기다. 수납 공간에 습기가 가득 차면 나쁜 의미인 '물'의 기가 영향을 미쳐 공간의 운과 수납되어 있는 물건의 운기도 떨어뜨려 버린다. 따라서 습기를 제거하기 위한 상품을 활용하거나 통기성이 좋은 공간을 만드는 등의 노력이 필요하다. 또한 수납 공간에 음이온이 나오는 숯 등의 소품을 함께 넣어 두면 깨끗한 공기가 흘러 좋은 운을 모아 둘 수 있다.

2) 수납 풍수 활용법

(1) 흉 작용을 막는 의류 수납법

옷장을 남성과 여성으로 분리한다

여성이 사용하는 옷장은 남성이 사용하지 않는다. 여성은 '물'의 기운을 가지는 존재인 반면에 남성은 '불'의 기운을 가지는 존재이다. 여성이 사용하는 옷장에는 '물'의 기운이 가득 차 있기 때문에, 이곳에 의류를 수납하면 '물'의 기운을 흡수해 버린다. '물'의 기운을 포함한 의류를 몸에 걸치면 남성의 '불'의 기운이 꺼져 버려 나쁜 영향을 준다. 어쩔 수 없이 사용해야 할 때는 옷장 문을 열고 햇볕이 좋은 장소에 3일간 두었다가 의복을 수납한다.

부득이 남성과 여성이 함께 옷장을 사용하는 경우라면 남성이 상단, 여성이 하단이 되도록 수납한다.

속옷은 상단에 둔다

의류는 수납 방법에 따라 운기가 크게 좌우되는 아이템이다. 그 중에서도 가장 주의해야 할 것이 속옷이다.

속옷은 우리 몸의 가장 안쪽을 휘감는 옷감이므로 운기에 미치는 영향이 크다. 풍수에서 음양의 균형은 음 4에 양 6이 가장 좋다. 지면에 가까워지면 '음'의 기운이 강하고, 지면에서 위

* 풍수 수납의 포인트

1. 필요한 것을 알기 쉽게 수납한다. - 지저분하게 어질러진 수납 공간은 운기를 모아 둘 수 없다. 불필요한 것도 모아두지 않는다.
2. 물건을 바꿔 넣거나 정리해 본다. - 가끔 수납 공간을 정리한다. 바꿔 넣거나 넣어 두었지만, 불필요하게 된 것을 처분하는 등, 수납 공간에 새로운 기가 흐르게 한다.
3. 습기는 절대 모아 두지 말 것. 습기는 수납 공간의 강적. 제습제를 이용하는 등 개선책을 강구해야 한다.

로 올라가는 만큼 '양'의 기운이 강하다.

옷장을 예로 들면 음양의 균형이 가장 좋은 장소는 옷장 한 가운데 보다 조금 위의 단이다. 그곳에 속옷을 수납하면 속옷이 가지는 운기가 강해진다. 속옷을 옷장의 맨 밑단에 수납하는 것은 피해야 한다. 대지에 가까운 장소는 '음'의 기운을 가지고 있으므로 속옷의 수납 방법으로는 맞지 않는다.

계절에 따라 분류한다

여름옷과 겨울용 의류, 얇고 가벼운 것과 두꺼운 것을 한 곳에 수납해서는 안 된다. 계절을 섞어 버려 특징이 없는 인생을 살게 된다. 겨울용 의류나 두꺼운 것 등 추운 계절에 입는 것은 '양'의 기운이 강하므로 옷장의 아래 단에 수납한다. 여름옷이나 얇고 가벼운 옷들은 위쪽에 수납한다.

색상에 따라 분류한다

진한 색은 하단, 옅은 색은 상단에 수납하여 음양의 조화를 이루게 한다.

구두는 따로 둔다

옷장에 의류를 수납할 때 의류와 구두를 함께 수납하지 않도록 한다. 여성 의류는 '물'의 기운을 갖는데, '물'의 기는 주변의 기를 쉽게 흡수하여 주위 환경의 기에 오염되기 쉽다는 특징이 있다. 구두는 밖에서 사용하여 다양한 운이 붙어 있기 때문에 이것을 의류와 함께 수납하면 더러워진 기를 천(옷감)이 흡수해 버린다. 의류는 인연을 옮긴다. 더러워진 기를 흡수한 의복을 몸에 걸치면 좋지 않은 인연과 연결된다.

옷장을 열었을 때 오른쪽에 코트 등 두꺼운 물건이나 어두운 색의 물건을, 왼쪽으로 가벼운 물건이나 밝은 색을 수납한다.

불의 기운을 피한다

세탁소에 맡긴 옷을 찾아 비닐 봉투를 씌운 채로 수납하면, 비닐 소재가 가지는 '불'의 기운이 의류의 운기를 태워 버리므로 비닐은 벗겨 내고 수납한다.

수납 선반이나 수납 박스를 이용할 때는 가능하면 플라스틱 제품은 피한다. 플라스틱의 '불'의 기운이 수납 장소나 수납되어 있는 운기를 태워 버리기 때문이다. 굳이 플라스틱 소재의 수납 용품을 사용할 경우에는 안쪽에 천을 둘러 수납되는 물건에 플라스틱 소재가 직접 닿지 않도록 한다.

수납 용품으로 추천할 만한 소재는 목재, 등나무 등 환기성이 좋은 바구니, 종이 등이다.

(2) 버리면 운이 생기는 의류 풍수 활용법

풍수에서 유행은 '때의 운' 즉 기회를 주관한다. 유행에 휘둘리는 것은 문제지만 정도껏 유행에 따르는 것은 기회에 강한 사람이 되기 위한 중요한 행동이다.

오래된 의류는 나쁜 인연을 부른다

풍수에서 '천[옷감, 布]'은 인연을 주관한다. 유행에 뒤떨어진 옷을 버리지 못하고 계속 입으면 연애나 인간관계 등 만남의 기회가 사라진다. 입지 않는 옷을 언제까지나 옷장에 넣어 두면 '낡은 것' 또는 '사용하지 않는다.'는 '음(陰)'의 기운이 옷장 안의 다른 옷에까지 그 영향을 미친다. 여성은 옷감에서 생기는 운을 몸에 쉽게 받아들이는 특성이 있기 때문에, 오래된 옷이나 입지 않는 옷은 나쁜 인연을 불러들이거나 인연이 희박한 체질을 만든다.

의류나 속옷 등 '천'을 버리는 날은 맑은 날을 고른다. '양'

의 기가 강한 날에 버리면 지금까지 자신의 악연도 버릴 수 있다. 몸에 걸치고 있는 것부터 정리하면 운이 생긴다. 가능한 것부터 실천해 보자.

낡은 속옷을 버린다

특히 낡은 속옷에 주의가 필요하다. 속옷은 직접 피부에 닿는 것으로, 다른 옷에 비해 운기를 가져오는 영향력이 커진다. 인연뿐만 아니라 지금 자신의 운을 바꾸고 싶다면 우선 낡은 속옷부터 정리한다. 속옷의 수명은 사용하기 시작해서 1년 정도이며, 새 속옷은 새로운 기회를 가져오는 아이템이 된다.

속옷을 버릴 경우에는 일단 종이나 신문지에 싸서 쓰레기봉투에 넣어 버린다. 속옷에는 '물'의 기가 있다. 궁합이 나쁜 '불'의 기를 가지고 있는 비닐 봉투에 직접 속옷이 닿지 않도록 해야 한다.

낡은 양복을 버린다

어떤 양복을 버려야 할 것인가에 대해 정해진 기준은 없지만 '너무 오래된 옷 가운데 2년 이상 입지 않는 것'이라는 기준을 선택한다. 양복을 버릴 경우에는 종이 쓰레기와 함께 버려도 되지만 생활 쓰레기와는 구별해서 버려야 한다. 아무리 버리는 것이라 할지라도 자신이 입던 옷에 나쁜 악취가 묻으면 연애운이나 인간관계운이 떨어진다.

쓰지 않는 액세서리를 버린다

사용하지 않는 액세서리를 처분하면 좋은 운을 얻을 수 있다. 액세서리 등의 보석은 '금'의 기를 갖고 있지만 '금'의 기는 풍부함이나 즐거움을 주관하기 때문에, 사용하지 않는 액세서리나 귀금속이 많으면 풍부함이나 즐거움이 생기지 않는 체질로 만들어 버린다. 액세서리는 '버린다.'는 생각보다 '운을 얻는다.'는 감각으로 처분한다.

　액세서리를 버릴 때는 물가에 버린다. 시간대는 오후 2~5시 정도가 좋다. 다만 싫은 사람에게 받은 것이나 싫은 추억이 있는 것은 오전 중에 버린다. 자신의 길방위로 여행하러 갔을 때 깨끗한 강이나 호수에 버리면 '금'의 기운이 증가해 풍부함을 얻을 수 있으므로 추천하고 싶다.

　인연을 끝내고 싶은 사람에게 받은 액세서리는 강이나 호수 등에 버리지 말고 바다에 버린다. 보석이 박힌 것을 버릴 경우, 9일전이나 3일 전부터 잘 때 머리맡에 두고 기를 맞추면, 액세서리를 버림으로써 얻는 운기가 증폭한다.

　이루고 싶은 소원이 있는 사람은 잠자리에 들기 전에 그 소원을 마음속으로 상상해 보고, 액세서리를 물로 한 번 씻어 맑은 날 오전부터 정오까지 태양의 빛을 쬐면 보다 효과적이다.

　이런 방법으로 더 이상 사용하지 않는 액세서리에서 풍부함을 얻을 수 있다. 아깝다면 아무 생각 말고 처분한다.

■ 풍수의 시간적인 의미

시간대	운 기	
23:00~5:00	수(水)의 시간	3:00~15:00 양(陽)의 시간
11:00~13:00	화(火)의 시간	
13:00~17:00	토(土)의 시간	15:00~3:00 음(陰)의 시간
17:00~23:00	금(金)의 시간	

＊풍수에서는 시간에도 운이 있다. 오전 중은 '나무(목)'의 시간으로 운기가 태어나는 시간이라고 한다. 오전 중의 활동은 새로운 운기를 낳는 것으로 연결된다. 점심은 '불(화)'의 시간이 되어 활력을 준다. 밤은 '물'의 기를 갖고, 나쁜 기를 흘려 보내는 시간이다.

(3) 옷 종류에 따른 풍수 수납법

슈트

　슈트는 색에 신경 쓰고, 정면에서 보았을 때 오른쪽부터 색이 밝은 것에서 어두운 순으로 걸어 둔다. 가격에 주목하고 오른쪽에는 싼 것, 왼쪽에는 가격이 비싼 것을 수납한다. 슈트가 작업복이라면, 방의 북쪽에서 서쪽의 방위에 수납하면 좋다. 캐주얼한 옷은 동쪽에 수납하면 좋다.

속옷

　피부에 닿는 속옷은 사람의 운기를 좌우하는 힘을 갖는다. 옷장에서 꺼내어 수납하거나 전용 바구니에 넣어 탈의실 등에 둔다. 의류는 자신의 길방위에 수납하는 것이 철칙이지만 속옷 만큼은 앞에서 설명한 음양의 기가 좋은 장소나 위쪽에 수납한다.

가방

풍수에서 가방은 행운의 용기로 인식하고 있다. 소중히 다루어야 행운을 부른다. 가방은 서북쪽이나 서쪽, 북동쪽에 두되 직사광선이 들어오지 않는 장소에 두어 쉬게 한다. 평소에 사용하지 않는 것은 천으로 싸서 보관한다. 서북쪽·서쪽·북동쪽으로 해외여행을 갔을 때는 반드시 가방을 사 온다. 많은 에너지를 가지고 있어 사용하면 행운이 들어온다.

지갑

지갑은 북쪽에 수납하는 것이 최고다. 지갑은 부엌에 두지 않는다. 불이나 물의 기운이 강한 곳에는 두지 않는 것이 원칙이다. 지갑 운기의 수명은 3년이다. 낡지 않았어도 새로운 지갑으로 바꿔야 한다. 색은 검은색과 갈색이 좋고 크고 튼튼한 것이 좋다. 겉이 화려하더라도 돈을 넣는 부분은 검은색이 좋다.

열쇠

방이나 자동차 등의 열쇠는 지갑과 같이 북쪽에 둔다. 많은 열쇠를 키 홀더에 묶어 보관하는 것은 좋지 않다. 필요한 최소한의 열쇠만 가방에 가지고 다닌다.

인감

인감은 금고나 검은색 계열의 가구에 넣어 둔다. 인감 끝에 묻은 인주는 닦아서 보관한다. 뚜껑이 달린 인감은 좋지 않다. 뚜껑은 떼어 버린다.

통장

통장은 방의 북쪽에 있는 수납 가구에 보관한다. 거래하는 은행과 관련 있는 색깔의 소품을 통장 주위에 배치하면 운기가 상승한다. 통장이나 인감은 케이스에 넣어 수납한다. 물은 재산을 흘러가게 하는 작용을 하므로 어항 등 물과 관계 있는 것 근처에는 두지 않는다.

스포츠 용품

스포츠 용품을 동남쪽이나 북동쪽에 수납하면 해당 종목이 능숙해지거나 재능이 열린다고 한다. 남성은 북동쪽, 여성은 동남쪽으로 두는 것이 좋다. 스포츠의 재능을 기를 뿐만 아니라, 인간관계도 넓어진다.

금속 제품

부엌칼을 꺼내 놓고 사용하면 재물운을 떨어뜨린다. 포크와 나이프, 스푼 등도 정해진 장소에 보관한다. 금속제나 빛나는 도구는 운기를 부르는 중요한 소도구이므로, 정기적으로 손질하고 광택을 잃지 않도록 한다. 세라믹제의 부엌칼은 금속제의 부엌칼에 비해 힘이 약간 떨어진다.

화장품

화장품은 반드시 거울과 함께 보관하며 길상은 거울과 같다. 사각형의 거울은 북동쪽, 둥근 거울은 서쪽이나 서북쪽, 그 밖의 다른 모양의 거울은 동쪽이나 동남쪽으로 놓아둔다. 이런 방위에 거울과 함께 화장품을 두면, 화장했을 때 더 아름다워진다. 화장품은 갖고 있는 에너지가 매우 강하기 때문에, 화장품을 두는 것만으로도 그 방위의 에너지가 올라간다. 다만 직사광선이 들지 않는 장소가 무난하다.

수조 · 새장

수조 가까운 곳에는 반드시 관엽 식물을 둔다. 용량 20리터 이상의 큰 수조는 좋지 않으므로 작은 수조로 인테리어한다. 수조를 몇 개씩 설치하는 것은 좋지 않으므로 하나만 설치하도록 한다.

새장은 방의 출입구 근처나 방의 중심에 두는 것이 길상이다. 풍수에서 새장은 행운이 들어오는 소품으로 매우 중요하다.

냉난방기

스토브나 난로, 선풍기 등의 냉난방 기구는 시즌이 끝나면, 먼지 등의 더러움을 청소하여 보관한다. 이런 기기는 방의 온도 조절뿐만 아니라, 공기를 움직이기 위해 사용해도 좋다. 풍수에서는 공기의 흐름을 원활하게 해 주는 환기를 중요하게 생각한다.

7. 보석 풍수

1) 수정을 활용한 풍수

흐르는 '물[水]'은 '운'을 옮기는 데 가장 효과적이다. 우리 몸의 대부분은 물로 구성되어 있고, 인간을 비롯한 모든 생물은 물 없이는 생명을 유지할 수 없다.

풍수에서 '물은 재(財)'라고 표현하며, 좋은 기운을 끌어들이거나 나쁜 기운을 막을 때 가장 유용한 수단이라고 본다. '풍수(風水)'라는 말을 통해서도 물의 중요성을 충분히 알 수 있다.

중국인들의 집 현관이나 가게 입구에는 금붕어를 넣은 어항이 어김없이 놓여 있다. 집이나 가게의 풍수적인 결함을 조절하기 위한 하나의 수단으로 설치하는 것이다.

수정 원석. 수정은 풍수에서 활용 빈도가 매우 높은 보석이다.

예부터 수정은 '물의 정령'이라 부르면서 '행운을 부르는 돌', '부적의 힘을 가진 돌'로 믿어져 왔다. 자연계의 '물'의 기능처럼 좋은 '기'와 에너지를 끌어들여 그것을 저축함과 동시에, 나쁜 '기'와 흐트러진 에너지를 막는다고 본 것이다.

풍수에서 '재물운'을 활발하게 하기 위해 움직이는 것을 장식하면 그 효과를 더욱 향상시킬 수 있다고 믿는다. 어항에 금붕어를 넣는 것도 그 때문이다. 진동하는 물의 정령인 수정은 '개운 수정'으로 최고의 '풍수 아이템'으로 사용된다.

둥글게 세공하여 장식용으로 활용하는 수정. 자료 출처 www.sujeongnara.com

(1) 수정의 종류

자수정(紫水晶)

인간관계·악취 제거·불면·진정·예술 창작의 의욕을 비롯하여 2월의 탄생석으로 유명하다. 그리스 신화의 주신(酒神) 바커스가 숙취에서 깨어나 호랑이를 데리고 산책을 나갔을 때 처음으로 만난 인간인 청순한 아가씨 애미시스트를 잡아먹으려 하지만, 여신 다이아나의 도움으로 그 위기를 피해 자수정이 되었다는 전설이 있다. '애미시스트(amethyst)'라는 말은 술에 취하지 않는다는 의미가 있다. 옛날 서양의 귀족들은 술에 취하지 않기 위해 애미시스트를 가지고 술자리에 참석했다고 한다.

황수정(黃水晶)

옅은 노란색의 황수정

재물운과 소화기계에 효과적인 보석으로 천연 황수정은 옅고 품위 있는 노란색을 지니고 있다.

검은 수정

부적으로 사용되기도 하며 연수정이나 흑수정이라 부른다.

검은 수정. 자료 출처 www.sujeongnara.com

홍석영(紅石英)

이성운·미용·애정·인간관계 등에 효과적이다.

(2) 집안의 흉 작용을 개선하는 수정 풍수

현관

건물 주위를 도로(풍수에서는 도로를 물로 여긴다.)가 감싼 형태인 요대로(腰帶路)의 집은 재물운을 타고나 번영한다고 한다. 반면에 곡선 도로의 바깥쪽에 있는 집을 반궁로(反弓路)라 한다. 이는 마치 활로 쏘아 맞힐 수 있는 표적의 형태를 하고 있기 때문인데, 반궁로에 접하는 건물은 '재물운'이 도망가 버린다고 한다. 이때 반궁로에 접한 '창'이나 '현관'의 안쪽에 수정 원석을 좌우 1개씩, 한 벌을 두면 창이나 현관으로 재물운이 빠져나가는 것을 막고, 건물 안의 에너지가 혼란스러워지는 것을 방지할 수 있다. 현관에는 둥근 수정을 2개 장식하고, 날카로운 부분을 반궁로를 향해 둔다. 현관 주위가 콘크리트나 아스팔트로 포장되어 있어 둘 수 없는 경우라면 현관 안에 좌우 한 벌의 수정 원석을 놓아둔다.

T자 도로의 막다른 곳이나 L자 도로처럼 도로가 집이나 현관을 일직선으로 향해 오는 경우를 '창살(槍殺)'이라고 한다. 대문에서 현관까지 일직선인 경우거나 공동 주택의 긴 복도 막다른 곳에 현관문이 있는 경우에도 창살의 영향을 받는다. 도로가 길고 넓으며 교통량이 많을수록 창살이 강해져 불의의 사고나 질병이 끊이지 않는다. 이때 현관에 수정 원석을 좌우 1개씩 한 벌을 두면 현관으로 직진해 오는 나쁜 기운을 가라앉힐 수 있다. 현관 앞에 정면 건물의 모퉁이(능각)가 있는 경우도 마찬가지다. 마치 칼날을 들이대는 느낌으로 가족에게 재앙을 가져온다. 이때도 현관에 자수정을 두면 나쁜 에너지를 막을 수 있다.

현관에 수정 원석을 두어 흉상과 창살을 막을 수 있다. 포인트형 수정은 직진해 오는 강한 에너지를 가라앉히고 집안 에너지의 혼란을 막는다. 자료 출처 www.sujeongnara.com

앞집과 현관이 서로 마주보고 있는 경우에는 양쪽 집의 인간관계가 불편해질 수 있다. 이때에도 현관에 자수정을 놓아두면 이를 보는 사람에게 협조와 평안을 가져다준다. 자수정을 보고 현관을 나오면, 앞집 사람과 마주쳤을 때 자연스럽게 인사할 수 있고 원만한 인간관계가 형성된다.

현관을 들어가면서 정면으로 보이는 곳에 베란다 등의 출구가 있는데, 그 사이가 아무 것도로 차단되어 있지 않고 바로 소통된다면 재물운이 최악의 상태가 된다. 모처럼 들어온 재물운이 집안에 머무를 사이도 없이 반대쪽으로 나가 버린다. 현관

자수정 원석. 자료 출처 www.sejins.com

오랜 옛날부터 행운을 부르는 부적으로 알려져 온 마노. 오늘날에는 원석 단면에 글자를 새겨 기념패를 만들기도 하고, 작게 세공하여 장식용 보석으로도 활용한다. 자료 출처 www.sejins.com

정면에 계단이 있는 경우도 마찬가지로, 집에 들어온 재물운이 바로 계단으로 도망쳐 버린다. 이때 현관에 수정환옥이나 포인트형 수정을 두면 재물운을 얻을 수 있다.

거실

거실은 가족이 모여 화목해지는 장소이므로 언제나 밝은 분위기를 유지해야 한다. 현관에서 좋은 에너지 들어와 충분히 순환시켜야 하므로 공간에 여유 있는 것이 이상적이다. 탁자나 장식대에는 큰 자수정을 장식한다. 가족 전체의 융화와 평안을 지켜준다.

수정처럼 마노를 두는 것도 좋은 아이디어다. 마노는 예부터 행운을 부르는 부적으로서, 장애를 극복하고 마음을 달래 주는 돌로서 귀중하게 여겨져 왔다. 때때로 중앙부에 수정을 여러 개 놓으면 좋은 에너지를 불러올 수 있다.

창가에는 수정 원석을 둔다. 창에서 들어오는 나쁜 에너지를 막아 준다.

부엌

부엌은 주부가 일상생활 속에서 오랜 시간을 보내는 곳으로 주부들의 운세에 영향을 미친다. 가족의 입에 들어가는 음식을 만들고 가족의 건강에 영향을 주는 곳으로 음의 에너지가 강해서는 안 된다. 따라서 방위와 색이 밝은 쪽이 적합하다.

'불'의 에너지와 '물'의 에너지가 함께 존재는 하는 공간이므로 배치에도 조심해야 한다.

부엌문이 다른 방문과 서로 마주 보고 있는 경우, 방을 사용하는 사람에게 재난이 일어난다. 항상 강한 불의 에너지에 노출되어 있다면 냉정한 판단을 할 수 없기 때문이다. 흉 작용을 막으려면 부엌과 서로 마주보고 있는 방문 근처에 포인트형 자수정을 둔다. 그리고 부엌문 가까운 곳에도 포인트형 수정을 둔다. 서로 나쁜 에너지가 들어가는 것을 방지할 수 있다.

부엌문이 현관과 서로 마주보고 있는 것도 주의해야 한다. 부엌에서 나오는 불의 에너지가 현관에서 들어오는 좋은 에너지를 밀어 낸다. 이때도 부엌문 근처에 포인트 형 수정을 둔다.

침실

침실 천장에 대들보나 불룩한 부분이 있으면 압박을 받는 기분이 들어 정신적으로 지친다. 침실의 경우, 베개 위치 위에 있다면 수면을 방해하고 심할 때에는 불면증이 되기도 한다. 침대나 이불의 위치를 바꾸는 것이 가장 좋다. 침대 끝이나 머리맡에 포인트형 수정이나 수정환옥을 둔다.

화장실

집안에서 음의 에너지가 가장 많이 쌓이기 쉬운 곳이다. 언제나 밝고 청결하게 해 둔다.

화장실이 현관의 근처에 있는 집은, 현관에서 들어오는 에너지와 화장실의 나쁜 에너지가 함께 집안을 순환하여 가족의 건강을 해치고 운세까지 바꾸어 버린다. 이때 화장실의 네 귀퉁이에 포인트형 수정을 두되, 날카로운 부분이 집의 밖으로 향하도록 한다. 화장실의 나쁜 에너지를 밖으로 내보낼 수 있다.

2) 보석의 의미와 효과

(1) 탄생석

1월 : 가닛(석류석)

진실·우정·충성·불변·진리를 상징하는 보석이다. 고대

*** 보석 코디하는 법**

정장 주로 격식을 차린 모임에 많이 입게 되므로 다이아몬드·루비·사파이어·에메랄드·진주 등의 귀한 보석류가 적당하다. 귀걸이·목걸이·반지·팔찌·브로치 등을 세트로 할 필요는 없다. 오히려 귀걸이와 반지, 목걸이와 반지, 귀걸이와 팔지 등 2~3가지로 포인트를 주는 것이 세련되어 보인다.

비즈니스 웨어 직장에서 주로 입으므로 지나치게 개성 있는 것은 피한다. 같은 계열 색으로 전체를 조화시키거나 보색으로 포인트를 주는 것이 좋다. 일과 시간, 장소에 따라 차이가 있지만 달그락거리거나 대롱거리는 것은 일하는 데 방해가 된다. 귀걸이는 작은 링이나 귀에 달라붙는 스타일, 팔찌나 목걸이는 체인 스타일이 좋다.

캐주얼웨어 활동적인 캐주얼웨어는 플라스틱·노끈·가죽·돌 등의 소재로 만든 장신구가 좋다. 가죽 끈이나 아크릴, 금속이나 자연석 등 여러 가지 소재를 겹쳐서 착용하는 것도 자신의 개성을 한껏 살릴 수 있는 방법이다. 검은색에 어울리는 보석은 투명·흰색·빨간색·오렌지색·갈색 등으로 다이아몬드·오팔·진주·루비·토파즈·호박 등이 있다.

자수정

에는 가닛을 가지고 있으면 친구가 생기고 높은 자리에 오를 수 있다고 믿었다.

2월 : 자수정

마음의 평화와 성실을 상징한다. 좋은 에너지를 방출하고 나쁜 에너지를 흡수한다고 전해온다. 남에게 영향을 미치는 사람 즉 교사나 종교인 등이 몸에 지니는 것이 좋다고 한다.

아쿠아마린

3월 : 아쿠아마린(남주석)

용기·총명·침착함을 상징함과 동시에 행복과 영원한 젊음을 상징하기도 한다. 중세 사람들은 아쿠아마린을 착용하면 미래를 예견할 수 있는 능력이 생기며 편안한 수면을 취할 수 있다고 믿었다.

다이아몬드

4월 : 다이아몬드

다이아몬드는 영원한 사랑과 순수, 고귀함을 상징한다. 고대에는 그 강인한 특성 때문에 승리·부귀·행복의 상징물로 여겨졌다.

에메랄드

5월 : 에메랄드

5월의 푸른 풀잎들을 연상케 하는 에메랄드는 행운·행복·성실·친절·선의 등을 상징하기도 한다.

진주

6월 : 진주

진주는 건강·장수·부귀를 상징하며, 바다에서 나는 보석 중 가장 귀한 것으로, '보석의 여왕' 이라고 불린다.

7월 : 루비

루비는 열정과 사랑을 상징하는 보석으로, 빨간색은 질투와 사랑으로 인한 의심을 없애 준다고 한다. 루비를 지니는 사람은 평화로운 삶을 누릴 수 있다고 한다.

루비

8월 : 페리도트(감람석)

부부의 화합과 행복을 상징한다. 달빛에서 에메랄드와 같은 빛을 내기 때문에 '이브닝 에메랄드'라는 별명을 가지고 있다. 옛날에는 몸에 지니면 어둠과 공포에서 벗어날 수 있다고 믿었다.

9월 : 사파이어

사파이어는 진리와 불멸의 상징이기도 하며 지혜·덕망·자애의 상징이기도 하다. 고대 왕들은 해악과 질시로부터 자기 자신을 보호하기 위해 사파이어를 착용했다고 한다.

사파이어

10월 : 오팔

희망과 순결을 상징하는 오팔은 무지갯빛을 띠는 아름다운 보석이다. 오팔이란 이름의 유래는 그리스어의 오팔리오스에서 유래되어 '귀한 돌'이란 뜻을 담고 있다.

오팔

11월 : 토파즈(황옥)

토파즈는 희망·우정·결백을 상징한다. 고대인들은 토파즈를 부적처럼 몸에 지니면 슬픔을 지울 수 있고 지혜를 얻을 수 있다고 믿었다.

황옥

12월 : 터키석

터키석은 행운과 성공을 상징한다. 터키석을 지니면 번창한다고 믿었으며 스스로 구입한 것보다 선물로 받은 터키석이 더욱 좋다고 한다.

터키석

(2) 목적에 따른 보석 활용법

보석은 아름다운 장식품으로서의 역할과 동시에 액운을 물리치고 운을 부르는 역할을 한다.

자신에게 알맞은 보석을 골라 잘 착용하면 멋과 행운을 동시에 잡을 수 있다.

■ 건강운을 높이고 싶을 때

개운 목적	파워스톤
건강운을 높이고 싶을 때	아콰마린 · 크리스탈쿼츠(백수정) · 토르말린(전기석)
스트레스를 해소하거나	아주라이트(남동석) · 어벤추린(사금석) · 아마조나이트
흥분된 감정을 진정시키고 싶을 때	천하석 · 에메랄드 · 크리소콜라(규공작석) · 터키옥 · 시트린(황수정) · 황옥 · 비취 · 마라카이트(공작석)
피로를 회복하고 스태미나를 강하게 하고 싶을 때	아벤추린 · 가닛 · 카닐리언(홍수옥) · 재스퍼(벽옥) · 루틸(금홍석) · 스모키쿼츠 (연수정) · 블러드스톤(혈석) · 헤마타이트(적철광) · 루비 · 로드크로사이(잉카로즈)
면역력을 높이고 싶을 때	크리스탈쿼츠 · 크리소콜라
전자파를 피하고 싶을 때	크리스탈쿼츠 · 토르말린
다이어트에 성공하고 싶을 때	애미시스트 · 시트린 · 진주 · 문스톤(월장석)
숙면을 취하고 싶을 때	애미시스트 · 아마조나이트 · 황옥 · 문스톤 · 스모키쿼츠
피부를 아름답게 하고 싶을 때	크리소콜라 · 라피스라줄리(청금석) · 로즈쿼츠(장미석)
탈모 등의 두발 문제로 고민할 때	오닉스 · 크리소콜라
공포나 불안을 진정시키고 싶을 때	애미시스트 · 크리스탈쿼츠 · 터키옥 · 황옥 · 블루 레이스아케이트 · 로즈쿼츠 · 스모키쿼츠
두통을 없애고 싶을 때	애미시스트 · 황옥
눈의 피로를 달래고 싶을 때	어벤추린 · 에메랄드 · 터키옥 · 말라카이트(공작석)
금주 · 금연 등 악습관을 끊고 싶을 때	애미시스트 · 데저트로즈
냉한 체질과 저혈압 개선, 생리 문제 개선	가닛 · 카닐리언 · 블러드스톤 · 헤마타이트 · 루비
정신을 맑게 하고 싶을 때	크리스탈 쿼츠 · 카르사이트 · 플로라이트(형석)
건강한 아기를 낳고 싶을 때	산호초 · 가닛 · 카넬닐언 · 진주 · 비취 · 헤마타이트 · 루비 · 로드크로사이트 · 호박

■ 가정운을 높이고 싶을 때

개운 목적	파워스톤
행복한 가정을 만들고 싶을 때	아콰마린 · 어벤추린 · 에메랄드 · 크리소콜라 · 블루레이스 · 페리도트
부부의 정이 깊어지고 싶을 때	아콰마린 · 사파이어
바람기를 없애고 싶을 때	에메랄드 · 오닉스 · 페리도트
성적인 문제를 개선하고 싶을 때	가닛 · 카닐리언 · 헤마타이트 · 루비 · 로드크로사이트
아기를 갖고 싶은 출산의 부적	가닛 · 카닐리언 · 산호초 · 진주 · 호박 · 헤마타이트 · 루비 · 로드크로사이트
현모양처가 되고 싶을 때	진주 · 문스톤
육아로 피곤할 때	에메랄드
자녀의 정조(情操) 육성에	어벤추린 · 에메랄드 · 크리소콜라 · 토르말린
머리가 좋은 아이로 키우고 싶을 때	아주라이트 · 에메랄드 · 라피스라줄리
스포츠를 잘하는 아이로 키우고 싶을 때	오닉스 · 가닛 · 카닐리언 · 헤마타이트 · 페리도트
자녀가 활동적이지 못할 때	아마조나이트 · 오닉스 · 가닛 · 카닐리언 · 호안석
자녀가 밖에서 괴롭힘을 당하고 있을 때	비취 · 마라카이트 · 진주 · 수정

■ 재물운을 높이고 싶을 때

개운 목적	파워스톤
기회를 불러온다	타이거아이 · 토르말린
액을 제거하고 행운을 부른다	크리스탈쿼츠
돈을 끌어 들인다	루틸 · 시트린 · 토르말린 · 타이거아이
수확과 재물운을 상징	아콰마린 · 루틸 · 시트린 · 타이거아이 · 토르말린
갬블운을 높인다	아주라이트 · 타이거아이 · 토르말린 · 루틸 · 시트린

■ 사업운을 높이고 싶을 때

개운 목적	파워스톤
사업운 전체를 향상시키고 싶다	수정 · 시트린 · 타이거아이 · 토르말린 · 루틸
출세하고 싶다	터키옥 · 수정
상품 개발, 기획, 창작 아이디어, 발명	아주라이트 · 라피스라줄리 · 사파이어 · 산호초 · 황옥 · 파이라이트(황철석)

상담, 영업, 판매로 성공하고 싶다	비취 · 토르말린 · 마라카이트 · 라피스라줄리 · 루비
프레젠테이션 능력을 높이고 싶다	아콰마린 · 아주라이트 · 아마조나이트 · 크리소콜라 · 터키옥
신장개업의 효과를 갖고 싶을 때	어벤추린 · 수정 · 타이거아이
장사 번성의 부적을 갖고 싶을 때	비취 · 토르말린 · 타이거아이 · 수정
꿈을 실현하여 자기실현을 하고 싶다	아마조나이트 · 수정 · 비취 · 토르말린
전직하고 싶다	오팔
컴퓨터 전자 제품의 전자파 방지	크리소콜라
세세하고 정확한 일이 요구될 때	칼사이트(방해석)
논문이나 연구 개발 업무를 하고 있을 때	라피스라줄리 · 칼사이트 · 사파이어
투기의 부적을 갖고 싶을 때	루틸 · 타이거아이 · 시트린 · 토르말린

■ 연애운을 높이고 싶을 때

개운 목적	파워스톤
만남을 가지고 싶고 사랑을 하고 싶다	로즈쿼츠 · 문스톤 · 오팔 · 로도나이트(장미휘석), 토르말린 · 산호초
화해하고 싶다	아콰마린 · 호박
아름다워지고 싶다	사파이어 · 진주
실연의 상처를 달래고 싶다	로즈쿼츠 · 애미시스트 · 에메랄드 · 터키옥
질투심을 이겨 내고 싶다	애미시스트
상대가 바람피우지 않기를 바란다	에메랄드 · 오닉스 · 페리도트
섹시해지고 싶다	가넷 · 카닐리언 · 헤마타이트 · 루틸
원거리 연애의 부적을 가지고 싶다	가넷 · 문스톤
상대의 본심을 알고 싶다	마라카이트
확실한 사랑을 하고 싶다	다이아몬드 · 몰다바이트(천연유리)
완전히 헤어지고 싶다	오닉스 · 데저트로즈
한결같은 사랑을 하고 싶다	블러드스톤
행복한 결혼을 하고 싶다	아콰마린 · 에메랄드
좋아하는 마음을 전하고 싶다	아콰마린 · 아주라이트 · 아마조나이트 · 크리소콜라 · 터키옥

■ 직업과 보석

직업	보석	의미
가수	붉은색 산호 지르콘	상대에게 힘을 준다. 관객에게 맑고 아름다운 음성을 전달한다.
가정주부	조개류 레이스마노	집안의 정리 정돈을 잘한다. 일에 만족을 느끼고 행복한 주부라고 느낀다.
간호사	에메랄드 혈석 비취	통찰력을 증가시킨다. 기의 흐름을 조절한다. 응용에 도움을 준다.
건설업자	커닐리언 줄무늬마노	질서 있게 일하도록 도와준다. 위험에서 보호해 준다.
기자	사파이어 라피스라줄리 커닐리언	중요한 정보의 식별 능력을 높여 준다. 취재원과 좋은 관계로 훌륭한 판단을 내리게 한다. 정해진 방식과 조직에서 능력을 발휘한다.
경찰관	줄무늬 마노 장미석	공격이나 범인의 반격으로부터 보호받는다. 구조자를 구해준다.
고고학자	사파이어 라피스라줄리 조개류	고차원적인 의식을 증가시킨다. 자력적인 분석에 도움이 된다. 육체와 정신적인 체제에 도움을 준다.
교수 교사	청동 마노	직업적인 자유에 용기를 준다. 인내심과 심신을 안정시켜 준다.
공무원	황수정 토파즈·연수정	생산적인 동시에 마음을 풍요롭게 한다. 상호 작용으로 발전을 가져다 준다.
군인	붉은색 벽옥 홍옥수	감정적 안정에 용기를 준다. 육체적 끈기에 힘을 준다.
금융가	다이아몬드 사금석	부를 증가시키고 만족감을 준다. 재정상의 기회를 증가시킨다.
목사	자수정 사파이어	정신을 맑고 깨끗하게 한 차원 높여 준다. 지혜롭고 훌륭하게 사리를 판단하게 한다.
무용가	마노 문스톤·오팔	육체의 움직임을 유연하게 하고 동작에 힘을 준다. 자신을 표현하는 데 용기를 준다.
발명가	라피스라줄리 수정	새로운 착상이나 해결 능력을 갖게 한다. 영감을 통한 발명을 도와준다.
방송 종사자	토파즈·황수정 터키석 수정	확실히 보도할 수 있는 힘을 준다. 근심과 걱정에서 해방 음성에 정신적 여유를 준다.
배우 탤런트	토파즈 붉은색 석영 브라질마노	대사 전달을 잘하게 한다. 관객에 대한 감각을 예민하게 해준다. 육체적인 에너지가 생기게 한다.
변호사	라피스라줄리 사파이어	문제 해결에 도움을 준다. 좋은 판단을 내리는 데 도움을 준다.
비서	공작석 문스톤 붉은색 석영	명확한 판단을 할 수 있는 힘을 준다. 상황 판단을 잘하게 한다. 인내심을 갖게 한다.
설계사	커닐리언 수정	기발한 아이디어를 준다. 3차원적인 감각을 높인다.
수의사	비취 혈석 상아	실제 치료로 병을 낫게 한다. 에너지의 흐름을 조절 동물에 의한 상처를 보호받는다.
심리학자	문스톤 라피스라줄리 붉은색 벽옥	타인의 심리를 잘 파악한다. 지혜롭고 훌륭한 판단을 내릴 수 있게 한다. 육체적 인내를 갖게 한다.
예술가	문스톤 마노 자수정	감정을 잘 표출 상상력과 영감에 도움을 준다. 통찰력을 자극한다.
요리사	마노 태마노	개인적인 자신감을 준다. 음식을 더욱 맛있고 새로운 맛을 내게 한다.
운동선수	상아 카닐리언 청색 이스마노	육체적 정력을 높인다. 힘을 생성해 준다. 압박감에서 벗어나며, 마음의 안정을 준다.
운수업	금홍석·석영 얼룩무늬 마노	방향을 안내한다. 여행자를 보호한다.
음악가	수정 오팔 조개류	음색의 감각을 기른다. 관객에 대한 감성을 더욱 개방적이게 한다. 육체적인 에너지를 보충해 준다.
의사	비취 혈석 에메랄드 수정	진단에 도움을 준다. 에너지의 흐름을 조절 안목과 통찰력을 조절 더욱 온기를 느끼게 한다.
작가	사파이어 라피스라줄리	지혜와 지식을 증가시킨다. 지성을 더욱 향상시킨다.
치과의사	화석 마노	치아와 입 전체에 영향을 준다. 육체적인 지구력에 평정을 지켜 줄 것이다.
카운셀러	수정 혈석	의사 소통을 분명히 할 수 있도록 도와준다. 에너지의 흐름을 조절한다.
컴퓨터	터키석 붉은색 벽옥	정신적인 안정감과 사고의 유연성을 기른다. 육체적인 인내심을 기른다.
패션 디자이너	금록석 진주	눈의 피로를 막아 주는 역할을 한다. 인내력을 기르고 창의적인 아이디어를 창출하는 데 도움을 준다.
환경 운동가	에메랄드 화석 마노	장래를 내다볼 수 있는 안목을 기른다. 때 늦은 지혜에 힘을 준다. 육체적 인내심을 기른다.
항공기 승무원	모수석·마노 공작석 불꽃 마노	여행을 할 때 보호 불의의 사고에서 보호 물위를 지날 때 보호
헤어 디자이너	장미석영 수정	자신의 모습을 아름답게 한다. 영감에 의한 착상을 할 수 있는 용기를 준다.
형사 수사관	호안석 지르콘	확실한 안목과 통찰력을 자극한다. 치밀하고 조직적인 사고에 도움을 준다.
회사원	터키석 붉은색 벽옥	정신 안정에 도움 육체적 인내를 갖게 한다.
회사 중역	사파이어 라피스라줄리 문스톤 청색 레이스마노	마음을 자극한다. 지혜를 증가시킨다. 마음과 감정을 감동적으로 일어나게 한다. 신경을 안정시키고 마음의 긴장을 풀어 준다.

7. 운을 높여 주는 풍수 아이템

1) 풍수 아이템이란?

풍수에서 '살(殺)'은 방위나 형태 등이 다양하며, 나쁜 기[邪氣]나 형태, 장소에 악영향을 주는 힘을 말한다. 기의 흐름을 정돈하는 풍수에서는 '살의화(殺宜化), 불의투(不宜鬪)'라고 하는데, 이 살을 변화시켜 흉상을 정화시키는 일련의 작업을 화살(化殺)이라고 한다. 일종의 '부적'의 개념으로 보면 된다.

    건물의 형태나 인테리어에 따라 관엽 식물을 두는 것도 '화살'이라 할 수 있다. 화살의 다른 방법으로 '풍수 아이템'을 활용하기도 한다. 풍수 아이템은 화살의 용도보다는 소망을 이루고자 하는 목적으로 사용되는 경우가 많다. 하지만 전체적인 기의 흐름을 무시한 채 설치하거나 길흉 방위를 산출하지 않고 단지 '○○운의 상승은 □□방위'라는 식으로 접근한다면 그 효과는 기대할 수가 없다. 드물게는 역효과가 나타나기도 한다.

    풍수 아이템을 활용할 때는 먼저 명괘와 택괘에서 집의 길흉 방위를 산출한다. 명괘는 사람이 태어난 해의 팔괘이고, 택괘는 집의 방위에 따른 팔괘이다. 가족이 있는 경우, 거실은 세대주의 명괘를 우선으로 하고, 각 방은 사용하는 사람의 명괘를 주로 사용한다.

흉방위의 살을 해소하는[화살] 풍수 아이템을 설치할 때는 현관이나 창 등 밖과 연결되어 있는 곳을 우선으로 한다. 좋다고 해서 여러 가지를 많이 두는 것이 아니라 방위와 용도에 어울리는 것을 한 종류만 설치하면 된다.

인테리어 작업으로 흉 작용을 해소할 수 있다면 굳이 풍수 아이템을 설치할 필요가 없다. 하지만 집이나 방의 살을 해소한 뒤에, 길방위에도 맞고 운기를 강하게 하는 풍수 아이템을 두면 그 효과는 훨씬 좋아질 것이다.

2) 행운을 부르는 풍수 아이템

용

풍수에서는 기의 흐름을 용맥(龍脈), '용이 통과하는 길'이라고 한다. 종류에 따라서 손톱[爪]의 수나 체색이 다르지만, 풍수에서는 손톱이 3~4개의 금색 용을 자주 사용한다. 용은 맑은 물을 좋아한다. 수조나 물그릇을 근처에 두고, 물을 자주 바꾸어 주면 좋다. 용 장식물의 입 부근에 물그릇을 놓아두면 용이 물을 마시기 때문에 줄어든다고 한다.

용 그림에는 수정이 들려 있다. 수정은 '오행'의 하나인 '물'의 상징이라 할 수 있다. 설치 방위는 용은 만능 아이템이기 때문에 어디에 두어도 좋다. 화살뿐만이 아니라 길방위에 두면 좋은 기를 증폭시키는 힘이 있다.

용을 놓는 올바른 장소는 현관이나 방을 들어가 오른쪽이나 북쪽 방위다. 이곳에 두면 재물운이나 애정운이 상승한다. 다만 용은 물의 생물이므로 전자파와 궁합이 나빠 텔레비전이나 컴퓨터, 냉장고 등의 전자 제품 위에 두어서는 안 된다.

동쪽의 청룡은 '귀인'의 장소로, 친구나 동료의 조력을 부르는 길상의 방위다.

서쪽의 백호는 '소인'의 장소로, 분쟁이나 적의 방해를 부르는 흉방위다. 인간관계를 좋게 하고 평화롭게 지내기 위해서 용의 힘을 강하게 하면 서쪽 백호 방위의 기운이 눌러 버려 사람들과의 문제가 많이 발생할 우려가 있다. 오랜 시간을 보내는 장소가 서쪽에 있거나 방의 동쪽이 어둡고 심약한 경우에는 동 재질로 만들어진 용을 동쪽의 청룡 위에 두어 균형을 조정한다.

기린(麒麟)

머리는 용의 모양이고 몸은 비늘이 있는 사슴, 다리는 말, 꼬리는 소의 모양을 하고 있다. 기린에서 모든 짐승이 태어났다고 전해진다. 기(麒)가 수컷이고 린(麟)이 암컷이라고 한다. 매우 온후하고 고귀하며 총명하고 용감한 길상의 짐승이다.

화살의 효과가 높아 집의 형상에 의한 살이나 유년에 의한 살에 자주 사용된다. 사람들의 악기를 제거하고 행복을 가져오는 효과나 집의 안전, 재난으로 인한 피해와 도둑을 예방하는 데도 사용된다.

만능 아이템이므로 어디에 설치해도 좋다. 암수 한 벌로 사용하거나 흉상의 3방위에 한 벌씩 설치한다. 도둑의 피해를 막기 위해 창가나 현관에 두는 경우도 있다.

사자(獅子)

사자는 강한 기운을 가지고 있는 아이템이다. 부부 사랑이 강해 암수 한 쌍으로 되어 있다.

다리로 구슬을 누르고 있는 것이 수컷, 아기사자를 누르고 있는 것이 암컷이다. 사용할 때는 반드시 한 벌(전방을 향해 오른쪽에는 수컷, 왼쪽에는 암컷)로 사용하고, 한쪽이 파손되었을 경우에는 통째로 바꿔야 한다.

밖에서 들어오는 흉기의 침입을 막거나 옥외의 살을 물리치

암수 사자

거나 한다. 문이나 현관의 문 등 옥외에 자주 사용된다.

사자는 재물운에 효과가 좋다. 집안에서 사용할 경우 현관이나 거실 등에 설치하고 반드시 머리를 밖으로 향하게 한다. 휴식을 취하는 장소나 사적인 방에는 사용하지 않는다.

힘이 강하기 때문에 큰 점포나 사무실 현관에는 최적이지만, 사납고 취급이 어렵기 때문에 일반 주거지에는 사자 대신에 기린이나 비휴를 사용하는 것이 좋다.

용귀(龍龜)

얼굴은 용, 몸은 거북이, 입에 동전을 물고 동전이 쌓인 산 위를 올라가면서 등에 작은 거북이를 태우고 있다.

용족의 자손이며 용신과 영귀(靈龜)의 화신으로, 중국 고대부터 많은 전설에 등장하고 있으며, 나라나 왕권을 지킨다고 말하는 신령스러운 동물이다. 재물의 기를 흡수하고, 태세(太歲)를 억제한다고 한다.

화살의 효과는 물론 '순리재원광진(順利財源廣進 : 재가 중단되지 않고 들어온다)'이라고 하여, 예부터 재물운이나 장사운의 향상을 위한 용도로 사용되어 왔다.

그밖에도 인간관계와 건강운을 향상시키고 재난을 예방하며 집의 안녕을 가져올 수 있다고 한다. 설치 장소는 명괘나 유년(流年)의 재위(財位), 집의 '현무의 방위(집의 후방)', 유년의 흉방위 등에 용귀의 머리를 창이나 입구 밖을 향하도록 설치한다.

용귀

표주박

표주박은 중국 절강성에서 신석기 시대 유적으로도 출토되고 있다. 팔괘의 태(兌)와 건(乾)에 해당하며, 오행으로는 '금'이 된다. 중국에서는 의사들이 약을 표주박에 넣어 사용했기 때문에, 지니고 있으면 질병에 좋다고 알려졌다.

풍수에서는 '수살(收殺)', 삿된 기를 표주박 안으로 흡수한다고 해서 화살에 최적이다. 재산을 지키거나 재물운의 상승과 재물운의 향상, 무병장수, 개운 길상 등의 목적으로도 사용된다.

설치 방위는 살이 있는 방위, 명괘나 유년의 재물의 방위나 방에 들어가 오른쪽[靑龍方] 방향이 좋다.

풍경(風磬)

유령이나 마귀 등이 집에 들어오지 못하도록 '소리나는 것'을 집의 입구에 매달아 두는 부적의 용도로 사용했다. 지금도 여름에 시원한 느낌이 들도록 처마 밑이나 창가 등 밖과 연결되는 장소에 매달아 놓곤 한다. 풍경에도 여러 가지가 있지만 풍수에서 사용하는 것은 금·놋쇠·메탈·동의 소재가 좋다.

풍경은 명괘와 택괘의 흉방위, 유년의 흉방위(5황), 주위 환경에서 오는 살 등 모든 살을 해소하는 화살로 최적의 아이템이다.

문창탑

문창탑은 7층이나 9층으로 되어 있는데, 이 문창탑은 도교의 도사가 탑 속에서 도교의 가르침을 공부하여 깨달았다는 것에서 유래된 것이다. 정신 집중을 상징하는 시설로서 도교의 심불이다.

또 문창제군이라는 중국의 학문의 신이나 신격화된 문창성(북두칠성의 근처에 있는 6개의 별) 등의 의미도 포함되어 있다. 예부터 주로 시험의 합격이나 학력의 향상을 위하여 근처에 있는 문창탑을 향해 공부했다고 한다.

이 문창탑을 본뜬 장식물을 공부하는 사람의 명괘의 방위와 문창의 방위, 책상 위에 장식하면 좋다.

- 현관의 방향 — 문창의 방위
북 – 남, 서북 – 동남, 서쪽 – 서북, 남서 – 북, 남 – 북동, 동남 –

동, 동 – 남서, 북동 – 서쪽 등에 설치한다.

물고기

물고기는 풍부함을 의미하며, 행운을 불러오고 불운을 막는다. 위를 향해 헤엄치는 잉어는 출세나 지적 분야에서의 성공을 의미한다. 진짜 물고기를 기르는 것이 좋지만, 물고기 그림이나 물고기 관련 소품을 장식하는 것도 행운을 부른다.

보물선

보물을 가득 실은 상선은 행복이나 재물운, 사업에 대한 기회의 상징이다. 사무실에 배의 그림을 장식하는 것은 매우 좋은 행운을 부를 수 있다. 물론 집의 현관에도 좋다. 그림을 장식할 때는, 배의 뱃머리가 밖을 향하고 있으면 역효과가 일어나 행운이 밖으로 나가게 된다. 행운이 집안으로 들어오도록 뱃머리가 집의 안쪽을 향하도록 하고, 돛이 붙어 있는 배의 그림이라면 돛이 바람으로 부풀어 있는 것이 좋다.

향초와 아로마

향초를 남쪽에 두면 인기운, 남서쪽은 연애운, 북동쪽은 학업운을 돕는다. 좋은 향기는 풍수의 에너지를 높이므로 아로마 향초를 사용하면 더 많은 행운을 부른다. 연애운을 높이는 빨간 장미나 휴식 효과가 있는 라벤더, 인기운을 높이는 노란색 장미, 학업운에는 상쾌한 감귤 계열이나 은방울꽃을 추천한다.

상아

상아는 지혜의 상징으로, 방의 북동쪽에 두면 좋다. 코끼리 그림이 붙은 쟁반이나 팔각형의 부속품 상자가 나와 있다. 학업운을 높이는 행운의 아이템이다.

좋은 향기는 풍수의 에너지를 높여 주므로 아로마 향초를 사용하여 행운을 불러 보자.

목단을 소재로 한 한국화. 굳이 생화가 아닌 그림이라도 기운을 좋게 하는 효과가 있다.

목단(모란)

목단의 꽃을 족자로 한 것을 자주 볼 수 있다. 목단의 꽃은 결혼운을 향상시킨다는 행운의 꽃이다. 결혼하고 싶은 여성이라면 목단을 장식하면 효과적이다. 작약이나 목단이 생화가 아닌, 그림이라도 좋다.

나침반

나경에는 풍수를 감정하는 데 필요한 모든 우주 현상과 자연현상에 대한 중요한 지식이 꽉 차 있다. 풍수사는 이것을 사용하여, 눈에 보이지 않는 기의 에너지를 판별해 사업적으로 최적의 입지나 가구의 배치를 계측하고 판단하지만 용도는 그뿐만이 아니다. 나경에는 집의 에너지를 조절하고 안정시키는 효과도 있어, 사용하지 않아도 집안에 놓아두면 집안의 평안이 유지되어 인간관계를 원만하게 하거나 운기를 호전시켜 주는 효과가 있다.

풍수 배경의 모든 것을 이해해야 하기 때문에 결코 간단하게 다룰 수 있는 것은 아니지만, 자신의 주위의 기분을 안정시키고 조정해 주므로 집 안에 놓아두는 것만으로도 효과가 있다.

3) 운세별 풍수 아이템

(1) 재물운

비휴

재물운을 높이는 효과가 뛰어난 신령스러운 동물로, 특히 편재(偏財)를 모으는 데 효과가 있다. 편재란 도박과 투자 등 변동이 있는 재물이다. 비휴는 편재를 모으는 효과가 가장 뛰어나

더 이상의 동물은 없다고 말할 정도다.

실내에 두되 머리는 반드시 현관을 향하는 것이 중요하다. 최적의 장소로는 응접실 테이블이나 카운터 위, 텔레비전 위가 좋다. 비휴에 관심을 가지는 만큼 활약하기 때문에 매일 신선한 물을 주고 가끔 '백단향'을 피워 맑게 해 준다.

발이 셋 달린 개구리

왕(큰)개구리는 자신의 주위에 있는 재물을 모두 모을 뿐만 아니라 모든 진리와 도리를 판별하는 힘도 가지고 있다. 머리에는 팔괘 태극을 싣고 등에 북두칠성을 짊어진 다리를 셋 가진 개구리는 '대왕 삼각 두꺼비'라고 부르며 특별한 능력을 가지고 있다. 다리가 3개밖에 없는 이유는 자신의 전방과 좌우의 재물을 입에 물어 오기 위해서라고 한다. 돈을 산과 같이 모으고, 그 위에 진을 치는 모습은 그야말로 재물운을 높여 줄 것 같은 예감이 가득 차 있어 인기 있다. 현관이나 입구에 두고 아침에는 밖을 향해 놓고, 밤에는 안을 향하도록 놓아, 어루만지면서 하루의 노고를 위로해 준다.

용귀(龍龜)

머리는 용, 몸은 거북이라는 모습의 용귀는 재물운을 높여 주는 동물로 유명하다. 회사 등 비즈니스 장소에 두면, 재물이 끊임없이 들어오는 효과가 있다고 한다.

점포나 사무실에 두면 확실히 재물운을 불러들인다. 귀인과의 좋은 인맥을 늘려 주고, 백호(자신에게 불리하게 작용하는 인물)를 억제한다. 관우상이나 재신과 함께 놓으면 더 많은 효과를 볼 수 있다. 악의에 대한 화살 효과도 있기 때문에 '좋지 않은 것이 계속된다.', '언제나 무언가가 항상 따라다니고 있다.'는 고민을 해소할 수 있다.

7성진

재물운과 도박운에 최강의 효과를 나타낸다는 '루틸', 쓸데없는 지출을 억제하고 들어온 돈을 모은다는 '시트린', 재물운을 높이고 안정시키며 업무상 인재운을 높인다는 '타이거아이' 이렇게 3종류의 돌을 섞어서 만든 것으로 재물운 전반을 상승시킨다. 7성진으로 만든 것이 한층 더 힘을 높여 준다.

전용 봉투에 넣은 수정옥황

부와 권력을 가져와 낭비를 막는 수정은 무거운 것이므로 받침대 등에 얹어 두는 것이 좋지만, 둘 장소가 마땅치 않을 때는 전용 봉투에 넣어 매달아 둔다. 노란색 봉투에 들어간 수정은 부와 권력을 가져와 낭비를 막아 준다고 한다.

타이거아이로 만든 올빼미

많이 알려지지 않았지만 올빼미는 재물운을 높여 준다. 재물운 상승에 좋다는 타이거아이로 만들어 더욱 상승 효과를 높일 수 있다. 가방이나 주머니에 넣어 가지고 다니거나 책상 위에 두면 좋다.

옛날 동전

옛날 동전을 본뜬 것으로, 겉(표)에 '초재진보(招財進寶)'의 문자가 새겨져 있고, 뒤에는 음양의 상징인 용과 봉황이 그려져 있다. 재물운을 높이는 힘이 있고, 팬던트나 키홀더로 만들어 가지고 다녀도 좋다. 장사하는 사람들은 금고 안에 넣어 둔다. 다른 풍수 아이템 아래에 깔거나 안에 넣거나 해서 아이템의 힘을 보다 높일 수 있다.

옛날 동전

(2) 사업운

관우(關羽)상

중국에서는 사업운이나 재물운을 높이기 위해 관우상을 장식하는 것이 기본이다. 관우상은 재물을 가져오고 악운과 흉기를 물리친다고 한다. 여직원이 많은 직장에서는 최강의 보디가드 역할을 하고, 부하직원이나 신입사원에게는 감시 역할을 한다. 관우상의 근처에 '용귀'를 두면 재물운이 강하게 높아진다. 관우 신상이나 금속성 재질로 조각되어 액자로 만들어진 관우 장식품으로 가게 입구에 장식한다.

발이 셋 달린 개구리

재물운에 관한 풍수 아이템을 참고한다. 가게를 운영하는 사람에게 적극적으로 권장한다.

용귀(龍龜)

재물운에 관한 풍수 아이템을 참고한다. 사업을 성공시키고 재물이 끊이지 않는다.

동으로 만든 주판

주판을 발명한 것이 관우라고 알려져 있다. 장사의 번성에 사용할 경우에는 관우상 곁에 두면 상승효과를 얻을 수 있다. 입구의 살의 해소와 장사 번성에 효과적이다.

봉황의 원반

봉황은 자신을 이끌어 줄 인물을 만나게 한다. 아무리 노력하거나 재능이 있어도 기회가 없으면 활동할 장소가 없다. 봉황은 노력을 멈추지 않는 사람을 도와주고 기회를 만들어 줄 것이다.

동으로 만든 거북이

거북이의 움직임은 완만하지만, 착실하게 전진하는 불굴의 정신을 상징하고 있다. 사업운을 높이고 신장개업 등에 사용된다. 오행으로 돈에 속하는 서쪽이나 서북쪽에 두면 보다 효과적이라고 한다.

동으로 만든 말

사무실을 옮길 때 부득이 흉방위로 이사하지 않으면 안 될 경우에는 말의 아이템을 사용해 흉 작용을 억제할 수 있다. 말에는 그 생명력에서 사업을 번영시키는 힘이 있기 때문에, 이사하고 나서는 사무실에 장식해 둔다.

수정을 받쳐 든 다섯 손가락의 용

용은 사업운에 한정하지 않고 기의 흐름을 조절하기 위해 필요한 아이템이다. 특히 수정을 받쳐 든 다섯 손가락의 용은 운기를 강하게 높여 주기 때문에, 사업하는 모든 사람들에게 강력하게 추천한다. 다섯 손가락의 용은 예부터 황제만이 사용한 최고의 용이다. 기업의 리더가 사용하기에 안성맞춤이다.

동으로 만든 주작

주작은 사신사의 하나로 남쪽 방위를 지키는 신령스러운 새다. 황제는 북쪽을 등지고 앉아, 남쪽에 배치한 주작이 하늘 높이 날아올라 전방에서 오는 적을 재빨리 발견한다고 믿었다. 즉 주작은 정보 수집 능력이 뛰어난 것으로, 장래 전망을 정확하게 간파하는 힘을 얻을 수 있다고 여긴다.

(3) 연애운·결혼운

동으로 만든 호리병

동으로 만든 호리병은 '도화병'이라고 하며 연애의 고민을 해결하거나 소원을 실현하기 위해 자주 사용된다. 도화병을 작은 꽃병으로 사용하기도 하고, 놓는 방위에 따라 마음도 경쾌해질 것이다.

봉황 원반

봉황은 자신을 이끌어 줄 인물을 만나게 한다. 아무리 노력하거나 재능이 있어도, 기회가 없으면 활동할 장소가 없다. 봉황은 노력을 거듭하는 사람을 도와주고 기회를 만들어 줄 것이다. 미혼 여성이라면 좋은 남성을 만나게 해 준다.

소원용

이 상징물은 연애나 결혼 등의 소원을 이뤄 준다. 소원용은 2개의 여의주를 들고 있다. 경기가 침체되어 있을 때는 금속의 여의주를, 특별한 소원이 있을 때는 수정을 갖게 한다. 로즈쿼츠를 갖게 하면 연애에 관한 소원을 이루게 해 준다.

(4) 시험 합격·학업 성취운

9층 문창탑

9층 문창탑은 집중력을 높여서 일이나 공부가 진척된다고 한다. 업무는 집중력이 늘어나 상상력과 창의력이 풍부해지고 결과적으로 출세로 연결된다고 한다. 특히 기획과 연구, 창조를 필요로 하는 일이 적성에 맞는다. 시험공부를 할 때 사용하면 집중력이 높아진다고 한다.

칠성이 승천하는 비룡

다섯 손가락을 가진 용이 휘감겨 있는 '용의 기둥'이다. 기둥의 안은 홈으로 되어 있어 복권이나 수험표, 치료약이나 연인의 사진 등 자신의 소원과 관련되는 것을 넣어 둔다. 뚜껑은 수정의 힘을 최대한으로 높여 준다는 7성진으로 되어 있다. 수정이 기둥에 휘감겨 있는 용의 여의주로 되어 있어 힘을 이중, 삼중으로 증폭해 주는 구조로 되어 있다.

학업의 신을 도금한 카드

중국에서 절대적인 신임을 받는 '문창 주의공(朱衣公) 주희'와 '학업의 신 공자'를 앞과 뒤에 조각한 금도금 카드다. 몸에 지니면 긴장하지 않고 자신감을 갖고 시험을 볼 수 있다. 평소에는 공부와 연구 등의 능률을 올릴 수 있다. 시험(입학·취직 시험·자격 검정 등)을 앞두고 있는 사람들은 '공자'와 '주희'가 강력하게 도와준다. 현금 카드 크기이므로 카드 케이스에 넣어 가지고 다닐 수 있다.

5

행운을 부르는
풍수 인테리어

1. 건강운을 부르는 풍수 인테리어
2. 가정운을 부르는 풍수 인테리어
3. 재물운을 부르는 풍수 인테리어
4. 사업운(업무운)을 부르는 풍수 인테리어
5. 연애운을 부르는 풍수 인테리어

1. 건강운을 부르는 풍수 인테리어

1) 집의 구조와 인체의 관계

인간의 신체 각 부위와 방의 에너지는 서로 대응 관계가 있다. 어떤 방의 기가 어지러우면 특정의 질환이 일어나기 쉽고, 그 반대로 방의 기가 조화롭다면 대응하는 부위와 장기의 건강을 유지할 수 있다.

서재 - 전두엽과 좌뇌 1

서재는 전두엽과 좌뇌에 대응한다. 서재가 없는 집에 살면 주인의 사고 능력이 떨어지고, 결단력이 부족한 사람이 되기 쉽다.

자녀방, 책상의 위치 - 간뇌 2

아이의 성장 능력과 지능, 의식이 상승하고, 부모와 자식의 사랑이 돈독해진다. 아이는 가정의 보물이며, 아이 방이나 주거의 가운을 담당한다.

주거 공간 디자인 - 우뇌 3

주거 전체의 디자인은 우뇌와 대응한다. 디자인이 훌륭한 집

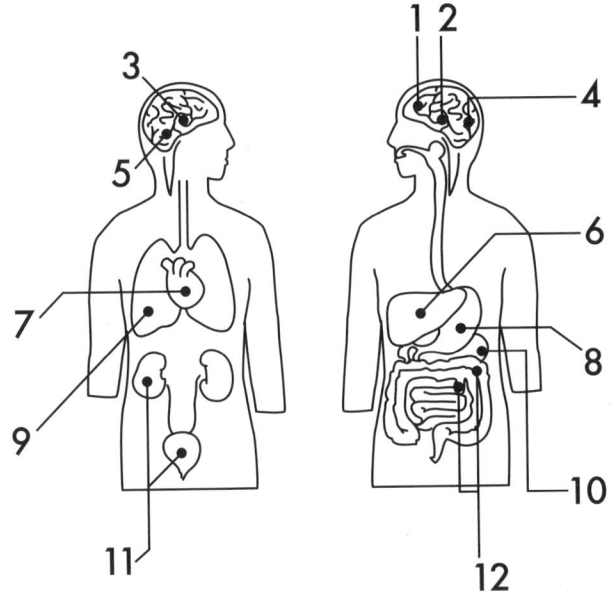

에 사는 것은 거주하는 사람의 향상심을 높이고 합리성을 기른다. 거주자의 정신에 큰 영향을 준다.

현관의 방향 · 집의 중심에서 본 현관의 위치 – 대뇌 5

문이나 현관은 인간의 뇌나 얼굴에 대응하며 특히 대뇌피질과의 관계가 깊다. 문이나 현관은 입이나 코로 공기를 흡입하는 것과 대응한다. 문이나 현관이 어떤 상태냐에 따라 기가 들어오는 방법이 변하고, 대외적인 활동에도 큰 영향을 준다.

빛, 조명 – 좌뇌 제3뇌실 4

방의 종류에 관련되지 않는 조명 상태는 좌뇌 제3뇌실과 대응한다. 지성이나 인간성과 관계하고 형광등의 빛은 유해 전자파가 강해 사고 능력을 빼앗는다.

거실 · 욕실 – 간장 6

넓고 느긋한 거실은 피로를 달래고, 생각을 깊게 할 수 있는 데 효과적이다.

침실, 침대의 위치와 방향 – 심장 7

침실, 특히 침대의 위치와 방향은 심장과 대응한다. 침실의 상태는 기본적인 체력과 기력에 크게 영향을 준다.

식당의 위치와 배색 – 위 8

식당을 난색 계열로 장식하면 식욕이 증진하고, 한색 계열로 장식하면 식욕이 억제된다. 식당이 좁은 집에 사는 사람에게는 요통이 일어나기 쉽다.

천정의 높낮이 – 폐 9

천정의 높낮이는 폐와 호흡기계에 영향을 주어 폐의 기능이 높으면 의식 수준도 올라간다. 예를 들면 천정이 낮은 집에 사는 사람은 폐나 호흡기계를 압박해 의식 수준도 떨어진다.

집의 중심에서 본 현관의 위치 – 비장 10

조건 반사 능력, 환경 적응 능력, 대인관계에 영향을 미친다.

■ 방위에 따른 신체 부위와 질병

방위	신체 부위	질병
북	생식기·귀·신장, 신장병	냉성 체질, 생리불순, 방광염, 불감증, 성병, 중이염
북동	허리, 등, 코, 손가락, 관절	요통, 디스크, 등의 통증, 관절염, 비염
동	다리, 목, 혀, 간장	편도선, 간장, 담석, 황달
동남	대퇴부, 고관절, 장, 모발, 신경, 왼손	감기, 장염, 신경통, 탈모, 백발
남	눈, 심장, 혈압, 혈관, 유방	눈병, 심장병, 고혈압, 화상, 유방암
남서	복부, 위장, 비장, 근육	위궤양, 변비, 설사
서	입, 폐, 호흡기, 치아	식중독, 폐렴, 기관지염, 천식, 충치
서북	머리, 뼈, 피부	두통, 골절

화장실의 위치 간장과 방광 11

화장실은 간장과 방광에 영향을 준다. 화장실의 기의 흐름이 좋지 않으면 당뇨병이나 자궁근종 등 비뇨기계의 병에 걸리기 쉽다. 거주하는 사람의 건강과 재물에 영향을 준다.

가스레인지의 위치와 방향 - 소장과 대장 12

가스레인지의 위치와 방향은 대장과 소장에 상응하며, 특히 주부의 심신에 영향을 준다.

2) 건강운을 부르는 가상

건강운 전체를 담당하는 방위는 북쪽의 감궁(坎宮)이다. 건강과 안녕을 바라는 부적을 붙인다면 이 방위가 좋다. 건강을 위한 파워스톤은 아쿠아마린(남주석)·크리스탈쿼츠(백수정)·토르말린(전기석) 등 전체적인 건강운에 효과가 있으며, 북쪽과의 궁합도 좋아 정원석으로 이용하면 좋다.

풍수에서 주거는 집에 사는 사람의 육체의 거울이며, 각 방위는 신체의 각 부분을 암시한다. 남쪽 방위의 집은 눈이나 심장에 해당하고, 이곳이 더러우면 거주자의 눈이나 심장에 영향이 나타난다. 반대로 거주자의 눈이나 심장에 이상이 있는 경우는 주거의 남쪽 방위에 영향을 미친다.

남쪽 방위의 벽에 금이 가 있다면, 눈이나 심장 등에 이상을 느끼지 않아도 건강 검진을 받고, 균열된 부분을 서둘러 조치하도록 해야 한다. 자신의 집을 돌보는 것은 자신의 몸을 돌보는 것과 같다. 각 방위와 인체는 서로 상응하여 어떤 방위에 이상이 있을 때는 그 방위에 해당하는 부분이 손상되기 쉽다. 각 방위에 욕실이나 화장실, 쓰레기 버리는 곳, 정화 설비, 하수도 등이 있다면 각 신체 부위에 드러날 가능성이 있다. 가능하면 청결을 유지하고 크리스탈쿼츠를 배치해 두면 최소한으로 억제할 수 있다.

3) 건강운을 높여주는 행운의 색

건강운 전체를 지배하는 것은 북쪽 방위의 색은 검은색·회색·파란색·물색 등이며, 북쪽에 도움을 주는 색으로는 흰색·금색·은색 등이 있다.

신체의 각 부위에 따라 효과적인 색깔이 달라질 수 있다. 가장 중요한 일은 음양의 조화를 이루는 것으로, 아무리 건강을 원한다고 해서 북쪽을 상징하는 물색·파란색·검은색·회색뿐인 색깔만 사용한다면 오히려 역효과를 부를 수 있다. 북쪽 방위에 부엌이 있어 햇빛이 들어오지 않아 언제나 눅눅하고 어슴푸레하다면 오렌지색이나 황색 등 난색 계열을 이용하여 인테리어를 하면 분위기를 바꿀 수 있다.

건강한 상태란 자연 상태를 말하고, 인간의 자연스러운 상태에는 일곱 가지 빛을 발산한다. 패션이나 인테리어에서 어느 특정의 색을 고집할 것이 아니라 여러 가지 색으로 음양의 조화를 맞추는 편이 좋다. '요즘 활력이 약해졌다.'고 느낀다면 생명의 에너지를 상징하는 빨간색 계통의 색을 높여서 개선하듯 다양한 색의 조합으로 응용한다.

건강운을 높여 주는 풍수술

부엌을 깨끗하게 한다

건강은 음식과 큰 관련이 있다. 음식을 만드는 부엌이 청결하지 않으면 건강의 운기는 모이지 않는다. 싱크대나 가스레인지는 반짝반짝 윤이 날 정도로 깨끗하게 유지하고, 곰팡이나 습기가 없도록 해야 한다.

부엌의 길방위는 서북쪽이며, 흉방위는 남서쪽에서 남쪽까지다. 남서쪽은 이귀문이며, 서쪽의 석양이 들어오는 부엌은 석양이 식재료나 생활쓰레기에 영향을 주기 때문에 가족이 자주 아플 수 있다. 남쪽도 햇볕이 너무 많이 들어오므로 부엌의 장소로는 적절하지 않다.

부엌에서 피해야 할 것은 물과 바람이다. 물은 앞에서 말한 것처럼 습기의 원인이기 때문에, 세면대의 물방울까지 깨끗하게 닦아 내어 가능하면 건조한 상태를 유지해야 한다.

바람은 가스레인지와 관계 있다. 가스레인지를 출입구, 큰 창, 냉장고 등과 마주보이는 위치에 두는 것은 흉상이다. 출입구나 창에서 바람이 들어와 가스레인지의 불길에 영향을 미쳐 좋지 않으며, 냉장고와 가스레인지는 두 개의 상반되는 작용 때문에 서로 마주보면 싸움이 일어난다. 이때는 어느 것을 이동시키는 것이 최선책이다. 옮길 수 없다면 출입구에 칸막이를 세우거나 창문에는 커튼을 내리거나 냉장고의 문에 거울을 단다. 부엌이나 욕실이 침실과 마주보는 경우도 흉상이다.

음식 재료의 음양을 따져서 먹는다

풍수의 기본은 음양의 기를 조화롭게 유지하는 것이다. 그런 의미에서 질병은 음양의 균형이 무너진 상태라고 말할 수 있다. 냉한 체질은 음(陰)의 체질에 치우쳐 있어 개선하기 위한 방법으로 식사가 가장 중요하다.

식재료 그 자체에도 몸을 따뜻하게 하는 양(陽)의 기운을 가진 것과 몸을 차갑게 하는 음의 기운을 가진 것, 음양이 아닌 평성의 성질을 가진 것이 있다. 예를 들어 젊은 여성들이 다이어트를 위해 샐러드만으로 식사를 하는 경우가 많다. 샐러드의 주요 재료인 양상추나 토마토는 몸을 차게 하는 식재료이므로 매일 먹으면 냉한 체질이 된다. 샐러드에 호박을 혼합하거나 생강 스프를 먹거나 해서 양의 기운을 가진 음식을 적당히 혼합하여 섭취해야 한다.

한 해 동안 계절의 순서대로 식재료를 선택하는 것이 자연의 이치에 맞는다고 볼 수 있다. 남방이 원산지인 식재료는 음의 기운이, 북방이 원산지인 식재료는 양의 기운이 있다. 특히 식재료는 자신이 살고 있는 지역의 땅에서 난 것이 가장 잘 맞는다.

건강운을 높여 주는 풍수술

첨각이나 천정의 대들보에 주의한다

풍수에서 요철(凹凸)의 형상을 흉으로 보는 이유는 모가 나기 때문이다. 모퉁이는 건물의 기를 한 점에 모아 방사하는 작용이 있어, 이런 강력한 기를 계속 받으면 신체가 손상된다. 근처 건물의 모퉁이가 집을 향해 있거나, 집 내부도 요철이 만들어져 있으며, 요철 첨각의 연장선상에 사람이 있으면 자주 아프다. 이것을 '첨각의 직사' 라 한다.

개선책으로는 첨각이 자신의 집 쪽으로 향해 있을 때는 첨각의 정면에 거울을 두어 흉을 반사시킨다. 가능하면 요면경이 좋다. 집 내부의 벽에 요철이 있을 때는, 큰 기둥의 첨각 등에 관엽 식물을 두거나 수정이나 무령(巫鈴) 같은 둥근 것을 매달아 첨각을 막는다.

천정의 대들보도 첨각과 비슷한 영향을 준다. 대들보는 집을 지탱하고 있기 때문에, 그 압력이 기가 되어 방출된다. 대들보 아래 의자를 놓고 앉아도 편안하지 않고, 대들보 아래에 머리 부분을 두고 자는 것은 피해야 한다. 편안하게 잠을 수가 없으며, 두통이나 병이 들 수도 있다. 이동할 수 없다면 무령이나 표주박 등 둥근 것을 매달면 흉 작용이 누그러진다.

편안한 수면으로 건강해진다

건강의 2대 조건은 음식과 수면이다. 음식이 몸을 만드는 재료가 되고, 수면 중에 몸이 만들어지기 때문이다. 잠이 부족하면 피부가 거칠어진다. 잠은 몸과 더불어 정신도 쉬게 한다. 만약 어떤 문제가 발생했다면 문제를 해결하기 위해 계속해서 자신을 압박하기보다는 며칠간 편안한 휴식을 통해 해결의 실마리를 찾아내는 것이 낫다.

편안한 수면을 취하려면 침실이 편안해야 한다. 출입구와 창문 근처, 출입문과 바로 마주보이는 곳에서는 잠을 자지 않는다. 침실이 좁아 방법이 없다면 머리 부분만이라도 멀리 두고 잔다. 출입구나 창문 근처에서 자면 외부의 소리나 침입자에 대한 불안 심리를 갖게 되어 숙면에 방해가 된다. 우리 조상들은 오랫동안 대자연이나 짐승들의 위협, 외적의 침략 등의 위험에서 생활해 왔기 때문에 현대인이라도 이런 경계의 느낌이 쉽게 나타난다.

거울은 침대 머리를 비추는 위치에는 두지 말아야 한다. 다른 위치에 둘 때도 잘 때는 가린다. 거울은 기를 반사하는 작용이 있어, 침실에 기가 난무하면 음악을 크게 틀어놓고 자는 것과 같이 숙면에 방해가 된다.

수면에 효과적인 파워스톤에는 숙면을 취하게 하는 자수정이나 문스톤, 불면증을 개선하는 황옥이나 수정, 꿈속에서 가이드가 되어 나타나는 아마조나이트 등이 있다.

건강운을 높여 주는 풍수술

소금과 파워스톤을 활용한 건강 목욕법

욕실은 부엌이나 침실만큼 중요한 장소다. 미인이 되고 싶은 사람은 욕실을 길상으로 해 두는 것이 절대적인 조건이다. 욕실을 배치하는 가장 적합한 방위는 서북쪽이다. 반대로 남·북동·남서쪽·태극(집안 중심부)에 있으면 흉상이다. 현관이나 출입구 정면에 욕실이 오지 않도록 해야 한다. 이런 위치에 욕실이 있다면, 중간에 칸막이를 세우거나 큰 관엽 식물 등을 두어 기의 직진을 막아야 한다.

부엌처럼 욕실도 습기가 차면 잡균이 번식하기 쉽기 때문에, 항상 건조한 상태를 유지하도록 깨끗이 청소한다. 창이 없는 경우는 환기팬을 돌린다.

욕실의 거울은 언제나 반짝반짝 빛나게 해야 한다. 거울은 자신을 비추는 것으로 거울을 닦는 것은 자신을 닦는 것과 마찬가지다.

건강에는 소금 목욕이 좋다. 목욕용 소금 대신 천일염을 써도 좋다. 기호에 따라 적당한 양을 넣고 목욕한다. 사람에 따라 차이는 있지만 몸속에 있는 독소가 대량으로 배출되어 물의 색이 바뀔 만큼 큰 효과가 있다. 소금에는 액땜의 효과도 있으므로 무엇인가 좋지 않은 일이 일어난 날은 소금으로 목욕을 하면 산뜻한 느낌이 든다. 소금의 양이 너무 많으면 피부에 손상을 줄 수 있으므로 주의해야 한다.

다음으로 파워스톤을 이용한 목욕법이다. 방법은 간단하다. 정화와 신성함을 요구한다면 수정, 연애의 성취를 바란다면 장미석을 이용한다. 파워스톤의 크기가 크다면 욕조에 가라앉혀도 되지만 작은 것이라면 여러 개를 욕조에 담가 사용하는 것이 좋다. 돌이 가지는 에너지가 천천히 뜨거운 물에 녹아 자연스럽게 우리 몸에 흡수될 것이다.

성 기능 개선

가장 효과가 빠른 방법은 성기에서 둔부까지 일광욕을 시키는 것이다. 태양의 강한 에너지로 하루 30분~1시간씩 1주일 정도 일광욕하면 하반신에 힘이 증가한다.

하반신에 위력을 발하는 파워스톤은 붉은 계열이다. 가닛·카닐리언·블러드스톤·헤마타이트·루비는 냉한 체질을 비롯해 정력 감퇴와 생리 관계의 문제에 효과가 있는 것으로 알려져 있다. 토르말린·황옥 등도 효과적이다.

불감증이나 불임 문제가 심각하다면 우선 건강 진단을 받고, 스트레스와 수면 부족을 해소해야 한다. 아무 이상이 발견되지 않았지만 어쩐지 성기능이 감퇴했거나 임신이 되지 않을 경우에는 거주지의 북쪽 방위에 문제가 있는 것이다.

북쪽 방위에 더러워진 목욕탕·정화 설비·쓰레기장·도랑 등이 있다면 하반신에 문제가 생기기 쉽다. 큰 창이나 출입구, 에어컨 등이 있으면 정력이 감퇴되기 쉽고, 불감증·조루·냉증 등 생길 수 있다.

개선책은 문제가 되는 설비를 옮기는 것이지만 간단하지는 않을 것이다. 그럴 때는 우선 청소를 잘하고 청결을 유지하며, 정기적으로 소금으로 정화한다. 수정을 함께 사용하면 더욱더 효과적이다.

북쪽 방위의 일조가 너무 나쁘거나, 눅눅해 음의 기운이 강하다면 밝은 색 커튼이나 백열등의 조명 기구를 장식하고 잎이 무성한 관엽 식물을 두는 등, 음양의 균형을 조절한다. 북쪽 방위는 본질적으로는 음의 기운이 강한 것이 자연스럽기 때문에, 극단적인 난색 계열만 배치하는 것은 삼간다. PC·전자레인지·텔레비전 등 전자파를 많이 방출하는 전자 제품들 옆에도 수정이나 숯을 두는 것이 좋다.

2. 가정운을 부르는 풍수 인테리어

1) 가족 구성원과 방위의 관계

[가족 구성원에 맞는 방위]

풍수에서 집의 각 방위는 가족 구성원 각각의 마음 상태를 상징하고 있다고 본다(옆의 그림 참조). 잘 살펴보면 가정 내의 균형 감각이나 문제점을 발견할 수 있을 것이다.

가장의 공간인 서북쪽에 부엌이 있으면 부인이 서북쪽에 머무는 시간이 길어져 남성적인 힘을 갖게 되어, 집안의 모든 일을 결정하게 된다. 전체적인 가정운을 담당하는 방위는 곤궁(坤宮)인 남서쪽으로서, 주부가 가정의 일을 능숙하게 처리한다.

동쪽 공간에 문제가 있거나 청소를 해도 깨끗해지지 않는다면 맏아들의 행동과 주변 환경을 살펴보고, 고민거리는 없는지 확인하는 것이 좋다. 맏아들의 방위는 동쪽이기 때문이다.

■ 가족 구성원에 맞는 방위

방위	인물	방위	인물
태극	가장, 손님	북동쪽	남자아이
동쪽	맏아들	동남쪽	맏딸
서쪽	여자아이들	남서쪽	어머니, 아내, 주부
남쪽	둘째딸(여자 형제 가운데)	서북쪽	가장, 아버지, 남편, 노인
북쪽	둘째아들(남자 형제 가운데)		

2) 첨각의 길흉 작용

이유 없이 초조하고, 사소한 일이 계기가 되어 싸움이 끊어지지 않았던 경험이 있을 것이다. 이것은 집 내외에 있는 '첨각'이나 '가시나무'가 원인인 경우가 많다.

창이나 출입구에서 보이는 집 근처 건물이나 집안 벽, 큰 기둥의 첨각은 건물 전체의 기를 모아 방사하는 기능이 있다. 방사되는 기를 오랫동안 계속 받으면 몸에 이상이 생긴다. 하물며 좁은 집 내에 첨각이 많다면 기가 매우 어지러워져 초조해하는 것은 당연하다.

주위에 첨각이 자신이 위치한 곳이나 집을 향하고 있다면, 거울(요면경)을 두어 기를 반사시키거나 거북이 장식물을 둔다. 거북이의 둥근 등껍질이 첨각에서 방사되는 날카로운 기를 둥글게 거두어 준다. 집 내의 첨각에는 관엽 식물을 두거나 수정이나 무령 등을 매달아 첨각이 보이지 않도록 한다.

가족 모두 화목하고 즐겁게 식사하고 싶다면 둥근 식탁이 좋다. 이왕이면 다른 가구도 둥근 형태를 선택한다. 과도·부엌칼·포크·젓가락 등도 '날카로운 기를 방사'하기 때문에 사용하고 나면 보이지 않는 곳에 수납한다.

식탁은 부엌의 서쪽 방위에 둔다. 서쪽에는 '화목'과 '즐거움'이라는 작용이 있어, 비록 정신적·경제적으로 괴로운 가정에서도 가족 전체가 웃는 얼굴이 될 것이다. 다만 서쪽 테이블은 과식을 부르기 쉬우므로 주의한다.

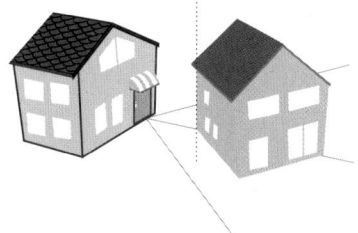

창이나 출입구에서 보이는 집 근처 건물의 첨각은 건물 전체의 기를 모아 방사하여 좋지 않은 영향을 미친다.

3) 가족 구성원에 맞는 공간 배치

자녀방

풍수에서는 남자아이 방을 동·북·동남쪽순으로 하면 좋고, 여자아이라면 동남쪽·남쪽의 순으로 배치하면 좋다. 남자아이와 여자아이 둘 다 있고 방이 하나라면 동쪽이 좋다. 동쪽은 태양이 떠오르는 방위로서, 아침의 신선한 공기와 함께 사물이 시작되므로 동쪽에서 자면 일찍 일어나게 된다.

어쩔 수 없이 북쪽이나 서쪽 방위로 자녀방을 배치해야 할 때는 잘 때의 머리 위치를 동·북·동남쪽으로 하면 좋다.

자녀방에서 피해야 할 방위는 집의 중심이나 가장의 방위인 서북쪽이다. 가장이 있어야 할 자리에 자녀방이 있으면 가정 내의 균형이 무너지고, 사춘기에는 가정 내 폭력으로 발전할 수 있다. 아이를 너무 사랑한 나머지 제일 크고 좋은 방을 주는 것도 좋지 않다. 서쪽도 '놀이'의 암시가 있는 방위이므로 피하는 것이 무난하다.

자녀방의 벽지 등 주체가 되는 색은 자녀에 따라서 다르지만, 녹색을 기반으로 하면 큰 문제가 없다. 녹색은 생명의 성장을 상징하고 인간관계에서 화목을 가져오는 색이기도 하다. 눈의 피로에도 좋으므로 수험생에게도 추천할 만하다. 물론 관엽식물을 두어도 길상이지만, 지나치게 많이 두는 것은 역효과를 부른다. 식물이 성장하는 과정에서 아이의 생기를 빼앗을 수도 있으므로 적당한 크기나 수를 장식한다.

자녀방의 책상 위치도 중요하다. 창문을 정면으로 마주보고 있는 위치는 '망공(望空)'이라 하여 공부에 집중하지 못하게 된다. 창문을 등지는 형태도 '배망(背望)'이라 하여 좋지 않다. 방의 출입구에서 직선상에 책상을 두면 외부의 기가 쉽게 전달되어 아이가 자꾸 밖으로 외출하려 하므로 창이나 입구에서 조금 떨어진 곳이 좋다.

가장의 방 - 집의 중심

집의 중심에서 가장 중요한 장소는 가장(家長)을 나타내는 장소이다. 집의 중앙에 계단이나 빈 공간이 있으면 좋은 기가 위로 빠져 버리기 때문에 중심을 잃고 흔들리는 배처럼 집 전체의 분위기가 침체되어 경제적인 발전을 기대할 수 없다. 가족 구성원간의 관계도 소원해지고 뿔뿔이 흩어져 버리게 된다.

집의 중앙에 욕실이나 화장실, 세탁기, 부엌 등이 있는 경우는 흉상이다. 이런 것들이 처음부터 남편의 공간을 빼앗아 버렸기 때문에 남편이 집에 돌아오지 않는 것은 당연하다.

중앙에는 서재 등을 만들어 주는 것이 가장 좋다. 만일 집이 좁다면 적어도 거실의 중심부에 제대로 된 '아버지의 장소'를 마련하여 다른 가족들은 이용하지 않도록 한다. 이것으로 가정 내에서 아버지의 위엄이 자연스럽게 정해진다.

일반 기업에서도 건물의 중앙에 사장실을 만들면 자연스럽게 직원들과 조화를 이루고 원활한 소통을 할 수 있게 된다.

자녀운은 북쪽

부부의 성생활이 원만하지 못할 때는 대게 주거의 북방위에 문제가 있는 경우가 많다. 이 방위에 출입구나 큰 창, 목욕탕, 화장실, 쓰레기를 버리는 곳 등이 있다면 정력이 감퇴하거나 부부관계가 소원해지기 쉽다. 출입구는 항상 제대로 닫고, 칸막이 등을 세워 둔다. 창은 채광을 위한 작은 것은 문제가 없지만, 큰 창은 냉기가 들어오지 않도록 커튼을 달아 준다. 화장실이나 목욕탕, 쓰레기 버리는 곳은 항상 청결을 유지하고, 정기적으로 소금을 이용하여 재액을 막아 주며, 수정을 이용하여 좋은 기운을 불러온다.

자녀운은 북쪽 방위에 있으므로 집이나 방의 북쪽 방위를 항상 청결하게 유지한다. 북쪽을 향해 제사를 지내거나 자신의 취향에 맞는 공간을 만든다. 북쪽 방위의 힘을 강하게 하는 수정이나 헤마타이트, 문스톤 등의 파워스톤을 두고, 달콤한 향기를 가진 향초를 켜며, 아이들의 놀이 도구를 놓아두면 자식운이 증가한다.

부부 관계가 원만하지 못할 때 잠옷이나 침대 시트를 붉은색으로 바꾸면 상당한 효력이 있다.

4) 운을 높여 주는 파워스톤

자녀의 잠재 능력 개발 – 수정

자녀방에 두는 파워스톤은 수정이 좋다. 수정은 정신을 안정되게 하고 생명력을 높여 잠재 능력을 개발하는 데 도움이 된다.

지혜로운 아이로 기르고 싶다면 라피스라줄리나 아주라이트를, 침착성을 갖게 하고 싶으면 자수정을, 사랑스럽고 여성스럽게 자라길 바란다면 로즈쿼츠를, 용기와 자신감으로 가득 찬 아이로 기르고 싶다면 타이거아이 등을 추천한다.

자녀운 – 붉은 계열의 파워스톤

빨간 계통의 파워스톤인 가넷·카닐리언·루비·헤마타이트를 침대 부근에 두면 성욕이 높아진다. 연인 시절의 기분을 내고 싶다면 로즈쿼츠도 좋다.

매일의 식사에 마늘·양파·샐러리 등 강장제 계열의 소재를 조금씩 혼합하여 먹는 것도 효과적이다. 그리고 우유를 매일 조금씩 마신다. 우유를 마시면 배탈이 나는 사람은 따뜻하게 데워서 마시면 좋다.

③ 가정 경제 - 노란색 계열의 파워스톤

불황이 길어지면 어느 가정이든지 자금의 변통을 신경 쓰지 않으면 안 된다. 돈을 모으기 이전에 먼저 돈을 회전시켜야 한다.

이때 강하게 운을 도와주는 파워스톤으로 금(金)·루틸·시트린·호안석·황옥 등의 노란색 계열 보석이다. 이런 보석들을 재물운을 담당하는 서쪽에 배치하고, 아로마나 향초를 함께 켜 두면 향기처럼 빛에 이끌리어 자연스럽게 돈을 끌어 들일 수 있다. 물론 작은 것을 가지고 다니거나 지갑에 넣는 것도 효과적이다. 특히 토르말린은 재물운을 불러온다고 한다.

낭비가 심하다면 서쪽에 수정이나 자수정을 두거나 파란색 계열의 소품을 조금 배치하고 냉정함을 되찾도록 한다.

서쪽은 돈을 끌어들이는 데 매우 효과적인 방위지만, 돈을 모으는 재물운은 북동쪽에 있다. 예금 통장 등을 이 방위에 두고 위에서 언급한 파워스톤을 함께 놓아두면 이식운(利殖運)이 더욱더 증가한다. 이 방위에는 아로마와 향초를 두지 않는다. 보물은 어둡고 조용한 곳에 보관하는 것이 가장 좋기 때문이다.

가정운을 높여 주는 풍수술

내 집을 사서 이사하고 싶다면 말의 장식물을 놓는다

부동산운을 담당하는 것은 북동쪽의 간궁(艮宮)이다. 이곳을 항상 깨끗하게 청소하고 정리 정돈하여, 실현(實現)의 파워스톤인 호안석이나 수정, 변화의 파워스톤인 오팔, 꿈을 실현시켜 주는 토르말린 등을 사용하고, 간단한 형태라도 파워스톤을 이용한다.

자신이 살고 싶은 집의 이미지가 뚜렷하다면 그림으로 그려 보거나 비슷한 부동산 광고를 북동쪽 벽에 붙인다. 그리고 자신이 그 집에 살고 있는 모습을 반복적으로 이미지 트레이닝한다. 이주를 상징하는 말의 장식물을 근처에 두면, 소원이 빨리 성취되어 이사가 앞당겨진다. 살고 싶은 장소가 정해졌다면 그 방위에 말의 장식물을 놓아두는 것도 효과적이다.

단, 말의 장식물은 뱀(巳)띠 태생의 사람에게는 흉이므로, 이용하지 않도록 한다. 대신 파워스톤을 사용하여 운을 강하게 한다.

허약한 자녀에게 표주박을

아이가 자주 아파서 걱정스러울 때는 표주박을 머리맡에 두는 풍수법이 있다. 동양에서 예부터 표주박은 약이나 의료의 상징이며, 치료의 이미지가 있다.

남자아이라면 머리맡 왼쪽에, 여자아이라면 오른쪽에 둔다. 체질 개선이 목적이라면, 강력한 정화 작용을 가지는 수정을 추천한다. 수정은 힘이 강해도 궁합의 선악이 없고, 누구라도 안심하고 지닐 수 있는 파워스톤으로 심신 모두가 안정된다. 물론 어른이 사용해도 OK. 수정은 건강운 뿐만 아니라, 모든 행운의 에너지를 간직하고 있기 때문에, 아이의 장래에 좋은 영향을 미치게 되고, 어른의 운도 높일 수 있다.

이웃이나 친척간의 교제를 잘하려면

인간관계를 담당하는 방위는 동남쪽의 손궁(巽宮)으로 이 방향을 깨끗하게 유지하는 것이 기본이다. 동남쪽에 쓰레기를 버리는 곳이나 욕실을 겸한 화장실, 청소나 정리를 제대로 할 수 없을 때는 구설수에 휘말리거나 평판이 나빠지므로, 빨리 청소하고 소금을 뿌려 깨끗하게 유지한다. 악의 기운을 제거하기 위해 수정을 놓는 것이 좋다. 인간관계를 원활하게 하는 파워스톤은 수정·어벤추린·에메랄드·페리도트·터키옥·토르말린 등이 있다.

가족이나 친척을 담당하는 방위는 북동쪽의 간궁(艮宮)이다. 북동쪽은 '상속'을 담당하는 방위이기 때문에 항상 깨끗하게 청소해 두면 친척들에게 좋은 호감도 얻고, 만일의 경우 발생할 수 있는 분쟁도 피할 수 있다.

주위로부터 괴롭힘을 당한다면 수정으로 심신을 편안하게 하고, 비취를 가지고 다닌다. 비취는 지혜를 상징하는 보석인 동시에 충격에 강하고 끈질김과 불굴의 정신을 상징한다. 이 힘을 빌려 집단 괴롭힘을 당하지 않고, 정신적으로 보다 성숙한 단계로 이끌 수 있다. 그밖에 말라카이트(공작석)와 진주도 인내력을 높여 주는 보석이다.

풍수의 사신사 중의 하나인 거북이 장식물을 두는 것도 좋은 방법이다. 타인의 공격을 받을 때, 사자처럼 강력한 힘으로 역습하면 더 심각해질 수 있다. 이때는 거북이처럼 등껍데기로 몸을 싸고 내버려두는 것도 인생을 사는 하나의 지혜다.

건강운을 높여 주는 풍수술

고부 관계를 원만히 하고 싶다

시어머니와 며느리의 관계는 다른 한편으로 어머니와 아이의 관계라고도 할 수 있다. 집에서 어머니를 담당하는 방위는 남서쪽의 곤궁(坤宮)이다. 이 방위는 이귀문의 방위로 '연로한 여성'을 의미한다.

대각선의 북동쪽 방위는 표귀문으로 부동산운을 담당하며, 이쪽도 관리를 소홀히 하여 깨끗하지 못하면 상속 문제로 발전하기 쉽다.

먼저 시어머니의 기를 완화시키기 위해서 집안의 남서쪽과 북동쪽의 장소를 철저하게 청소하고, 정기적으로 소금을 설치하여 나쁜 기운을 제거해야 한다. 이것만으로도 무언가 트집을 잡던 시어머니의 잔소리가 적어지게 된다. 그리고 시어머니와 자신의 방 양쪽에 좋지 않은 생각을 제거하고 정신을 안정시키는 수정이나 자수정을 둔다. 부적처럼 천으로 만든 주머니에 작은 돌을 넣어 가지고 다녀도 괜찮다.

그래도 시어머니와 불화가 생기거나 관계가 개선되지 않는다면, 비취나 말라카이트·진주 등을 부적처럼 가지고 다니고, 자신이 가장 오랜 시간을 보내는 장소에서 볼 때 시어머니가 있는 방향으로, 관엽 식물을 두어 나쁜 기운을 막는다. 눈에 잘 띄는 곳에 거북이 장식물을 두는 것도 좋다. 거북이는 사자처럼 상대와 직접 싸우지 않고, 거울처럼 악의를 뒤집는 작용도 없으며, 둥근 등껍데기 안에서 한가로이 위험이 지나가기를 기다린다. 거북이가 가지는 '싸우지 않는다.'는 정신, 이것을 이용한다.

배우자의 바람기를 멈추게 하고 싶다!

남편이나 아내가 외도를 하고 있다고 느껴지면 먼저 집의 북쪽 방위를 깨끗하게 청소하고 수정을 두어, 수정을 비추듯이 형광등이나 조명을 단다. 북쪽 방위는 '비밀의 정사'를 암시하는 장소로 이쪽을 크리스탈 빛으로 밝혀 두면 자연스럽게 꼬리를 잡을 수 있다.

외도의 상대와 헤어져 집으로 돌아오게 하려면, 북쪽 방위에 강력한 정화 작용을 가지는 수정을 두어 '관계 청산'을 재촉한다. 외도를 하고 있는 당사자에게는 바람기를 억제하는 보석인 에메랄드나 오닉스를 자연스럽게 지니도록 한다.

무엇보다 중요한 것은 '역시 우리 집이 제일'이라는 마음을 갖게 하는 것이다. 그러기 위해서는 서쪽에 식탁이나 거실의 소파를 두고, 꽃을 장식하는 등 즐겁고 밝은 분위기를 연출한다. 서쪽은 '가족의 단란함'과 '즐거움', '유흥' 등을 담당하는 방위로, 집의 이 방위를 잘 장식하거나 깨끗하게 해 놓으면 밖에서 놀 필요도 없어진다.

마지막은 자신이 '정열의 빨간색과 냉정의 파란색'을 겸비한 파워스톤인 자수정의 힘을 빌려 돌아온 상대를 따뜻하게 맞아들이는 것이다.

3. 재물운을 부르는 풍수 인테리어

1) 재물운을 부르는 기본 조건

돈에 대해 긍정적인 생각을 가진다

자신을 둘러싸고 있는 흉액(凶厄)을 제거하는 것이 기본이다. 집 부근에 있거나 자주 다니는 종교 시설에 참배를 하여 액막이를 기원하고, 동시에 재물운이 돌아온 자신의 모습을 떠올려 그 이미지를 상상한다. '내놓고 돈을 좋아하다니 속물'이라거나 '돈은 더러운 것'이라는 관념을 버리고 돈에 대해 긍정적인 생각을 하는 것이 무엇보다 중요하다. 신은 인간이 행복해지는 것을 기쁘게 생각한다. 돈을 가지고 행복해하는 자신의 모습을 떠올린다. 돈을 가지고 싶다는 소망을 마음에만 가지고 있는 것이 아니라, '충분한 돈을 가지고 있는 자신'의 모습을 생각한다.

다음은 지갑을 바꾼다. 낡은 지갑은 모처럼 들어온 돈이 모이지 않고 바로 지출되어 버린다. 지갑은 정기적으로 새로운 것으로 바꾸어야 한다. 그리고 지폐 한 장 한 장을 소중하게 다루고, '내게 와 주어 고맙다.'는 감사의 기분을 갖는다.

재방의 위치를 확인한다

'재방'은 집의 중심에서 보았을 때 현관의 위치에 따라 결정

[재방의 위치]

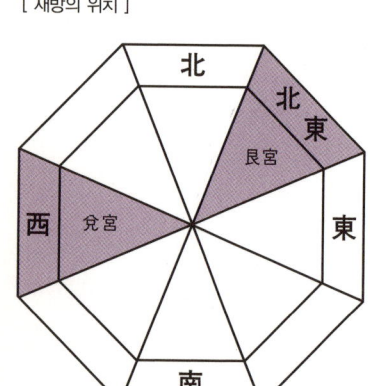

된다. 재방과 본인의 본명괘의 길방이 겹치는 장소라면 재물운의 최대길방이 된다. 재방을 파악했다면 그 위치에 수족관을 둔다. 수족관을 적당한 방위에 배치하면 재물운을 부르고 좋은 기를 저축할 수 있어 재산도 증가한다. 물고기는 자신이 좋아하는 종류를 기르면 좋다. 물고기가 건강할수록 재물도 쌓이게 된다. 수족관을 두고 물고기를 기를 수 없는 사람은 화병에 생화를 장식하면 좋다.

■ 현관의 위치에 따른 재방

현관의 방위	재방
북	동·동남
북동	동남
동	북·남서
동남	동·남서
남	동남
남서	서
서	북·동남
서북	동·남

2) 방위와 재물운의 관계

서쪽

풍수에서 재물운을 담당하는 방위는 서쪽 방위인 태궁(兌宮)이다. 그런데 '서쪽에 노란색'이라는 말은 단순하게 '돈의 유통이 좋아진다.'는 의미다. 분명 서쪽의 태궁은 '재물운'을 지배하고, 노란색이나 금색과 궁합이 매우 좋지만, 동시에 '놀이'나 '환락', '낭비' 등의 암시도 있어, 지갑 안에 들어온 돈은 날개가 달린 것처럼 곧바로 나가 버린다. 금전에 여유가 생겼다고 서쪽 방향으로 놀러 가면 어느새 지갑이 텅 빈다.

금속제의 물건과 궁합이 좋기 때문에 서쪽으로 귀금속이나 액세서리를 장식하면 좋은 친구를 부르는 효과가 있다. 집이나 회사에서는 이 방위를 제대로 정리 정돈하고 청소를 깨끗하게 해야 한다. 재물운은 반짝반짝 빛나는 것을 좋아하며 거칠거나 더러운 곳은 피한다.

수정이나 루틸 등의 파워스톤은 서쪽 방위를 상징하는 황색·흰색·금색·오렌지의 행운의 색으로 휘감거나 회화, 포스터 등을 배치한다.

북동쪽

서쪽 방위는 재물이 들어오는 통로가 되는 방위로서, 돈의 회전이 좋아지지만 정확하게 말해 축재의 방위는 북동쪽이다. 북동쪽의 간(艮)궁은 재물운을 담당하며, '모은다.', '착실하게 늘린다.'는 작용이 있다. 그러므로 이 방위에 저금통이나 금고, 귀중품 진열장 등 축재를 상징하는 물건을 두면 좋다. 돈·예금 통장·증권·계약서 등과 함께 재물운을 부르는 수정이나 루틸, 시트린 등의 파워스톤을 보관해 두면 들어온 돈이 유출되는 일 없이 재산이 순조롭게 쌓일 것이다.

북동쪽의 재물운 파동을 높이기 위해 서쪽 방위에 자신이 좋아하는 귀금속을 장식하거나 서쪽과 궁합이 좋은 흰색이나 노란색 소품을 배치한다. 북동쪽에 금융 자산을 둘 경우에는 향이나 초를 두지 않는 것이 좋다. 달콤한 향기에 이끌려 도둑이 들어올 수도 있고, 초가 넘어져 화재의 원인이 될 수도 있다.

부엌·욕실·화장실 등 물을 사용하는 곳에 누수가 일어난다면 재물운뿐만 아니라 행운 자체가 누수되므로 주의한다.

동쪽·동남쪽

재물운을 높이려면 기의 흐름을 동쪽에서 불러들여 서쪽 방위로 이끈다. 동쪽은 출세운을, 동남쪽은 평가나 평판을 담당하는 방위이기 때문에, 이 2개의 방위의 힘으로 일의 성과를 제대로 평가받을 수 있다. 일의 결과를 돈으로 바꾸기 위해 재물운을 담당하고 있는 서쪽의 태궁(兌宮)으로 운기를 이끈다.

3) 재물운을 부르는 가상

재물운이 흥하는 가상

집이나 직장이 다음과 같은 곳이라면 재물운을 높이는 데 매우 효과적이다.

- 서쪽으로 철(凸)이 있다.
- 서쪽으로 정리 정돈된 옷장이나 창고 등이 있다.
- 그해 간지의 장식물을 현관이나 신단 또는 그 간지의 방위에 장식한다.

재물운이 쇠퇴하는 가상과 그 대처법

집이나 직장이 다음과 같다면 재물운을 높이기 어렵다.

- 서쪽이 요(凹)의 형태이다. — 요(凹)의 구석에 소금을 장식하여 나쁜 기운을 제거하고, 옷장 등의 수납 가구나 행운의 소품을 두어 그 방위의 힘을 높인다. 소금 대신 수정을 이용하면 나쁜 기운을 더욱 더 제거할 수 있다.
- 서쪽으로 화장실이나 욕조, 세탁기, 쓰레기 버리는 곳, 정화장치 등이 있다. — 화장실이나 욕조가 있는 경우는 가능한 한 매일 청소해 청결하게 유지한다. 세탁기의 뚜껑은 항상 열어 두어 나쁜 기운이 가득 차지 않도록 한다(옥외에 세탁기가 있는 경우는 바로 옮긴다). 쓰레기 버리는 곳이 있다면 비록 공용의 장소일지라도 자원 봉사한다는 생각으로 열심히 청소한다. 결국 자신에게 복을 가져다줄 것이다. 소금이나 수정을 이용해 나쁜 기운을 억제하거나 깨끗하게 한다.
- 서쪽으로 집의 출입구나 큰 창문이 있다. — 재물운이 도망가기 쉽고 특히 유흥으로 낭비한다. 수입이 많아도 지갑에 구멍이 나 있는 것처럼 돈을 모으기 어렵다. 서쪽의 출입구는 항상 닫아 두거나 두꺼운 커튼 등으로 장식한다. 창이 있는 경우에는 옷장이나 책장으로 창을 가리거나 두꺼운 커튼을 쳐 두고, 소금을 활용한다.

- 현관문을 열면 바로 정면에 창문이 있다. — 현관에서 들어온 운기가 방 안에 퍼지기 전에 곧장 창문으로 나가 버리므로 재물운뿐만이 아니라 집안 전체의 운이 떨어진다. 현관 앞에 칸막이를 장식하거나 큰 관엽 식물을 배치한다.
- 풍수 아이템의 힘을 빌린다. — 동쪽에 아주라이트·라피스라줄리·터키옥 등 파란색 계열의 파워스톤을 배치하고 아로마나 향을 피워 운기를 불러온다. 불러온 운기를 서쪽으로 이끌고 돈으로 바꾸기 위해 서쪽 방위에 초를 켜 놓고 루틸이나 시트린 등 만능의 힘을 가지고 있는 수정 등을 배치한다.

3) 재물운을 부르는 행운의 색

황색·금색·흰색·오렌지 계열의 색은 재물운을 높이는 색이다. '유(類)는 친구를 부른다.'는 말대로 돈의 색인 금색·노란색·오렌지색 등을 지니는 것만으로 파동이 높아져 돈이 쉽게 모인다.

중국에서 돈은 백금을 의미했으므로 흰색도 서쪽의 행운의 색이다. 단, 금색이나 노란색을 너무 많이 장식하거나 지니고 다니면 오히려 낭비하는 경향이 있으므로 주의해야 한다. 인테리어나 패션에서도 하나부터 열까지 금색을 지니면 남들이 경원시하게 된다.

수입은 상당하지만 지출도 많아 돈이 남아 있지 않다면 파란색을 적당히 이용하여 음양의 균형을 맞춘다. 중요한 것은 음양의 균형으로, 그 방위에 해당하는 행운의 색을 적당하게 혼합하는 것이 요령이다.

재물운을 높여 주는 풍수술

월급을 많이 받고 싶다

월급을 많이 받으려면 걸맞는 실적을 올려야 한다. 먼저 비즈니스맨들의 필수 휴대품으로 알려진 타이거아이를 항상 가지고 다니면서 일(업무)의 성과를 착실하게 쌓아 간다.

어느 방위를 막론하고 항상 깨끗이 청소하고, 소금으로 정화하는 것이 기본이다. 동쪽과 동남쪽은 녹색과 궁합이 좋기 때문에, 녹색 소품이나 관엽 식물을 둔다.

집은 물론 회사 책상 위에도 동쪽 방위에 어지럽게 자료를 쌓아 놓거나 하지 말고, 좋아하는 꽃을 장식하거나 행운의 소품을 두면 서서히 운이 트인다는 것을 실감할 수 있다.

전화나 컴퓨터는 가능한 한 동쪽에 둔다.

부동산으로 재물운을 올리고 싶다

부동산을 담당하는 방위는 북동쪽이다. 부동산으로 이익을 올리고 싶은 사람은 이 방위를 소중히 하는 것이 필수적인 조건이다. 동시에 이 방위는 귀문이기 때문에 보다 정중하게 취급하고 항상 청결하게 유지해 주어야 한다. 청주와 소금으로 정화시키고, 할 수 있다면 신단을 장식하거나 강력한 정화력을 가지는 수정을 설치한다.

부동산을 생업으로 하고 있는 사람이라면 평소에 액막이로 수정을 가지고 다닌다. 기회를 불러들이는 파워스톤인 타이거아이를 추천한다.

돈은 조용하고 어두운 곳에 보관한다

예부터 돈이나 자산은 옷장 안이나 마루 밑의 항아리 안에 보관했다. 황금은 어둡고 조용한 곳을 좋아한다.

재물운을 불러 놓치지 않고 돈을 모으는 지갑은 '바깥쪽이 검은색, 안쪽이 금색'인 것이 좋으며, 바깥쪽이 화려한 것은 쉽게 벼락부자가 될지라도 곧바로 몰락하기 쉽다. 진짜 부자란 외관은 소박하고 내적으로는 눈부실 정도로 화려하다.

재물운을 높여 주는 풍수술

주식이나 투자로 돈을 벌고 싶다!

먼저 투자에 관한 좋은 정보를 얻기 위해 정보가 들어오는 방위인 동쪽에서 동남쪽 방위를 깨끗하게 청소하고, 운을 끌어들이는 토르말린이나 수정을 배치한다.

주식 등의 투자를 담당하는 방위는 남쪽의 이(離)궁이다. 남쪽 공간을 항상 청결하게 유지하고, 햇빛이 잘 들어오도록 한다. 창문이 없어 햇빛이 들어오지 않으면 전기 스탠드로 조명을 비추거나 태양이 그려진 그림이나 붉은색 포스터를 장식하고, 관엽식물을 두어 '햇빛이 들어오는 장소'를 이미지하여 힘을 키운다.

동쪽에서 남쪽 방위에 아로마나 향을 피우거나 서쪽에 초를 켜 두고, 루틸이나 수정 등을 두어 투자의 운을 돈으로 바꾸도록 운기의 흐름을 조절한다.

주식이나 증권 등의 보관은 재물운을 담당하는 북동쪽에 수확을 의미하는 아쿠아마린, 재물을 지키는 수정이나 타이거아이, 재산 증식에 효과가 있는 토르말린이나 루틸, 시트린 등을 함께 두면 운이 트이는 것을 바로 실감할 것이다. 평소에 지니는 파워스톤으로는 타이거아이나 토르말린, 루틸 등이 좋다.

복권이나 갬블에 이기고 싶다!

복권 당첨·도박에서 돈을 따는 운은 서북쪽의 감(坎)궁에 있다. 이곳을 깨끗하게 청소하고, 토르말린이나 시트린, 수정 등을 배치하고 아로마 향을 피워 운기를 부른다. 불러온 운기를 서쪽으로 이끌어 돈으로 바꾸기 위해 서쪽에 루틸이나 수정을 배치하고 초를 켜 둔다.

복권은 활기 있는 곳에서 사서 금빛이나 황색 옷감에 싸서 운기를 흡수시키며, 루틸이나 수정과 함께 재물운이 머무는 북동쪽 방위에 보관한다. 갬블장의 부적으로는 타이거아이가 최고다. 물론 수정이나 루틸도 좋다. 성격이 급해 돈을 잘 잃는 사람은 냉정함을 유지하기 위해 자수정이 좋다.

도박에 좋은 방위

도박이나 복권 등에서 승리하고 싶을 때 '파군성(破軍星)'이라는 별을 활용한다. 도박에서 승부를 내야 하는 일시(日時)를 결정하고, '파군성'을 구한 뒤 '승리의 방위'로 나가 승부를 걸면 '승리의 운'이 만들어진다.

■ 파군성을 조사하는 방법

① 표 A에서 승부를 내려고 하는 시간의 간지를 조사하여 표 B에서 내려고 하는 달의 아래에 쓰여 있는 수를 확인한다.
② 표1에서 구한 간지를 표2에서 조사한 수만큼 오른쪽으로 간다. 그 간지가 바로 승리의 방위가 된다.
예1) 10월 어느 날 오후 2시에 승부를 내려면 미(未)에서 시작하여 오른쪽으로 2칸을 간 신(申)이 승리의 방위가 된다.
예2) 5월 어느 날 오전 11시에 승부를 내려면 오(午)에서 시작하여 오른쪽으로 9칸을 간 인(寅)이 승리의 방위가 된다.

[표1]

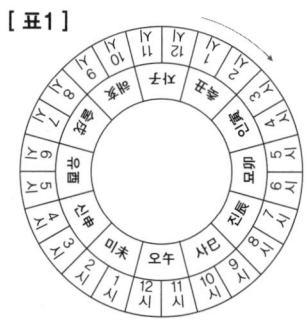

[표2]

1월	2월	3월	4월	5월	6월
5	6	7	8	9	10

7월	8월	9월	10월	11월	12월
11	12	1	2	3	4

＊월은 음력을 참고한다.

4. 사업운(업무운)을 부르는 풍수 인테리어

1) 사업운을 높이는 방위와 가상

팔방위 각각에 직업의 의미가 있다. 대단한 일을 하지 않는데도 성공하는 사람이 있는가 하면, 많은 노력을 기울이고 많은 성과를 올려도 인정받지 못하는 사람이 있다. 이런 일이 일어날 때는 보이지 않는 풍수의 기가 잠복하고 있는 것이다.

회사에서 성공이나 출세를 원한다면 신경 써야 하는 방위가 동쪽과 동남쪽이다. 영업운은 동남쪽의 손(巽)궁, 홍보 관련 업무는 동쪽의 진(震)궁이 담당한다. 이 두 곳의 방위가 깔끔하게 정리되어 있거나, 철(凸)이나 창문이 있는 집은 길상이다. 상사나 주위 사람들에게서 인정을 받거나 태양이 솟아오르듯 출세할 것이다.

반대로 요(凹)가 있거나 지저분하고 더럽거나, 욕실겸용 화장실 또는 쓰레기 버리는 곳이 있는 집은 흉상이다. 이런 형태라면 주위로부터 인정받지 못할 뿐만 아니라, 잘해 주어도 오해를 받아 좀처럼 출세의 실마리를 잡을 수 없다. 따라서 깨끗하게 청소하고, 항상 소금을 두어 정화하거나 수정으로 나쁜 기운을 제거한다. 또한 이 방위와 궁합이 좋은 초록색 계통의 소품이나 관엽 식물을 두어 출세운을 활성화한다.

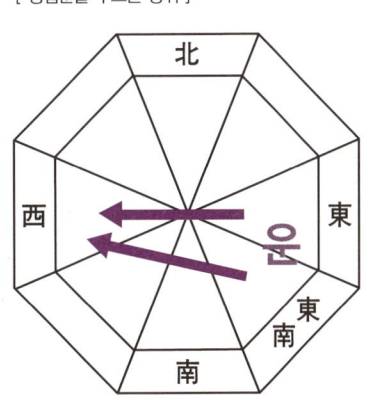

[영업운을 부르는 방위]

동쪽

동쪽은 출세운 그 자체를 담당한다. 태양이 뜨는 방위로 새로운 것을 시작하는 데 좋은 영향을 미친다. 이 방위에서 기획안을 작성하면 유행에 민감해져 좋은 아이디어가 떠올라 신규 사업부를 두면 다른 사람이나 다른 부서의 기선을 제압할 수 있다.

홍보부를 회사 내 동쪽에 두면 홍보 효과가 증가한다. 홍보부에서 근무하는 사람은 집의 동쪽을 깨끗하게 유지함으로써 업무 성과를 올릴 수 있다. 만일 이 방위에 쓰레기통이나 화장실, 욕조 등이 있다면 성과를 올리기 어렵다. 이런 부정(不淨) 시설은 어느 방위에 있어도 흉이 되기 때문에, 항상 청결하게 유지하고 정기적으로 소금으로 정화하며 수정을 배치한다.

동남쪽

동남쪽은 주위의 평판이나 인간관계와 관련이 있다. 이 방위가 깨끗하지 않으면 없는 소문도 만들어지는 등 인간관계에 좋지 않은 영향을 미친다. 특히 동남쪽은 통신, 먼곳, 여행, 인간관계 등을 담당하는 방위로, 회사 영업부나 배송 등 외근이 잦은 팀을 이 방위에 두면 좋다. 영업운이 강해져 판로 확대 등으로 연결된다. 책상 위의 전화나 PC 등을 동남쪽에 두면 비즈니스에 관한 좋은 정보를 얻을 수 있고, 명함 보관함 등과 함께 두면 상담이 쉽게 이루어지는 등 좋은 일이 많이 생긴다.

동남쪽을 상술의 파워스톤으로 배치하고 아로마 향을 피운다. 좋은 향기로 운기를 끌어 들일 수 있다. 이 운기를 돈으로 바꾸기 위해 서쪽에 루틸이나 시트린 등을 배치하고 초를 켠다. 초의 빛에 영향을 받아 운기가 서쪽 방향으로 흘러들어 돈이 된다.

동남쪽의 힘을 증폭시키는 녹색 소품이나 작은 화분을 장식하면 인간관계를 호전시킬 수 있다.

남쪽

남쪽 방위에는 '시대 감각'과 '창조와 발명'의 운기가 있으므로 신상품 개발이나 기획실 등의 부서를 배치한다. 이 방위에서 새로운 아이디어를 기획하면 좋은 평가를 받게 된다.

서북쪽

사업에서 또 하나의 중요한 방위는 '상사'를 상징하는 서북쪽이다. 직속 상사와의 관계가 원만하지 않다면 출세를 바랄 수 없다. 이 방위도 더럽지는 않은지, 흉상으로 되어 있지 않은지 확실히 점검해 본다.

출세를 돕는 파워스톤으로는 자기실현의 힘을 가지고 있는 타이거아이, 나쁜 이미지와 평가를 없애 주는 수정, 주위로부터 좋은 평판을 얻는 터키옥, 인간관계를 원만하게 하는 에메랄드를 지닌다.

■ 방위에 따른 업종

방위	업종
북	의료·치료 관계·연구 부문·전문 지식을 필요로 하는 일자리·풍속 관계
북동	부동산·은행(저축 관계)
동	출판·방송·광고 선전·기획 부문·신규 개발 부문
동남	영업·통신·여행·무역·결혼 관련
남	미술품·예술 관련·극장·발명·창작 관련·학술 관계·법률 관련·경찰
남서	보육·육아 관계·가정 관련 제품·주부용 비즈니스·농산물 관계
서	금융·요리 집·술집·바·클럽 등 유흥 관계 전반·풍속 관계
서북	교통·차량·스포츠·갬블·관공청·종교 관계·정치·투기

사업운을 높여 주는 풍수술

직장 내의 인간관계를 원만하게 하고 싶다!

인간관계의 고민은 어디를 가더라도 항상 따라다닌다. 매일 일하는 회사나 일터에서 인간관계가 원만하지 못하거나 집단으로 괴롭힘을 당하거나 한다면 참기 힘들 것이다.

우선 인간관계를 담당하는 동남쪽을 철저하게 청소한다. 빈틈없이 정리하고, 소금으로 정화하고, 나쁜 기운을 제거하는 수정을 배치한다. 그리고 동남쪽의 힘을 활성화시키기 위해 녹색이나 청색의 소품이나 관엽 식물을 장식한다. 향기가 좋은 아로마나 향초를 켜 두는 것도 좋다.

회사 내에서 사이가 좋지 않은 사람이 있다면, 그 사람의 방위에 작은 관엽 식물 화분을 장식하거나 거북이 장식물을 두면 좋다. 거울을 두면 기를 반사해서 다른 문제가 발생하기 쉬우므로, 온화하게 나쁜 기운을 빨아들이는 식물이나 둥근 등껍질로 나쁜 기를 받아 넘기는 거북이가 좋다.

자극적인 색조를 피하고 사람들과의 관계에서 인화를 나타내는 녹색 계통의 색이 가장 좋다. 정신적으로 지쳤을 때는 마음을 안정시켜 활력을 주는 수정을 가지고 다니거나 눈에 띄는 곳에 둔다.

인간관계를 원활하게 해 주는 파워스톤은 어벤추린과 에메랄드, 페리도트 등 초록 계열의 보석이다. 그 밖에 원만한 인간관계를 가져오는 터키옥, 불굴의 정신을 주는 비취, 냉정함을 유지하는 애미시스트, 시련을 극복하는 지혜를 가져오는 라피스라줄리, 화해를 가져오는 아쿠아마린 등이 좋다.

장사를 번성하게 하려면 입구에 관엽 식물을!

가게를 열 경우에 입구는 사람의 왕래가 많은 방향으로 내는 것이 당연하지만, 선택의 여지가 있다면 반드시 동쪽으로 낸다.

풍수에서 기의 흐름은 '청룡에서 시작하여, 백호 방향으로 나온다'고 한다. 기가 동쪽에서 서쪽으로 흐른다는 의미로, 사람의 흐름을 기의 흐름이라고 생각한다면, 가게 등은 동쪽에 입구가 있고, 서쪽으로 출구가 있는 편이 기의 흐름이 자연스럽다. 태양도 동쪽에서 솟아올라 서쪽으로 기울듯이 자연의 섭리에 필적한 원칙과도 같다.

가게를 번성하게 하는 포인트는 입구의 안쪽에 잎이 무성한 관엽 식물을 두고, 깨끗하게 청소하는 것이다. 이쪽은 재물운의 신이 내리는 장소라고 생각할 수 있으므로 기의 흐름도 촉진된다.

입구 부근에는 인기운을 부르는 토르말린이나 수정, 계산대 부근에는 재물운을 부르는 루틸이나 시트린, 재신의 장소에는 수확과 부귀를 가져오는 아쿠아마린, 재산 증식 효과를 가진 루틸이나 시트린, 재물을 지키는 타이거아이나 크리스탈을 두면 장사를 번성시키는 강한 힘이 되어 줄 것이다.

세일즈맨에게 추천하고 싶은 파워스톤은 뭐니뭐니해도 타이거아이다. 이름처럼 '범의 눈'과 같이 사냥감을 찾아내고 파악하는 힘을 이용할 수 있다. 행동력과 용기, 자기실현을 상징하는 보석으로 대인 공포증이 있거나 활동적이지 못한 내성적인 사람에게 최적이다. 부적의 효과도 있어 위험한 상황에서 쉽게 벗어날 수 있다. 그밖에 토르말린·라피스라줄리·말라카이트 등도 아이디어와 운기를 끌어들이므로 힘 있는 보석으로 여긴다.

사업운을 높여 주는 풍수술

성희롱을 퇴치하고 싶다!

회사 내에서 성희롱을 자주 당한다면 이제 풍수의 힘을 빌려 퇴치해 버리자.

자신을 성희롱하는 상대의 방향을 향해 책상 위에 미니 관엽 식물 화분을 놓아두어 음란하고 나쁜 기운을 부드럽게 한다.

뒤집고 싶으면 거울이나 빛나는 것을 상대 방향을 향해 두는 것이 효과적이다. 단, 반사 작용이 강하기 때문에 싸움으로 발전하지 않도록 주의해야 한다. 선인장 등 가시가 있는 것을 두면 쉽게 접근하지 못할 것이다.

성희롱을 당하는 경우에는 자신에게 색기(色氣)가 강하거나, 어딘가 빈틈이 있을 가능성도 있다. 성(性)을 담당하는 방위는 북쪽의 감(坎)이다. 이쪽이 정리 정돈되어 있지 않으면 아무래도 성적으로 흐트러지기 쉽다. 스스로 이런 생각을 한 적이 없어도 이성들에게 허점을 보일 수 있다. 먼저 북쪽 방위를 깨끗하게 청소하고, 정화의 상징인 수정을 장식해 둔다.

가능한 한 붉은 속옷이나 의류는 삼간다. 빨간색 계통의 색은 생식기를 자극하는 파장을 발산하므로, 성희롱을 당하거나 치한의 우려가 있다. 수정을 가지고 다니거나, 나쁜 기운을 제거하는 타이거아이나 비취 등도 효과가 있다.

자신의 매력이 지나치다면 에메랄드나 페리도트, 오닉스 등을 지닌다. 이 보석들은 색욕을 억제하고 나쁜 기운을 제거하는 효과가 있다.

총무(간사)가 되면 서쪽으로, 접대는 동남쪽으로 가라!

망년회·신년회·환송연·단합 대회 등의 일을 담당하는 총무에게는 매우 큰일이다. 모두가 즐기고 있어도 총무는 절차나 예산 등에 관해 많이 고민해야 한다. 행사가 원만하게 잘 진행되면 아무 탈이 없지만, 하나라도 실수가 있다면 '저 사람의 능력은 이 정도구나.'라고 평가될 수 있다.

동료들이 즐겁게 시간을 보내거나 만족하게 하는 비결은 회사에서 보았을 때 서쪽 방위의 가게나 장소를 선택하는 것이다. 서쪽 방위는 '놀이'나 '연회'에 적합한 방위로 틀림없이 분위기가 좋아질 것이다. 사원들의 친목 여행이라면, 서쪽이나 여행운을 담당하는 동남쪽도 추천할 만하다.

반대로 비즈니스상의 회식이나 접대 등은 서쪽 방향에 있는 장소를 선택하면 단지 즐거움으로 끝나기 쉽다. 업무 때문에 접대하려면 '교섭'과 '거래'를 담당하는 동남쪽을 선택하도록 한다.

영업을 목적으로 접대할 때 비취나 토르말린, 말라카이트, 수정, 라피스라줄리 등을 지니면 효과적이다.

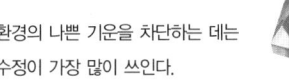
환경의 나쁜 기운을 차단하는 데는 수정이 가장 많이 쓰인다.

사업운을 높여 주는 풍수술

좋아하는 직장으로 옮기고 싶다

이직을 희망하는 경우, 자신이 어떤 일을 어떤 환경에서 하고 싶은 것인지 확실히 해 두는 것이 중요하다. 결심이 섰다면 그 일에 관한 정보를 철저하게 수집하여 자신이 그 자리에서 일하고 있는 이미지를 상상한다.

집의 생기의 방위에 상황을 변화시키는 힘이 있는 오팔이나 '자기 실현'을 돕는 타이거아이, 새로운 세계로 여행을 떠나는 힘을 지지해 주는 아쿠아마린을 놓고, 명상을 하면서 이미지 트레이닝을 하면 빨리 현실화된다.

되고 싶고 하고 싶은 직업이 정해져 있거나 일하고 싶은 회사가 정해져 있다면, 그런 사진을 잡지나 화보 등에서 잘라 내어 생기의 방위에 둔다. 곁에 말의 장식물을 장식해 두면 말이 그 장소에 데려다 준다는 효과가 있다.

예부터 말은 이주의 상징이며, 설치한 장소의 의미를 활성화시키기 위해 사용되어 왔다. 물론 아로마와 초를 켜 두는 것도 잊지 말아야 한다.

영업력을 높이려면

영업직에 근무하는 사람은 무엇보다 구두를 깨끗하게 닦는 것이 기본 중의 기본이다. 구두가 사람의 인상을 크게 좌우하기 때문이다(연애할 때도 마찬가지).

낡은 구두를 신고 다니면 좋은 고객을 얻을 수 없다. 계약이 있거나 중요한 고객을 만날 때는 잘 닦은 구두를 신는다. 그리고 끝이 지나치게 뾰족한 구두는 도전적인 인상을 줄 수 있으므로, 피하는 것이 무난하다.

기획력이나 창조력을 돕는 파워스톤으로는 직감력을 높이는 수정, 지혜의 라피스라줄리, 아이디어의 아주라이트, 재능이나 연구의 애미시스트, 사고의 유연성을 돕는 파이라이트, 창조나 발명을 돕는 산호초, 개척의 돌 타이거아이 등이 있다.

5. 연애운을 부르는 풍수 인테리어

1) 연애운을 부르는 기본 조건

현재 교제하는 사람이 없고, 연인을 만나고 싶다면 먼저 연애운을 재정비하는 것부터 시작한다.

옛 연인의 사진, 선물이나 추억의 물건은 '지금까지 고마웠다.'는 감사의 말과 함께 되돌려준다. 이것으로 과거의 인연이 사라지고 새로운 사랑을 만날 준비를 하는 것이다.

'나는 인기가 없다.', '나는 사랑스럽지 않다.'고 생각한다면 그것은 자신이 만들어 낸 이미지에 지나지 않는다. 풍수로 말하면 액(厄)의 일종이다. 액땜을 하기 위해서는 욕조에 소금을 넣은 따뜻한 물에 느긋하게 반신욕을 하면서 좋지 않은 상념을 씻어 내고, 자신이 제일 즐거웠던 시절의 광경을 떠올려 확실히 마음에 새긴다. 그 즐거운 이미지를 항상 마음속으로 생각하고, 에너지를 느끼면서 생활하면 자신의 장점이 표면에 나타나 자연스럽게 매력적인 분위기로 바뀐다.

다음으로 자신이 어떤 사람과 어떤 연애를 하고 싶은지 명확하게 생각한다. 심중에 둔 상대가 있다면 그 사람의 사진을 자신의 기가 강한 곳에 두고, 함께 데이트하는 모습을 상상하는 것도 효과적이다. 아직 주위에 멋진 이성이 없다면 좋아하는 타

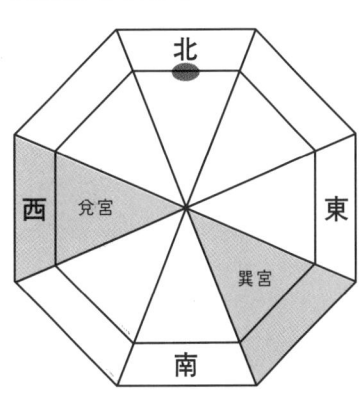

[연애운을 부르는 방위]

입의 배우 포스터 등을 대용해도 좋다. 닮은 타입의 이성을 만날 기회가 높아지기 때문이다.

마지막으로 연애운을 좋게 하는 필수적인 조건으로 패션이나 생활 공간에 '색'을 도입하는 것이다. 예전에는 연애를 '색련사태(色戀沙汰)'라고 했다. 사랑이란 생물의 본능에 빛을 쬐고 다양한 빛을 발산하는 것이다. 동물과 곤충도 교미 시기에는 몸을 화려하게 변화시킨다. 이것이 자연의 섭리다. 아무리 세련되고 근사하다고 검은색이나 회색 옷만 입는다면 가까이 다가온 연애운도 피해 가 버린다. 연애운을 올리는 기본은 분홍색이나 빨간색을 잘 응용해야 한다.

연애운을 담당하는 것은 서쪽(태 : 兌), 섹스운은 북쪽(감 : 坎), 교제나 결혼운은 동남쪽(손 : 巽)이 된다.

■ 본명괘에 의한 도화 방위

본명괘	방위	본명괘	방위
리	북	건	남서
진	동남	태	북동
손	동	간	서
감	남	곤	서북

■ 택향에 의한 도화 방위

택향	방위	택향	방위
북	동	남	서
북동	서	남서	서
동	남	서	북
동남	남	서북	북

■ 간지에 의한 도화 방위

간지(干支)			방위
오	술	인	동
자	진	신	서
사	유	축	남
묘	해	미	북

2) 연애운을 높이는 방위

연애운을 높이기 위해서는 '도화 방위'를 잘 이용해야 한다. 기본적으로 본명괘 → 택향 → 간지의 순으로 이용한다.

잠을 잘 때는 집의 중심에서 이 방향으로 머리를 두고 잔다. 도화 방위를 수정으로 장식하거나, 수족관(금붕어나 열대어를 기른다.)이나 꽃을 장식한다.

북쪽(감)

섹스운을 담당하는 방위는 북쪽(감)이다. 북쪽은 생식기와 간(肝)을 다스리며 자식을 점지해 주는 방위이기도 하다.

풍수적으로 토지나 건물의 북쪽이 철(凸)의 모양이거나 헛간 등의 별채가 있다면 대길이다. 출입구나 창문이 없고 벽으로 되어 있다면 길이다.

반대로 북쪽이 요(凹), 출입구나 큰 창이 있다면 흉상이다. 요(凹)의 부분에 소금으로 정화하고, 수정을 놓거나 출입구와 창을 칸막이나 커튼 등으로 쳐 놓는다.

북쪽 방위에 욕실 겸용 화장실이나 쓰레기를 버리는 곳이 있다면 흉상이다. 정력이 감퇴되거나 성병·불임·불감증·냉한체질 등 하반신의 병으로 고민하게 된다. 과도한 섹스나, 비정상인 행위에 몰두하는 일도 자주 발생하므로 북쪽을 청결하게 유지하고, 소금으로 정화하는 노력을 해야 한다.

서쪽

사랑을 하고 싶은 사람은 생활 공간의 서쪽에 분홍색이나 노란색, 흰색 등의 행운의 소품을 배치한다. 사랑을 고백할 때나 첫 데이트를 할 때도 가능하면 서쪽의 장소라면 성공할 가능성이 높다. 단, 서쪽에는 '향락운'이 있기 때문에 이 방위에서 오랜 시간 유흥을 즐기면 있으면 품행이 방탕해질 수 있다.

동남쪽

보다 견실한 교제를 요구한다면 사회운과 교제운을 담당하는 동남쪽이 좋다.

교제운과 결혼운을 좋게 하려면 동남쪽에 분홍색을, 섹시해지고 싶다면 북쪽으로 소량의 빨간색을 장식한다.

3) 연애운을 높이는 가상

연애운을 부르는 가상

자신이 생활하는 집이나 직장이 다음과 같다면 쉽게 연애운을 불러들일 수 있다.

- 서쪽이나 동남쪽으로 철(凸)의 부분이 있다. → 방위의 에

너지가 높아진다.
- 서쪽으로 창이나 출입구가 없고, 벽이다. → 서쪽의 창이나 출입구는 흉상이다.
- 서쪽으로 정리 정돈된 옷장, 드레서 등이 있다. → 서쪽 방위의 에너지가 높아진다.
- 서쪽이나 동남쪽으로 취미 도구(피아노·카메라·재봉 도구) 등이 놓여 있다. → 취미를 계기로 쉽게 만남이 이루어진다.
- 서쪽이나 동남쪽으로 황색이나 분홍색의 꽃, 행운의 소품을 장식하고 있다. → 분홍색을 장식함으로 자신이 원하는 연인을 만날 수 있다.
- 동남쪽으로 출입구나 창이 있다. → 쉽게 인연을 불러들일 수 있다.
- 서쪽이나 동남쪽에 향이나 초를 켠다. → 방위의 힘이 높아진다.
- 그해 간지의 장식물을 현관이나 신단 또는 그 간지의 방위에 장식하고 있다. → 염원을 담아 장식물을 설치한다면 보이지 않는 힘에 의해 사랑이 이루어진다.

연애운을 떨어뜨리는 가상과 그 대처법

집이나 직장이 다음과 같다면 연애운을 불러오기 어렵다.
- 서쪽이나 동남쪽이 크게 요(凹)의 모양을 하고 있다. → 요(凹)의 부분에 소금을 놓아두어 나쁜 기운을 없애고, 옷장 등의 수납 가구나 행운의 소품을 두어 그 방위의 에너지를 높인다.
- 서쪽으로 화장실이나 욕실, 세탁기, 쓰레기를 버리는 곳, 정화 장치 등이 있다. → 특히 서쪽에 있다면 이성 관계가 흐트러지기 쉽고, 당사자는 그럴 생각은 없어도 유희의 목적을 가진 이성들이 주위에 모인다. 화장실과 욕실은 어느

방위에 있어도 가능한 한 매일 청소하여 청결하게 유지하는 것이 중요하다. 쓰레기 버리는 곳이 있다면 공용 장소일지라도 청소한다. 소금으로 정화하거나 나쁜 기운을 제거하는 수정을 두도록 한다.
- 서쪽으로 집의 출입구나 큰 창이 있다. → 이성과의 관계가 원만하지 못하며, 연애 소득은 어렵고 품행이 나쁘다는 평판을 듣기 쉽다. 서쪽으로 출입구가 있는 경우에는 항상 제대로 닫아 두거나 커튼 등으로 가려 준다. 창문도 커튼이나 블라인드로 가려 나쁜 기운을 제거하고 옷장 등의 가구를 두면 길상으로 바뀐다.

4) 연애운을 부르는 행운의 색

분홍색

연애운을 '도화운(桃花運)'이라고 하는 이유는 말 그대로 복숭아(분홍)가 연애의 상징이기 때문이다. 패션이나 생활 공간에 분홍색이나 복숭아를 상징하는 아이템을 두면 사랑의 에너지가 올라간다. 일반적으로 '연애의 보석'이라는 로즈쿼츠도 분홍색을 띠며 사랑을 부르는 힘이 강력하다. 연인을 갖고 싶고 이성과 교제를 잘하고 싶은 사람은 커다란 로즈쿼츠를 자신만의 공간에 두거나 부적처럼 가지고 다닌다.

빨간색

성적 매력이 없거나 더 섹시하고 싶다면 빨간색을 이용한다. 빨간색은 생리학적으로 체온을 약간 올리는 효과가 있고, 보는 사람의 하반신을 자극시킨다. 특히 붉은 속옷이 효과적이다. 자연스럽게 이성을 끌어 들일 수 있다. 단, 여성이라면 치한을 당하기 쉽고, 직장이나 학교에서 성희롱을 자주 당한다면 붉은 복장을 삼간다.

초록색

누구에게나 존경받고 능숙하게 교제하여 좋은 연분을 만날 수 있는 색은 초록색이다. 초록색은 교제운과 결혼운을 담당하는 동남쪽 색으로서 '조화의 색'이으로도 불린다. 확 타올랐다가 식어 버리는 사랑보다 지속되는 온화한 사랑을 원하는 사람에게 추천한다.

검은색·회색

연애운을 높이기 어려운 색은 검은색이나 회색이며, 모노톤의 색을 많이 사용하는 경우다. 물론 검은색이 매력 있는 것도 사실이지만 연애운이나 애정운에 한해서는 좋지 않다. '그 사람과 잘되지 않는다.', '수렁의 관계에서 빠져나올 수 없다.'는 사람들은 이상하게 검은색이나 회색으로 집 안을 꾸미고 있다.

세련된 색이 좋다는 사람은 분홍색이나 빨간색, 초록색을 원 포인트로 사용한다. 매니큐어·액세서리·시계벨트·수첩커버·테이블을 장식하는 소품류 등 포인트 부분에 이런 색을 배치하면, 모노톤이었던 공간이 마침내 음양의 균형을 이루어 연애운의 파동도 좋아진다.

남성이라도 와인 레드 등 빨간 계통의 색을 도입한다. 여성들이 보는 눈이 바뀔 것이다.

4) 간단하게 보는 풍수 궁합법

(1) 본명괘에 의한 남녀 궁합

생기혼

활동력과 정력 모두 왕성하고, 남자는 남자답게 여자는 여자답게 리더십이나 지도력을 발휘하게 된다. 성적 욕구도 높아지는 경향이 있다.
- 건(乾)과 태(兌), 곤(坤)과 손(巽)
- 진(辰)과 리(離), 간(幹)과 곤(坤)

천의혼

긴장 후의 완화, 고뇌 끝에 안락이란 식으로 생활의 리듬이 안정되고 위장 상태가 좋아지며, 성실한 노력으로 인해 성과가 올라가고 도와주는 신이 나타난다.
- 간(幹)과 건(乾), 손(巽)과 리(離)
- 태(兌)과 곤(坤), 감(坎)과 진(辰)

연년혼

인내심이 강해지고 안정된다. 사물의 처리가 능숙해지고 사고력이 배양되어 다른 사람의 장점이나 입장을 이해할 수 있게 되며 대인 관계가 원활해진다.
- 곤(坤)과 건(乾), 리(離)과 감(坎)
- 태(兌)과 간(幹), 진(辰)과 손(巽)

복위혼

가정에 대한 책임감이 커지고 경제적인 기반이 쌓이며, 어떤 일도 계획적으로 처리한다. 성적 욕구는 감소하는 경향이 있다.
- 건(乾)과 건(乾), 손(巽)과 손(巽)
- 태(兌)과 태(兌), 감(坎)과 감(坎)
- 리(離)과 리(離), 간(幹)과 간(幹)
- 진(辰)과 진(辰), 곤(坤)과 곤(坤)

화해혼

어떤 일이라도 자신감을 가질 수 없고, 능률이 저하되며 식욕은 감퇴한다. 피로가 쌓여 병이 나기 쉽고 잡다한 일을 반복하게 되어 소인으로 변해 간다.
- 건(乾)과 손(巽), 곤(坤)과 진(辰)
- 태(兌)과 감(坎), 간(幹)과 리(離)

육살혼

쓸데없는 감정에 사로잡혀 마음이 들뜨거나 불륜에 빠지고 정신적으로 불안하며, 미래에 대한 기대와 생각의 차이로 실수하고 문서상의 실수로 신용을 잃는다.
- 리(離)과 곤(坤), 진(辰)과 간(幹)
- 감(坎)과 건(乾), 손(巽)과 태(兌)

오귀혼

초조하여 아무에게나 마구 화풀이를 하고 트집을 잡아 인간관계를 망친다. 친척이나 은사와도 사이가 나빠지고 망상에 사로잡혀 사회 법규를 어지럽힌다.
- 건(乾)과 진(辰), 곤(坤)과 손(巽)
- 태(兌)과 리(離), 간(幹)과 감(坎)

절명혼

신랄할 비방과 중상모략을 받아 사면초가에 빠진다. 고뇌·

실수·모순·절망·불안 등의 정신적 혼란을 겪고, 분열증이나 피해망상에 이르러 나락으로 떨어진다.
- 감(坎)과 곤(坤), 손(巽)과 간(艮)
- 진(辰)과 태(兌), 리(離)과 건(乾)

(2) 사상 체질에 의한 남녀 궁합

태양인의 궁합

태양인 남성은 성에 대한 관심보다 고차원적이다. 예를 들면 인류를 위하는 일이나 역사적인 문제 등에 많은 시간을 투자한다. 성에 대한 관심은 많지만 마음에만 그칠 뿐, 체력적으로는 정력이 약한 편이다. 태양인 여성은 대체로 자궁의 기능이 약하기 때문에 성적인 느낌이 약하고 불임이 되는 경우가 많다.

가. 태양인과 태양인

서로의 의견이 맞서 집안이 평안할 날이 없다. 태양인 부부는 서로 상대방만 탓하지 말고 때로는 자신이 물러서고 양보할 줄 알아야 한다. 합의만 이루어지면 큰 힘이 되지만, 독단적으로 할 때에는 반드시 문제가 생긴다.

나. 태양인과 다른 체질

태양인과 다른 체질의 사람이 결혼하면 다소 강압적이고 독선적인 가정을 이루게 된다. 태양인은 특히 상대방의 이야기에 관심을 기울이고 정을 나누려고 노력해야 한다. 특별한 기준도 없이 자기 취향에 맞는 사람은 유능한 사람으로 착각하여 끌어들이고, 자기 취향과 다른 사람은 무능하게 취급하는 경향이 있다. 더구나 일이 잘못되면 모두 남의 탓으로 돌리고 남부터 원망하는 마음을 가지는 게 큰 단점이다.

태음인의 궁합

태음인 남성은 의젓하고 성에 대한 관심이 적은 듯이 말을 하지만 실제로는 음탕한 면이 많고 음담패설을 좋아하는 경향이 있다. 태음인 여성은 감정 표현이 많지 않으며 약간 느리면서도 남을 받아들이는 성격이다. 기분 나쁜 일이 있어도 주로 참는 편이며 상대방을 이해해 주는 면이 많고, 여성적인 매력은 적지만 타인을 편안하게 해 준다.

가. 태음인과 태음인

애인 같은 분위기보다는 친구나 동지 같은 분위기가 있다. 원래 묵직하고 참을성이 있으며 남을 간섭하지 않고 또 간섭하는 것도 싫어하므로 별 충돌이 없다. 자기 일을 자기가 알아서 잘하므로 가계를 꾸려가고 가정을 안정시킬 수 있다. 반면 서로 부딪치면 고집이 있어서 크게 부딪칠 수 있고, 세심하지 못해 좀 덤덤한 부부관계가 되기 쉬우므로 주의해야 한다. 태음인 부부가 원만한 부부 생활을 하려면, 다른 사람들이 하는 것처럼 결혼 기념일도 자축하고 상대방의 생일도 기억하여 이벤트를 하는 수고를 들이는 것이 좋다.

나. 태음인과 소음인

묵직한 남편에게 여린 아내가 기대는 형상이거나 자상한 남편과 투박한 아내의 형상이어서 좋은 부부가 될 수 있다. 그러나 양쪽 모두 음인이기 때문에 진취적이지 못하고, 소음인 쪽에서는 상대방이 무드 없음을 탓하고 태음인 쪽에서는 상대방이 깐깐하게 구는 것이 귀찮다고 탓할 수 있다.

다. 태음인과 소양인

서로 상반되는 기질이 서로의 단점을 보완하는 측면에서 좋다. 태음인은 무뚝뚝하고 재치가 없으며 이기적인 행동을 해도 소양인은 크게 괘념하지 않고 아기자기한 가정을 이끈다. 소양인은 경솔해서 실수를 하더라도 태음인이 막아 준다. 한 쪽이 바깥일에 충실하면 다른 쪽은 집안일에 충실하므로, 안팎에 두루 결실이 있다. 그러나 서로 상반된 성격 때문에 불화가 생기면 끝내 서로를 이해하지 못하고 파국으로 치달을 수도 있다.

소양인의 궁합
소양인의 남성은 감정 표현이 직선적이며 깊이 생각하지 않고 가볍게 말하는 경우가 많고 성행위를 할 때도 금방 흥분하여 조루인 경우가 많다. 소양인 여성은 자신의 감정 표현에 솔직하고 무드에 약한 편이다. 무엇인가 새로운 것을 찾고 화려한 것을 좋아한다.

가. 소양인과 소양인
소양인 부부는 둘 다 신중하지 못해서 다툼과 실수가 많다. 더구나 가정보다는 바깥일에 신경을 쓰기 때문에 더욱 갈등이 큰 편이다. 그러나 다투어도 오래 가지 않고 둘 다 부지런하므로 아기자기하고 재미있게 살 수 있다. 소양인 부부가 원만한 부부 생활을 하려면 어느 한쪽이라도 묵직한 맛을 길러야 한다.

나. 소양인과 소음인
성격상의 차이가 있어 서로 보완하면 좋다. 소음인은 소양인이 다소 실속 없이 바깥으로만 돌아도 태음인과는 달리 어느 정도 이해할 줄 아는 편이다. 소음인 쪽이 지나치게 소심하게 굴어도 소양인 쪽에서 괘념하지 않으므로 큰 문제는 없다.

대체로 무난하지만 소양인이 매번 일만 벌이고 거두지 않으면, 일을 마무리하는 데 별 흥미가 없는 소음인도 짜증스럽기만 할 것이다. 소음인이 돌다리도 불안하다고 자꾸 주저하고 물러서기만 하면, 소양인은 답답해서 견디지 못하므로 서로를 이해하면 훨씬 행복은 가까이에 있다는 것을 알아야 한다.

소음인의 궁합

　소음인의 남성은 아주 다정다감하고 자상한 면이 많으며, 여성적인 면이 있고 여성으로부터 모성애를 유발시키는 성향이 많다. 성관계를 할 때도 여성에게 많이 배려해 주는 편이며 신장 기능이 강하기 때문에 하체의 기능이 강한 편이다. 소음인 여성은 상당히 예의를 지키는 특성이 있다. 성에 대하여 강한 면이 있으며, 내숭을 떠는 것처럼 보이기도 하지만 속마음은 그렇지 않다. 자신의 마음을 잘 표현하지 않으므로 대체로 적극적인 사람을 좋아한다.

　가. 소음인과 소음인
　부드럽고 신중하여 아주 잘 어울리는 한 쌍이다.

　나. 소음인과 소양인
　상호 보완 관계는 유지할 수 있으나 현실적으로는 상반된 기질로 서로 조화시키지 못하고 상대를 이해하지 못하는 경우가 많지만 궁합은 무난한 편이다.

　다. 소음인과 태양인
　한마디로 맞지 않다. 그 격차가 너무 심해 이해하기 어려운 일이 너무 많아 갈등이 심하다.

　라. 소음인과 태음인
　괜찮은 파트너가 된다. 같은 계열에 있으므로 생각의 크고 작음은 있어도 기본적인 노선이 닮아 있기 때문에 이해가 빠른 편이다.

(3) 간지와 오행에 의한 남녀 궁합

띠별로 보는 좋은 궁합

■ 육합으로 보는 궁합

지지육합	해당띠	비고
자축(子丑)	쥐띠, 소띠	서로 결혼하면 길함
인해(寅亥)	범띠, 돼지띠	
묘술(卯戌)	토끼띠, 개띠	
진유(辰酉)	용띠, 닭띠	
사신(巳申)	뱀띠, 원숭이띠	
오미(午未)	말띠, 양띠	

■ 삼합으로 보는 궁합

지지	해당띠		비고
자(子) : 쥐띠	용띠	원숭이띠	서로 결혼하면 길함
축(丑) : 소띠	뱀띠	닭띠	
인(寅) : 범띠	말띠	개띠	
묘(卯) : 토끼띠	양띠	돼지띠	
진(辰) : 용띠	쥐띠	원숭이띠	
사(巳) : 뱀띠	소띠	닭띠	
오(午) : 말띠	범띠	개띠	
미(未) : 양띠	토끼띠	돼지띠	
신(申) : 원숭이띠	쥐띠	용띠	
유(酉) : 닭띠	뱀띠	소띠	
술(戌) : 개띠	말띠	범띠	
해(亥) : 돼지띠	토끼띠	양띠	

띠로 보는 나쁜 궁합

좋은 궁합이 있는 것처럼 나쁜 궁합도 있다. 나쁜 궁합에는 원진, 형, 충, 파, 해가 있다.

■ 원진

원진살	띠로 구분	비고
자미(子未)	쥐띠와 양띠	서로 길하지 못함
축오(丑午)	소띠와 말띠	
인유(寅酉)	호랑이띠와 닭띠	
묘신(卯申)	토끼띠와 원숭이띠	
진해(辰亥)	용띠와 돼지띠	
사술(巳戌)	뱀띠와 개띠	

■ 형(刑)

범띠 · 뱀띠 · 원숭이띠 [인사신형(寅巳申刑) = 지세지형]

출생띠	상대띠	비고
범띠(寅)	뱀띠(巳)	서로 길하지 못함
뱀띠(巳)	원숭이띠(申)	
원숭이띠(申)	범띠(寅)	

소띠 · 개띠 · 양띠 [축술미형(丑戌未刑) = 무은지형]

출생띠	상대띠	비고
소띠(丑)	개띠(戌)	서로 길하지 못함
개띠(戌)	양띠(未)	
양띠(未)	소띠(丑)	

용띠 · 말띠 · 닭띠 · 돼지띠 [진오유해(辰午酉亥) = 자형]

출생띠	상대띠	비고
용띠(辰)	용띠(辰)	서로 길하지 못함
말띠(午)	말띠(午)	
닭띠(酉)	닭띠(酉)	
돼지띠(亥)	돼지띠(亥)	

쥐띠 · 토끼띠[자묘형(子卯刑) = 무례지형]

출생띠	상대띠	비고
쥐띠(子)	토끼띠(卯)	서로 길하지 못함
토끼(卯)	쥐띠(子)	

■ 충

출생띠	상대띠	비고
쥐띠(子)	말띠(午)	
소띠(丑)	양띠(未)	
범띠(寅)	원숭이띠(申)	서로 길하지 못함
토끼띠(卯)	닭띠(酉)	
용띠(辰)	개띠(戌)	
뱀띠(巳)	돼지띠(亥)	

■ 파

출생띠	상대띠	비고
쥐띠(子)	닭띠(酉)	
소띠(丑)	용띠(辰)	
범띠(寅)	돼지띠(亥)	서로 길하지 못함
토끼띠(卯)	말띠(午)	
뱀띠(巳)	원숭이띠(申)	
개띠(戌)	양띠(未)	

■ 해

출생띠	상대띠	비고
쥐띠(子)	양띠(未)	
소띠(丑)	말띠(午)	
범띠(寅)	뱀띠(巳)	서로 길하지 못함
토끼띠(卯)	용띠(辰)	
원숭이띠(申)	돼지띠(亥)	
닭띠(酉)	개띠(戌)	

일간(日干)으로 보는 궁합

여자\남자	갑일	을일	병일	정일	무일	기일	경일	신일	임일	계일
갑일	약간 불리	무해무익	무해무익	약간 유리	불리	무해무익	무해무익	대길	약간 유리	대길
을일	길	무해무익	대길	약간 유리	약간 불리	불리	대길	약간 불리	대길	길
병일	무해무익	대길	불리	불리	무해무익	대길	불리	약간 불리	무해무익	길
정일	대길	무해무익	약간 불리	약간 불리	대길	무해무익	약간 불리	불리	대길	약간 불리
무일	약간 불리	대길	무해무익	대길	불리	약간 불리	무해무익	길	불리	약간 불리
기일	대길	무해무익	대길	길	약간 불리	약간 불리	대길	무해무익	약간 불리	불리
경일	불리	무해무익	약간 불리	길	무해무익	대길	불리	약간 불리	무해무익	대길
신일	무해무익	불리	대길	무해무익	대길	무해무익	길	약간 불리	대길	무해무익
임일	길대	길	불리	무해무익	무해무익	대길	무해무익	약간 불리	무해무익	무해무익
계일	대길	약간 불리	약간 불리	불리	대길	무해무익	대길	약간 불리	길	약간 불리

* 이 궁합법은 반드시 남녀의 태어난 날의 간지를 알아야 참고할 수 있다. 만세력을 참고하면 된다.

구궁법으로 보는 궁합

남자의 생년 간지 \ 여자의 생년 간지	갑자 경자 계유 기유 임오 무오 신묘	을축 신축 갑술 경술 계미 기미 임진	병인 임인 을해 신해 갑신 경신 계사	정묘 계묘 병자 임자 을유 신유 갑오	무진 갑진 정축 계축 병술 임술 을미	기사 을사 무인 갑인 정해 계해 병신	경오 병오 기묘 을묘 무자 갑자 정유	신미 정미 경진 병진 기축 을축 무술	임신 무신 신사 정사 경인 병인 기해
갑자·계유·임오·신묘·경자·기유·무오	절명	복덕	생기	천의	유혼	화해	천의	절체	귀혼
을축·갑술·계미·임진·신축·경술·기미	유혼	생기	복덕	화해	절명	천의	화해	귀혼	절체
병인·을해·갑신·계사·임인·신해·경신	생기	유혼	절명	귀혼	복덕	절체	귀혼	화해	천의
정묘·병자·을유·갑오·계미·임자·신유	복덕	절명	유혼	절체	생기	귀혼	절체	천의	화해
무진·정축·병술·을미·갑진·계축·임술	절체	천의	화해	복덕	귀혼	생기	복덕	절명	유혼
기사·무인·정해·병신·을사·갑인·계해	귀혼	화해	천의	생기	절체	복덕	생기	유혼	절명
경오·기묘·무자·정유·병오·을묘	천의	절체	귀혼	절명	화해	유혼	절명	복덕	생기
신미·경진·기축·무술·정미·병진	화해	귀혼	절체	유혼	천의	절명	유혼	생기	복덕
임신·신사·경인·기해·무신·정사	귀혼	화해	천의	생기	절체	복덕	생기	유혼	절명

* 1924~1984년 사이에 출생한 남녀에 해당한다. 남자와 여자의 생년으로 대조하여 보는데, 생기·복덕·천의의 궁합이면 대길하여 부부 해로·자손 번창에 부귀하고, 본궁·절체·유혼의 궁합은 길도 흉도 아니므로 무해무익하며, 화해·절명은 부부불화나 이별에다 재물도 궁핍하다.

6

비즈니스 풍수

1. 방위와 비즈니스
2. 건물의 모양과 직업의 관계
3. 사장실에 어울리는 인테리어
4. 회사의 흥망과 풍수

1. 방위와 비즈니스

1) 방위에 따라 운이 좋아지는 업종

비즈니스 풍수의 특징은 업종에 따라 포인트가 되는 장소가 조금씩 다르다는 것이다. 맞춤형 건축이 아닌 이상 풍수적으로 완전한 가상을 바랄 수는 없을 것이다. 따라서 주어진 상황에서 가장 알맞은 환경을 만들어 내는 것이 중요하다.

방위에 관계 있는 업종과 그 방위에 맞는 이상적인 업종을 아래와 같이 언급하고 있다. 각 방위는 사업소가 사용하고 있는 범위만으로 진단한다. 자사 빌딩의 경우에는 빌딩 전체, 임대 사무실인 경우에는 사무실의 중심에서 보고 판단한다.

중앙이 포인트가 되는 업종

중심이 되는 위치이므로 모든 업종에 있어서 중요하지만, 특히 부동산·건축, 관공서와 관계 있는 업종에 중요한 위치다. 대표자의 방, 사령탑의 사무실이 자리잡고 있어야 길상이라 할 수 있다.

방향은 동·남·북·서북 방향이 길하다. 목욕탕이나 계단, 엘리베이터가 있다면 관리에 실수가 있거나 항상 문제가 발생한다.

북쪽(坎)이 포인트가 되는 업종

하반신, 그리고 마실 것에 관계된다. 음료와 주류, 활어를 취급하는 업종이나, 병원을 비롯한 의료 관계, 인쇄업 등에 중요한 위치다.

음식점 등의 현관이 중심선에서 빗나가 있으면 소길(小吉)이지만, 오물이 있거나 지저분하면 사업이 잘되지 않는다.

북동(艮)이 포인트가 되는 업종

귀문으로서, 무슨 업종이라도 가장 소중히 관리해야 하는 방위다. 방의 벽이 되는 무거운 가구가 있다면 길이지만, 부동산·건축·호텔·여관·금융·은행 등에는 이 위치의 쇠상(衰相)은 치명적이다. 대출 사고·부정·직원의 배신 등 사고와 문제가 항상 따라다닌다.

건물의 모양을 보았을 때 평탄하고 무난한 것이 길상으로, 큰 철(凸)이 있으면 욕심을 부리게 되거나 손실을 초래한다. 이쪽을 철(凸)의 모양으로 만들면 돈이 모인다는 설도 있지만, 풍수를 잘 알지 못하는 사람이 실천하는 것은 좋지 않다. 이 부분의 철(凸)은 다른 부분의 결함을 강하게 만들어 오히려 빚만 늘어날 뿐이다.

동쪽(辰)이 포인트가 되는 업종

벤처 비즈니스, 전기·통신 관계, 매스미디어, 음악 그밖에 소란스러운 것, 변화에 영향을 많이 받는 업종 모두에게 중요한 위치다.

동쪽은 열려 있고 사람과 물건과 정보의 출입이 활발한 것을 길상으로 한다. 이쪽이 막혀 있다면 업무도 잘 풀리지 않고 막힌다.

현관과 창문, 베란다가 있으면 더 좋고, 천수(泉水) 등의 인테리어나 관엽 식물도 좋은 의미를 더욱 부각시켜 준다.

동남쪽(巽)이 포인트가 되는 업종

이 방위는 무역, 여행, 전화, 미용, 어패럴 등의 업종과 관계가 깊다.

동쪽처럼 열려 있어야 사람과 물건 등 정보의 출입이 있는 길상이다. 동쪽이 발전과 전진의 방위라면, 이쪽은 쓸데없이 소란스러운 것보다 신용과 조화를 소중하게 여기는 방위다.

거래처의 접대나 영업 부장이 위치하기에 좋다. 동쪽이나 남쪽에 출입구와 접수대가 있고 응접세트 등이 장식되어 있으면 내방자에게 좋은 인상을 줄 수 있다.

남쪽(離)이 포인트가 되는 업종

관공서를 상대로 하는 업종이나 지적인 업종, 문서를 취급하는 업종에 중요한 위치. 특히 관공서, 경찰, 법조, 증권, 출판, 인감, 신문, 교육 관계 등의 업종과 관계가 깊다. 동쪽이나 남쪽과 같이 열려 있는 것이 길상이다. 현관은 동남쪽 가까이에 두고, 이 방위의 중심은 다른 방법으로 활용할 수 있도록 검토한다.

이 위치의 놓인 화분은 대길이므로 관엽 식물을 많이 활용한 인테리어를 시도한다. 마실 것을 두면 잘 상하여 나쁜 영향을 미치므로 주의한다.

남서(坤)가 포인트가 되는 업종

농업 · 농기구 · 곡류, 섬유(이불 · 의류) · 대중적인 과자, 중고품 매매, 재생품 등의 업종과 관계가 깊다.

벽으로 되어 있는 것이 길상이다. 귀문이라고 두려워할 필요는 없다. 북동쪽 귀문의 결함이 대표자와 후계자에게 나쁜 영향을 미친다면 남서쪽의 결함은 보좌역과 아내 역할의 운세가 약해진다.

서쪽(兌)이 포인트가 되는 업종

음식업·과자 산업, 은행·금융, 칼날·금속 가공, 치과의·변호사·설교·설법학, 레저 산업 등의 업종과 관계가 깊다. 특히 현금과 관계가 깊은 위치다.

이 방향이 열려 있거나 물을 사용하는 공간이 있다면 생각지도 못했던 지출이 많아진다. 젊은 여성들이 많이 출입하는 업종이나 현금 그 자체를 상품으로 취급하는 업종이라면 손님들이 많아서 좋지만 지출도 역시 많아진다.

서북(乾)이 포인트가 되는 업종

기계·자동차, 컴퓨터, 시계·보석·귀금속 등의 업종과 관계가 깊다. 업무의 요점이 되고 권위를 상징하는 위치로 벽이 있는 것이 길상이다. 이쪽에 요(凹)가 있다면 경영자의 운세가 약해지거나 투자 등에서 생각지도 않은 큰돈을 잃게 된다.

쇠상(衰相)이라면 발전을 기대할 수 없는 장소다. 단 업무의 중심이 되는 공간을 배치하면 업종의 특성이 활성화된다. 아주 약간 철(凸)의 모양이라면 더욱더 좋다.

2) 업무(직종)와 능력에 따른 방위와 공간 배치

북쪽 - 부하의 방위, 연구·개발·영업 부문

북쪽은 모든 것의 시작이 되는 방위로서, 기초적인 일을 가다듬어 쌓아 올라가는 장소다. 특히 전문지식과 기술력, 치밀한 계산이 필요한 업종에서는 기간 업무의 저력이 이곳에서 정해진다.

이 방위는 연구·개발 부서나 영업 담당에게 매우 중요한 방위다. 전문적인 연구 분야가 있다면 매우 뛰어난 발명과 아이디어가 나올 수 있다. 영업 분야가 있다면 생각지도 않은 원조와 후원을 받아 좋은 조건의 거래가 결정된다. 이 방향에 전문적인 업무에 관련된 일을 하는 사람들은 전문적인 견지에서 보다 좋은 조언을 주기도 하고, 업무 활동에 유리한 관계를 쌓는다. 하지만 청결하지 않다면 건강에 나쁜 영향을 미친다.

- 의미 : 부하, 임기응변(술책), 사전교섭, 교섭, 원조와 후원, 전문성
- 직장 : 연구, 개발, 전문, 인사, 고문, 영업 부문
- 사람 : 중견 간부(남성), 스페셜리스트

북동쪽 - 욕망의 방위, 경리·총무·개발·부동산 부문

귀문이므로 모두 성공한다고 할 수는 없지만, 궁합이 맞으면 크게 성공한다. 이곳이 의미하는 개발은 정체하고 있던 사업에 무엇인가 새로운 전개를 요구한다는 뜻이다.

경리 분야가 있다면 경제 관념이 투철한 경리 사원이 입사하고, 세심한 이재(理財)성을 발휘한다. 총무 분야가 있다면 사내와 사외 전반과 관계되는 여러 문제를 정리해 원활한 조직 운영에 위력을 발휘한다. 부동산 분야가 있다면 그만큼 무리하지 않아도 어느 순간에 회사의 자산이 증가한다. 개발 분야가 있다면, 사업에 좋은 변화가 나타나고, 잇달아 새로운 사업 계획이 생산된다. 부동산과 금융업에 중요한 방위지만 너무 욕심을 부려 이 방위를 철(凸)로 만들면 규모가 너무 확대되어 수입이 들어오지 않을 수 있다.

부동산·금융·전당포 등은 이 방향에 현관을 만들어도 문제가 되지 않지만 일반적으로는 벽이 있는 것이 무난하다.

- 의미 : 이재성(理財性), 탐구심, 욕구, 재무, 부동산
- 직장 : 경리, 총무, 부동산업, 토목, 금융, 개발부문
- 사람 : 젊은 남성, 상속자, 반역자

동쪽 - 창조의 방위, 기획·개발·홍보 분야

　회사 전체에 활기를 불어넣어 주는 것이 이 방위에 있는 사람이다. 참신한 발상을 갖고 싶을 때 이 위치에 있는 신입사원을 기용해 본다. 광고 카피 등에서 탁월한 아이디어가 나올 수 있다.

　기획·개발 분야가 있다면 유행의 첨단을 달리는 새로운 아이디어나 기획이 창조되어 활기 넘치는 회사 분위기를 만들 수 있다. 인터넷 관련 회사는 동쪽을 소중히 관리하지 않으면 정보 전쟁에 뒤처지게 된다. 이 방위는 사람과 물건, 정보가 빠르게 왕래하므로 활동적이며 진취적인 사람이 사용하면 좋다.

- 의미 : 기획력, 패기, 독창성
- 직장 : 기획실, 개발, 선전, 매스컴, 정보 부문
- 사람 : 신인, 젊은 남성, 맏아들

동남쪽 - 신용의 방위, 영업 분야

　세상의 오해가 가장 많은 장소다. 햇볕이 좋기 때문에 잘 살리면 좋겠다고 생각하지만 동쪽과 같이 사람과 물건, 정보의 출입이 적합한 장소다.

　어떤 업종이라도 현관이나 접수대를 두는 것이 가장 좋다. 영업부를 두거나 정보 교환을 하기에도 적합하다. 컴퓨터와 전화 등의 정보기기를 두고 활성화시킨다. 회사 얼굴이 되는 계약 담당이나 세일즈맨이 출입하는 것이 길이다. 영업 분야가 있다면 신용이 높아져 거래 영업이 활발하게 이루어진다. 먼 곳과의 거래가 성립하고 사업 규모가 커진다. 외교 수완이 있는 세일즈맨이 입사하게 되고, 실적을 올려 기업을 번창하게 한다.

- 의미 : 거래 교섭, 영업, 신용, 융통성
- 직장 : 영업, 상무, 전무, 접수(계약), 홍보 부문
- 사람 : 중견 간부(여성), 보좌역, 세일즈맨

남쪽 - 선견의 방위, 관리·기획 분야

지적인 업무를 담당하는, 매우 중요한 장소다.

이 방위에 기획부가 있으면 선견지명이 나오고, 시대 감각을 정확하게 잡을 수 있으며, 사회적으로 가치 있는 기획으로 사업적으로도 많은 도움을 받는다. 관리 분야를 두면 사원 전체의 움직임을 잘 파악할 수 있고 통제력이 강해져 그 결과 적재적소에 인사 배치를 할 수 있게 된다. 다만 어디까지나 두뇌 노동이 중심이 되어 하나하나 충실하게 쌓아 올라가는 데는 적합하지 않다. 미적 센스가 필요한 업종에서는 디자이너가 앉거나 쇼윈도로 해도 좋을 것이다. 언어를 다루는 사람은 남쪽과 북쪽이 좋고, 북쪽은 작문이나 번역, 인쇄에 적합하다. 남쪽은 문서(서류)나 인감, 광고 카피 등을 취급하는 데 적합하다.

- 의미 : 미적 센스, 현대 감각, 지식, 통찰력, 문서, 언어
- 직장 : 관리, 기획, 관공서 관계의 일, 홍보 부문
- 사람 : 중년 여성, 미인, 총명한 사람, 언어를 다루는 사람

남서쪽 - 영업의 방위, 노무·총무·비서 분야

별로 눈에 띄지 않지만 중요한 장소. 사무 관련 사업장에서는 벽으로 되어 있어야 하며 따뜻한 기분이 드는 것이 길상이다.

할인 판매 매장이나 대중적이고 의식주와 밀접한 관계가 있는 것을 취급하는 업종이 좋다. 육체노동으로 구체적인 물품을 생산하고 판매하는 장소이므로 공장이 제일 적합하다. 사무 계통에서는 잡무의 면에서 숨은 공로자라는 위치로, 적당한 사람이 확실히 굳히지 않으면 시시한 일에 골치가 아프다. 노무 대책 분야가 있다면 종업원의 복리후생이 좋아지고, 종업원의 의사에 따라 충분히 대우 받고 개선될 수 있다. 총무 분야가 있다면 모든 분야의 비즈니스 능률이 높아지고, 사무 처리도 원활해진다. 비서 분야가 있다면 상사의 뜻이 정확하게 잘 전달되고

처리된다.
- 의미 : 근로, 노력, 협조성, 생산
- 직장 : 공장, 노무, 총무, 영업, 비서부분
- 사람 : 중년 여성, 노녀, 아내 역할

서쪽 – 금전의 방위, 영업·경리 분야

사업 중에서는 현금 출입의 열쇠를 쥐고 있으므로 모으는 위치가 아닌 융통하는 장소다. 업종에 따라 다르지만, 금융 상품이나 젊은 여성을 상대로 하는 업종에는 서쪽도 좋지만, 철(凸)의 모양을 만들어야 한다. 서쪽에 창이나 현관이 있어 금전 회전이 잘 되지 않는 사업소는 창문을 막거나, 동남쪽이나 동쪽에 현관이 있는 사무실로 바꾸는 것이 좋다. 외교와 화술의 능숙함과 서투름도 이 위치의 좋고 나쁨의 포인트가 된다.

서쪽에 영업 분야가 있다면 상대에게 호감을 줄 수 있고 많은 거래가 이루어진다. 영업 분야로는 최적의 장소이고, 경리 분야라면 금전의 출입이 정확하게 관리되어 '수익을 많게 하고 지출은 적게 한다.'는 사업의 기본이 제대로 활용된다.

- 의미 : 금전의 출입, 설득력, 사교성, 융통성
- 직장 : 경리, 영업, 접대역, 레지, 오락실, 음악실, 식당
- 사람 : 젊은 여성, 금융업자, 이야기에 능숙한 사람

북서쪽 – 활동의 방위, 사장실·중역실

이 방향을 단순하게 '서북=물과 궁합'이라는 것은 잘못된 생각이다. 서북쪽은 활동력, 사회적 지위, 손윗사람과의 관계를 결정하는 중요한 위치로서, 물을 사용하면 효과가 떨어진다. 서북쪽은 회사 전체를 통제하고 관리하는 곳으로 당연히 대표자나 고급 간부가 위치하는 장소다. 각 분야의 부서장 자리가 위치하면 많은 효과를 얻을 수 있다. 권위를 상징하는 장소로 그 사업의 기간 업무에 관계한 사람이 있는 것이 중요하다.

- 의미 : 책임, 관리 능력, 실행력, 활동력, 사회적 지위
- 직장 : 사장실, 관리 부문, OS기기, 투자, 관공청
- 사람 : 사장, 상사, 남성, 부친, 상담역

중앙

사업장이나 지도자의 기본적인 능력에 영향을 미친다. 사장이나 회장을 비롯한 대표자가 앉거나 기간 업무를 담당하는 부서가 오면 좋다.

- 의미 : 인간적 도량, 개성, 정치력, 지도력
- 직장 : 사장실, 회장실, 기간업무
- 사람 : 사장, 회장, 지도자

■ 방위별 효과적인 업무 배치

서북	북	북동
상담 / 전무 / 부사장 / 사장	고문 · 영업 / 접대 · 연구 / 인사 · 전문	경리 / 개발 / 총무 / 부동산
서	중앙(태극)	동
영업 / 접대 / 경리 / 젊은 여사원	사장	홍보 / 개발 / 젊은 남사 사원
남서	남	동남
총무 / 비서	상무 · 전무 / 관리 · 연구 / 기획 · 홍보	상무 · 전무 / 영업

2. 건물의 모양과 직업(직종)의 관계

1) 건물의 모양과 직업

(1) 샐러리맨에게 좋은 집의 모양

성공은 근본적으로 본인의 노력 여하에 달려 있지만 살고 있는 집의 풍수도 꽤 큰 영향을 미친다. 직업에 따라서도 풍수의 길상과 흉상은 달라진다.
집은 거주하는 사람의 목적과 맞아야 한다. 자신의 운기를 강하게 하거나 가운의 발전을 위해, 또 목적에 따라 건물에 철(凸)의 모양을 만들기도 한다.
샐러리맨은 경영자와 달리 직접 사업의 이익과 결부되지 않기 때문에, 철(凸)의 모양에 구애될 필요는 없다. 오히려 요(凹)의 모양이 없는 집을 선택하거나 짓는 것이 더 중요하다. 집의 요(凹)는 건강에 좋지 않은 영향을 미칠 수 있기 때문이다. 성공과 출세도 중요하지만 건강하게 근무할 수 있는 것이 샐러리맨에게는 무엇보다 중요하다.
다음으로 본명성의 가상을 중요하게 살핀다. 자신의 본명성과 맞지 않는 부정한 것은 배치하지 않는다. 출세를 원한다면 현관을 길 방위로 만들거나 길 방위에 있는 집으로 이사한다.

(2) 경영자로 성공하는 집의 모양

경영자는 사원과 사원들 가족의 생활을 보장해 주고 사업을 발전시켜 이익을 창출해야 한다. 사회의 요구에 맞추어 신상품과 신기술을 개발하는 것도 경영자의 역할이다. 그러기 위해서는 자금 회전이 원활하고, 우수한 사원을 육성하는 등 여러 가지 조건을 충족시켜야 한다.

이러한 성공을 위해 경영자의 집에는 요(凹)가 있으면 안 된다. 사업의 흥망성시는 집의 요(凹)와 중요한 관련이 있다. 사회적 신용과 신뢰를 얻으려면 동남쪽과 서북쪽을 철(凸)의 모양으로 짓는다. 요(凹)의 모양일 때는 흉한 일이 많이 발생한다.

- 북쪽의 요(凹)는 우수한 사원이 모이지 않고, 육성시킨 우수한 사원이 다른 회사로 가 버린다.
- 동쪽의 요(凹)는 결단력을 부족하게 만든다.
- 동남의 요(凹)는 계약이 원만하게 체결되지 않는다.
- 서쪽의 요(凹)는 재물운이 들어오지 않는다.
- 서북의 요(凹)는 사회적인 신용을 얻을 수 없게 된다.
- 북동과 남서의 요(凹)는 건강에 좋지 않은 영향을 미친다.
- 남쪽의 요(凹)는 사업에 대한 열정이 없어지고, 영업 방침의 변화가 많아진다.

2) 사업별로 성공을 부르는 길상

모든 사업이 마찬가지겠지만 특히 장사를 할 경우에는 많은 사람들의 사랑과 신용을 얻어야 한다. 성공하려면 번영과 축재의 기운을 타고난 동서 방향으로 긴 모양의 집이 좋다. 가능하다면 동남쪽과 서북쪽을 살짝 철(凸) 모양으로 튀어나오게 하면 효과가 한층 더 강해진다. 배치가 흉상이 되지 않도록 하는 것도 중요하다.

■ **사업별 길상**

사업 · 직종	길상
대규모 사업 경영자	북 · 동남 · 서북쪽이 철(凸) 모양이면 매우 효과가 있다.
소규모 사업 경영자	동남쪽과 서북쪽을 길상으로 한다.
음식업(레스토랑 · 찻집 · 일식집)	서 · 남 · 동남쪽을 길상으로 한다.
미용실과 이발관	남쪽과 동남쪽을 길상으로 한다.
시나리오 작가 · 작가 · 문필가	동 · 남 · 북 · 동남쪽을 길상으로 한다.
금속 관계의 직업	서쪽과 서북쪽을 철(凸)의 모양으로 한다.
귀금속 · 안경집	남쪽과 서북쪽을 철(凸)의 모양으로 한다.
디자인 계통의 직업	남쪽과 동쪽을 철(凸)의 모양으로 한다.
운송업	서쪽과 동남쪽을 철(凸)의 모양으로 한다.
의사와 변호사	북쪽과 동쪽을 철(凸)의 모양으로 한다.
교육자	동쪽과 서쪽과 서북쪽을 철(凸)의 모양으로 한다.
건축 관계업	동남쪽과 서북쪽을 철(凸)의 모양으로 한다.

3) 건물의 모양과 가게 입지 선정 방법

(1) 건물 모양과 오행

도시에서 생활하고 장사하려면 도시 전체 또는 자신의 거점이 되는 장소의 주위 환경이 어떤지 관찰할 필요가 있다.

가장 기본이 되는 것이 큰 건물의 모습이다. 주위를 살펴보면 반드시 하나는 큰 건물이 있다. 가게는 그 큰 건물의 영향을 항상 받게 된다.

간단하게 살펴볼 수 있는 기본적인 요소를 소개한다.

- 가게 앞의 건물 형태가 토이면 대길, 금·수·목이라면 길, 화라면 흉이다.
- 금·수·목 등의 건물이 있다면 주위 사람들에게 도움 받을 수 있다. 어떤 삶을 살고 있다 해도 매우 중요한 일이다.
- 주위에 다양한 건물이 있는 편이라면 발전 가능성이 높은데, 특히 '토'의 건물이 있다면 재물운이 높아져 수입이 안정된다. '토'의 건물은 가게 앞뿐만 아니라 주위 어느 방향에 있어도 길운을 불러 준다.
- '화(火)'는 어느 방향에 있어도 '흉(凶)'이라고 생각할 수 있다. 이 건물은 사방으로 나쁜 에너지를 계속 방출하고 있다.

■ 오행으로 본 건물 모양

오행	건물의 모양
목(木)	가늘고 긴 것에 머무는 성질이므로 장방형을 나타낸다.
화(火)	위로 향해 타오르므로 앞이 날카로워진 형태로, 삼각형이다.
토(土)	균형 잡힌 안정된 형태로 정방형이다.
금(金)	모퉁이가 없는 것을 나타내므로 원형이다.
수(水)	유동체나 파형 등을 나타낸다.

(2) 층수에 따른 직종의 공간 배치

1층

'지(智)'의 의미로, 두뇌나 힘을 나타낸다. 활기가 있는 부서가 있으면 좋다. 업종으로는 통신·교육·학원·출판·소프트웨어개발·문화 교실 등이 바람직하다.

2층

'예(禮)'의 의미로, 사람이나 사물에 대한 예절을 나타낸다. 직종으로는 사람의 마음을 치료하는 곳, 상담소나 변호사 사무실, 정신과 등이 적당하다.

3층

'인(仁)'의 의미로, 숭고함을 나타내며 중국에서는 선인(仙人)이라고도 한다. 즉 하늘에 가장 가까운 곳이다. 직종으로는 개인의 소지품이 아닌 법인 기업이나, 조합의 사무실을 비치하는 것이 좋다.

4층

'의(義)'의 의미로, 의리와 마음을 다하는 사람과 사람과의 연결을 나타낸다. 관리 회사, 연회장, 웨딩 서비스, 미용실, 피부 관리 등이 좋다.

5층

'신(信)'의 의미로, 신용을 의미한다. 거래처의 신용을 얻을 수 있는 곳이다. 신용금고, 의원, 신용판매회사, 보험 회사, 금융 회사 등이 적합하다.

풍수에서는 5층까지가 한 세트다. 6층 이상이라면 6층은 1층, 7층은 2층과 같은 의미를 가진다.

3. 사장실에 어울리는 인테리어

1) 사장실의 기본 요건

사업의 중심은 뭐니뭐니해도 회사의 사장이다. 가장 먼저 사장실의 풍수 환경을 바로잡는 것에서 사무실 풍수는 시작되며 최고의 중점 과제라 할 수 있다.

생기(生氣) 방위를 적극 활용한다

사장의 의자는 생기(生氣) 방위를 향하게 한다. 정확하게 말하면 책상의 방향이다. 생기 방위는 활력이 증가하여 통솔력이 발휘되고, 선견지명·기획력·결단력이 발휘되는 방위다. 책상 방향을 생기 방위로 바꾸면 기의 파장과 만난다. 텔레비전 안테나처럼 전파의 흐름에 안테나 방향을 맞추면 화상이 선명해지는 것과 같다. 경영을 총괄 지휘하는 사장은 특히 이 방위의 힘을 빌릴 필요가 있다. 이 방위를 사용하여 왕성한 기를 부를 수 있기 때문이다.

방위에는 사람에 따라 생기·천의·연년·복위·절명·오귀·육살·화해라는 8가지의 종류가 있다. 앞에서 언급한 '본명괘 조견표'로 자신의 본명괘를 점검하여 길흉 방위를 확인한다.

책상에 신경을 쓴다

사장의 책상은 위엄을 유지할 수 있는 위풍당당한 것을 사용한다. 일반 사원과 같은 책상은 업무의 효율을 떨어뜨린다. 좋은 의자나 책상은 생기를 불러들여 사운(社運)과 연결된다.

책상 위에 물건을 지나치게 많이 놓아두면 결단력이 약해지고 잡념이 생기기 쉬우므로 언제나 깨끗하게 유지한다. 사무실에서 사용하는 전화는 본명괘를 살펴 자신의 4길방위에 둔다.

견고한 벽을 등지고 앉는다

사장실 책상 뒤에 문이나 창이 오지 않도록 한다. 문을 등지고 있으면 신경이 긴장되어 항상 잠재적인 불안감을 지니게 된다. 창을 등지면 온도차가 생겨 등이 차가워지거나 더워진다. 혈압 계통에 좋지 않고 좋은 기운이 들어와도 곧바로 빠져나가 버린다.

기업의 최고 책임자인 사장의 배후(背後)는 견고한 벽이 있는 것이 가장 좋지만 구조상 창문을 등져야 한다면 블라인더나 칸막이를 사용한다. 창의 재질을 나무로 하면 벽과 같은 효과를 얻을 수 있다.

* 사무실과 책상

책상을 놓는 위치로 좋지 않은 곳
- 문의 정면에 책상을 놓지 않는다.
- 문을 등지고 앉지 않는다.
- 창문을 등지고 앉지 않는다.
- 문 가까이에 책상을 놓아서는 안 된다.
- 간지에 맞지 않는 장소에 놓지 않는다.

책상을 놓는 위치로 적당한 곳
- 벽 가까이에 놓는다.
- 문에서 떨어진 장소에 놓는다.
- 책상 옆면은 문으로 향한다.
- 창문 옆에 놓는다.
- 간지에 맞춘다.
- 본명괘의 길방에 책상을 놓는다.

2) 사장실과 방위의 중요성

태극(중심)과 서북쪽

대표자에게 최고의 포지션으로 사무실의 중심인 태극에 위치하거나 서북쪽에 위치하면 사장의 권위를 행사할 수 있다. 사원들은 사장을 잘 따르고 의욕을 가지고 일한다. 사내(社內)는 물론 대외적으로도 사장의 명성과 신용이 높아져 몇 개의 명예직을 겸하게 된다. 사장실이 서북쪽에 있다면 강력한 원조자가 나타나 안정적으로 발전할 수 있다.

동쪽

사업상의 여러 문제를 적극적이고 과감하게 해결하지만 신중함이 부족하다. 동쪽의 특징은 새로운 아이디어나 기획이 잇달아 나오고 활기 넘치는 사업가가 된다. 새로운 상품 개발이나 홍보에 강한 작용을 하고, 설비 투자도 활발하게 시행하지만, 견실한 경영을 실시하지 않는다는 생각지도 못한 함정이 기다리고 있기 때문에 주의해야 한다. 또한 사원이 사장을 잘 보좌하고 일이 잘 진척되며, 기반이 안정되어 함께 발전해 나갈 수 있다.

동남쪽

거래 업무에 재능을 발휘한다. 매우 겸손해지고 온화한 언동이 주위에 좋은 영향을 미쳐 대외적으로 강한 신뢰감을 준다. 상거래에서 천성이라고 할 만큼 외교 수완을 발휘한다. 교섭에서 계약에 이르기까지 일이 매우 빠르게 진행된다. 이 방향은 사장보다는 오히려 영업 책임자나 전무이사, 상무이사인 보좌역이 위치하는 것이 적당하다.

남쪽

지적인 업종에는 최고로 좋다. 시대 감각에 민감해지고 장래 비전을 제시하며, 사업에 실수가 없고 좋은 작용이 강하게 나타난다. 냉정하고 침착하게 대처하는 능력이 있다.

남서쪽

남서쪽에 사장실이 위치하면 사내의 통제력이 약해지고 사장이 부하들에게 이용당한다. 사회에 받아들여지지 않을 방침을 내세우거나 소송 문제를 일으키거나 한다. 대외적으로 사장이란 직함뿐, 높은 평가를 받기 어렵고, 모든 사람에게 무시당할 수 있으므로 주의해야 한다.

북동쪽

사장실이 북동쪽에 있다면 모회사나 거래처, 관공서 등과 화합이 잘되어 사회적 지위가 상승한다. 서로의 장점을 잘 발휘하고, 윈윈(win-win)할 수 있다.

북쪽

사장실이 북쪽에 있다면 사장이 미신이나 종교, 사상에 열중하게 되고 대외적인 방해를 받기도 한다. 사장실이 남쪽에 있다면 사장의 건강에 문제가 생기거나 내부 사정이 악화되기도 해서 크게 실패하게 된다. 사장실이 서쪽에 있다면 원조자가 멀어지거나 회사 신용이 하락하기도 한다.

4. 회사의 흥망과 풍수

1) 잘되는 회사의 특징

(1) 사무실 내부 환경

 성공하는 사무실이나 점포의 조건은 사장이나 사원들이 모두 즐겁게 일할 수 있는 공간을 만드는 것이다. 사원들이 친절한 마음씨를 가지고 밝은 표정을 짓고, 항상 창의적이고 창조적인 생각을 할 수 있는 사무실 분위기라면 일을 당연히 즐거워지고, 결과는 저절로 좋아진다. 이것은 풍수만이 아니라 인류의 보편적인 진리다.
 성공하는 회사나 점포의 내부적인 특징을 살펴보면 대략 다음과 같다.

- 색채가 풍부하고 디자인이 뛰어나 마음과 뇌가 자극된다.
- 공간의 배치 및 사무 가구의 배치 등으로 동선이 기능적이면서 효율적이다.
- 물건이 어질러져 있지 않고 정리 정돈이 잘되어 있다.
- 화장실이 청결하다. 비단 화장실에 한정되지 않고, 사무실(가게) 내부가 전체적으로 깨끗하다.

- 마루나 벽에 움직임이 있다. 즉 단조롭지 않다.
- 간접 조명이나 백열등(형광등은 좋지 않다. 적어도 온백색으로 한다.)
- 잎이 무성한 식물이나 좋은 그림이 걸려 있어 생기로 가득 차 있다.
- 목적에 따라 벽의 색을 변화시킨다.
- 좋은 주파수, 리듬의 음악이 흐른다.
- 좋은 향기가 난다.

(2) 사무실 외부 환경

- 터가 좋다(도시 지역에서는 조금은 어려울 수도 있다).
- 오행의 상성이 좋다(각 요소의 균형과 조화를 이루고 있다).
- 건물의 외형이 위풍당당한 형상을 하고 있다(문·현관·건물 등).

2) 망하는 회사의 특징

잘 풀리지 않는 회사(점포)에는 공통적인 특징이 있다. 이런 특징을 가진 장소는 어떤 업종이 들어와도 사업이 잘되지 않는다. 풍수적인 원리를 적용해 보면 일치되는 부분이 많다.

(1) 회사명·로고

- 회사명이 흉(凶)의 획수이다(풍수 이전의 문제다).

- 로고나 마크의 색과 디자인이 좋지 않다(아마추어의 자기 만족이 많다).
- 명함의 중앙(태극)이 공백이다(힘이 빠진다).

(2) 사무실 내부 환경

- 실내나 복도에 쓸데없이 물건이 많다.
- 화장실이나 탕비실이 깨끗하지 못하다.
- 사무실 동선 및 인테리어 구조가 나쁘다.
- 관엽 식물이나 생화, 좋은 그림 등 생기 있는 것이 없다.
- 경영자 책상이 본명괘의 4흉방위에 있다.

(3) 건물 외관 주위 환경

- 건물의 색이 어둡고, 금이 가 있다.
- 서쪽 햇빛이 강하게 비친다.
- 형살의 장소에 서 있는 건물이다(커브 바깥쪽, 도로의 끝, 고압 전선이나 철탑, 주유소의 옆 등……).

위와 같은 환경에서는 대체적으로 사업이 잘 되지 않는다.

(4) 운기를 떨어뜨리는 회사의 공간 구조

옥상에 있는 정원

최근 도시에는 옥상에 정원이 있는 건물이 많아졌다. 관공서에서도 옥상 녹화를 추진한다. 하지만 자연계의 섭리에서 보면 건물 맨 위에 흙이나 물이 있는 것은 매우 부자연스럽다.

주거도 건물도 사람과 같다고 생각하면 된다. 머리에 진흙을 얹고 있는 것을 좋아할 사람은 없다. 식물을 가꾸려면 흙과 물이 필요하지만, 이것은 지상에 있어야 할 것들이다. 건물에서도 하늘에 가까운 장소인 옥상은 가능한 한 신성하게, 자연스러운 상태로 유지해야 한다. '하늘·땅·사람'처럼 하늘과 땅 사이에 사람이 위치하는 것이 자연의 섭리다.

화장실이 남녀 겸용인 경우

도시에서는 가끔 이런 화장실을 볼 수 있다. 빌딩 등에서는 남녀 화장실이 서로 이웃되어 줄지어 있다.

남성용은 앞을 향해 왼쪽, 여성용은 오른쪽에 있는 것이 올바르다. 남녀 겸용 화장실은 이 법칙이 완전히 무시되어 무질서해진다. 이런 회사에서는 연대감이 생기기 어렵다.

사장실에 있는 샤워실

사장실에 샤워실이 필요할까? 기본적으로 필요하지 않다. 그래도 샤워실이 필요하다는 사장이 있다면 그 회사는 좀처럼 발전하지 못할 것이다. 병원이나 의원 원장실도 마찬가지다. 회사의 개인화는 기업이나 조직의 의식이 낮다는 것을 의미하고 있기 때문이다.

원형의 빌딩

원형의 건물에서 일하는 사람들은 밖에서 모든 것이 들여다보이기 때문에 항상 정신적인 긴장을 강요받는다. 이런 건물을 지은 부지가 대체로 정사각형으로 땅의 모양은 대길이다. 정사각형의 부지는 우수한 인재를 기르기 때문에 건물 형태도 부지에 맞게 짓는 것이 좋다.

창이 없는 빌딩

창이 없는 건물을 도시에서는 가끔 볼 수 있다. 창이 없는 건물은 사람의 얼굴이 없는 것과 같다. 회사 운세는 빛이 들어오는 방향에 따라 결정된다. 창이 없는 것은 그 운세가 들어올 수 없어 아직 태어나지 않은 상태나 태어났어도 인지도가 낮은 상태를 가리킨다.

창은 작아도 좋은 방향으로 나 있다면 좋은 기를 흡수하여 기가 충만해진다. 가장 좋은 방위는 동쪽이나 동남쪽이며, 최악은 북동쪽과 서남쪽이다.

(5) 회사의 사기를 떨어뜨리는 환경

집이 풍수적으로 완벽해도 회사에서 일하는 시간이 긴 사람들은 회사나 점포의 풍수를 가볍게 생각해서는 안 된다. 물론 풍수적으로 좋지 않다고 간단하게 고칠 수 있는 것은 아니지만 가능한 한 개선하도록 노력해야 한다.

다음에서 설명하는 환경에 처해 있는 회사라면 더 많은 주의가 필요하다.

- 조명이 어둡고 창문이 없다. — 음의 기가 강해진다.
- 점심 식사 시간에 여유가 없다(먹으면서 작업하는 경우가 많다). — 식사는 몸에 좋은 기운을 불어넣어 주므로 여유 있게 식사하는 것이 운기를 좋게 한다.
- 늦게까지 잔업하는 경우가 많다. — 업무 시간을 구별하여 적당한 휴식을 취하는 것은 '목(木)의 기운'을 높여서 사업운을 상승시킨다.
- 플라스틱 컵으로 커피를 마신다. — 불의 기운을 가지고 있는 플라스틱 컵으로 차를 마시면 재물운이 떨어진다.

- 사무실이 5층 이상이다. — 대지에서 받는 흙의 기운이 부족하여 기가 불안정하므로 사원들이 정착하지 못한다.
- 등 뒤로 사람이 다니거나 창이 있다. — 침착하지 못하고 업무에 집중할 수 없다.
- 등 뒤에 상사가 있다. — 인간관계 등이 악화된다. 부하 직원은 스트레스를 많이 받아 건강을 해친다.
- 어수선하거나 정리되어 있지 않다. — 쌓인 서류 등에서 나쁜 기가 발생하여 사업 효율이 떨어진다. 빨리 정리하는 것이 운기를 높이는 비결이다.
- 현관을 나오자마자 내려가는 계단이 있다. — 일에 대한 의지가 없고 운이 떨어진다. 형살의 일종인 견우살(牽牛殺)이다.
- 통로가 건물을 이등분하고 있다. — 그냥 지나치기만 하고, 정체되지 않는다. 사원끼리 협조하지 않는다.
- 책장에 문이 없다. — 책장 앞에 앉는 사원은 스트레스를 많이 받거나 질병에 걸리기도 한다.
- 오래된 서류와 파일을 계속 보관한다. — 회사가 발전하지 않는다.
- 사원들 자리가 정해져 있지 않다. — 사원들의 책임감이 없어지고 발언 내용이 유치하다.
- 컴퓨터나 전화선이 널려 있다. — 불안·초조해지고, 인간관계에 문제가 많이 발생한다.
- 사장실이 없고 입구에 사장이 있다. — 사장이 정서적으로 불안해하고, 직원들에게 엉뚱한 일로 화풀이를 자주 한다.
- 사장실이 출입구 막다른 곳에 있다. — 사장이 모든 곤란한 일을 혼자 겪게 되고, 심신이 피로해진다.
- 사장실에 사장 개인 용품이 많고 욕실이 있다. — 사장이 공과 사를 혼동하게 되고 금전 감각도 둔화된다.
- 금고가 보이는 곳에 놓여 있다. — 재물운이 증가하지 않

는다. 재물운은 어둡고 시원한 장소를 좋아한다. 수납장 가운데에 넣고 커버를 씌워 준다.
- 표동선(表動線)과 이동선(裏動線)이 교차되어 있다. — 업무에 관련된 사람의 움직임과 화장실이나 준비실 등 이동선이 교차하면 문제가 생기거나 비밀이 누설된다.

부록

간단 택일법
간단 작명법

간단 택일법

집짓기 시작하는 날

길일은 기사일·신미일·갑술일·을해일·무인일· 기묘일·임오일·갑신일·을유일·무자일·경인일· 을미일·기해일·임인일·계묘일·병오일·무신일· 기유일·임자일·을묘일·기미일·경신일·신유일이다. 천덕일·월덕일·월공일·삼기제성·여러 길신(吉神)이 좋다.

상량(上樑)하기 좋은 날

갑자일·을축일·정묘일·무진일·기사일·경오일· 신미일·임신일·갑술일·병자일·무인일·경진일· 임오일·갑신일·병술일·무자일·경인일·갑오일· 병신일·정유일·무술일·기해일·경자일·신축일· 임인일·계묘일·을사일·정미일·기유일·정사일· 신해일·계축일·을묘일·기미일·신유일·계해일.

오운(五運)으로 입주하기 좋은 날

오운으로 입주하기 좋은 날(만일(滿日), 평일(平日), 정일(定日), 성일(成日), 수일(收日), 개일(開日)을 모두 합하였다)을 보면 다음과 같다.

- 금택(金宅)에는 신사일·을유일·기유일·정사일· 경신일·신유일이 좋다.
- 목택(木宅)에는 갑자일·정묘일·을묘일·을해일· 병자일·무인일·무자일·신묘일·기해일·계묘일·신해일·임자일·갑인일·을묘일·계해일이 좋다.
- 수택(水宅)에는 무자일·기축일·병신일·신해일· 임자일·경신일·신유일·계해일이 좋다.
- 화택(火宅)에는 병인일·기사일·경오일·무인일· 기묘일·신묘일·계사일·갑오일·을사일·병오일·갑인일·을묘일·정사일·무오일이 좋다.
- 토택(土宅)에는 갑자일·임신일·계유일·을해일· 병자일·갑신일·을유일·정해일·무자일·병신일·정유일·무자일·무신일·기유일·신해일이 좋다.

매월 입주하거나 이사하기 좋은 날

- 1월 : 신미일·임진일·정미일·병진일
- 2월 : 을축일
- 3월 : 병인일·기사일·경인일·임인일·정사일
- 4월 : 경오일·갑오일·계묘일·병오일
- 5월 : 경진일·갑신일
- 6월 : 계유일·경인일·정축일·갑인일
- 7월 : 갑술일·무술일·경술일
- 8월 : 을해일·신해일·계축일
- 9월 : 임인일·갑신일, 갑오일
- 11월 : 을축일·신미일·갑술일·정축일·을미일·정미일·계축일·병축일(길성이 많다)·미일 (만통(萬通) 3길일은 더욱 쓸만하다.)
- 12월 : 정묘일·을해일·경인일·기해일·신해일·갑인일

팽조백기일(彭祖百忌日)

- 갑일 : 창고를 열지 않는다. 창고를 열면 재물이 소모된다.
- 을일 : 나무를 심지 않는다. 이날 심으면 말라죽거나 자라지 않는다.
- 병일 : 부엌(아궁이)을 수리하지 않는다. 수리하면 반드시 화재를 당한다.
- 정일 : 머리를 깎지 않는다.
- 무일 : 농토를 팔지 않는다.
- 기일 : 문권을 파하지 않는다. 상서롭지 못하다.
- 경일 : 기구를 잘못 사용할 수 있다. 조심해서 다뤄라.
- 신일 : 장(醬)을 담지 않는다. 주인이 사고를 당할 우려가 있다
- 임일 : 물을 터놓지 않는다. 다시 제방(堤防)하기 어렵다.
- 계일 : 말다툼이나 송사하지 않는다. 사리(事理)가 약해지고 적(敵)이 강해진다.
- 자일 : 점을 보지 않는다. 스스로 재앙을 끌어들이게 된다.
- 축일 : 관복을 입지 않는다. 주인이 고향에 돌아가지 못한다.
- 인일 : 제사 지내지 않는다. 귀신을 보면 상서롭지 못하다.
- 묘일 : 우물을 파지 않는다. 물줄기가 좋지 않다.
- 진일 : 소리 내어 울지 않는다. 반드시 주인이 중복(重服)을 당하게 된다.
- 사일 : 원행(遠行)하지 않는다. 재물이 숨어버린다.
- 오일 : 지붕을 잇지 않는다. 반드시 다시 고치게 된다.
- 미일 : 약을 먹지 않는다. 효력을 보지 못한다.
- 신일 : 책상을 들여놓지 않는다. 귀신이 책상을 통해 방으로 들어온다.
- 유일 : 손님과 모임을 갖지 않는다. 술 취한 자리에서 실수하게 된다.
- 술일 : 개를 얻어오지 않는다.
- 해일 : 혼인하지 않는다. 신랑에게 이롭지 않다.

천은 상길일

수리·건축, 벼슬에 오름·혼인에 모두 길하다. 갑자일·을축일·병인일·정묘일·무진일·기묘일·경진일·신사일·임오일·계미일·기유일·경술일·신축일·임자일·계축일이다.

천지대패일

집을 지으면 집주인이 죽고, 육로(陸路)로 가면 사람은 죽고 거마(車馬)는 부서지고, 수로(水路)로 가면 배가 파선되며, 혼인하면 한 달이 못 되어 헤어진다.

1·9월은 묘일이고, 2·8월은 인일이고, 3·7월은 축일이고, 4·6월은 자일이고, 5월은 해일이고, 10·12월은 진일이고, 11월은 사일을 꺼린다.

출행에 좋은 날 잡는 법

① **왕망일** – 출행·이사·부임·혼인하는 데 모두 길하다. 입춘 후 7일, 경칩 후 14일, 청명 후 21일, 입하 후 8일, 망종 후 16일, 소서 후 24일, 입추 후 9일, 백로 후 18일, 한로 후 27일, 입동 후 10일, 대설 후 20일, 소한 후 30일.

② **입학에 좋은 날**
갑술일·을해일·병자일·계미일·갑신일·정해일·경인일·신묘일·임진일·을미일·병신일·계묘일·갑진일·을사일·병오일·정미일·갑인일·을묘일·병진일·경신일·신유일. 또는 정일·성일·개일이 좋고, 폐일·사폐일·선현사장일(공자는 을축일에 죽고 정사일에 장사지냈고, 창힐(倉詰)은 병인일에 죽고 신축일에 장사지냄)이 좋다.

③ **과거에 응시하러 가기 좋은 날**
- 정월 : 을축일·신미일·을미일·정유일
- 2월 : 병인일·기묘일·신묘일·임인일·계묘일·병신일·정사일
- 3월 : 계유일·정유일·기유일
- 4월 : 경신일·임진일·갑자일
- 5월 : 갑신일·을해일·경진일·갑진일·정해일
- 6월 : 병인일·경인일·갑인일
- 7월 : 신미일·을미일
- 8월 : 병인일·경인일·계사일·을사일·정사일
- 9월 : 기사일·계사일·정유일·기묘일
- 10월 : 경진일·경오일·갑오일·임진일
- 11월 : 갑자일·경자일·을사일
- 12월 : 갑신일·경신일·신묘일·계묘일·갑자일·경자일·경오일

④ **상원장군이 관리하는 사맹(四孟)월의 길흉일**
– 1·4·7·10월을 같이 본다
- 1·7·13·19·25일 : 당방(堂房)일에 출행하는 사람은 신도(神道)가 집안에 있지 않아 재물을 구할 수 있고, 귀인과 서로 만나니 대길하다.
- 2·8·14·22·26일 : 금고(金庫)일에 출행하는 사람은 수레와 말이 구비되지 않았으므로 재물을 구하려다 오히려 잃게 되고, 도적을 만나거나 크게 실수하여 그르치게 되므로 대흉하다.

- 3·9·15·21·27일 : 금당(金堂)일에 출행하는 사람은 귀인을 만나므로 재물이 잘 통하고 송사에 유리하니 대길하다.
- 4·10·16·22·28일 : 순양(順陽)일에 출행하는 사람은 가는 곳마다 잘 통하며, 호인(好人)을 만나서 재물을 구하고 뜻대로 이루어 송사에 유리하다.
- 5·11·17·23·29일 : 도적(盜賊)일에 출행하는 자는 백사가 불리하며 몸에 칼과 족쇄가 채워지고 목숨이나 재물을 잃게 되므로 이날을 피한다.
- 6·12·18·24·30일 : 보창(寶倉)일에 출행하는 사람은 대인(大人)을 만나기 쉬우며 재물과 마음먹은 일이 이루어지고 만사가 뜻대로 되어 금의환양하게 되니 대길하다.

⑤ 중원장군이 관리하는 사중(四仲)월의 흉일
− 2·5·8·11월을 같이 본다.

- 1·9·17·25일 : 천도(天盜)일에 출행하는 사람은 재물을 구하되 이루어지지 않고, 설사 주인이 있어도 잃어버리며, 송사는 무리하니 대흉하다.
- 2·10·18·26일 : 천문(天門)일에 출행하는 사람은 모든 일을 마음먹은 대로 원하는 것을 이룰 수 있고 화합되며 가는 곳마다 잘 통하니 대길하다.
- 3·11·19·27일 : 천당(天堂)일에 출행하는 사람은 구하는 것을 쉽게 이룰 수 있고 귀인을 맞이하며 매매가 형통하여 뜻대로 되니 대길하다.
- 4·12·20·28일 : 천재(天財)일에 출행하는 사람은 재물을 쉽게 구할 수 있고 반드시 이익을 얻는다. 호인을 만나 모든 일이 온화하여 대길하다.
- 5·13·21·29일 : 천부(天賦)일은 천도일과 동일하게 대흉하다.
- 6·14·22·30일 : 천양(天陽)일에 출행하는 사람은 재물을 구하면 재물을 얻고 혼인을 하고자 하면 혼인할 수 있어 백사가 화합되니 대길하다.
- 7·15·23일 : 대후(大侯)일에 출행하는 사람은 길한 것이 적고 흉한 것이 많아 주로 구설과 시비가 있고 혈광(血光)의 재앙이 있으니 대흉하다.
- 8·16·24일 : 천창(天倉)일에 출행하는 사람은 관리를 보면 기쁜 일이 생기고 재물과 곡식이 풍성하며 모든 일이 순리를 따르므로 대길하다.

⑥ 중원장군이 관리하는 사계월(四季月)의 길흉일
− 3월·6월·9월·12월을 같이 본다.

- 1·9·17·25일 : 주작(朱雀)일에 출행하는 사람은 재물을 구하지만 얻지 못하고 오히려 재물을 잃는다. 송사는 무리하니 대흉하다.
- 2·10·18·26일 : 백호두일(白虎頭日)에 출행하는 사람은 멀리 가도 좋다. 재물을 구하면 반드시 얻고 가는 곳마다 잘 통하니 대길하다.
- 3·11·19·27일 : 백호협일(白虎脇日)에 출행하는 사람은 재물을 뜻대로 구하고, 동서남북 어디로 가도 좋으며 호인을 만나 길하다.
- 4·12·20·28일 : 백호(白虎)는 일을 해도 이루어지지 않고 재물을 구해도 불리하니 크게 흉하다.
- 5·13·21·29일 : 현무(玄武)일에 출행하는 사람은 구설을 초래하고 백사가 불리하니 대흉하다.
- 6·14·22·30일 : 청룡두일(靑龍頭日)에 출행하는 사람은 계명(밤1~3시)이나 묘시(새벽5~7시)에 밖에 나가 재물을 구하면 잘 통하고 백사가 대길하다.
- 7·15·23일 : 청룡협일(靑龍脇日)에 출행하는 사람은 재물을 구하면 뜻대로 이루어지고 모든 일에 만족한다. 동서남북 어디로 가든 대길하다.
- 8·16·24일 : 청룡족일(靑龍足日)에 출행하는 사람은 재물을 구하지만 얻지 못하고 송사에 불리하며 모든 일이 불길하므로 흉하다.

혼인에 좋은 날 잡는 법

① **날짜를 주관하는 신들이 활동하는 방위**
– 혼인하러 왕래하다 이 방위를 만나면 좋지 않다.
- 정동방은 1 · 11 · 21일이다.
- 동남방은 2 · 12 · 22일이다.
- 정남방은 3 · 13 · 23일이다.
- 남서방은 4 · 14 · 24일이다.
- 정서방은 5 · 15 · 25일이다.
- 서북방은 6 · 16 · 26일이다.
- 정북방은 7 · 17 · 27일이다.
- 북동방은 8 · 18 · 28일이다.
- 중방은 9 · 19 · 29일이다.
- 재천(在天)은 10 · 20 · 30일이다.

아래 표에서 크게 이로운 달은 기피할 것이 없어 길하지만, 친속을 범하는 달이라면 각기 그 재앙이 마음에 걸린다(친정부모에게 나쁜 달은 부모가 없으면 꺼리지 않는다. 조금 이로운 달은 중매하기 나쁜 달이다. 시부모에게 나쁜 달은 시부모가 없다면 꺼리지 않는다).

■ 여자가 결혼하는 날 택하는 법

	자·오	축·미	인·신	묘·유	진·술	사·해
크게 이로운 달	6월·12월	5월·11월	2월·8월	정월·7월	4월·10월	3월·9월
조금 이로운 달	정월·7월	4월·10월	3월·9월	6월·12월	5월·11월	2월·8월
시부모에게 나쁜 달	2월·8월	3월·9월	4월·10월	5월·11월	6월·12월	정월·7월
친정부모에게 나쁜 달	3월·9월	2월·8월	5월·11월	4월·10월	정월·7월	6월·12월
장가들기 나쁜 달	4얼·10월	정월·7월	6월·12월	3월·9월	2월·8월	5월·11월
시집가기 나쁜 달	5월·11월	6월·12월	정월·7월	2월·8월	3월·9월	4월·10월

■ 남자가 혼인하기 흉한 해

태어난 해	혼인하면 흉한 해	태어난 해	혼인하면 흉한 해
자년	미년	오년	축년,
축년	신년	미년	인년
인년	유년	신년	묘년,
묘년	술년	유년	진년
진년	해년	술년	사년
사년	자년	해년	오년

■ 여자가 혼인하기 흉한 해

태어난 해	혼인하면 흉한 해	태어난 해	혼인하면 흉한 해
자년	묘년	오년	유년
축년	인년,	미년	신년
인년	축년,	신년	미년
묘년	자년	유년	오년
진년	해년	술년	사년
사년	술년	해년	진년

혼인 맺고 시집 장가가며 사위 보기 좋은 날

병인일 · 정묘일 · 무인일 · 기묘일 · 병자일 · 병술일 · 무자일 · 경인일 · 임인일 · 계묘일 · 을사일.

납징(納徵) · 정친(定親)하기에 좋은 날

– 납징은 납폐(納幣)로서 혼인 때 신랑 집에서 신부 집으로 보내는 폐백일은 부모의 중매로 약혼한 것을 말한다.

병인일 · 정묘일 · 무인일 · 기묘일 · 병술일 · 무자일 · 임진일 · 계사일 · 임인일 · 계묘일 · 병오일 · 정미일 · 임자일 · 을묘일 · 정사일 · 무오일 · 을축일 · 신미일 · 경진일 · 기축일 · 을미일 · 무진일 · 신축일 · 갑진일 · 경오일 · 계축일 · 병진일.

산(山) 일과 장례에 좋은 날 잡는 법

① 한식일과 청명일

비석을 세우는 등 묘에 관련된 일을 하고 싶거나 이장하고 싶은 사람은 이날 움직여야 한다. 옛날에는 택일하지 않고 모두 이날을 이용했다. 신들이 하늘에 올라가는 날이므로 물건을 움직이고 고치고 지으며 신구(新舊)의 묘를 사초(莎草)하거나 옮기는 데 모두 이롭다. 하루 안에 일을 마치지 못하면 청명일에는 일을 끝내야 한다.

② 복단(伏斷)일

장사 · 혼인 · 건축 · 흙 다루기 · 집에 들거나 이사, 관청에 도임하거나 출행을 꺼린다. 단지 측간을 짓거나 구멍을 막거나 둑을 만드는 일에만 좋다. 자일(허虛) · 축일(두斗) · 인일(실室) · 묘일(여女) · 진일(기箕) · 사일(방房) · 오일(각角) · 미일(장張) · 신일(귀鬼) · 유일(자觜) · 술일(위胃) · 해일(벽壁)을 꺼린다.

③ 십악대패일

온갖 일에 다 꺼리지만 단지 장사 지내는 집은 꺼리지 않는다.

갑년(甲年)과 기년(己年)의 3월은 무술일, 7월은 계해일, 10월은 병신일, 11월은 정해일을 꺼린다.

을년과 경년의 4월은 임신일, 9월은 을사일을 꺼린다.

병년과 신년의 3월은 신사일, 9월은 경진일, 10월은 갑진일을 꺼린다.

무년과 계년의 6월은 기축일을 꺼린다.

정년과 임년은 꺼리지 않는다.

④ 다달이 무덤의 풀을 베고 땅 파기에 좋은 날

- 정월 : 정묘일 · 경오일 · 임오일
- 2월 : 경오일 · 임오일 · 갑오일 · 병오일
- 3월 : 임신일 · 갑신일
- 4월 : 갑자일 · 을축일 · 정묘일 · 경오일 · 경진일 · 임오일 · 신묘일 · 임진일 · 경자일 · 계묘일 · 갑진일 · 계축일
- 5월 : 임인일 · 계축일 · 갑인일
- 6월 : 정묘일 · 임신일 · 갑신일 · 신묘일 · 병신일 · 계묘일 · 을묘일
- 7월 : 갑자일 · 정묘일 · 기묘일 · 임오일 · 신묘일 ·

을묘일·임진일·계묘일·갑진일·병오일
- 8월 : 을축일·임진일·갑진일·계축일
- 9월 : 정묘일·경오일·임오일·신묘일·계묘일·병오일·을묘일
- 10월 : 갑자일·정묘일·경오일·신미일·병오일·을묘일
- 11월 : 무진일·기사일·임신일·갑신일·을미일
- 12월 : 임신일·갑신일·임인일·갑인일·경신일

⑤ 안장하기 좋은 날

- 임신일·계유일·임오일·갑신일·을유일·병술일·정유일·임인일·병오일·기유일·경신일·신유일은 대장(大葬)일이라 최상의 길일이다.
- 경오일·임진일·갑진일·을사일·갑인일·병진일·경인일은 소장일로 그 다음 길일이다.

⑥ 달마다 안장하기 좋은 날

- 정월 : 계유일·정유일·을유일·병오일·임오일·을유일·임인일·병인일·신유일
- 2월 : 병인일·임신일·갑신일·경인일·병신일, 임인일·기미일·경신일
- 3월 : 임신일·계유일·임오일·갑신일·병신일·정유일·병오일·경신일
- 4월 : 계유일·임오일·을유일·정유일·기유일·신유일
- 5월 : 임신일·갑신일·경인일·병신일·임인일·

갑인일·경신일·인일(寅日)은 장사 지내기에 좋고 개금정(開金井)을 꺼린다.
- 6월 : 임신일·계유일·갑신일·을유일·경인일·병신일·임인일·병오일·임자일·병신일
- 7월 : 을유일·정유일·기유일·임신일·병자일·갑신일·임인일·병오일·임자일·병신일
- 8월 : 임신일·경인일·경신일·임진일·병신일·임인일·을사일·병진일·정사일·경신일
- 9월 : 병인일·임오일·경인일·임인일·병오일
- 10월 : 경오일·병자일·갑진일·병오일·병진일
- 11월 : 임신일·갑신일·경인일·병신일·임인일·갑진일·갑인일·경신일·임자일·신일(申日)은 장사지내기에 좋고 개금정을 꺼린다.
- 12월 : 임신일·계유일·갑신일·을유일·병신일·임인일·갑인일·경신일·신일은 장사지내기에 좋고 개금정을 꺼린다.

⑦ 시의에 따라 안장하는 법

대한 절기 5일 후 입춘 절기 전에는 신구(新舊)의 세관(歲官)이 교차하는 때이므로 먼저 택일(擇日)하고 흙을 파며 길일을 골라 안장한다. 묘역을 열고 향을 세우는 일도 연월일시의 상극을 꺼리지 않고, 산일을 하는 집에서는 태세(太歲)와 월가(月家)의 여러 흉신살을 꺼리지 않는다. 입춘 전에 묘를 돌보거나 청명 안에 묘를 손질하도록 한다.

기타 일상생활에 복을 주는 날 잡는 법

① 장단(長短)성 - 교역이나 재물을 들이는 일에 좋지 않다.

- 정월은 7일이 장성(長星), 11일이 단성(短星)이다.
- 2월은 4일이 장성, 19일이 단성이다.
- 3월은 1일이 장성, 16일이 단성이다.
- 4월은 9일이 장성, 25일이 단성이다.
- 5월은 9일이 장성, 25일이 단성이다.
- 6월은 10일이 장성, 20일이 단성이다.
- 7월은 8일이 장성, 20일이 단성이다.

- 8월은 2일과 5일이 장성, 18일과 19일이 단성이다.
- 9월은 3일과 4일이 장성, 16일과 17일이 단성이다.
- 10월은 1일이 장성, 4일이 단성이다.
- 11월은 12일이 장성, 22일이 단성이다.
- 12월 9일이 장성, 25일이 단성이다.

② 상삭일(上朔日) - 잔치하고 음악 연주를 꺼린다.

갑년은 계해일, 을년은 기사일, 병년은 을해일, 정년은 신사일, 무년은 정해일, 기년은 계사일, 신년은 을사일, 임년은 신해일, 계년은 정사일이다.

③ 상인이 판매하기 좋은 날

기묘일 · 병술일 · 임인일 · 정미일 · 기유일 · 갑인일.

④ 농토나 집터를 사기 좋은 날

신미일 · 병자일 · 정축일 · 임오일 · 계미일 · 갑신일 · 신묘일 · 임진일 · 을미일 · 경자일 · 계묘일 · 정미일 · 무신일 · 임자일 · 갑인일 · 을묘일 · 기미일 · 신유일.

⑤ 빚을 내거나 빚을 놓기에 좋은 날

정축일 · 을유일 · 경진일 · 신해일 · 을묘일 · 신유일 · 경오일 · 기사일.

⑥ 재물을 들이거나 빚을 거두기 좋은 날

을축일 · 병인일 · 임오일 · 경인일 · 경자일 · 을사일 · 병오일 · 갑인일 · 신유일.

⑦ 생기복덕일(生氣福德日)을 살피는 법

– 평소에 그날그날의 길흉을 따져 보는 법

- 대길일(大吉日) : 생기일(生氣日) · 복덕일(福德日) · 천의일(天醫日)
- 평길일(平吉日) : 절체일(絶體日) · 유혼일(遊魂日) · 귀혼일(歸魂日)
- 대흉일(大凶日) : 화해일(禍害日) · 절명일(絶命日)

■ 나이 · 성별 · 간지별 길흉

나이	성별	간지							
		자	축·인	묘	진·사	오	미·신	유	술·해
10 18 26 34 42 50 58 66 74 82 90	남 여	화해	절체	절명	유혼	천의	복덕	본궁	생기
11 19 17 35 43 51 59 67 75 83 91	남	유혼	복덕	천의	화해	절명	절체	생기	본궁
	여	절명	생기	화해	천의	유혼	본궁	복덕	절체
12 20 28 36 44 52 60 68 76 84 92	남	본궁	천의	복덕	생기	절명	절체	화해	유혼
	여	절체	화해	생기	복덕	본궁	유혼	천의	절명
13 21 29 37 45 53 61 69 77 85 93	남	천의	본궁	유혼	절명	화해	생기	절체	복덕
	여	생기	절명	절체	본궁	복덕	천의	유혼	화해
14 22 30 38 46 54 62 70 78 86 94	남 여	복덕	유혼	본궁	절체	생기	화해	절명	천의
15 23 31 39 47 55 63 71 79 87 95	남	생기	절명	절체	본궁	복덕	천의	유혼	화해
	여	천의	본궁	유혼	절명	화해	생기	절체	복덕
16 24 32 40 48 56 64 72 80 88 96	남	절체	화해	생기	복덕	본궁	유혼	천의	절명
	여	본궁	천의	복덕	생기	절체	절명	화해	유혼
17 25 33 41 49 57 65 73 81 89 97	남	절명	생기	화해	천의	유혼	본궁	복덕	절체
	여	유혼	복덕	천의	화해	절명	절체	생기	본궁

부부 합방에 좋은 날

① 부부 합방에 좋은 날

부부가 합방을 하려면 왕상(旺相)일을 택해야 한다. 봄이면 갑일과 을일, 여름이면 병일과 정일, 가을이면 경일과 신일, 겨울이면 임일과 계일이다.

생기일(生氣日)일 때 한밤에 사정하여 아이가 생기면 대부분 남자가 되고 필히 장수하며 현명하다.

한밤에 날이 맑고 달이 밝으며 바람이 부드럽고 날이 개면 길일로 정한다.

왕상일인 봄의 갑인일과 을묘일, 여름에는 병오일과 정사일, 가을에는 경신일과 신유일, 겨울에는 임자일과 계해일에 사정하면 길하다. 12달 중 좋은 날은 다음과 같다.

- 정월은 1·6·9·10·11·12·14·21·24·29일
- 2월은 4·7·8·9·10·12·14·19·22·27일
- 3월은 1·6·7·8·10·17·20·25일
- 4월은 2·4·5·6·8·10·15·18·22·28일
- 5월은 1·2·3·4·5·6·12·13·15·16·20·25·26·29·30일
- 6월은 1·3·10·13·18·23·26·27·28·29일
- 7월은 1·11·16·21·24·25·26·27·29일
- 8월은 5·8·13·18·21·22·23·24·25·26일
- 9월은 3·6·11·16·19·20·21·22·24일
- 10월은 1·4·7·14·17·18·19·20·22·29일
- 11월은 1·6·11·14·15·16·17·19·26·29일
- 12월은 4·9·12·13·14·15·17·24일

② 부부 합방에 좋지 않은 날

- 병·정(丙·丁)일
- 반달이 뜬 날
- 음력 보름·음력 초하루·그믐
- 큰 바람이 불 때, 큰 비가 내릴 때, 안개가 짙을 때
- 천둥번개가 크게 칠 때, 큰 벼락이 내리칠 때
- 천지가 어두워질 때, 일식이나 월식일 때
- 무지개가 뜨거나 지진이 있는 날
- 너무 추울 때, 너무 더울 때

이런 날 교합하면 사람의 정력이 상하여 길하지 못하다. 남자가 백 배로 상하고 여자 역시 병을 얻으니, 아이를 가지면 반드시 지랄병·정신지체·벙어리·귀머거리·소경·절뚝발이나 뇌가 아주 작은 병 등 많은 질병이 생겨 단명하거나 불효하거나 어질지 못하다.

- 해·달·별·불빛 아래나 신묘(神廟)나 절 안이나 우물, 부엌, 뒷간 옆이나 무덤과 시체 곁에서 교합해서는 안 된다.
- 부부가 낮에 교합하면 상서롭지 못하다.

남편이 방법대로 교합하면 복덕(福德)이 있고 어질고 똑똑한 사람을 잉태하게 되어 집안 살림이 나날이 번창한다. 방법대로 하지 않으면 박복(薄福)하고 아둔하고 악한 사람을 잉태하여 집안 살림이 나날이 좋지 않으니 경계하고 조심해야 한다.

일반적으로 아이를 갖고자 하면 부인은 절대 용뇌(龍腦)나 사향(麝香) 종류를 몸이나 코로 받아들이지 않고 피우지 않아야 한다. 고사리·삼백초·토끼고기·수은 등은 양기를 없애는 것이니 남녀 모두 먹지 않는다.

간단 작명법

좋은 이름 짓는 법

이름에는 사람의 운명을 변화시키는 에너지가 있다. 획수의 길흉과 음(音)의 오행을 살펴보면 자신의 운기를 점검할 수 있다. 장점은 살리고 단점은 개선하는 것이 운기의 흐름을 변화시키는 길이다.

① 획수를 정확하게 센다

이름은 획수 하나만 틀려도 운세가 크게 변한다. 이름 풍수는 획수를 정확하게 세는 것부터 시작한다. 이름에 사용하는 한자의 수는 1에서 10까지는 그 수가 그대로 획수가 되고, 그 이상의 경우는 통상적으로 통하는 자획(字劃)을 센다. 예를 들면 팔(八)의 자획은 2획이지만, 성명학에서는 8획으로 사용한다. 이름을 판단할 때는 원격·형격·이격·정격의 4가지 획수를 산출하여 운명을 판단한다. 각각의 획수를 산출하는 방법은 다음과 같다.

■ 획수 산출 방법

사격	사격의 구성	해당운
원격(元格)	성을 제외하고 이름을 합한 획수	초년운
형격(亨格)	성과 가운데 이름을 합한 획수	청년운
이격(利格)	성과 이름 끝 자를 합한 획수	장년운
정격(貞格)	성과 이름 모두를 합한 획수	인생총운

예) 김현남(金賢南)

김(金) — 8획 / 현(賢) — 15획 / 남(南) — 9획

원격 24획 / 형격 23획 / 이격 : 17획 정격 : 32획

■ 1에서 10까지의 한자 획수 계산법

일(一)	이(二)	삼(三)	사(四)	오(五)	육(六)	칠(七)	팔(八)	구(九)	십(十)
1	2	3	4	5	6	7	8	9	10

■ 틀리기 쉬운 부수 일람(一覽)

亻	인(亻)	3획	刂	도(刀)	2획	氵	수(水)	4획	扌	수(手)	4획
忄	심(心)	4획	犭	견(犬)	4획	冫	장(冫)	4획	王	옥(玉)	5획
礻	시(示)	5획	衤	의(衣)	6획	⺿	초(艸)	6획	月	육(肉)	6획
糹	사(糸)	6획	辶	착(辵)	7획	阝(右)	읍(邑)	7획	阝(左)	부(阜)	8획

② 사주와 조화를 이루며 부르기 쉬워야 한다

태어난 생년월일시를 분석하고 사주에 부족한 점을 보완하는 오행의 글자를 취하여 작명한다. 좋은 이름의 가장 중요한 요건은 사주를 보완하는 이름이 되어야 한다. 이름이 좋다고 운명이 대길하거나 이름이 나쁘다고 운명이 대흉하다는 뜻은 아니다. 좋은 이름이란 길한 사람의 운명을 더욱 길하게 하고, 흉한 사람의 운명을 덜 흉하도록 사주의 부족한 오행을 보완해주는 역할을 한다.

이름은 발음이 매우 중요하다. 이름의 발음이 너무 어려우면 사회생활에 많은 지장을 받는다. 또 발음은 서로 잘 어울리는 발음[相生]과 서로 어울리지 않는 발음[相剋]으로 나눌 수 있으며, 소리와 더불어 이름의 소리 오행이 상생관계가 되어야 한다.

③ 어린아이들의 이름은 정격보다 원격이 중요하다

갓난아이들의 이름은 획수를 생각하고 지어야 한다. 이름의 획수에는 정격·형격·원격·이격이 있지만, 갓난아이의 이름에서 중요한 것은 원격이다. 성명 판단이라는 것은 정격으로 해야 한다고 생각하는 사람도 있지만 확실히 말해서 정격은 사람의 종합적인 운세 주로 만년운에 영향을 준다. 하지만 원격에는 주로 35세 무렵까지의 운세가 반영되어 있다. 이 시기에 인생의 토대를 쌓아 놓으면 후반부의 운세에도 좋은 영향을 미칠 수 있기 때문이다.

④ 재물운은 원격으로 결정된다

태어날 때부터 가지고 있는 재물운은 '원격'에 나타난다. 재물운은 여러 가지 운세 중에서도 자신의 힘으로 변화시킬 수 있다. 자신의 재물운을 자세하게 체크하여 호전시키도록 한다. 또 획수를 자신이 태어난 날에 맞추어 생각하는 방법도 있다.

- 1·11·21·31 - 충실한 타입으로 돈에 대한 집착이 강하다. 가끔은 인색하다는 인상을 받기도 한다.
- 2·12·22·32 - 저축하는 형태와 낭비하는 형태로 명암이 분명하다. 적은 금액에는 곤란을 받지 않는다.
- 3·13·23·33 - 인생과 재물운에 변동이 심한 타입, 계획성 있는 생활로 운기를 높일 수 있다.
- 4·14·24·34 - 일확천금을 꿈꾸는 타입, 24획은 재물운의 혜택을 받는다.
- 5·15·25·35 - 돈을 활용하는 능력이 뛰어난 타입이다.
- 6·16·26·36 - 돈을 잘 벌고 잘 쓰는 타입. 저축한 돈은 없지만 돈에는 곤란을 받지 않는다.
- 7·17·27·37 - 허영과 겉치레로 돈을 쓰는 타입. 물욕을 억제하면 운기는 상승한다.
- 8·18·28·38 - 목표를 향해서 저축하는 타입. 필요한 돈은 크게 사용한다.
- 9·19·29·39 - 절약을 잘하는 타입. 큰돈을 저축하는 운도 있다. 절대로 도박을 해서는 절대로 안 된다.
- 10·20·30·40 - 돈에 무관심한 타입. 있으면 있는 대로 없으면 없는 대로 사용하는 경향이 있다.

⑤ 오행의 상성을 살펴본다

이름에도 오행이 있다. 이름의 오행은 성명의 최초 문자의 '음'으로 결정된다. 일반적으로 성과 이름의 오행이 '상생'이면 자신에게 좋은 기를 가져다줄 수 있다. 또 이름의 오행은 친구와 연인, 부부 사이의 상성을 판단할 수도 있기 때문에 인간관계나 연인 관계의 궁합에 활용할 수 있다.

⑥ 이름은 음양의 균형을 맞춘다

이름 풍수에서는 획수나 오행 외에도 음양의 조화를 고려해야 한다. 이름의 음양은 획수가 짝수라면 음,

■ 음의 오행 조견표(성)

오행	음	자음	내용
목	각	ㄱ, ㅋ, ㄲ	한글로 발음되는 첫 자음이 가, 카
화	치	ㄴ, ㄷ, ㄹ, ㅌ	한글로 발음되는 첫 자음이 나, 다, 라, 타
토	궁	ㅇ, ㅎ	한글로 발음되는 첫 자음이 아, 하
금	상	ㅅ, ㅈ, ㅊ	한글로 발음되는 첫 자음이 사, 자, 차
수	우	ㅁ, ㅂ, ㅍ	한글로 발음되는 첫 자음이 마, 바, 파

■ 부수에 따른 오행

오행	부수
목	박(朴), 본(本), 리(李), 기(杞), 표(杓), 동(東), 걸(杰), 류(柳), 교(校), 근(槿), 식(植), 격(格) 등
화	견(見), 거(巨), 병(炳), 렬(烈), 현(炫), 열(熱), 희(熙), 성(性), 환(煥), 휘(輝), 희(熺), 준(俊) 등
토	준(埈), 성(城), 미(美), 배(培), 무(武), 륭(隆), 량(良), 당(堂), 욱(郁), 원(院), 윤(允) 등
금	은(銀), 음(音), 련(鍊), 령(玲), 류(劉), 금(錦), 규(珪), 경(璟), 림(琳), 민(玟), 상(祥) 등
수	영(永), 구(求), 철(喆), 철(徹), 청(淸), 천(泉), 철(哲), 택(澤), 포(浦), 태(泰), 항(姮), 하(河), 홍(泓) 등

■ 자의(글자의 뜻)에 따른 오행

오행	자의
목	동(東), 록(綠), 룡(龍), 묘(卯), 강(康), 건(建), 걸(杰) 등
화	형(亨), 홍(紅), 가(佳), 란(爛), 득(得), 률(律), 려(慮) 등
토	강(岡), 견(堅), 경(京), 곤(坤), 곽(郭), 균(均), 봉(峯) 등
금	호(皓), 상(尙), 현(現), 훈(訓), 돈(敦), 겸(兼) 등
수	국(國), 기(氣), 길(吉), 랑(朗), 려(呂), 범(凡), 보(甫) 등

■ 자획 수에 따른 음양의 구분

이름 세 글자의 획수로 음양을 나눈다.

양수(陽數)

1, 3, 5, 7, 9, 11, 13, 15……

음수(陰數)

2, 4, 6, 8, 10, 12, 14, 16…… 등

■ 이름 오행의 상성조견표

명(名) \ 성(姓)	목	화	토	금	수
목	길	길	흉	흉	길
화	길	길	길	흉	흉
토	흉	길	길	길	흉
금	흉	흉	길	길	길
수	길	흉	흉	길	길

'음 오행'은 상생과 상극의 법칙에 따라서 상성의 좋고 나쁨이 있다.

홀수라면 양으로 판단한다. 음양의 기본은 좋은 균형을 맞추는 것으로 이름의 경우에도 변하지 않는 원칙이다. 이상적인 것은 음과 양이 서로 교차로 배열되는 것이다. 즉 음·양·음, 또는 양·음·양의 배열이다. 피해야 할 것은 음양이 어느 한쪽으로 치우친 형태이다. 현재의 이름이 음양 어느 한쪽으로 치우쳐 있다면, 그 밖의 부분에서 보충해 주어야 한다.

* 음양의 배열 길흉예(●음 ○양)

매우 좋음 : ●○○, ●●○, ○○● - 음과 양이 고르게 분포되어 안정된 생활로 복록이 많다.

좋음 : ○●○, ●○● - 음양이 조화롭게 배치되어 다복한 사람을 영위할 수 있다.

나쁨 : ●●● - 성명 세 글자가 모두 음이면 재산이 흩어지고 인덕이 없으며, 결혼 실패·무자식·건강 악화 등으로 고독한 생활을 한다.

나쁨 : ○○○ - 세 글자 모두가 양이면 질병으로 인해 고생이 많고 실패·좌절·부부 이별·정신질환·손재, 심하면 파산 및 형벌로 고생한다.

회사 이름 짓는 법

① 같은 길수라도 업종에 따라 적합과 부적합이 있다

회사나 상점 등의 이름은 발전의 열쇠를 쥐고 있는 중요한 부분이므로 신중하게 생각한다. 단순하게 길한 획수라고 해서 무조건 좋다고는 할 수 없다. 업종에 따라 적합한 획수로 작명한다.

- 제조업 : 17 · 18 · 23 · 33 · 48 · 52 · 63 · 65
- 금융 · 귀금속 · 철공업 : 7 · 17 · 18 · 25 · 37 · 38 · 47 · 48
- 광고 · 여행 : 13 · 23 · 25 · 31 · 32 · 33 · 41
- 일반상점 : 11 · 21 · 23 · 31 · 37 · 38 · 41 · 45 · 47 · 48
- 출판 · 디자인 · 기획 : 13 · 23 · 33 · 35 · 38 · 41 · 47 · 52
- 학교 · 병원 : 13 · 23 · 25 · 31 · 35 · 41 · 45
- 식품가공 : 29 · 33 · 39 · 41 · 47 · 52 · 63 · 67
- 연예프로덕션 : 15 · 16 · 21 · 23 · 39 · 47

회사명의 획수는 주식회사나 유한회사는 생략된 수이다. 또 '○○서점', '레스토랑○○' 등의 업종을 나타내는 부분은 획수에는 포함시키지 않는다.

② 회사의 인감으로 사운(社運)의 길흉이 결정된다

풍수에서는 인감(印鑑)이 가지는 에너지를 중시했다. 사람의 분신과 같은 존재로, 개인의 경우 이름의 흉작용을 인감으로 개선할 수 있다는 뜻이다. 회사의 경우도 마찬가지로 인감은 주문이나 계약, 청구 등에서 돈의 출입까지 회사의 운명을 쥐고 있다고 말해도 과언이 아니다. 최근에는 싸고 다양한 종류의 인감이 있지만 업종이나 사장과의 상성 등을 생각하면서 전문가에 의뢰하는 것이 좋다. 회사의 인감은 목적에 따라 4가지로 구분하여 사용한다.

- 대표자 인감 : 회사를 대표한다. 등기나 계약 등에 사용하는 가장 중요한 인감.
- 은행인 : 금융기관 등 재무관계에 사용한다.
- 각인(角印) : 회사의 인인(認印). 영수증 등에 사용한다.
- 할인(割印) : 수형 등의 할인(割)으로 사용한다.

영어 이름(아이디) 짓는 법

최근에는 영어 이름을 사용하거나 인터넷의 발달로 메일 사용이 급증하여 아이디를 많이 사용한다. 인터넷에서 사용하는 아이디는 인터넷 세계에서의 자신의 이름이다. 그러므로 아이디의 획수는 인터넷에서의 운기에 많은 영향을 줄 수 있다.

어떻게 하면 충격이 길수가 되는 획수를 만들 수 있을까? 획수에 따른 길흉을 참조해서 만들면 행운을 부를 수 있다. 또 메일을 주고받는 상대의 획수를 체크하는 것도 중요하다. 흉한 획수를 가지고 있다면 조심하는 것이 좋다.

■ 알파벳 획수표

알파벳	A	B	C	D	E	F	G	H	I	J	K	L	M
획수	3	3	1	2	4	3	3	3	1	2	3	2	4
알파벳	a	b	c	d	e	f	g	h	i	j	k	l	m
획수	2	2	1	2	2	2	3	2	2	2	3	1	3
알파벳	N	O	P	Q	R	S	T	U	V	W	X	Y	Z
획수	3	1	2	2	3	1	2	1	2	4	2	3	3
알파벳	n	o	p	q	r	s	t	u	v	w	x	y	z
획수	2	1	2	2	2	1	2	2	2	4	2	2	3

작명의 효과와 주의할 점

① 개명 효과는 직업에 따라 다르다

이름 때문에 좋지 못한 별명을 얻거나 놀림감이 될 수도 있고, 이름 때문에 학교나 사회에서 장애를 겪는 사례가 종종 있다. 부모가 자식에게 처음으로 주는 선물이 이름인 만큼 느낌이 좋은 이름이나 어감이 좋은 이름, 기억에 남는 이름 등 좋은 이름을 지어 주는 것도 또 다른 부모의 도리라 할 것이다. 의도하지 않았음에도 이름으로 피해를 본다면 개명도 고려해 볼 만한 일이다.

개명은 운명의 전환점이 되는 어떤 순간에 필요한 경우도 있다. 이혼이나 사고 등으로 자신의 삶에 크나큰 변화가 생긴 경우, 짧게는 스스로의 마음을 다짐한다는 의미에서도 개명을 시도하기도 한다. 개명 효과는 직업에 따라 변하며 빠른 사람은 3개월 만에 나타나기도 한다. 이름의 에너지는 많은 사람들이 알수록 그 힘을 발휘할 수 있다. 사람들과 접할 기회가 많은 영업 등의 업무, 예능인, 유명인이라면 개명을 통해 확실히 운세는 변한다. 일반사무직이나 전업주

부처럼 사람들과 접촉할 기회가 없는 경우에는 획수가 나쁘다는 이유만으로 개명하는 것은 오히려 혼란만 초래할 뿐이다. 그래도 개명하고 싶다면 새 이름을 많은 사람들에게 알리려는 노력이 필요하다.

② 자신에게 적합한 개명법을 선택한다

실제 개명을 결정하고도 호적까지 바꾸려면 법적 절차가 필요하다. 경우에 따라 개명이 인정되지 않을 수도 있다. 이럴 때는 명함 등의 이름을 바꾸고 주위에 '개명' 사실을 알린다. 새 이름을 자신이 의식하고 주위에 인식시킨다면 개명은 성공이다. 개명하는 몇 가지의 방법을 소개한다.

- 같은 음을 가진 다른 획수의 글자로 바꾼다.
- 본래의 이름에서 앞 글자는 남겨 두고 뒷글자만 바꾼다.
- 외자인 경우에는 두 글자로 바꾼다.
- 음과 문자를 모두 바꾼다(이름 전체를 개명하는 것).

③ 호·예명·필명의 중요성

옛날에는 부모에게 받은 소중한 이름을 타인의 입에 함부로 오르내릴 수 없다는 이유로 자신이 이름을 선택하여 자신의 호로 삼는 경우가 많았다. 이것은 이름과 관련한 운명의 영향을 보완할 수 있는 여지로 사용할 수 있어 개명이 곤란한 성인인 경우, 이름이 잘못되었다고 판단될 경우에는 잘못된 이름을 보완하는 방법으로 사용하기도 했다.

소설가 및 시인이나 각종 예술인, 연예인 등 대중에게 널리 알리고 불리기 위해서 필명이나 예명을 지어 사용하기도 한다. 필명이나 예명 역시 남들에게 강하게 어필할 수 있어야 한다는 조건이 필요하고, 또한 그 이름도 자신의 역량이나 자신의 운명과 맞아야 제대로 된 힘을 가질 수 있다. 스스로의 상품성을 남들에게 각인시키기 위한 이유도 있으므로 작명 전문가와 상담하는 것이 바람직하다.

④ 계절이나 식물의 이름을 붙이는 것은 좋지 않다

앵두꽃이 만개한 계절에 태어났다고 '앵(櫻)'자를 쓰면 대인관계에는 좋을지 몰라도 풍수적으로는 매우 흉이다. 앵(櫻)자 뿐만 아니라 도(桃)·행(杏) 등 식물의 이름은 모두 좋지 않다. 식물은 살아 있기 때문이다. 풍수에서는 생명이 있는 것의 이름을 사람 이름에 사용하는 것은 피한다. 동물의 이름도 마찬가지다. 계절(춘하추동)도 이름으로 사용하는 것을 금한다. 이동과 변화하는 계절을 이름으로 가지면 운기의 변동이 심하다고 생각하기 때문이다. 게다가 가을과 겨울은 매우 조용한 계절로 이런 계절적인 특성이 사람에게도 영향을 미친다고 본다.

또한 여성인 경우에는 발음이 어렵거나 딱딱한 느낌의 이름을 피한다. 음이 강한 이름을 사용하는 여성은 남자를 이기려는 측면이 강하고, 결혼해서 가정에서 살림만 할 경우에는 이혼율이 매우 높다.

■ 이름으로 알 수 있는 건강법

* 성명오행 : 1,2는 목, 3,4는 화, 5,6은 토, 7,8은 금, 9,0은 수

성의	형격	원격	걸리기 쉬운 질환
목	화	수	뇌염, 농아(聾啞), 각종 암, 위급한 병, 뇌출혈, 심장마비
목	토	수	뇌염, 농아, 각종 암, 위급한 병, 뇌출혈, 심장마비
목	수	수	뇌염, 농아, 각종 암, 위급한 병, 뇌출혈, 심장마비
화	목	금	뇌염, 농아, 각종 암, 위급한 병, 뇌출혈, 심장마비
화	토	목	뇌염, 농아, 각종 암, 위급한 병, 뇌출혈, 심장마비
화	수	화	뇌염, 농아, 각종 암, 위급한 병, 뇌출혈, 심장마비
화	토	수	뇌염, 농아, 각종 암, 위급한 병, 뇌출혈, 심장마비
토	화	수	뇌염, 농아, 각종 암, 위급한 병, 뇌출혈, 심장마비
토	수	토	뇌염, 농아, 각종 암, 위급한 병, 뇌출혈, 심장마비
금	토	화	뇌염, 농아, 각종 암, 위급한 병, 뇌출혈, 심장마비
금	수	화	뇌염, 농아, 각종 암, 위급한 병, 뇌출혈, 심장마비
수	화	토	뇌염, 농아, 각종 암, 위급한 병, 뇌출혈, 심장마비
수	화	수	뇌염, 농아, 각종 암, 위급한 병, 뇌출혈, 심장마비
토	수	목	뇌염, 농아, 각종 암, 위급한 병, 뇌출혈, 심장마비
목	화	금	폐병, 목황(目黃), 간질, 암증(癌症), 정신병, 소아마비
목	토	목	폐병, 목황, 간질, 암증, 정신병, 소아마비
목	토	토	폐병, 목황, 간질, 암증, 정신병, 소아마비
목	금	토	폐병, 목황, 간질, 암증, 정신병, 소아마비
목	수	화	폐병, 목황, 간질, 암증, 정신병, 소아마비
목	수	수	폐병, 목황, 간질, 암증, 정신병, 소아마비
화	목	화	폐병, 목황, 간질, 암증, 정신병, 소아마비
화	금	목	폐병, 목황, 간질, 암증, 정신병, 소아마비
화	금	화	폐병, 목황, 간질, 암증, 정신병, 소아마비
화	금	금	폐병, 목황, 간질, 암증, 정신병, 소아마비
화	금	목	폐병, 목황, 간질, 암증, 정신병, 소아마비
화	수	목	폐병, 목황, 간질, 암증, 정신병, 소아마비
화	목	화	폐병, 목황, 간질, 암증, 정신병, 소아마비
화	수	토	폐병, 목황, 간질, 암증, 정신병, 소아마비
화	수	수	폐병, 목황, 간질, 암증, 정신병, 소아마비
토	목	토	폐병, 목황, 간질, 암증, 정신병, 소아마비
토	화	토	폐병, 목황, 간질, 암증, 정신병, 소아마비
토	화	목	폐병, 목황, 간질, 암증, 정신병, 소아마비
토	화	화	폐병, 목황, 간질, 암증, 정신병, 소아마비
토	토	목	폐병, 목황, 간질, 암증, 정신병, 소아마비
토	토	수	폐병, 목황, 간질, 암증, 정신병, 소아마비
토	금	화	폐병, 목황, 간질, 암증, 정신병, 소아마비
토	수	토	폐병, 목황, 간질, 암증, 정신병, 소아마비
금	목	화	폐병, 목황, 간질, 암증, 정신병, 소아마비
금	목	목	폐병, 목황, 간질, 암증, 정신병, 소아마비

성의	형격	원격	걸리기 쉬운 질환
금	목	토	폐병, 목황, 간질, 암증, 정신병, 소아마비
금	목	금	폐병, 목황, 간질, 암증, 정신병, 소아마비
금	화	목	폐병, 목황, 간질, 암증, 정신병, 소아마비
금	화	화	폐병, 목황, 간질, 암증, 정신병, 소아마비
금	화	토	폐병, 목황, 간질, 암증, 정신병, 소아마비
금	화	금	폐병, 목황, 간질, 암증, 정신병, 소아마비
금	화	수	폐병, 목황, 간질, 암증, 정신병, 소아마비
금	토	목	폐병, 목황, 간질, 암증, 정신병, 소아마비
금	토	수	폐병, 목황, 간질, 암증, 정신병, 소아마비
금	금	목	폐병, 목황, 간질, 암증, 정신병, 소아마비
금	수	목	폐병, 목황, 간질, 암증, 정신병, 소아마비
금	수	화	폐병, 목황, 간질, 암증, 정신병, 소아마비
금	수	수	폐병, 목황, 간질, 암증, 정신병, 소아마비
수	목	화	폐병, 목황, 간질, 암증, 정신병, 소아마비
수	화	목	폐병, 목황, 간질, 암증, 정신병, 소아마비
수	화	금	폐병, 목황, 간질, 암증, 정신병, 소아마비
수	화	수	폐병, 목황, 간질, 암증, 정신병, 소아마비
수	토	토	폐병, 목황, 간질, 암증, 정신병, 소아마비
수	토	토	폐병, 목황, 간질, 암증, 정신병, 소아마비
수	금	화	폐병, 목황, 간질, 암증, 정신병, 소아마비
수	수	목	폐병, 목황, 간질, 암증, 정신병, 소아마비
수	수	화	폐병, 목황, 간질, 암증, 정신병, 소아마비
수	수	수	폐병, 목황, 간질, 암증, 정신병, 소아마비
수	금	수	폐병, 목황, 간질, 암증, 정신병, 소아마비
목	목	목	중독, 뇌막염, 맹장염, 인후암, 정신쇠약증
목	목	화	안질, 심장병, 위출혈, 자궁암, 월경불순
목	목	토	위병, 간병, 농아, 정신병, 자궁병, 신경통
목	목	금	폐병, 간병, 마비, 종양, 빈혈.
목	목	수	뇌염, 폐질환, 정신병, 대장암. 난소질환
목	화	목	뇌염, 비염, 위장병, 농아, 피부염, 반신불수
목	화	화	위염, 위장병, 뇌일혈, 고혈압, 심장, 간장질환.
목	화	토	심장질환, 위출혈, 직장암, 자궁질환
목	화	금	뇌염, 폐병, 간질환, 뇌졸중, 실명, 정신병
목	화	수	뇌염, 안질, 폐질환, 신장병, 관절염, 동맥경화
목	토	목	위장질환, 폐병, 고혈압, 신경통, 빈혈증
목	토	화	뇌염, 안질, 농아, 위장병, 고혈압, 당뇨병
목	토	토	폐병, 위장질환, 안질, 고혈압, 정신병, 피부병
목	토	금	천식, 치통, 위장병, 종양, 뇌출혈, 심장병
목	토	수	뇌종양, 폐병, 간질환, 심장병, 맹장염, 신장병

■ 이름으로 알 수 있는 건강법

성의	형격	원격	걸리기 쉬운 질환
목	금	목	천식, 안질, 코질환, 폐병, 위병, 실명
목	금	화	뇌질환, 두통, 근시, 폐질환, 신경쇠약, 식욕증
목	금	토	머리 질환, 근시, 간장질환, 심신불안증
목	금	금	뇌염, 안질, 코질환, 폐병, 간병, 소야마비증
목	금	수	뇌염, 안질, 위장병, 간질환, 뇌일혈, 신경병증
목	수	목	뇌염, 안질, 귀 질환, 천식, 심장병, 자궁암
목	수	화	신장병, 정신병, 심장병, 피부병, 월경불순
목	수	토	신허(腎虛), 천식병, 월경불순, 난소질환
목	수	금	뇌염, 간장병, 위장병, 신허, 암증, 정신분열증
목	수	수	뇌염, 폐병, 간장질환, 심장병, 정신병, 당뇨병
화	목	목	안질, 폐병, 간장질환, 농아, 신장병, 대장질환
화	목	화	뇌 질환, 간장질환, 위장질환, 간질, 정신병
화	목	토	실명, 근시, 위장병, 정신통, 정신병, 자궁질환.
화	목	금	뇌출혈, 고혈압, 안질환, 폐질환, 장암, 피부병
화	목	수	뇌출혈, 벙어리, 귀질환, 장질환, 신장결석, 심장병
화	화	목	심장병. 폐병, 간장병, 천식, 빈혈, 생리불순
화	화	화	뇌염, 심장병, 정신병, 폐병, 피부질환, 갑상선
화	화	토	심장질환, 안질, 흉부질환, 대장질환, 부인병
화	화	금	뇌염, 정신병, 폐병, 결석, 치질, 복부질환
화	화	수	뇌출혈, 고혈압, 심장병, 정신병, 반신불수
화	토	목	고혈압, 심장병, 간장환, 폐와 위장환, 정신쇠약
화	토	화	안질환, 벙어리, 대장병, 위장병, 부인병
화	토	토	뇌출혈, 정신쇠약, 농아. 폐병, 천식
화	토	금	뇌출혈, 간병, 폐병, 결석, 위출혈, 신장병
화	토	수	뇌출혈, 고혈압, 심장병, 간병, 간암, 위병
화	금	목	뇌질환, 신경쇠약, 안질환, 폐병, 암, 빈혈증
화	금	화	뇌질환, 신경시약, 안질, 폐병, 간병, 신경통
화	금	토	뇌출혈, 고혈압, 심장병, 정신병, 풍습질환
화	금	금	뇌질환, 심장병, 정신병, 각종 부상, 폐·위장 질환
화	금	목	뇌출혈, 심장병, 정신병, 위장과 신장질환, 농아
화	수	목	고혈압, 심장병, 정신병, 천식, 안질환
화	수	화	정신병, 심장병, 벙어리, 안질환, 위장병. 신장병
화	수	토	뇌출혈, 심장병, 정신병, 위장병, 신장질환
화	수	금	두통, 고혈압, 심장병, 간질환, 방광결석
화	수	수	정신병, 심장병, 폐병, 벙어리, 풍습, 부인병
토	목	목	뇌출혈, 정신쇠약, 간·폐·위장·질환
토	목	화	고혈압, 정신쇠약, 심장병, 간·위·장·질환
토	목	토	두통, 정신쇠약, 안질, 폐병, 위 및 소화질환
토	목	금	뇌출혈, 정신병, 정신쇠약, 위장병, 위출혈

성의	형격	원격	걸리기 쉬운 질환
토	목	수	정신병, 신경쇠약, 위장질환, 중풍, 농아
토	화	목	두통, 정신병, 신경쇠약, 위 및 폐 질환
토	화	화	머리질환, 심장병, 정신쇠약, 천식, 암, 빈혈
토	화	토	머리질환, 신경쇠약, 고혈압, 간암, 폐질환
토	화	금	뇌출혈, 정신쇠약, 중풍, 치질, 간 및 폐질환
토	화	수	머리질환, 뇌출혈, 심장병, 부인병
토	토	목	정신병, 정신쇠약, 심장병, 위장질환, 간암
토	토	화	머리질환, 호흡기·갑상선질환, 남성장기능장애.
토	토	토	고혈압, 안질, 심장병, 간질환, 폐질환
토	토	금	혈관동맥경화증, 위장질환, 농아, 부정맥
토	토	수	뇌염, 정신쇠약, 신경통, 고혈압, 눈 질환
토	금	목	뇌염, 정신쇠약, 신경통, 중풍, 폐질환, 빈혈
토	금	화	정신쇠약, 실명증, 폐 및 간질환, 위장질환, 농아
토	금	토	정신쇠약, 뇌염, 고혈압, 심장, 위 및 피부병
토	금	금	뇌염, 두통, 심장병, 안질환, 폐병, 왼손마비
토	금	수	고혈압, 중풍, 간질환, 폐질환, 농아, 위장, 신장 질환
토	수	목	고혈압, 천식, 식도암, 유방암, 피부병
토	수	화	고혈압, 심장병, 신경통, 안질환, 천식
토	수	토	신경쇠약, 신장병, 귀질환, 눈질환, 간질환
토	수	금	신경통, 안질환, 폐질환, 갑상선종
토	수	수	코질환, 간암, 방광결석, 치질, 부인병
금	목	목	신경쇠약, 신경통, 안질환, 간장질환, 위장질환남, 북
금	목	화	고혈압, 안질환, 심장병, 간장, 폐질환, 자궁암
금	목	토	신경쇠약, 인후 및 코질환, 위장질환, 직장 및 자궁암, 결석
금	목	금	신경쇠약, 식도질환, 농아, 관절통, 자궁암
금	목	수	신경쇠약, 뇌질환, 폐장, 위장 질환, 당뇨병
금	화	목	신경쇠약, 뇌질환, 안질환, 폐병, 심장병, 부인병
금	화	화	신경쇠약, 뇌출혈, 정신병, 폐부질환
금	화	토	신경쇠약, 심장질환, 정신병, 음낭질환
금	화	금	신경쇠약, 고혈압, 당뇨병, 농아
금	화	수	신경쇠약, 심장병, 안질환, 폐질환, 신장 질환
금	토	목	신경쇠약, 위장 질환, 부인병
금	토	화	신경쇠약, 심장병, 안질환, 신장질환
금	토	토	정신병, 위장 질환, 농아, 소아질환

획수의 의미

◎ … 대길 ○ … 길 □ … 길흉 혼합 △ … 흉 ▲ … 대흉

1획 — 영달운(榮達運) ◎
부와 명성의 혜택을 받는 대길수. 겸손함을 잊으면 흉운으로 바뀔 수 있으므로 주의한다. 여성은 고집이 세다.

2획 — 동요운(動搖運) △
병약함·허약함을 암시하는 수. 지위, 명예, 재산을 1대에서 쌓을 수는 있지만 인간관계가 불안해진다.

3획 — 희망운(希望運) ◎
명랑활발해서 남에게 호감을 준다. 여성은 현모양처이지만 늦게 결혼하는 타입.

4획 — 곤고운(困苦運) ▲
곤란과 결핍을 암시하는 흉수. 사람과의 인연이 없어 고독한 인생을 산다. 정신적·육체적으로 허약한 면이 있고, 사람들과의 문제에 주의한다.

5획 — 복수운(福壽運) ◎
건강과 장수를 암시하는 행운의 수. 역경에 강하다. 진면목으로 책임감이 강하고, 외향적으로는 부드러우며 좋고 싫음이 분명하다. 완고하지 않도록 주의한다.

6획 — 천덕운(天德運) ◎
친절하여 사람들과 융화가 잘되고 가정도 원만하다. 의리와 인정이 두터워 친분 있는 사람들이 많고 신망을 얻는다. 선조의 음덕이 있고 생각지도 않은 유산 등을 손에 넣을 수 있다.

7획 — 독립운(獨立運) ○
독립심과 자아가 강하다. 행동이 빠르고, 뒤끝이 없는 타입. 여성의 경우에는 경쟁심이 강하고 타인과의 조화를 잘 이루어 성공한다.

8획 — 근기운(根氣運) ○
의지가 굳고 참을성이 많다. 어려움에 강하고 곤란을 극복한다. 노력으로 목적을 달성한다. 야심가로, 사회생활에 혜택을 받고 말년이 되면 행복한 삶을 산다.

9획 — 역경운(逆境運) ▲
육친과의 생이별, 사고 등 많은 불행이 찾아온다. 머리가 좋고 직감력이 뛰어나지만 기가 부족하고 수명이 짧다. 자기 표현을 제대로 하지 못해 오해를 받기도 한다.

10획 — 불우운(不遇運) ▲
허공을 암시. 가족의 인연이 약하고 고독하기 쉽다. 성격은 신경질적이고 고민을 많이 한다. 대인관계에서도 문제점이 많고, 금전적인 문제에도 주의가 필요하다.

11획 — 봉춘운(逢春運) ○
순조롭게 발전하고 개화할 수 있는 운세. 인정 많고 장남의 역할을 담당한다. 가정을 잘 지키고 이끌며 주위의 신뢰를 얻어 성공한다. 지도자로 말년에 행복하다.

12획 — 좌절운(挫折運) ▲
의지가 약하고 무엇이든 오래하지 못한다. 큰 뜻을 품고 노력하지만 힘이 부족해 실패한다. 가족운도 약하여 고독하기 쉽다.

13획 — 인기운(人氣運) ◎
순조롭고 원만함을 암시하는 길운수. 상식이 뛰어나고 지능이 좋으며, 어떤 어려움과 역경도 잘 이겨내고 성공한다. 윗사람들과 융합이 좋고, 예술적인 재능도 있다.

14획 — 불여의운(不如意運) △
모든 일에 능숙한 것 같지만 쉽게 좌절하는 경향이 있다. 타인에게 엄격한 성격이 화를 부르고 주위로부터 고립되기 쉽다. 협조성을 기르는 것이 중요하다.

15획 : 덕망운(德望運) ◎
책임감이 강하고 명랑 활발하며 인간관계도 원만하다. 사회적 지위를 얻고 말년에 행복을 누린다. 여성은 남편을 도와 성공한다.

16획 : 중망운(衆望運) ◎
흉을 길로 변화시키는 힘을 가지고 있다. 타인의 칭찬을 많이 하고 배려심이 강하다. 주위의 도움을 받아 성공한다. 쉽게 사기 당할 우려가 있으므로 주의한다.

17획 : 권위운(權威運) ○
활동과 발전을 암시하며 신념을 굽히지 않는 강인함을 가지고 있다. 조화를 중요하게 생각해야 길운을 부른다. 여성은 남성을 보호하는 힘을 가지고 있다.

18획 — 강기운(剛氣運) ○
많은 어려움을 이겨내고 성공하는 운수. 강한 신념과 근성이 있다. 지혜도 있고 활동적이지만 성격이 너무 완고해 주위로부터 고립되기 쉽다.

19획 — 장해운(障害運) △
두뇌가 명석한 천재. 행동력이 있어 성공을 얻을 수 있지만 좌절과 기복이 심하다. 대인 관계에 문제를 암시하며 사고 등에도 주의한다.

20획 — 재액운(災厄運) ▲
재액, 실망을 암시하는 흉수. 도박을 좋아하며 집착한다. 가족과의 인연이 약하고, 이성 관계가 복잡해지기 쉽다. 건강운에도 주의가 필요하다.

21획 — 두령운(頭領運) ◎
사람들의 리더가 되어 성공하는 길수. 남성은 업무에 유능하지만, 이성문제 등의 문제가 많다. 여성은 자기 일에 열중하다 늦게 결혼하기 쉽다.

22획 — 박약운(薄弱運) △
허약과 역경을 암시하는 흉수. 매사에 불평이 많다. 자기만족을 알면 중년 이후에는 행복한 삶을 산다. 몸과 마음이 무기력해지기 쉽다.

23획 — 융창운(隆昌運) ◎
결단력이 있고 고생하지 않는 인생. 당대에 재산을 축적하는 강한 운을 가지고 있다. 항상 노력하며 시간 낭비를 하지 않는다. 여성은 결혼보다 사업으로 성공한다.

24획 흥산운(興産運) ◎
물심양면으로 혜택을 받고 말년에 번영하는 획수. 온화하고 솔직한 성격으로 타인과 화합하고 협조성이 있다. 외부의 신뢰를 얻어 돈에 구애받지 않는다.

25획 영민운(英敏運) ○
두뇌가 명석하고 영민하다. 신망이 두텁지만 타인에게 엄격하여 고립되기 쉽다. 친척 간에 금전적인 문제가 생길 수 있다.

26획 파란운(波亂運) □
파란과 변동을 암시. 의지가 강하지만 독불장군이 되기 쉽다. 길흉이 극단으로 나타나고, 중년까지는 고생 많지만 말년에는 행복하다. 가족의 인연이 약하다.

27획 비난운(非難運) △
기복이 격심한 흉수. 두뇌는 명석하지만 고집이 강하다. 주위와 원만하게 조화를 이루며 살지 못하면 그 때문에 모든 일에 이루어지지 않는다. 사고나 재액에 주의.

28획 조난운(遭難運) △
가정면에서 고생이 많음을 암시. 성공하는 힘을 가지고 있지만 오해로 인해 신용을 잃어버리기 쉽다. 주위와 화합을 잘하고 돌발적인 사고에도 주의한다.

29획 지모운(知謀運) ◎
세상의 일에 잘 대처하는 지략을 가지고 있다. 리더라기보다는 참모 타입이다. 재물운과 행운을 손에 쥘 수 있다. 불평불만이 많을 때는 운의 저하를 초래한다.

30획 — 부침운(浮沈運) □
길흉 반반으로 기복이 격심함을 암시. 크게 성공하거나 크게 실패한다. 투기성이 높은 일을 하지 않는 것이 바람직하고, 항상 건강에 신경 써야 한다.

31획 — 흥가운(興家運) ◎
심신이 건강하여 대업을 이룬다. 예리한 통찰력을 가지고 지도자가 될 소질이 있다. 자연스럽게 사람들에게 신망을 받는다. 과음으로 문제가 생기지 않도록 조심한다.

32획 — 요행운(僥倖運) ◎
우연한 행운을 암시하는 획수. 윗사람들에게 후원을 받는 혜택이 있다. 역경에 부딪쳐도 상황이 잘 호전되지만 자신의 힘을 너무 과신하지 않도록 주의한다.

33획 — 등룡운(登龍運) ◎
쉽게 승리하는 타입으로 당대에 재산을 축적하고 큰 명성을 남긴다. 다만 길흉은 표리일체. 권력에 오래도록 집착하지 않는다. 여성은 사업으로 대성한다.

34획 — 불우운(不遇運) ▲
재난이 일어나기 쉬운 흉수. 정신적으로도 육체적으로 허약하다. 가정 내 불화가 일어나고 어려운 일이 많이 발생한다. 대인관계에서 문제가 많이 발생한다.

35획 — 기예운(技藝運) ○
온화함과 평온을 암시. 두뇌가 명석하고 학예기술에 뛰어난 능력을 발휘한다. 학자·연구자·교육자 등에 뜻을 세우면 성공할 수 있다. 여성은 현모양처 타입이 많다.

36획 — 영웅운(英雄運) ○
기복이 많은 영웅운. 혼자 힘으로 성공을 얻는다. 인정이 넘치며 조금은 완고하다. 자신의 승리를 위해 행동하다보면 적을 만들 수 있으므로 주의해야 한다.

37획 — 독립운(獨立運) ◎
권력과 성질을 암시하는 대길운. 강한 의지를 가지고 자수성가한다. 부와 명예를 얻어 풍요로운 인생을 산다. 회사에서 근무하기보다 상업이 적합하다.

38획 — 기예운(技藝運) ○
평범함과 무난함을 암시. 남성은 학문과 기예에 뛰어나고 여성은 현모양처 타입이다. 충실히 사는 것이 성공 비결. 자기 능력 이상의 것을 욕심내면 재난이 발생한다.

39획 — 부영운(富榮運) ◎
온화하면서도 결단력이 있다. 변동도 있는 운기이지만 재력과 권력을 얻을 수 있다. 가정운·건강운에도 혜택을 받는다. 여성은 결혼보다 사업으로 성공한다.

40획 — 파란운(波亂運) □
변동, 불우를 암시하는 수. 성공운을 가지고 있지만 생각지도 못한 재난을 만나는 등 기복이 심하다. 재주는 뛰어나지만 신망을 얻지 못한다.

41획 — 실력운(實力運) ◎
중년 이후에 운이 열리고 대성공하는 행운의 수. 단 일생에 한번은 성공하고 한번은 실패하는 암시가 있으므로 주의. 타인의 의견에 귀를 기울이는 것도 중요하다.

42획 — 다예운(多藝運) □
다방면에 재주가 많기 때문에 궁핍하기 쉽다. 지식이 넓으나 어느 한곳에 완벽한 지식을 갖고 있지 않는 것이 단점. 한 가지 일에 전념하면 성공한다.

43획 — 산재운(散財運) △
뜻대로 되지 않음을 암시. 의지가 약하고 인정이 부족하다. 낭비가 심해 수입과 지출이 맞지 않다. 가정운도 약하고 고뇌가 많다. 여성은 이성 관계에 주의.

44획 — 비업운(非業運) ▲
두뇌가 명석하고 풍부한 발상력을 가지고 있다. 다만 일을 이루기 전에 문제가 있음을 암시. 가정면에서나 건강면에서 문제가 생기기 쉽기 때문에 주의한다.

45획 — 순풍운(順風運) ◎
큰 뜻을 품고 소원을 이룬다. 결단력이 뛰어나고 정치적인 수완이 좋다. 보이는 것보다 성실한 타입. 어려운 역경을 이겨내고 말년에 성공한다.

46획 : 파선운(破船運) □
보물이 쌓여 있는 배가 난파하는 경우와 중년 이후의 급변하는 상황을 암시. 두뇌가 명민하지만 헤매는 경우가 많다. 역경을 이겨내고 성공하는 경우도 있다. 건강에 주의해야 한다.

47획 — 개화운(開花運) ◎
온화하고 근면하며 충실하게 노력하여 말년에 큰 꽃이 핀다. 대인 관계가 양호하고 공동 사업으로 발전해서 성공할 가능성이 크다. 자손에게 큰 재산을 남긴다.

48획 — 군사운(軍師運) ○
지와 덕을 겸비하고 인망을 얻는다. 리더보다 참모 타입. 자신이 선두에 서면 실패한다. 상담가 역할을 하면 명성을 얻는다.

49획 — 변전운(變轉運) □
길흉 반반의 획수. 일성(一盛) 일쇠(一衰)를 암시. 특히 말년에 요주의. 공동 사업이나 금전 대출에 실패를 암시하지만 역경을 이겨내면 길이 길을 불러 성공한다.

50획 — 성쇠운(盛衰運) △
성공과 실패를 반복하는 운세. 부와 명예의 혜택을 받지만 파란이 많다. 특히 여성은 중년 이후에 주의한다. 도박을 좋아하면 많은 문제를 초래한다.

51획 — 명암운(明暗運) □
꿈이나 환상을 암시하는 수. 사람을 좋아하고 운세적으로 약간 약하다. 지극한 노력을 거듭하면 성공할 수 있다. 말년에 불행이 많고 특히 여성은 중년 이후를 주의해야 한다.

52획 — 공리운(功利運) ◎
선견지명이 있고 빠른 시기에 성공하는 길수. 임기응변에 뛰어나고 역경에 강하다. 무에서 유를 창출한다. 아이디어로 승부를 내면 성공한다.

53획 — 표리운(表裏運) □
길흉이 혼잡하며 계속되는 반복을 암시하는 수. 겉으로는 행복하지만 내면의 고뇌가 많다. 특히 가정 내에서의 고난이 끊이지 않는다. 성공과 좌절이 함께 나타난다.

54획 — 파조운(破兆運) ▲
직관력이 예리하고 머리가 좋다. 다만 가정운이 불우하여 고난이 끊이지 않을 수 있다. 자신의 힘으로 운세를 개척하는 것이 중요하다. 건강에 주의한다.

55획 — 기회운(機會運) □
성쇠가 극단으로 나타나는 수. 외부에서 문제가 많다. 기회를 자기 것으로 만들면 성공. 지나치게 고집을 부리면 실패한다. 여성은 의심이 깊어지기 쉽다.

56획 — 소극운(消極運) △
용기와 실행력이 부족하며 소극적이고 도중에 포기하는 경우가 많다. 말년에 재액이 많은 경향이 있다. 여성은 용기가 부족하여 좋은 인연을 만나지 못한다.

57획 — 천혜운(天惠運) ○
강한 맹수 같은 기질을 가지고 있다. 한때는 역경에 처하더라도 반드시 회복한다. 하늘에서 행복과 주위의 덕을 얻어 흉을 길로 호전시킨다. 말년에 행운이 온다.

58획 — 재기운(再起運) ○
7전 8기의 운세. 기복이 심하지만 최후에는 성공한다. 예를 들면 큰 실패를 해도 말년을 향해 갈수록 운기는 상승한다. 일발 역전으로 행복을 손에 쥔다.

59획 — 정돈운(停頓運) △
인내력과 용기가 약간 부족하다. 실패와 실의로 힘든 인생이 되기 쉽다. 여성은 인연이 약하고 건강에 문제가 생길 수 있으므로 주의한다.

60획 — 암흑운(暗黑運) ▲
고독한 성에 떨어지는 해를 암시. 인생에 주어지는 이익 없이 혼자 울고 있는 타입. 몸과 마음이 약해 실패하기 쉽다. 마음을 항상 밝게 유지해야 한다.

61획 — 강강운(强剛運) ○
자연의 은혜를 얻어 명성이 올라가는 획수. 화(和)와 덕(德)으로 일생을 풍부하게 살아간다. 오만한 태도에 주의하면 부부가 원만하게 행복한 삶을 산다.

62획 — 낙하운(落下運) ▲
떨어지고 흩어지는 것을 암시하는 흉수. 원하는 것을 이루기 어렵고 재액이 있다. 재력과 신용을 잃는 경우가 많다. 허약한 성격으로 가정에 불화를 초래한다.

63획 — 번무운(繁茂運) ◎
목적 달성과 사업 발전의 행운 수. 가정이 원만하여 대인운에도 혜택이 있다. 큰 성공을 할 수 있고 그 행복을 자손에게 전해 줄 수 있다.

64획 — 침체운(沈滯運) ▲
기복이 심하고 파란만장한 일생을 암시한다. 결과를 내기 어렵고 한 번 잡은 행복도 도망가기 쉽다. 가정운, 건강운에도 약하다.

65획 — 복록운(福祿運) ◎
천상지복을 암시. 구하고자 하면 구해지는 행복과 평온이 내재되어 있다. 어떤 일이든 뜻대로 이루지만 사람을 무시하면 불행을 초래한다. 장수의 상이다.

66획 — 궁핍운(窮乏運) ▲
암운과 저미(低迷)를 암시하는 획수. 외부에서의 불행으로 진퇴를 자유롭게 할 수 없다. 주위에 문제가 많다. 병난과 수난 등에 주의한다.

67획 — 인립운(引立運) ◎
목적 달성과 영달을 암시. 하늘의 혜택을 받아 모든 일에 지장을 받지 않고 성공한다. 가운이 융성해지고 일생이 행복하다. 가정에 충실하면 번영한다.

68획 — 견실운(堅實運) ◎
지와 덕을 갖춘 견실함을 상징. 의지가 견고하고 생각이 깊다. 세밀한 계획을 세우고 신망을 모으면 쉽게 목적을 달성한다. 대기만성형으로 명성과 부를 얻는다.

69획 — 동요운(動搖運) ▲
불신을 암시. 장애가 많아 사업에 실패하기 쉽다. 배우자 인연이 약해 독신인 경우가 많다. 불평불만이 많으면 불행을 초래하기 때문에 주의해야 한다.

70획 — 적막운(寂寞運) ▲
빈곤함을 암시. 불운이나 문제가 많다. 도박에 빠져 재산을 잃기 쉽다. 사람들의 의견을 겸허하게 받아들이면 재물운에 혜택을 받는다.

71획 — 잠용운(潛龍運) □
허약하지만 내면적으로 큰 가능성을 가지고 있다. 인생의 목표를 정해 강한 의지로 실행하면 운이 열린다. 다른 사람들과의 화합을 항상 염두에 둘 것.

72획 — 장재운(藏災運) △
겉으로는 행복하지만 속으로는 재액의 종자를 가지고 있다. 길흉이 반반으로 파란 많은 인생이 되기 쉽다. 내면의 문제에 신경을 쓰면 운이 열릴 수 있다.

73획 — 천여운(天與運) □
온화하면서 부드러운 성격이지만 적극성이 부족하고 실행력이 부족하다. 젊어서는 평판이 좋지 못하고 고생이 많다. 말년에 운기가 안정되어 성공한다.

74획 — 미로운(迷路運) △
무계획적이므로 업무를 신중하게 생각할 수 없지만 노력하면 대원을 성취할 수도 있다. 그러나 성실하게 노력하지 않으면 일생의 수고로움은 지속된다.

75획 — 신중운(愼重運) □
늦게 피는 꽃. 젊어서는 파산과 실패가 많다. 노력하지만 노력하는 만큼의 대가가 주어지지 않는다. 말년에는 안정된 생활을 얻고 행복한 삶을 살 수 있다.

76획 — 고독운(孤獨運) ▲
내외로 불화와 역경을 암시하는 획수. 재물운이 나쁘고 일시적으로 행운이 오지만 급변하는 운수. 한 가정이 흩어지는 등 가정운이 약하다.

77획 — 장춘운(藏春運) □
일희일비가 많은 인생. 길흉의 파란이 반복되기 쉽다. 윗사람들과의 관계를 원만하게 하는 것이 좋고 중년 이후에는 운이 좋아진다.

78획 — 타력운(他力運) □
두뇌가 명석하고 상업에 재능이 있다. 성공과 발달의 힘을 가지고 있지만 타인의 힘으로 자신의 소원을 이루려는 경향이 있다. 이 때문에 행운이 달아나기 쉽다.

79획 — 역경운(逆境運) ▲
신경질적이면 천재성이 있다. 정신이 불안정하여 절도 없는 행동으로 신용을 잃어버리기 쉽다. 단독 행동을 피하고 주위와 잘 협조하면 운이 열릴 수 있다.

80획 — 공허운(空虛運) ▲
일생 동안 고생을 많이 한다. 기력이나 체력이 약하다. 파란이나 장애 등이 많고, 모험심은 재액을 초래하기 때문에 주의한다.

81획 — 행예운(幸惠運) ◎
획수 1과 같은 대길운. 모든 것을 시작하는 의미를 가지고, 전도무한의 가능성이 펼쳐진다. 겸허한 성격을 기르면 행복한 삶을 산다.